项目资助

本书由鲁东大学马克思主义学院提供全额资助

鲁东大学马克思主义理论研究丛书

冷战时期美国对巴基斯坦的援助政策研究（1947—1980）

许以民　著

中国社会科学出版社

图书在版编目（CIP）数据

冷战时期美国对巴基斯坦的援助政策研究：1947-1980 / 许以民著.
—北京：中国社会科学出版社，2021.7
（鲁东大学马克思主义理论研究丛书）
ISBN 978-7-5203-7449-1

Ⅰ.①冷… Ⅱ.①许… Ⅲ.①美国对外政策—研究—巴基斯坦—
1947-1980 Ⅳ.①D871.20

中国版本图书馆 CIP 数据核字（2020）第 210086 号

出 版 人	赵剑英
责任编辑	陈雅慧
责任校对	王 斐
责任印制	戴 宽

出 版	中国社会科学出版社
社 址	北京鼓楼西大街甲 158 号
邮 编	100720
网 址	http://www.csspw.cn
发 行 部	010-84083685
门 市 部	010-84029450
经 销	新华书店及其他书店

印 刷	北京明恒达印务有限公司
装 订	廊坊市广阳区广增装订厂
版 次	2021 年 7 月第 1 版
印 次	2021 年 7 月第 1 次印刷

开 本	710×1000 1/16
印 张	21.75
插 页	2
字 数	346 千字
定 价	108.00 元

凡购买中国社会科学出版社图书，如有质量问题请与本社营销中心联系调换
电话：010-84083683

目　　录

绪　　论

一　选题缘起

美国与巴基斯坦的关系是二战后最为重要、复杂和曲折的双边关系之一。就其重要性而言，美巴关系不仅与两个当事国的内外政策直接关联，而且深刻影响着中国与南亚国家关系的稳定与发展，甚至在一定程度上反映和体现了国际力量对比的变化和世界格局的嬗变。从其复杂性来看，美巴关系既受到两国国内政治、经济、文化、意识形态的内在制约，又受国际政治经济格局和国际力量对比的外在影响，是各种因素相互角力、相互妥协的过程和结果。从其曲折性来看，70余年美巴关系的发展呈现出跌宕起伏和冷暖交替的曲折态势。

冷战时期，美巴关系经历了"两起两落"，最终两国关系几乎全面停滞。1947年至1949年，美国虽然迅速与巴基斯坦建立了外交关系，并在克什米尔问题上表达了对其立场的支持，却明确拒绝了巴基斯坦迫切的军事和经济援助要求，美巴关系基本处于冷淡状态。1950年至1965年，美巴关系迅速升温，两国不但首次结盟，而且在一系列国际和地区问题上相互配合，堪称两国关系的第一次"高峰"期。1965年至1980年，美巴关系振荡下滑，美巴联盟趋于解体，而卡特政府以巴基斯坦的核问题和人权问题为借口，在20世纪70年代末暂停了对巴军事和经济援助，两国关系首次坠入谷底。1981年至1989年，美巴两国因苏联入侵阿富汗而面临的现实和潜在威胁而再次结盟，美国向巴基斯坦提供了前所未有的大量军事和经济援助，亦在核问题、人权问题、军法体制等问题上降低了批评巴基斯坦的音量，甚至采取了某种程度的默许态度，并坚决支持巴基斯坦在阿富汗问题上的立场；巴基斯坦则积极配合美国，两国关系再次攀上"高峰"。1989 年至 1991 年，美巴关系迅速降温并再坠冰谷。由于苏军撤出阿富汗和美苏关系的缓和，巴基斯坦再次丧失了美国反苏战略中"前线国家"的地位。美国重新调整其南亚战略，实际执行"重印轻巴"政策，其对巴援助几近完全停止。美巴关系因此迅速恶化，第二次战略联盟也就此终结，两国关系再次跌入谷底。巴基斯坦则进一步加强了与伊斯兰国家、西欧和中国的关系，以减少美巴关系恶化对其产生及可能产生的不利影响。

冷战结束迄今，美巴关系再次经历了"冰火两重天"的剧烈变化。1992 年至 1997 年，为重新掌控南亚事务主导权，美国在一定程度上调整了对巴政策，两国关系逐步缓和。1995 年，美巴在安全问题、克什米尔问题和核问题上加强了对话与交流、签署了安全协议；增加了以美国国防部长与巴基斯坦总理为代表的两国高层互访，积极推动双边关系回暖；美巴政府相关部门签订了高达 100 亿美元的意向性商业合同和投资意向书。更为重要的是《布朗修正案》的出台。《布朗修正案》于 1995 年 10 月在美国国会通过，其部分豁免了专门针对巴基斯坦的核问题而制定并实施的《普莱斯勒修正案》，解除了对巴基斯坦的经济制裁，推动了两国关系进一步回暖。然而，这一趋势很快就被打断。1998 年至 2001 年，美巴关系再次跌入低谷。1998 年，作为对印度进行核试验的反制措施，巴基斯坦亦进行了数次核试验，南亚核危机爆发。克林顿政府依据国会通过的《格伦修正案》对巴基斯坦实施制裁。美巴关系再度紧张。1999 年，美国又以《格伦—赛明顿修正案》为所谓依据，对巴基斯坦实施"民主制裁"，终止了其所有对巴经济和军事援助，以此向通过军事政变上台的穆沙拉夫及其军法统治表达不满，施加压力。加之克林顿访问南亚期间刻意冷落巴基斯坦，两国关系更趋冷淡。2001 年，小布什政府的南亚战略更加凸显"重印轻巴"。小布什总统威胁要将巴基斯坦列入美国军事打击名单，国务院官员亦公开声称："在巴基斯坦建立一个真正的民主政治制度之前，美国不会改变对巴基斯坦的政策。"① 更有甚者，美国副国务

---

① 江亦丽：《巴美关系为何日渐疏远》，《当代亚太》2001 年第 10 期。

卿阿米蒂奇和参谋长联席会议主席谢尔顿的南亚行程竟然没有将南亚第二大国、美国两度的盟友、穆斯林人口第二多的国家——巴基斯坦列入其访问日程。可见两国关系僵化、对立之程度。2001 年迄今，美巴开始了第三次"剪不断、理还乱"的结盟时期。2001 年至 2004 年是美巴关系的第三次"蜜月"期。"9·11"事件促成了美国对巴政策的再次重大转向，美巴结成反恐联盟。美国随即取消了自 20 世纪 70 年代以来严重制约美巴关系发展的三个修正案，即《赛明顿修正案》《格伦修正案》和《普莱斯勒修正案》，为两国关系的发展暂时提供了极其必要的条件。美国迅速向巴基斯坦提供了大量军事和经济援助，巴基斯坦则向美国和北约的南亚反恐行动提供了包括使用军事基地在内的各种便利和配合，协助美国打击恐怖主义和保障地区安全。美巴关系由此迅速升温，巴基斯坦在 2004 年上升为美国的"非北约主要盟国"。2005 年至 2008 年，巴基斯坦与其境内瓦济里斯坦的亲塔利班武装签署了一系列和平协议，令基地组织和塔利班在该地区迅速壮大，阿富汗局势亦随之不断恶化，美巴关系也开始缓慢恶化。2009 年至 2010 年，美巴关系再缓和。奥巴马政府从反恐战争的全局出发，决定修复受损的美巴关系，积极调整对巴政策。其主要措施包括：其一，提出阿富巴战略。奥巴马表示，美国与巴基斯坦合作的任务不仅限于军事领域，而且需要通过民事参与方式进行项目援助，增强巴基斯坦的能力[1]；其二，美国国会批准成立了两个新的基金会——美国巴基斯坦反恐基金会（PCF）和巴基斯坦反恐能力基金会（PCCF），以提高巴基斯坦的反恐能力；其三，出台《克里—卢铬—贝尔曼法案》，在 2012—2014 年向巴基斯坦提供了 15 亿美元的经济援助；其四，加强高层战略对话，增进共识。仅 2010 年，美巴就举行了三次此类对话，达成重要共识。通过这些举措，美巴关系逐渐缓和。2011 年，美巴关系再度恶化。诱发两国关系紧张的主因是美国跨境击毙本·拉登事件和北约飞机空袭巴基斯坦边境检查哨所事件。不仅两国官方就该问题互相推诿、诘难，巴基斯坦甚至扬言不再与美国和北约合作，而且两国

---

[1] David Mckeeby, New Afghan – Pakistan Pan a Comprehensive Strategy, Obama says, 31 March 2009, http：//www. Am Erica. Gov/ st /peace esec – english/2209/March/20090931093006 idy-keecm 0. 7983362. htm.

民间情绪亦更趋恶化，尤其是巴基斯坦民众的反美情绪持续高涨，达到前所未有的程度。美巴关系跌至冰点。2012 年以来，美巴两国政府高层在不同场合先后表达了继续进行反恐合作的立场和态度，美巴关系渐回结盟轨道。总体来看，目前美巴关系虽然依然处于结盟状态，但在核问题、人权问题、哈卡尼网络等问题上的分歧是随时可能爆炸的定时炸弹，严重制约两国关系的现状和未来。

二　学术价值与现实意义

笔者选择美国对巴基斯坦的政策为研究课题，主要基于其具有的学术价值和现实意义。

（一）学术价值

中国学术界对南亚的研究相当薄弱，其重视程度远不如对美国、苏联、日本、英国和东南亚的研究。就中国的南亚研究现状来看，其研究亦严重失衡。绝大多数研究成果集中于印度方面，而对南亚第二大国——巴基斯坦的研究则明显薄弱，以美巴关系和美国对巴基斯坦的援助政策为主题的专题研究就更为欠缺，仅有李晓妮的《美国对巴基斯坦的政策研究（1941—1957）》和曾祥裕的《巴基斯坦政策研究：1980—1992》、张威的《1971 年南亚危机与美巴关系——冷战时期地区危机与大国战略互动性研究》和常县宾的博士论文《美巴同盟的兴衰：1948—1968 年美巴关系研究》。由此可见，美巴关系和美国对巴基斯坦的援助政策的研究亟待加强。笔者以 1947—1980 年美国对巴基斯坦的援助政策为课题进行的相关研究，将为研究者提供一个新视角和新内容，具有重要的学术价值。

（二）现实意义

首先，美国和巴基斯坦皆为中国重要的双边关系国，中美巴之间存在明确的三角关系和重大联动。中、美、巴互为另外两方关系发展的重要变量和结果，而这一情况同样适用于三国与南亚乃至亚洲各国关系。例如，中国和美国是印巴关系的重要外因，而巴基斯坦是中美关系的重要变量，美国又是中巴关系发展的重要因素。这种三角关系和重大联动在冷战时期得到了非常充分的体现，其亦在冷战结束迄今的三边关系中继续存在并发挥作用。因此，研究冷战时期美国对巴基斯坦的援助政策对更充分地认清美巴关系的现状，尽可能科学地前瞻美巴关系的趋势，为中国制定并实施合理、有效的对美和对巴外交政策提供一定鉴戒。

其次，对外援助是美国在二战后实现国家利益和国际战略的重要途径。无论冷战时期、后冷战时期，还是反恐时期，美国在绝大多数时间里都将对外援助视为其国际战略和对外交往必不可少的重要组成部分，亦将之作为美国进行全球冷战、开拓国际市场、推行"美式"制度、彰显"美式"价值、实现国家安全的重要而有效的手段与工具。正如舒建中所言："美国对外援助的规模和地缘方向都表明了美国援助的政治特性。"[①] 其援助对象的顺序、援助领域的选择、援助内容的调整、援助规模的增减，都体现了美国对各时期国际、国内背景的判断和反应，是其国家利益、意识形态和国际战略的直接或间接的外化与实践。因此，考察美国对巴援助的政策历程、成因和影响，可以从一个非常重要的侧面说明其双边外交政策、地区政策和国际战略的变化、实质和目的。

再次，美国与巴基斯坦之间的援助关系是两国关系中最重要构件。其不仅是两国关系的晴雨表，直接显示了两国政治关系和经济关系的风雨阴晴，而且是两国关系的稳定器，其规模和质量直接影响着美巴关系的跌宕起伏。冷战时期美巴援助关系的两个"马鞍形"即这一关系最为直接和贴切的体现。美国援巴政策和美巴援助关系是两国国内外条件和战略的直接或间接体现。

三　国内外研究现状

从笔者所掌握资料来看，美国对巴援助政策和美巴援助关系的研究亟待深入、拓展。国内学者对这一课题的研究非常薄弱，只有部分论著或论文涉及这一问题，然尚无一部全面、系统的专著问世。国外学者对

---

① 舒建中：《美国的战略性对外援助：一种现实主义的视角》，《外交评论》2009年第3期。

这一领域的研究则较为丰富。

（一）国内研究现状

国内学者囿于政治环境、学术氛围、学术传统和资料文献，对美国对巴援助问题的学术研究起步较晚、成果较少，尚未有专题性的学术专著面世。目前的研究成果散见于相关学术专著、学位论文和学术期刊中，多为对美国对巴援助的概括性介绍，着墨不多。现有成果总体探讨了美巴援助关系的缘起、发展、作用和影响。

在缘起问题上，多数学者认为主要有两方面原因：一方面，巴基斯坦主动请求并接受美国的军事和经济援助；另一方面，美国为实现自身国家利益和全球战略，乐于援助巴基斯坦。二者是美巴援助关系形成发展的必要条件，缺一不可。陈水林认为，巴基斯坦寻求并依赖外援"主要原因是国内储蓄率低、外贸逆差大、税收少、还本付息及国防、行政管理开支巨大，导致财政预算赤字严重，不得不依靠外援弥补"[1]。铎生指出，美国对巴基斯坦的援助是"为了替美国商品'扩张海外市场'""换取廉价炮灰"、攫取在巴基斯坦的各种各样的特权。[2] 晏世经等认为，美国军援巴基斯坦是为其南亚战略着想，服从并服务于其全球战略，同时也是为了平衡印巴两国之间的力量，避免任何一方取得压倒性优势，维持南亚局势的平衡与稳定。[3] 赵长峰和谭向豪认为，美巴援助关系的发生发展是各种因素综合作用的结果，包括巴基斯坦的地缘政治地位、美国的国家安全利益、印度的地位和影响、遏制核扩散的考虑、美国国内政治的影响五方面因素。[4] 木子强调，巴基斯坦争取美援的原因在于解决日益紧迫的防务和经济问题，既要"得到大量武器援助以增强其国防力量防止印度的进攻"，又为改变日益恶化的经济形势、"复兴趋于崩溃的国民经济"争取急需的资金；而美国援助巴基斯坦的动机在于通过援助将巴基斯坦纳入其反苏反共的战略体系，抵消印度的"不结盟"立场对

---

① 陆水林：《巴基斯坦》，重庆出版社 2004 年版，第 96 页。

② 铎生：《巴基斯坦的经济和政治》，世界知识出版社 1960 年版，第 89 页。

③ 陈继东、晏世经等：《印巴关系研究》，巴蜀书社 2010 年版，第 155—156 页。

④ 赵长峰、谭向豪：《浅析美国援助巴基斯坦的历史及其影响》，《社会主义研究》2013 年第 5 期。

美国的南亚战略和全球战略的现实和潜在的影响。① 兰江和毛德金认为，在 1954—1965 年，美国军援巴基斯坦的目的在于服务其全球均势和地区均势；而巴基斯坦接受美国军援则是为了改变其极端不利的安全环境和巩固执政者地位，亦是因为军队在国内政治中作用的增强和经济形势的恶化。② 蒋军亮在考察了艾森豪威尔政府对巴基斯坦的军事援助后指出，美国军援巴基斯坦主要是为其遏制苏联、对苏冷战服务。③ 李晓妮认为，杜鲁门政府拒绝援助巴基斯坦的主要原因在于其将南亚作为反苏反共的一个整体，不希望因为与巴基斯坦建立过于紧密的联系而导致与印度和阿富汗的疏远。④

在发展历程方面，刘乐声和王士录等认为，1954 年美巴正式结盟是两国援助关系正式建立的起点，1954—1965 年，美国政府向巴基斯坦提供了大量军事和经济援助；1965 年第二次印巴战争爆发是美巴援助关系的一个转折点，美国政府宣布对巴基斯坦实施军事禁运的同时，亦不再向巴基斯坦提供贷款，两国援助关系趋向冷淡；1970—1976 年，美国部分恢复对巴基斯坦的军事援助，美巴援助关系出现了小小回潮；但卡特政府企图通过停止援助向巴基斯坦施压，导致美巴关系跌入谷底；卡特政府后期和里根政府时期，由于应对苏联入侵阿富汗带来的现实的和潜在的安全威胁的共同需要，美国改变了援巴政策，向巴基斯坦提供了大量的军事和经济援助。⑤ 赵长峰和谭向豪认为，美国对巴基斯坦的援助迄今经历了五个发展阶段，依次为 20 世纪 50 年代至 60 年代中期的第一次高潮、20 世纪 60 年代中期至 70 年代末期的第一次低谷、20 世纪 70 年代末至 90 年代初期的第二次高潮、20 世纪 90 年代初期至 2001 年"9·11"

① 木子：《巴美关系回顾——兼述美援的一个特点》，《南亚研究季刊》1990 年第 2 期和第 3 期。

② 兰江、毛德金：《1954—1965 年美国对巴基斯坦的军事援助及影响》，《南亚研究季刊》2004 年第 2 期。

③ 蒋军亮：《试析艾森豪威尔政府对巴基斯坦的军事援助（1953—1961）》，硕士学位论文，浙江师范大学，2009 年。

④ 李晓妮：《杜鲁门政府拒绝军事援助巴基斯坦的原因》，《吉林教育学院学报》2012 年第 5 期。

⑤ 刘乐声、王士录等：《巴基斯坦》，上海辞书出版社 1988 年版，第 261 页。

事件之前的第二次低谷、"9·11"事件以来的第三次高潮。①

在美援的作用和影响方面，多数学者认为美援对巴基斯坦既发挥过积极作用，又存在消极影响。例如，李德昌强调，巴基斯坦接受的以美"援"为主的外援对巴基斯坦的经济发展发挥了重大的积极作用，"外援是巴基斯坦经济发展资金的重要来源""外援用于能源、交通等基础设施的建设，对巴基斯坦经济发展起了'种子'作用""外援用于发展农业，增强了国民经济的基础""外援用于工矿业，带动了国民经济的发展""粮食援助和支持国际收支的援助部分缓解了粮食短缺和国际收支严重失衡的困难"。但其同时强调，对外援的长期依赖妨碍了巴基斯坦的自力更生、独立自主发展经济能力的增强，不利于巴基斯坦实现长远和根本利益。其具体表现在：巴基斯坦"陷入举新债还旧债的困境"、限制性援助带给巴基斯坦经济发展诸多不利、经济决策易受援助国的影响。② 陈水林亦认为，一方面，外援增强了巴基斯坦的国民经济基础、工矿业的发展、缓解了粮食短缺和国际收支严重失衡的状况；另一方面，外援加重了巴基斯坦的外债负担、增加了巴基斯坦的经济困难，使巴基斯坦逐步陷入"举新债还旧债"的恶性循环，并影响了政局稳定。③ 铎生认为，"美援"对巴基斯坦的民族利益造成了严重危害：在经济上沉重打击了巴基斯坦的民族经济；在政治上使巴基斯坦内政受到严重干涉，巴基斯坦主权被严重蔑视和侵犯；在外交上，使巴基斯坦陷于孤立，被牢牢捆绑在美国的战车上。④ 晏世经等强调，在政治上，美援"促使巴军成了这个国家的主要政治力量，并在巴基斯坦国内政治进程中发挥了独特的作用"。⑤ 在经济上，"美援使巴基斯坦有了富余的国防资金，使巴基斯坦政府有相对较多的资金投入经济发展"。在军事上，不仅帮助巴基斯坦军队实现了从装备落后、实力薄弱向"规模不大但相当现代化的军队"的质变，而且

---

① 赵长峰、谭向豪：《浅析美国援助巴基斯坦的历史及其影响》，《社会主义研究》2013 年第 5 期。

② 李德昌：《巴基斯坦经济发展》，四川大学出版社 1992 年版，第 338—354 页。

③ 陆水林：《巴基斯坦》，重庆出版社 2004 年版，第 96—97 页。

④ 铎生：《巴基斯坦的经济和政治》，世界知识出版社 1960 年版，第 93—97 页。

⑤ ［美］斯蒂芬·科亨：《孔雀与大象——解读印度大战略》，刘满贵等译，新华出版社 2002 年版，第 297 页。

培养或影响了一批深受美国影响的军官，美军的理论、文化和经验渗入巴军并发挥重要作用。同时，美援也使巴军对美国武器形成严重依赖。在外交上，加强了巴基斯坦对印度的立场和态度、极大影响了其与社会主义国家的态度、一定程度上影响了其与大多数伊斯兰国家的关系。① 兰江和毛德金认为，美国的军援极大影响了巴基斯坦的政治、军事、经济和外交，其观点与晏世经的观点类似。赵长峰和谭向豪认为，美援使美国成为巴基斯坦对外关系的重要影响因素；实现了巴基斯坦军队的现代化，增强了其战力；促进了巴基斯坦的经济发展，但也间接造成了其独立的工业体系的建立和综合国力的提升；其过于强烈、明显的功利目的和诸多要求和限制导致巴基斯坦民间反美情绪高涨。② 同时，1978 年之前的研究者则更多地强调了美国对巴援助的消极影响。例如，麦浪指出，美国借"援助"之名向巴基斯坦倾销了剩余农产品、进行了资本渗透、攫取了工矿业特权、挤压了巴基斯坦民族工商业的生存空间、增加了巴基斯坦的经济困难，③ 孙国锡认为美"援"造成了巴基斯坦的对外贸易受阻、财政自主受制、棉麻减产和粮食短缺、工业发展遭到迟滞。④ 铎生在《巴基斯坦接受美"援"的后果》中亦持相似立场。⑤

此外，涉及美巴援助关系的学术专著还有《大国对外援助——社会交换论视角》《巴基斯坦政策研究：1980—1992》《1971 年南亚危机与美巴关系——冷战时期地区危机与大国战略互动性研究》《美国对巴基斯坦的政策研究（1941—1957）》《美国外交政策与南亚均势 1947—1963》《美国对外军事援助研究》等。⑥

① 陈继东、晏世经等：《印巴关系研究》，巴蜀书社 2010 年版，第 158—162 页。
② 赵长峰、谭向豪：《浅析美国援助巴基斯坦的历史及其影响》，《社会主义研究》2013 年第 5 期。
③ 麦浪：《今日巴基斯坦》，世界知识出版社 1957 年版，第 66 页。
④ 孙国锡：《美"援"给巴基斯坦经济带来的恶果》，《世界知识》1957 年第 18 期。
⑤ 铎生：《巴基斯坦接受美"援"的后果》，《国际问题研究》1959 年第 3 期。
⑥ 曾祥裕：《巴基斯坦政策研究：1980—1992》，巴蜀书社 2010 年版；张威：《1971 年南亚危机与美巴关系——冷战时期地区危机与大国战略互动性研究》博士学位论文，华东师范大学，2009 年；李晓妮：《美国对巴基斯坦的政策研究（1941—1957）》，博士学位论文，东北师范大学，2009 年；王琛：《美国外交政策与南亚均势 1947—1963》，博士学位论文，南京大学，1999 年；蔡劲松：《美国对外军事援助研究》，博士学位论文，中共中央党校，2014 年。

综上所述，国内学术界对美巴援助关系的研究基本处于起步阶段，研究成果多属于概述性、从属性、短时性研究，尚未有以较长时段美国对巴援助政策和美巴援助关系为主题的学术专著或学位论文面世。这一状况不仅不符合美巴关系发展的实际，也严重局限了我们对美巴关系的理解和把握。因此，该项研究亟待深入。

（二）国外研究现状

国外对美国对巴基斯坦的援助政策和美巴援助关系的研究主要集中于美国、巴基斯坦、印度和若干国际援助组织。其中，美国的相关研究起步最早、成果最丰富。

在美巴援助关系方面，穆塔兹·安瓦（Mumtaz Anwar）的《对巴基斯坦的外援中的政治经济学》[1] 以 1960—2002 年巴基斯坦接受的双边和多边发展援助为分析对象，以政治学和经济学的相关研究方法为基本研究方法，对巴基斯坦所接受外援的决定因素、美巴援助关系、巴基斯坦与国际金融组织的援助关系进行了深刻探讨。著者以美国的《普莱斯勒修正案》和《布朗修正案》为例，研究了美国对巴援助的决策过程。该著者认为，诸多因素影响了对巴基斯坦的外援，政治家、选民、机构和利益集团都可以施加影响；流向巴基斯坦的援助实际是被相关的援助国家和国际金融组织的特殊利益高度驱动的；在对巴基斯坦双边援助中，援助提供者的政治、商业和战略利益往往会比援助分配中的发展目标更重要。

侯赛因·赛义德·阿迪尔（Husain Syed Adil）的博士论文《美国援助巴基斯坦的政治学》[2] 考察了 1947 年巴基斯坦独立至 20 世纪 60 年代中期巴基斯坦总体发展滞后表现和原因，分析了美国对巴基斯坦的经济援助和军事援助的目标、方式，从政治学角度探讨了美巴联盟关系和美巴援助关系中的双方动机及各自反应。著者认为，美国对巴基斯坦的援

---

[1]　Mumtaz Anwar, *The Political Economy of Foreign Aid to Pakistan*, Baden – Baden: Nomos, 2007.

[2]　Husain Syed Adil, *Politics of United States Foreign Aid to Pakistan*, University of Colorado, 1968.

助政策很大程度上是出于战略和政治考虑，被其应对国内和国际事务的政策决定和工作机制所主导，而不是满足巴基斯坦具体经济和安全需要的途径；阻碍欠发达国家发展的不仅是受援国的政策，援助国的援助政策、贸易政策和投资政策亦发挥着相当影响；美国对巴基斯坦的贸易政策、投资政策、主要援助的类别和决策都是为了迎合美国国内的经济利益和政治考虑；美国决策者是短视的，其倾向于令援助巴基斯坦的政策适应美国防御理念和国际政治变化的要求，没有意识到更为和谐的美巴援助关系更符合美国的长远利益；将对外援助从属于军事安全需要和政治考虑增加了美巴援助关系的潜在不稳定因素；美巴援助关系中的摩擦和紧张可以通过更多强调多边主义任务得以避免。在资料方面，著者运用了较丰富的一手资料，主要是国会听证会记录、美国政府公告、美国对外援助相关的机构和工作人员提交国会的相关报告等，以及巴基斯坦政府出版物、联合国出版物，但未利用美国对外关系文件。

C. 克里斯汀·费尔（C. Christine Fair）和彼得·乔克（Peter Chalk）合著的《强化巴基斯坦：美国对巴基斯坦的内部安全援助的作用》① 分析了巴基斯坦面临的国内安全挑战及其对国内稳定的消极影响的特殊方式；考察了美国资助的巴基斯坦提升司法正义和安全环境的相关项目和资源分配情况；探讨了美国向巴基斯坦提供援助的相关问题。著者认为，美国通过大量更合理的政策指导，可以增强巴基斯坦的安全和司法机制的存在与活力；进而将有利于美国在南亚的更广泛目标的实现。努尔·A.侯赛因（Noor A. Husain）和里奥·E. 罗斯（Leo E. Rose）主编的《美国与巴基斯坦之间的社会、政治、经济关系》② 主要论述了冷战时期美国与巴基斯坦的政治、经济、社会关系，部分章节涉及美巴援助关系。

在美巴军事援助方面，戴维达斯·洛哈勒卡（Devidas B. Lohalekar）的《美国对巴基斯坦的武器援助：一个联盟关系研究》③ 以历史学方法为

---

① C. Christine Fair and Peter Chalk，*Fortifying Pakistan：The Role of U. S. Internal Security Assistance*，Washington D. C.：United States Institute of Peace Press，2006.

② Noor A. Husain and Leo E. Rose，*Pakistan – U. S. Relations*，Berkeley：Institute of East Asian Studies，University of California，1988.

③ Devidas B. Lohalekar，*U. S. Arms to Pakistan：A Study in Alliance Relationship*，New Delhi：Ashish Publishing House，1991.

基本研究方法，对联盟和非联盟框架下的美国与巴基斯坦之间的军事援助关系进行了探讨，重点分析了 1979 年至 1988 年的美巴军事援助关系。著者认为，巴基斯坦领导人一直在寻求安全与稳定，从那一刻起，巴基斯坦转向美国寻求政治、经济和军事支持；巴基斯坦的地缘政治地位起伏不定，导致其必须不断调整安全理念和政策，以加强安全；巴基斯坦的战略地位令其外交活动相当复杂，在超级大国中间谨慎地维持平衡，在中东和南亚事务中发挥积极作用。著者最后对巴基斯坦在"核问题"上坚持的"冷战逻辑"提出了具体建议。

阿夫塔布·阿拉姆（Aftab Alam）的《美国对巴基斯坦的军事援助与印度的安全》[1] 探讨了迫使巴基斯坦寻求美国先进武器的各种因素，分析了美国对巴军事援助对印度安全的影响。著者认为美国对外军事援助是其外交政策的基本工具之一，其目的在于通过各种方式影响受援国的内外政策；美巴既是联盟，又存在分歧；苏联入侵阿富汗令美国重新定位了其在巴基斯坦的利益，美国政府重新启动对巴基斯坦的军事援助；美国对巴军事援助成为印度安全的持久威胁。一手资料欠缺是其不足之处。

在其他涉及美巴援助关系的著作方面，苏尔塔纳·阿弗洛兹（Sultana Afroz）的博士论文《美巴关系 1947—1960》[2]，考察了二战后初期美国忽视巴基斯坦的原因和巴基斯坦的生存问题；探究了美巴关系中的印度和阿富汗因素；探讨了巴基斯坦与美国互相寻求结盟的原因和过程；总结了 1947 年至 1960 年美国对巴基斯坦的援助，分析了美国援助对巴基斯坦的影响。著者认为，美巴关系是独特而复杂的，与美国同其他国家间的关系都不一样，经历了剧烈的起伏和动荡；巴基斯坦只是美国南亚战略中的第二选择，印度才是第一位的；尽管美国对巴基斯坦的军事和经济援助的初衷很好，但其实施却削弱了巴基斯坦的经济和民主发展；军事援助对巴基斯坦的政治进程和国内管理的负面影响意味着，当大多数人口没有机会表达自己的观点，即使有大量军事援助，美国也不能完全依靠巴基斯坦来提升其重大利益；没有一定的条件，没有一定的经济增

---

① Aftab Alam, *U. S. Military Aid to Pakistan and India's Security*, Delhi: Raj Publications, 2001.

② Sultana Afroz, *U. S. – Pakistan Relations 1947 – 1960*, University of Kansas, 1983.

长率，美国的经济援助不能保证"繁荣的经济"成就和"具有广泛民意基础的政府"的建立。该文大量引用了美国对外关系文件集、美国国务院和国防部文件、杜鲁门总统图书馆和艾森豪威尔总统图书馆的记录，以及当时新解密的英国官方文件。

　　丹尼斯·库克斯（Dennis Kux）的《美巴关系 1947—2000：抛弃幻想的联盟》① 中没有设专门章节探讨援助问题，但相当多的内容涉及美巴援助关系的发生、发展。诺曼·邓巴·帕尔默（Norman Dunbar Palmer）在《南亚与美国政策》② 指出，美国与巴基斯坦结盟并由此深入南亚，影响了该地区原有的实力均衡状态，加剧了印巴争端，令美国卷入了不该卷入的争端，损害了美国利益，亦未能遏制苏联共产主义向南亚蔓延。因此，美巴军事同盟是美国政策的"失误"。罗伯特·麦克马洪（Robert McMahon）的《边缘地带的冷战——美国、印度和巴基斯坦》③ 考察了1947—1965 年美国与印度和巴基斯坦之间的相互政策和相互作用，认为驱使美国在二战后介入南亚的因素很大程度上都是虚幻的恐惧，尤其是对共产主义的战略、军事和心理恐惧，担心其取得的任何军事进展和对自由世界的损害。小查尔斯·沃尔夫（Charles Wolf, Jr. ）的《外国援助在南部亚洲的理论与实践》④ 运用政治学分析方法，在考察美国对南亚和东南亚进行军事和经济援助的相关情况的基础上，解读了美国对南部亚洲进行援助分配的原则，为改善美国在南部亚洲的援助分配提供一定借鉴。但一手资料较少。萨曼·科勒伽马（Saman Kelegama）主编的《外国援助在南亚：新前景》⑤ 较为全面地分析了 2001 年至 2010 年南亚诸国接受国际援助的基本情况，评估了巴黎宣言和千年项目在南亚的进展及

① Dennis Kux, *The United States and Pakistan 1947 - 2000: Disenchanted Allies*, Washington, D. C. , Woodrow Wilson Center Press, 2001.

② Norman Dunbar Palmer, *South Asia and United States Policy*, Boston: Houghton Mifflin Company, 1966.

③ Robert McMahon, *The Cold War on the Periphery: The United States, India and Pakistan*, New York: Columbia University Press, 1994.

④ Charles Wolf, Jr. , *Foreign Aid: Theory and Practice in Southern Asia*, New Jersey: Princeton University Press, 1960.

⑤ Saman Kelegama, *Foreign Aid in South Asia: The Emerging Scenario*, New Delhi: SAGE Publications India Pvt Ltd. , 2012.

其效果。其中，对巴基斯坦接受的外国援助情况进行了定量分析和定性分析。该作者认为，虽然有成功的个案证明国际援助对巴基斯坦的经济发展发挥了积极作用，但效果不明显，呈现出碎片化和易变性，并未带来全国的社会进步和福利增加，且很多国际援助仅仅是西方发达国家对巴基斯坦参与反恐战争的补偿而非援助。为了提高援助效果，必须加强捐助者与巴基斯坦的对话与合作，并在总结接受和使用外国的经验的基础上，进行援助规制的适当改革。西蒙·帕亚斯里安（Simon Payaslian）的《美国对外经济和军事援助——里根和布什执政时期》① 以里根政府和布什政府时期美国对外援助的目标和政治为研究对象，重点分析了此时影响美国对外经济和军事援助的三方面因素，即理论因素、国际因素和国外因素，并对此时期的美国对外援助进行了定量分析。著者指出，里根政府批评卡特政府在对外援助中过度强调人权，鼓励了美国国内出现不切实际的期望，并使美国遭遇不必要的、不想要的挑战和屈辱；美国必须对苏联变得强硬，以避免继续遭受屈辱。因此在里根和布什政府的对外援助中，其强调地缘政治的重要性和改变形势的意识形态的优先性，而无须考虑财政问题；里根和布什政府还认为，美国对外援助应该在继续提高和保护人权的同时，要支持反苏和反共产党政府的运动。著者通过定量分析方法，将整个时期的考察与年度考察相结合，分析了地缘政治、人道主义和预算考虑对里根政府和布什政府的对外援助分配的影响程度。著者认为，此两届政府在对外援助中优先考虑地缘政治和意识形态，却很少考虑人权问题。

综上所述，国外以美国学术界为代表的相关研究起步更早、领域更广、研究更深。但其亦有不足：第一，原始资料的运用普遍不充分。缺乏一手资料的充分支撑是国外研究者的成果中的普遍现象，其既是因为研究方法多限于政治学方法，也是因为美国外交档案的解密制度。第二，已有成果存在短时性和分割性的问题，即长时段研究缺乏，经济援助和军事援助被割裂开来分别进行专题研究者多，将二者结合起来进行综合性研究者少。此种特征令国外学者对美国对巴援助的成果难以充分体现

---

① Simon Payaslian, *U. S Foreign Economic and Military Aid*; *The Reagan and Bush Administrations*, Lanham: University Press of American, Inc. , 1996.

美国对巴援助的全貌，也不能充分展示美国对外军事援助和经济援助作为美国对外政策工具相互关系和相同本质。因此，只有对更长时期的以经济和军事援助为主体的美巴援助关系进行历史梳理、理论分析，才能更深刻、更全面地认识美国对巴基斯坦的真实立场和态度，更准确判断美巴关系的现状，更科学预测美巴关系的未来，为中国对美国和巴基斯坦的政策决策提供一定参考和鉴戒。

四　研究方法与研究思路

（一）研究方法

本书拟以辩证唯物主义和历史唯物主义为指导，综合运用文献分析研究方法、历史比较研究方法和跨学科综合研究方法，在尽可能充分利用原始资料的基础上，尽量补充相关的二手资料，对搜集到的资料进行历史梳理和理论分析，尽可能对本书的主题进行客观、全面、辩证和深刻的系统研究。

（二）研究思路

本书拟以1947—1980年美国政府对巴基斯坦的军事和经济援助政策为研究对象，系统梳理美国援助巴基斯坦政策的演进历程，考察美国政府与巴基斯坦政府在该项政策上的互动与博弈，分析各个阶段美国援巴政策的内容、成因、实践和影响，从中得出规律性认识。本书以二战后美国总统的任期为划分标准，分六章分别考察和分析了从杜鲁门总统时期到卡特总统时期的美国援巴政策。

第一章探究了杜鲁门政府的援巴政策。杜鲁门第一届政府不仅婉拒了真纳政府的求援，而且在第一次印巴战争期间对印巴两国实施了非正式军事物资禁运。其成因主要是冷战集中于欧洲、中国形势令美国担忧、美国希望与印巴同时保持友好关系等。杜鲁门第二届政府在援巴问题上趋向积极，不仅解除了对巴军事禁运，而且向其提供了小麦援助和技术援助，直至明确主张提供实质性援助。但由于即将结束执政，杜鲁门政府未来得及将其援助巴基斯坦的主张付诸实施。其思想和政策转变的主要原因是朝鲜战争爆发、苏联成功试爆原子弹和新中国成立，令杜鲁门政府产生了严重的危机感，企图将苏联、中国和朝鲜封锁并扼杀，而马歇尔计划的完成令杜鲁门政府能够将援助的重点从欧洲转向亚洲。

第二章分析了艾森豪威尔政府的援巴政策。艾森豪威尔第一届政府采取了貌似积极的援巴政策，虽然与巴基斯坦签订互助协定，而且做出重大援助承诺、增加援助形式，但在军事援助承诺的实际执行上却采取了拖延政策和策略，令巴基斯坦十分不满。艾森豪威尔第二届政府在对巴援助问题上采取经济上相对优先和军事上"有限现代化"的政策。巴基斯坦在继续获得大量经济援助的同时，也相对快速地接收了美国提供的有限数量的现代化先进武器。艾森豪威尔政府的对巴援助对后者产生了深刻的双重影响，亦对国际关系和冷战态势产生了重要影响。

第三章研究了肯尼迪政府的援巴政策。"重经济、轻军事"是肯尼迪政府对巴援助政策的基调。该政策既继承艾森豪威尔政府援巴政策，也反映了肯尼迪"重印轻巴"外交取向，亦是对巴基斯坦的"中立主义"倾向的一种反作用。肯尼迪政府采取政策是基于如下认识：对巴军事援助将损害美印关系；经济健康是政治稳定和军事强大的基础；巴基斯坦因援助减少而会更加倾向中立主义。即便如此，肯尼迪政府还是首开对巴基斯坦进行经济援助制裁之先例。

第四章阐述了约翰逊政府对巴基斯坦的援助政策。军事援助政策的"剧烈变化"是约翰逊政府对巴援助政策的突出特征。约翰逊政府先以长期军事援助计划诱惑巴基斯坦减少"中立主义"和亲近中国的倾向，继而以全面军事物资禁运促使巴基斯坦在第二次印巴战争中接受停火建议，再而放松对巴基斯坦的非致命军事物资的销售，最后酝酿通过第三国向巴基斯坦有限出售致命军事装备。虽然其对巴军事援助政策貌似起伏剧烈，其目标却都是尽量减少巴基斯坦的言行对美国利益的伤害。

第五章论述了尼克松—福特政府援巴政策。军事援助政策的"急剧变化"、经济援助政策绝对稳定是尼克松—福特政府对巴援助政策的首要特征。在军事援助政策上，尼克松—福特政府的政策经历了延续约翰逊政府的"有限军售"阶段到全面军事物资禁运阶段，再到重回"有限军售"阶段，最后至"全面解除军事禁运"阶段的循环。其成因大致与约翰逊政府的对巴军事援助政策相同。在经济援助政策上，尼克松—福特政府始终将其作为美国向巴基斯坦表达善意的最重要手段和方式，甚至在美国国会和舆论的强大压力下都不愿意放弃。尼克松—福特政府对巴经济援助占据美国对巴总援助的绝对主体地位。但军事援助政策上的变化和实践最终导致美巴关系日趋冷淡。

第六章论述了卡特政府对巴基斯坦的援助政策。此时期是美国援巴政策变化最为剧烈的时期。其政策发展经历了两个阶段，一是经济援助政策"剧烈变化"、军事援助政策持续冷淡，最终采取了中止人道主义之外的所有援助的政策。二是卡特政府谨慎推动重启援助的政策阶段。前一政策出现的主要原因是卡特政府的对苏缓和外交的影响、对巴基斯坦的人权和核能力发展计划的强烈不满。后一政策的形成主要是由于卡特政府的严重忧虑，即苏联可能经由阿富汗和巴基斯坦南下印度洋和西进中东，并由此对美国及其盟国的综合安全和综合实力造成的严重威胁。但其在提出援助计划中表现出的不坚定性令巴基斯坦未接受卡特政府的对巴援助建议。

本书最后论析了1947—1980年美国援巴政策的基本特点、形成因素、有效性和若干启示，认为这一时期的美国援巴政策具有"美国主导性"、"巴基斯坦主动性"和"极不稳定性"三大显著特征；这一时期美国的援巴政策之所以呈现这些特征，则缘于国际冷战因素、地缘政治因素、意识形态因素、文化传统因素等诸多因素的影响；美国的对巴援助政策在总体上是无效了，但在各阶段又存在差异；该时期的美国援巴政策亦留下了中国可以借鉴的若干启示。

五　重点、难点与创新之处

（一）研究重点

首先，美国援巴政策的演变历程。美国援巴政策经历了相对漫长的演变过程，经历了不同的发展阶段。只有对美国援巴政策的演变历程有清晰的梳理和把握，才能确立本书的基本架构。

其次，美国援巴政策形成中的美巴互动。在美巴关系的发展历程中，美国援巴政策从来不是由单方面决定，而是美巴两国政府互动的结果。只有清楚了解双方的互动，才能够揭示美国与巴基斯坦在美国援巴政策和美巴援助关系中的不同地位和作用。

（二）研究难点

首先，原始资料的搜集有局限。美国向巴基斯坦经济援助的详细资料保存在美国华盛顿州立大学图书馆，无法直接获得，军事援助的详细资料亦未解密；巴基斯坦国内关于美国对巴基斯坦援助项目的具体文献无法查询。只能以能够搜集到的一手资料为主，同时辅之以二手材料。

其次，政策成因的剖析较复杂。美国对巴援助政策的成因是多方面的，既有政治和安全的因素，又有经济和文化的影响；既有长时限的相对恒定的因素，又有短时期的相对动态的变量。如何阐述不同时期相同或类似的援助成因是又一难点。

再次，政策影响的分析较困难。美巴援助关系的影响有直接与间接、长期与短期、经济与社会等之分。作为人文社会科学的研究，事件的影响很难十分精确地进行定量研究，只能采取定性研究为主的方法。但如何才能尽力做到主观评价与客观实效的一致，亦是难点。

（三）创新之处

首先，选题的创新。在国内学界，虽然有学者对美国对巴基斯坦的援助问题进行了相关研究，并取得宝贵的研究成果。但总体而言，相关成果都存在各种不足，或偏重于政治分析、或过于笼统、或研究所覆盖的时间较短、或对巴基斯坦在其中的作用和反应关注不够，且迄今未有关于该课题的、有分量的博士论文和学术专著面世。本书以 1947—1980 年美国对巴基斯坦的援助政策为研究主题，尝试进行全面、系统和深刻研究，既可以对已有的美巴关系研究成果进行极其必要的补充，并在一定程度上推动中国的南亚研究和"一带一路"的战略研究。

其次，研究观点的创新。其一，美国对巴援助是美国政治体系整体运作的产物，尤其是总统府、国务院与国会之间相互作用、相互妥协的结果。其二，美巴领导人的个人情感和好恶能够对美国对巴援助政策与实践产生一定影响，有时发挥了相当重要的影响和作用。其三，美国的内政和外交需要是美国政府制定和实施对巴援助政策的根本依据。但发挥更为重要和根本影响和作用的仍是美国的内政需要，这在美国对巴基斯坦的剩余农产品援助、禁毒援助、救灾援助等方面得到集中体现。其四，一国对另一国的援助并不必然带来两国关系的改善和发展，亦可能在援助国向受援国提供援助的过程中，因其他问题的存在和发展，令援助国遭到受援国的恶评或功利主义的待遇。

再次，运用史料的创新。本书史料主要来源于以下几个途径：其一，美国公开网站。从国务院网站获得《美国对外关系文件集》；从美国中情局图书馆电子阅览室（FOIA）和海西数字图书馆（Hathi Trust Digital Library）获得中情局对巴基斯坦的相关评估报告、美国国务院公告、国会听证会记录和巴基斯坦政府出版的巴基斯坦事务（Pakistan Affairs）等一手资料；从美国总统计划（The American Presidency Project）获得战后历届美国总统的公开一手资料；从美国国际开发署（USAID）网站获得美国对外援助的统计数据；从起源图书馆（Library Genesis）获得大量英文电子书。其二，巴基斯坦的公开网站。从巴基斯坦的政府、媒体和政治组织的官方网站获得了一些相关资料。例如，布托网（http：//bhutto. org/reforms. php），可以下载布托所撰写或关于布托研究的著作。其三，中国国家图书馆。从其外文电子数据库中利用美国解密档案在线（USDDO）、解密后的数字化美国国家安全档案（DNSA）和美国国会文献集（USCSS）远程获得一手资料；从外文馆获得其馆藏大部分与美国对巴援助和美巴关系直接相关的英文专著；从其缩微胶卷馆还原了数篇与美国对巴援助相关的博士论文。其四，其他的学术数据库。如从法律数据库（HeinOnline）获得美国与巴基斯坦签订的协定和条约。相对丰富的相关原始和二手材料可以相互印证，有利于加深本书的深度和广度。

第 一 章

杜鲁门政府对巴基斯坦的援助政策

——从拒绝援助到技术援助

杜鲁门政府时期是美国援助巴基斯坦政策的酝酿和初创时期。杜鲁门第一届政府不仅婉拒了巴基斯坦政府的经济和军事求援，且在第一次印巴战争期间对后者实施了长达一年的非正式军事禁运。杜鲁门第二届政府鉴于国际冷战形势和南亚地缘政治形势的剧变，重新评估了巴基斯坦在美国的全球和区域战略中的地位和作用，其对巴基斯坦求援的态度由冰冷状态逐步升温。其不仅通过"第四点计划"向巴基斯坦提供技术援助，开创了美巴援助关系的先例，而且开始就军事援助问题与巴基斯坦政府进行尝试性接触，但最终未及将其援巴主张付诸实施。

第一节　杜鲁门第一届政府婉拒
巴基斯坦政府求援

杜鲁门第一届政府时期是冷战的初始阶段。彼时的冷战主战场在欧洲和中国。在欧洲，美国和苏联极力扶植和争夺遭到战争重创的国家，筹谋各自组建以本国为首的国际阵营。为此，杜鲁门政府集中精力制定并优先实施了马歇尔计划，向西欧国家提供了大量经济和军事援助，帮助其复兴经济、维持稳定和增强军力，试图令其充当美国在欧亚大陆西部与苏联对抗的堡垒和阵地。在东亚，中国正在经历国共两党之间争夺军事胜利和争取人心的较量。国民党政府治下的中国是美国遏制并打击日本军国主义力量的最重要盟友，与苏联有着漫长的边界，且拥有广阔的市场、丰富的资源和大量廉价的劳动力，令杜鲁门政府绝不愿意轻易放弃，它将国民党政府视为极其重要的援助对象，给予了大量经济和军事援助。所以，欧洲和中国成为杜鲁门政府优先援助的地区与国家，其他地区和国家尚未赢得其关注。而巴基斯坦建国伊始，其政府和人民不仅肩负着迅速发展经济、改善民生、增强国力的艰巨经济使命，而且承担着尽快巩固新生国家、获得国际承认的紧迫政治责任。出于对使命和责任的清醒认知，穆罕默德·阿里·真纳（Muhammad Ali Jinnah）和里阿夸特·阿里·汗（Liaquat Ali Khan）等巴基斯坦政府领导人，迫切希望借助美国的经济、军事援助和政治支持，弥补本国在各方面的不足，并为实现该目标进行了持续努力。杜鲁门第一届政府囿于主客观的各种原因，婉拒了真纳政府的援助请求。

一　巴基斯坦建国初期的基本国情

在经济方面，工业基础和水平非常落后，社会基础设施严重不足，资金积累基本无效，国民生活水平十分低下，人力资源开发程度很低，农业发展受到自然条件的严重制约。

在工业领域，生产方式和生产能力十分落后。其一，轻工业较多，重工业稀少。立国之初，巴基斯坦只有 16 家棉纺厂、11 家制糖厂、5 家水泥厂、3 家皮革厂、7 家火柴厂。[1] 而作为工业再生产行业的钢铁和机械等重工业几乎就是空白。与此相对应，1948—1949 年度，工业总产值在国民收入中仅约占 5.8%。[2] 其二，企业规模小，没有任何工种拥有超过 5 万名产业工人。在雇佣工人 1 万—5 万的工业中，巴基斯坦有 6 家，印度有 32 家，在雇佣工人 5000—10000 的工业中，巴有 1 家，印度有 8 家；在雇佣工人低于 500 人的工业中，巴有 23 家，印度有 4 家。[3] 其三，工业和工人数量少，巴基斯坦拥有工业企业 1414 家，占原英印殖民地工业企业总数的 9.6%；产业工人为 20 万，占英属印度工人总数的 6.3%。

---

① B. M. Bhatia, *Pakistan's Economic Development 1948 - 1988*, New Delhi：Konark Publishers PVT. LTD, 1989, p. 45.

② 云南省历史研究所：《巴基斯坦》，云南历史研究所 1980 年版，第 72 页。

③ B. M. Bhatia, *Pakistan's Economic Development 1948 - 1988*, New Delhi：Konark Publishers PVT. LTD, 1989, pp. 27 - 30.

这显然与巴基斯坦总人口占英属印度总人口的 20% 不对应。其四，工业资本少，国有资本更少。1947—1948 年度，巴基斯坦有 2889 家注册合股公司，已缴资本额为 15.96 亿卢比，分别相当于印度的 12.7% 和 2.8%。[①]其中，作为巴基斯坦国民经济的支柱和最主要的创汇行业之一——棉纺行业中，多数企业被英国资本所掌握，[②]本国资本所占比例非常低。其五，工业严重依赖印度。这在巴基斯坦当时最重要的出口创汇行业——棉纺织业和黄麻纺织业中表现最为突出。1947—1948 年度巴基斯坦黄麻出口量的 70% 是向印度出口的。巴基斯坦政府对此非常不满和不安，其在 1948 年 4 月的工业政策声明中强调：一个生产了世界上近 75% 黄麻的国家，却没有一家黄麻厂。年产 150 万包优质棉花，却仅有几家纺织厂利用它们。[③]显然，此种状况的长期持续将对巴基斯坦的经济发展、政治稳定、国家安全和国民意识造成严重、深刻的不利影响。而解决的根本途径就是要尽快发展、壮大本国的工业。

在社会基础设施领域，工业发展所必需的交通、通讯、运输、动力等基础设施和条件都处于非常落后或匮乏的状态。例如，在工业发展所需的电力方面，巴基斯坦成立之时，全国只有一座小型水力发电站，发电装机容量只有 3.13 万千瓦，还需要从印度购电，[④]全国所缺电力亦主要依赖印度补给。巴基斯坦当时缺乏经济社会基础设施，无对外贸易、无货币体系，交通设施紧缺。[⑤]1947 年 8 月，巴基斯坦仅有铁路 4999 公里，[⑥]其铁路部门能够获得的铁路车辆大多年久失修，急需更新换代。独立之后，巴基斯坦的铁路部门面临更严峻困难，所需材料仍然匮乏，东巴基斯坦的铁路系统缺乏修理设备，蒸汽机车所必需的煤炭的常规供应非常困难。通讯方面，新生的巴基斯坦不能与外部世界建立直接联系，因为其通讯系统是从英印通讯系统中独立出来的，其所有的外部通讯

---

① B. M. Bhatia, *Pakistan's Economic Development 1948 – 1988*, New Delhi: Konark Publishers PVT. LTD, 1989, p. 45.

② 云南省历史研究所：《巴基斯坦》，云南历史研究所 1980 年版，第 81—82 页。

③ K. Amjad Saeed, *The Economy of Pakistan*, Karachi: Oxford University Press, 2007, p. 281.

④ 云南省历史研究所：《巴基斯坦》，云南历史研究所 1980 年版，第 81—82 页。

⑤ 铎生：《巴基斯坦的经济和政治》，世界知识出版社 1960 年版，第 24、55 页。

⑥ K. Amjad Saeed, *The Economy of Pakistan*, Karachi: Oxford University Press, 2007, p. 164.

都必须通过孟买中转。而从卡拉奇到波斯湾的水下通讯在二战期间曾经提供过服务，其后中断。直至 1948 年 10 月，即巴基斯坦独立两个月之后才被恢复。而巴基斯坦的东西两翼未能建立直接联系，必须通过印度中转。

在金融业方面，新生的巴基斯坦的银行系统处于实际的瘫痪状态，本来应该为国民和国家提供的正常金融和财政服务几乎全部暂停。导致这一不利局面的最直接因素是印度人、印度和英美资本。由于巴基斯坦境内的绝大多数银行都被非穆斯林所掌控或管理，从事银行业的印度人大量逃往印度境内，巴基斯坦境内的表列银行办事处从独立之前的 631 家缩减到独立之初的 213 家。而印度政府则在移交分割协议要求的原英印经济遗产时设置重重障碍，甚至设想从经济方面扼杀巴基斯坦。在资本方面，外国资本，尤其是英国资本占据了巴基斯坦境内资本体系的主体和主导地位，民族资本相应呈现出羸弱状态。据统计，至 1948 年 7 月，巴基斯坦 38 家表列商业银行中，本国银行仅 2 家，外国银行 36 家，195 家分支机构中，本国分支机构仅 23 家，外国分支机构 172 家，英国资本占巴基斯坦银行资本的 90%。[1] 英国在东西巴的资本计 10 亿卢比，约占当时巴基斯坦注册工商业股份公司实际资本的 62.7%。[2] 这种外国资本和本国资本之间的比例和关系，令英美等国资本控制了巴基斯坦的主要工、矿、银行和保险等国民经济要害部门，使巴基斯坦在发展民族工业的过程中面临多重束缚，步履维艰。

在国民收入和国民生活水平问题上，巴基斯坦处于令人悲观的状况。巴基斯坦政府的调查数据显示，1940—1950 年度，巴人均国民生产总值为 311 卢比，农村的人均收入为 207 卢比，国民每天的粮食可得量为 15 盎司。[3] 另据联合国的相关统计，1949 年，巴基斯坦的人均收入为 51 美元，在列入的 70 个国家中排名第 57，当年印度为 57 美元，阿富汗为 50 美元，斯里兰卡为 67 美元，中国为 27 美元，美国为 1453 美元，巴基斯

---

①　李德昌：《巴基斯坦经济发展》，四川大学出版社 1992 年版，第 54 页。

②　李德昌：《巴基斯坦经济发展》，四川大学出版社 1992 年版，第 53 页。

③　B. M. Bhatia, *Pakistan's Economic Development 1948 – 1988*, New Delhi: Konark Publishers PVT. LTD, 1989, p. 107.

坦是世界上最贫穷的国家之一。[1]

在人力资源方面，巴基斯坦立国之初的人力资源开发程度很低，人口素质较低，主要表现是人口识字率很低和农业劳动力占总劳动力的绝大多数。根据巴基斯坦官方统计数字，1951 年，巴国民的识字率仅为13.2%，其中男性为 17%，女性为 8.6%；[2] 1951 年，巴基斯坦民用劳动力 22393000 人，占全国人口的 30.7%。其中农业部门劳动力 16903000人，占劳动力总人口的 75.5%，非农业部门劳动力 5490000 人。[3] 其中，工业部门中的劳动力只占巴基斯坦劳动力总人口的 10%。

在农业上，巴基斯坦的农业发展受到自然条件的严重制约。西巴基斯坦的农业主要依靠河水灌溉，河水的丰枯严重影响西巴基斯坦的农业经济发展。而与其灌溉直接相关的河流是印度河。该河上游位于印度境内，中下游流经巴基斯坦最重要的农业灌溉区。在印度与巴基斯坦互相为敌的阶段，印度河事关巴基斯坦的经济、政治和社会稳定，是一个关系国运的重大问题。1948 年 4 月，印度罔顾管理国际河流的国际法等诸原则，声称将对流向巴基斯坦的水流收费，并突然切断拉维河和萨特卢杰河流向灌溉运河的水流，巴基斯坦因农业灌溉区的农业将面临灭顶之灾而被迫屈服。东巴基斯坦的土地虽然比西巴基斯坦的土地丰腴，但每年都不得不随时面对飓风和洪水的严重危害，其农业产量对天气的依赖远远高于对技术的依赖，潜藏着经常性的严重危机。而此种危机在当时，巴基斯坦政府是无暇或无力独自应对的。

在军事方面，巴基斯坦的武装力量在数量、装备、后勤、训练等方面严重落后于印度，令其对自身的国家生存和民族独立产生了深刻不安和焦虑。

巴基斯坦军事历史学家、陆军少将法扎尔·穆基姆·汗（Faza Muqueem Khan）研究认为，根据 1947 年 9 月 24 日关于军事资源分配的协

---

[1]　B. M. Bhatia, *Pakistan's Economic Development 1948 – 1988*, New Delhi: Konark Publishers PVT. LTD, 1989, p. 45.

[2]　S. Akbar Zaidi, *Issues in Pakistan's Economy*, Karachi: Oxford University Press, 2000, p. 356.

[3]　B. M. Bhatia, *Pakistan's Economic Development 1948 – 1988*, New Delhi: Konark Publishers PVT. LTD, 1989, p. 39.

议，两国各应得武器或服务如下：巴基斯坦应获得 6 个装甲兵团、8 个炮兵团、1 个工程部队、8 个步兵团、2 个先遣部队、6 个卫戍部队、23 个陆军后勤补给单位、27 个陆军后勤运输单位、4 个陆军后勤战地单位、11 个陆军后勤战后单位、9 个战地医疗单位、5 个专业医疗单位等；印度应获得 14 个装甲兵团、40 个炮兵团、2 个工程部队、15 个步兵团（包括 6 个廓尔喀团）、10 个先遣部队、15 个卫戍部队、40 个陆军后勤补给单位、57 个陆军后勤运输单位、9 个陆军后勤战地单位、32 个陆军后勤战后单位、18 个战地医疗单位、14 个战后医疗单位等。[1] 上述资料都显示，印度在军队分配的绝大多数方面都占据了绝对优势，其所得大多都是巴基斯坦的 2 倍以上，甚至达到近 3 倍。由于绝大部分前印度军队驻扎在分治后的印度境内，分治后印度政府获得了分割军事力量的主导权，竭力减少巴基斯坦应得份额，并延迟甚至拒绝向其移交军事力量和物资。在武装部队的分割问题上，印度更是大赢家。陆军：印度分得 15 个步兵团、12 个装甲营、18.5 个炮兵团和 61 个工兵营；巴基斯坦分得 8 个步兵团、6 个装甲营、8.5 个炮兵团和 34 个工兵营。海军：印度分得所有的登陆舰和包括两艘护卫舰在内的 32 艘作战舰只；相比之下，巴基斯坦仅仅分得 16 艘小型舰船。在士兵人数上，印巴之间的分配比例分别是：陆军为7∶3；海军为6∶4；空军为8∶2。[2] 按照分配协议，巴基斯坦与印度军械材料方面按照 36∶64 的比例进行划分。巴基斯坦应分得 16 万吨军械材料，实际只获得 2.3225 万吨；应获得 118 辆谢尔曼坦克和 46 辆斯图尔特坦克，但实际上连 1 辆也未获得；应该获得各种类型弹药 4000—6000 吨，但实际完全没有得到；应获得 17.2667 万吨工程材料和工厂机械，但实际只获得 0.1128 万吨。"很多运输车辆效率低下，且既没有备用车辆代替进行替换，也没有工具和零部件修理这些车辆"，"根本没有粮食、润滑油和燃油的采购机制"。只有 219 名军医和 11 名护士。弹药厂的生产能力非常低下。美国在卡拉奇领事馆的军事随员报告说，巴基斯坦严重缺乏军事补给。其军事物资储备非常少，以致不能支撑任何形式的战

① M. S. Venkataramani, *The America Role in Pakistan*, 1947–1958, New Delhi: Radiant Publishers, 1982, pp. 12–13.

② 谌焕义：《英国工党与印巴分治》，社会科学文献出版社 2003 年版，第 337 页。

争。1948—1949 年，巴国防费用占联邦政府经常性支出的 71.32%，1949—1950 年度占 73.06%，最低的 1950—1951 年度占 51.32%。[①] 而印巴战争潜力的差距更加突出了两国军事力量的差距。1947 年印巴分治之后，两国力量对比结构性失衡。从领土面积、人口规模和自然资源这三项重要的国家实力指标上看，分治之初，印度的国土面积为 297.47 万平方公里，人口总数为 3.5689 亿，均为巴基斯坦的 4 倍；工业实力上，印度是巴基斯坦的 10 倍。[②] 而在自然资源的蕴藏量及其开发能力方面，巴基斯坦处于更加不利的境地。

在安全上，印度对巴基斯坦的敌视态度和印度教徒与穆斯林之间的惨痛经历令后者深感恐惧，而阿富汗再次挑起它与巴基斯坦之间的"普什图尼斯坦"问题则加深了巴基斯坦的恐惧。

在分治过程中，印度国大党的最重要领导人贾瓦哈拉尔·尼赫鲁（Jawaharlal Nehru）和莫罕达斯·卡拉姆昌德·甘地（Mohandas Karamchand Gandhi）坚决反对巴基斯坦独立。1947 年 6 月 3 日晚，尼赫鲁在宣布接受英国政府关于印度独立的方案时说，他和他的同事本不喜欢印度被肢解……进行外科手术比让印度不断流血要好。[③] 圣雄甘地虽然同意分治不可避免，但他也宣称，"只要我还活着，我将永远不同意印度分治"。[④] 6 月 4 日晚，甘地在祷告会上宣称："实际上他也像国大党一样反对分治。"而伊纳亚杜拉·马什拉奎为首的卡克萨尔分子对穆斯林联盟在印度举行的最后一次会议的地点的袭击，令"真纳相信这次袭击是企图杀害他"[⑤]。6 月 28 日，甘地向印度总督表示，绝不允许真纳和穆盟盟员享有同国大党党员同样的权利，更不允许真纳拥有更多权力。

在分治之初，印度试图积极扼杀巴基斯坦。印度国大党领袖们虽然非常不情愿地接受了印巴分治的现实，但争取建立一个独立、统一的

① Hasan Askari Rizvi, *The Military & Politics in Pakistan 1947 – 77*, Lahore：Sang – E – Meel Publications，2000，p. 57.

② Aslam Siddiqi, *Pakistan Seeks Security*, Lahore：Longmans, Green & Co. Ltd, 1960, p. 16.

③ ［巴基斯坦］G. 阿拉纳：《伟大领袖真纳：一个民族的经历》，袁维学译，商务印书馆 1983 年版，第 382—383 页。

④ Abul Kalam Azad, *India Wins Freedom*, Delhi：Orient Longman, pp. 185 – 187.

⑤ ［巴基斯坦］G. 阿拉纳：《伟大领袖真纳：一个民族的经历》，袁维学译，商务印书馆 1983 年版，第 385 页。

"大印度联邦"的雄心未有明显削弱。作为国大党领袖和政府总理，尼赫鲁依然坚信，印巴分治只是权宜之计，巴基斯坦的内部问题不会让这个国家长期存在下去，用他自己的话来说，则是"就让我们看看它到底能撑多长时间"[①]。因此，尼赫鲁总理在以克什米尔为代表的土邦归属问题上不仅对巴基斯坦寸步不让，反而步步紧逼，极力削弱巴基斯坦，扩充自身实力。例如，在克什米尔问题上，虽然巴基斯坦总理里阿夸特说："'克什米尔就像巴基斯坦头上的帽子，如果我们容忍印度摘走这顶帽子，那就会永远受印度的摆布。'克什米尔对巴基斯坦的重要性由此可见一斑。"[②] 但尼赫鲁却认为："没有克什米尔，印度就不会在中亚的政治舞台上占据一个重要的位置"，克什米尔是"亚洲的心脏……应该从特殊的地理位置去理解克什米尔"。[③] 言下之意就是，印度绝不会在克什米尔问题上妥协。第一次印巴战争的爆发及结局、印度在海得拉巴和朱纳加德的军事和政治行动，也印证了印度政府的真实意图。又如，针对真纳提出的印度为巴基斯坦东西两翼的联系在印度土地留出一条"走廊"要求，尼赫鲁称之为"一个异想天开的、荒唐的要求"。而《印度斯坦时报》则写道："如果巴基斯坦的生存依赖于'走廊'，那么它（巴基斯坦）是永远也建立不起来的。"此外，1946年印度多地发生印度教徒对穆斯林的残酷屠杀事件，分治前后发生的印度教徒大规模袭击逃往巴基斯坦的穆斯林教徒的血腥记忆，印度政府在向巴基斯坦政府移交后者应得物资和人员过程中的种种不合作、破坏和拖延的经历，印巴之间悬殊的经济实力等，都无一例外地增加了巴基斯坦的危机感。而巴基斯坦与阿富汗的关系也因杜兰线问题和"普什图尼斯坦"问题持续恶化，令巴基斯坦深刻恐惧阿富汗与印度联合，压迫和打击它，从而导致新生的巴基斯坦被迫面临不可承受的灭国之灾。

上千万难民的涌入和逃离令巴基斯坦面临严重的现实和潜在的经济和社会危机。1947年8月至1951年4月，印巴两国难民流量高达1400

---

① 陈继东、晏世经：《印巴关系研究》，巴蜀书社2010年版，第47页。

② 苏林波：《天使还是魔鬼：科技发展对21世纪初世界主要国家和地区安全战略的影响》，国防大学出版社2004年版，第43页。

③ 张忠祥：《尼赫鲁外交研究》，社会科学文献出版社2002年版，第85—86页。

万，其中从印度流入巴基斯坦的穆斯林约 800 万，从巴基斯坦流入印度的印度教徒和锡克教徒约有 600 万。流入巴基斯坦的穆斯林难民主要是农民和手工业者，他们在到达新的环境后发现自己掌握的技能几乎没有可用之处，找不到可以维持生存的工作，只能等待政府的救助。彼时的穆斯林难民多聚集在大中城市，如卡拉奇和旁遮普等，对新生的、脆弱的且执政经验非常少的巴基斯坦政府造成非常沉重的经济负担。而逃离巴基斯坦的印度教徒和锡克教徒中的很多人从事贸易、商业、借贷和城市中各种职业，还有很多人拥有大量土地。相对于穆斯林而言，印度教徒和锡克教徒所拥有的知识、技能、资金和土地都是丰富的。他们的逃离不仅带走了巴基斯坦急需的资金、技术和知识，而且令巴基斯坦的上百万英亩的土地荒芜了多年，农业经济遭到严重破坏，对巴基斯坦造成多重打击。难民的流入没有增强巴基斯坦的国家实力，反而使它背上了沉重负担。流出的印度教徒和锡克教徒则相当于"釜底抽薪"，令巴基斯坦的经济发展、社会稳定和国家安全雪上加霜。普遍的贫穷蕴藏着不安的骚动，巴基斯坦社会潜藏着一触即发的经济危机和社会动荡，其国家生存岌岌可危。正如巴基斯坦官方出版物所说，对于这"800 万难民的救济和安置"一直是巴"经济上的一个沉重的负担"，"至今还远未解决"。[①]

在外交上，巴基斯坦与印度、阿富汗和英国关系不睦，与美国关系表面良好，令巴基斯坦政府领导人在反复权衡之后，将求援目光转向了美国。

印度对巴基斯坦怀有深刻敌意。印度国大党期待巴基斯坦成为一个被严重损毁的国家，他们只准备接受如此的巴基斯坦；国大党人也相信，如此的巴基斯坦即使成为国家，其生命也必将是短暂的。因此，国大党在其内部通过的接受印巴分治的决议中载明："地理、山脉和海洋都有利于印度，没有人类的机构能够改变其形态或阻碍其天定命运。经济环境和国际事务的持续需求使印度统一更加必要。我们一直珍视的印度图景仍将铭记于我们的心中。"[②] 在此基础上，尼赫鲁的印度成为世界上"有

---

① 铎生：《巴基斯坦的经济和政治》，世界知识出版社 1960 年版，第 7—8 页。

② Latif Ahmed Sherwani ed., *Pakistan Resolution to Pakistan*, Karachi, 1969, pp. 247 – 248. *Cited in Pakistan*, *China and America*, Karachi: D&Y Printers, 1969, p. 10.

声有色的大国"的理想成为迄今为止印度外交政策的总目标。尼赫鲁政府不仅寻找一切时机和条件强化和突出在南亚之外的国际地位和影响力，而且在南亚内部采取十分强势的外交政策，力图削弱巴基斯坦、突出印度优势，进而将南亚邻国统统归于麾下。而巴基斯坦则成为印度在域内防范、压制和打击的首要对象。印度政府在移交已经协议分割的军队、军事物资和物资财产等过程中采取了推诿、拖延和以次充好等方式，以增加巴基斯坦的负担，甚至逃离巴基斯坦的印度教徒也公开宣称要用经济扼杀巴基斯坦。

巴基斯坦与阿富汗关系持续恶化。巴基斯坦与阿富汗同为伊斯兰国家，在经济、文化和宗教上有着不可分割的关联。但在国家利益和民族利益面前，上述关联都不得不让位。巴基斯坦与阿富汗的关系日趋紧张的根源是英国政府刻意遗留的杜兰线问题衍生出来的"普什图尼斯坦"问题，即阿富汗政府强烈主张杜兰线不是国际边界线，被该线分隔开的帕坦族应建立一个主权国家。新生的巴基斯坦自然不愿意在刚刚立国之初就让来之不易的国家独立和统一受到邻国的伤害。因为当时印度也在采取同样的方式逼迫尚未决定加入印度还是巴基斯坦的前英印土邦选择印度。如果在涉及民族感情、国家利益和民族尊严的问题上向阿富汗妥协，不仅令那些为巴基斯坦独立付出心血的政府领导人难以接受，也无法向支持立国运动的广大国内穆斯林做出交代。因此，巴基斯坦在杜兰线和"普什图尼斯坦"问题上与阿富汗针锋相对，采取了非常强硬且毫不退让的立场。

巴基斯坦与英国的关系冷淡。英国对巴基斯坦的求援态度消极，其立场和态度是由主观和客观两方面的情况所决定的。在主观上，英国工党政府延续了对真纳领导的穆斯林联盟及其所建立国家的消极态度和立场，并在印巴关系中更重视印度。在客观上，英国此时经济状况决定了其不可能对巴基斯坦的巨额援助请求做出积极回应。1947 年 11 月 1 日，蒙巴顿勋爵独自前往拉合尔，与真纳进行原定还有尼赫鲁参加的关于克什米尔严峻形势的三方会谈。在会谈中，蒙巴顿与真纳互相指责，"真纳的心情十分沮丧，几乎是一个宿命论者的心情。他像一个受虐狂那样反复说，印度一心要消灭它所建立的国家"。① 巴基斯坦人认为，英国在过去完全不支持穆斯林的事业和巴基斯坦。尽管自建国之后就是英联邦成员国，但巴基斯坦政府和人民认为根本不能期待英国给予援助。在他们看来，"英国没有给予巴基斯坦政府的感情以足够的关注，而该关注是英联邦应该准备向其成员国提供帮助和建议"。1947 年 9 月底，真纳曾经建议英联邦国家敦请英国政府在"停止发生在印度和巴基斯坦境内的对难民火车和队伍的谋杀性袭击中发挥建设性作用"。但真纳抱怨说，英国政府"在这一方面推脱了自己的责任"。而英国驻巴基斯坦的高级专员劳伦斯 G. 史密斯（Lawrence G. Smith）亦在 1947 年底承认，"英国对巴基斯坦不怎么感兴趣"。而在克什米尔归属的问题上，巴基斯坦一直热切期待由某种英联邦委员会而不是由联合国来监督在克什米尔举行全民公决。然而，英国的冷漠的态度令它大失所望，巴基斯坦对来自英国的实质性援助和支持不再抱有太大期望。

巴基斯坦与美国的关系貌似良好。1947 年 6 月，美国政府表示，在巴基斯坦成立之时，希望与巴基斯坦建立紧密的关系。美国媒体也对即将成立的巴基斯坦表示了欢迎的态度。同年 8 月 10 日，在巴基斯坦立宪大会召开第一次会议过程中，马歇尔国务卿向该大会致电，表达了其对巴基斯坦境内实现民主与和平的期待。8 月 14 日，杜鲁门总统向真纳总督发出了热情洋溢的贺电，祝贺巴基斯坦建国。杜鲁门在贺电中宣称："值此巴基斯坦成为国际大家庭新成员的吉祥之日，我代表美国人民向您，里阿夸特·阿里·汗总理和巴基斯坦人民致以最真诚的祝福。为了这一天的到来，您和其他领导人带领巴基斯坦人民持之以恒、不辞辛劳，历尽千万险阻。我希望向您保证，新生的国家巴基斯坦自治领正在得到美国人民的友谊和善意。美国政府和人民期望与贵国开创长期紧密且友好关系的历史。我们对您迅速提高巴基斯坦人民福利的期许感到兴奋，期待贵国积极参与为全人类谋福利的国际事务中，并发挥建设性作用。"②
8 月 15 日，即真纳就任巴基斯坦自治领第一任总督的当天，美国成为第

---

① ［巴基斯坦］G. 阿拉纳：《伟大领袖真纳：一个民族的经历》，袁维学译，商务印书馆 1983 年版，第 425 页。

② Department of State, *Bulletin*, August 24, 1947, p. 396.

一个予以巴基斯坦外交承认的国家，也是唯一向真纳就职典礼派遣官方
代表的国家。美国驻巴基斯坦总领事小查尔斯·W. 刘易斯以杜鲁门总统
私人代表，即相当于部长级身份参加了巴基斯坦境内的官方权力的交接
仪式。美国的反对殖民主义的立场也在巴基斯坦国家领导人和民众心目
中留下了良好印象。10 月 8 日，杜鲁门总统在接受巴基斯坦首任驻美大
使 M. A. H. 伊斯帕哈尼（M. A. H. Ispahani）递交国书时礼貌性地表示：
"我们时刻准备以任何恰当的方式援助巴基斯坦，该援助自然会符合我们
两国的利益，也有利于世界……"同时，美国在二战中做出的巨大贡献、
赢得的盛大威望、战争结束初期的强盛国力和反对殖民主义的国际形象
都令新生的、脆弱的巴基斯坦心生钦佩、心向往之。但是，如果将杜鲁
门总统致尼赫鲁总理的贺电与其对真纳总督的贺电相比较就不难发现，
杜鲁门对尼赫鲁所说的话要远比其对真纳所说的话更热烈。

　　此外，被巴基斯坦视为天然盟友和兄弟国家的伊斯兰诸国大多刚刚
获得独立，或者正在争取民族解放和独立，经济和军事实力都很薄弱，
甚至不及巴基斯坦的水平，且都面临着严峻的国内建设重任。因此，除
政治声援和支持之外，巴基斯坦在当时不可能从伊斯兰国家获得其急需
的经济和军事援助。

二　真纳政府向杜鲁门第一届政府积极求援

　　真纳是巴基斯坦立国运动的最重要领导人和印度穆斯林的领袖，其
高远的眼界和务实的精神令其对巴基斯坦的前途和命运感到深刻的焦虑，
担心新生的巴基斯坦不堪重负，进而迅速倾覆。为了国家和民族的存亡
兴衰，真纳在巴基斯坦建国前后就开始向美国明确表达求援的立场。

　　1947 年 5 月 1 日，真纳与美国国务院主管中东和印度事务的雷蒙
德·A. 哈尔（Raymond A. Hare）和美国驻印度大使馆的秘书托马斯·E.
威尔（Thomas E. Weil）进行了一个半小时的会谈。在谈话中，真纳明确
强调了三个要点：第一，巴基斯坦能够在阻止"印度扩张主义"向中东
扩张过程中发挥极其重要的作用。第二，巴基斯坦作为一个主权独立的
伊斯兰国家，必将与其他伊斯兰国家共同反对苏联可能发动的侵略，并
在这一过程中寻求来自美国的援助。第三，巴基斯坦国内的某些媒体对
美国外交的嘲讽和抨击并不代表巴基斯坦政府的态度和立场。真纳特别

提及了巴基斯坦《黎明报》频繁嘲讽美国的问题。他说，《黎明报》的编辑只是反映了印度穆斯林对美国的总体态度，且声称"他们不得不谋生"。他说他认识到美国对巴基斯坦可能持开明立场，大多数印度穆斯林认为美国反对他们的理由是：第一，多数美国人反对巴基斯坦；第二，美国政府和人民支持犹太人在巴勒斯坦反对阿拉伯人。① 真纳的言论既是为了争取美国对巴基斯坦立国运动的支持，也希望借此向美国传递一个明确信息，即巴基斯坦的政治、经济和外交独立有利于美国在南亚和中东的利益，从而为即将诞生的巴基斯坦获得美国的承认和援助预做铺垫。

7月10日，美国驻印度大使亨利·F. 格雷迪（Henry F. Grady）拜会了真纳。在会谈中，真纳不仅表达了其对美国的热爱，而且期望美国可以在许多问题上援助巴基斯坦。格雷迪对真纳的援助请求勉强给予了具有相当保留的保证。② 8月中旬，在格雷迪为真纳举行的送别会上，真纳热情表达了他对美国的钦佩和赞誉。他说：美国是"灯塔，鼓舞了如同我们一样的、争取独立和自由的国家"，③ 并再次希望美国能够"在许多方面"援助巴基斯坦。但当美国大使询问真纳是否想要更详细地说明该问题时，后者却回答"时机未到"。真纳之所以在当时未向美国详细陈述援助请求，原因是多方面的。最重要原因是平稳就职巴基斯坦总督、宣布建立巴基斯坦是真纳的当务之急。鉴于美国对巴基斯坦立国运动的冷淡，甚至在某种程度上的反对态度，真纳并不能完全确定美国会提供援助；他亦不希望因为这一前景不明的问题引发印度的激烈反应，导致印巴分治协议执行的失败。但是，巴基斯坦自治领正式独立之后，建国任务繁重而紧迫，国家各种资源严重短缺，迫使巴基斯坦政府立即展开对外求援行动。

真纳总督接受美国驻巴基斯坦外交代办的建议。1947年9月1日，巴基斯坦财政部长古拉姆·穆罕默德（Ghulam Muhammad）邀请美国驻

---

① FRUS, 1947, Vol. Ⅲ, *The British Commonwealth*；*Europe*, Washington, D. C.：U. S. GPO, 1972, p. 290.

② FRUS, 1947, Vol. Ⅲ, *The British Commonwealth*；*Europe*, Washington, D. C.：U. S. GPO, 1972, pp. 161 – 162.

③ M. A. Jinnah, *Speeches as Governor General*, 1947 – 1948, Karachi：Ferozsons Ltd. , 1948, pp. 66 – 67.

巴基斯坦临时代办小查尔斯·W. 刘易斯（Charles W. Lewis Jr.）到访财政部，向其探询美国援巴的可能性。古拉姆问道，美国是否愿意向巴基斯坦提供其急需的财政援助，以帮助这个新生国家呢？巴基斯坦需要资金和技术援助来迅速发展经济。如果能够及时达成援助协议，将十分有利于美国资本。古拉姆还表示，巴基斯坦需要美国财政援助的第二个重要领域将与美国的安全关注相一致。由于未得到美国政府的相关授权，刘易斯表示其对美国提供贷款帮助外国政府满足行政费用的立场并不熟悉。但其随后建议：巴基斯坦政府应该准备一份详细描述自身的财政状况和所需援助的文件，新任巴基斯坦驻美国大使应该在华盛顿与美国政府官员讨论该问题。古拉姆认为刘易斯的建议是合理的，并继续恳求其支持巴基斯坦的求援活动。古拉姆在巴基斯坦国内最早主张以"美援"应对国家的"行政费用"问题，特别是国防费用问题，是该理念的首倡者。其理念获得了真纳总督的支持。真纳随即任命海德拉巴的政府官员米尔·莱克·阿里（Mir Laik Ali）为总督特使，与巴基斯坦首任驻美大使伊斯帕哈尼赴美求援。

真纳政府营造求援氛围。为了赢得杜鲁门第一届政府的好感，也为即将开始的求援活动营造良好气氛，真纳政府频繁释放善意。9月7日，真纳在巴基斯坦内阁会议上宣称："巴基斯坦是一个民主国家，在伊斯兰的土壤中不会开出共产主义的花朵。因此，显而易见，我们的利益更多地与两个伟大的民主国家——英国和美国相关联，而不是与苏联相关联。"① 9月11日，真纳在巴基斯坦内阁会议上强调"西北边境省的安全问题是世界高度关注的问题，并不仅仅是巴基斯坦的内部事务"的同时，特别指出："在所有大国中，只有苏联没有向巴基斯坦的诞生表示祝贺。"② 真纳希望以此引起具有深刻反苏偏见的杜鲁门政府对巴基斯坦的好感和关注。10月8日，巴基斯坦首任驻美国大使伊斯帕哈尼向杜鲁门总统递交国书时声称，从人类学角度考察，巴基斯坦是伟大的印度穆斯

---

① National Documentation Centre, *Minutes of Cabinet Discussion*, September 9, 1947, 67/CF/47, Islamabad.

② Dennis Kux, *The United States and Pakistan 1947 – 2000*, Washington D. C. : Woodrow Wilson Center Press, 2001, p. 20.

林国王的后裔，其最初来自中亚草原和高加索山区，而这一地区也是美国人民先祖的最早家园！虽然杜鲁门总统并未评论该说辞，但美国《纽约时报》指出，杜鲁门总统在 10 月 8 日接受巴基斯坦首任驻美国大使递交国书时宣称："美国准备以各种适当方式向巴基斯坦提供援助，这将自然地为两国和世界带来益处。"①

巴基斯坦政府向杜鲁门第一届政府提出具体求援计划。10 月初，米尔·莱克·阿里特使率领巴基斯坦政治代表团访问美国，开始与杜鲁门第一届政府就两国间的援助事宜进行首次直接接触和协商。特使同时向美国国会和对其有重大影响力的纽约大通国民银行董事会主席温斯洛普·W. 阿尔德里奇（Winthrop W. Aldrich）提交了关于巴基斯坦所需援助的详细的备忘录，并向后者转达了真纳总督的信息，即希望其"从商业视角处理与巴基斯坦的未来关系"，推动国会批准向巴基斯坦提供援助。根据美国官方记载，米尔·莱克·阿里提出的援助请求包括：7 亿美元的工业发展贷款、7 亿美元的农业发展贷款和 5.1 亿美元用于建设和装备防御设施的防御贷款。在 5.1 亿美元的防御贷款需求中，2.05 亿美元被特别强调是用来满足预期的巴基斯坦军事预算赤字，剩余的 3.05 亿美元用于满足 1947 年 10—11 月的建设需求。此外，巴基斯坦还需要美国石油界的大量援助，以开发利用其丰富的石油资源。他还请求获得经验丰富的技术专家的帮助，以建立和发展一些特定工业，并希望在资本商品的早期供给中得到优先对待。② 可以说，巴基斯坦最初的援助请求对彼时的所有国家而言都是庞大的，需要谨慎对待。作为二战后最强大的资本主义国家——美国，亦不得不十分谨慎，以避免自身担负过多责任或处于于己不利的境地。相对而言，巴基斯坦更迫切地希望获得美国可能提供的军事援助，包括陆军：1.7 亿美元，提供给 10 万名陆军军人。该军种包括一个装甲师、5 个部分摩托化的步兵师和一个小型骑兵部队；对现有武器和装备、供给、弹药、炮兵工厂设备进行更新改造，提供原材料

① *New York Times*, October 9, 1947. Cited in Rajendra Kumar Jain, *US – South Asian Relations 1947 – 1982*, Vol. 2, New Delhi: Radiant Publishers, 1983, p. 4.

② M. S. Venkataramani, *The America Role in Pakistan*, *1947 – 1958*, New Delhi: Radiant Publishers, 1982, p. 17.

和士官薪水。空军：0.75 亿美元。提供 12 个战斗机中队（150 架飞机）、4 个战斗侦察机中队（70 架飞机）、3 个轰炸机中队（50 架飞机）、4 个运输机中队（50 架飞机）、4 个训练飞行中队（200 架飞机），并附带提供必要的零件、地面设施和士官薪水。海军：0.6 亿美元。提供 4 艘轻巡洋舰、16 艘驱逐舰、4 艘小型护卫舰、12 艘海岸警卫炮艇、3 艘潜艇、12 万吨的杂项（其中包括必要的弹药和基本装备），等等。[①]

　　美国国务院模糊表态。10 月 17 日，伊斯帕哈尼和米尔·莱克·阿里拜会了美国驻联合国代表维拉德·索普（Willard Thorp）、国务院近东办公室的罗伊·瑟斯顿（Roy Thurston）和另外两位代表。米尔·莱克·阿里向四人明确陈述了巴基斯坦政府的援助请求。他首先强调了巴基斯坦争取美国援助的最重要理由，即美国援助巴基斯坦实际上将有助于防范苏联对印度的侵犯，在对外政策或防御政策方面……西巴基斯坦与俄国临近，并易受其攻击，这是最重大的因素。……如果巴基斯坦屈服于任何外部威胁，印度的防御将变得几乎不可能。随后，总督特使陈述了巴基斯坦的援助请求，即如果在英国和美国的慷慨援助和紧密合作下，巴基斯坦想要强大到足以自卫，它将首先需要在经济上发展起来，且全面提升；现有的空军和海军基地实现现代化，并得到拓展，且要建立新的基地；极其重要的武器和弹药的生产必须扩大和加速；为飞机和其他更先进机器的检修和保养创造更好的设施条件；常规军队的生活水平和训练安排必须得到改进；训练新兵的大量系统必须被引进。随着教育的进步、健康的改善、更好的生活水平及其传统的自豪感和自卫精神的觉醒、激发，巴基斯坦人将能够直面和应对任何困难。这一切的实现需要稳定的资金流入。[②] 因此，首先是防御，其次是经济发展，这是巴基斯坦国家生命的两个极其重要的本质需求，且因为这两个问题，它不得不首先向美国，再向英国寻求援助。巴基斯坦政府希望将美国视为最重要的经济和军事援助来源国。巴基斯坦需要的美国援助包括：在国防方面，最紧

---

　　① *FRUS*, *1949*, *Vol. Ⅵ*, *The Near East*, *South Asia*, *and Africa*, Washington, D. C. : U. S. GPO, 1977, p. 25.

　　② M. S. Venkataramani, *The America Role in Pakistan*, *1947 – 1958*, New Delhi: Radiant Publishers, 1982, p. 19.

迫的需求是扩大现有的兵工厂，并建立特定类型的武器、弹药和基本化学品的新工厂；提供武器、弹药、海军和空军器材和训练人员的设施。工业发展的任何计划都依赖巴基斯坦购买资本货物和获得技术援助的能力。在会谈接近尾声之际，米尔·莱克·阿里又突然提出了一个新的援助请求，希望美国国务院购买大量毛毯援助巴基斯坦。索普礼貌却清楚地声明，美国没有基金可以用于资助以救济为目的毛毯和其他该类物质的购买。他说，如果美国库存中有剩余的毛毯，他会研究并判断美国向巴基斯坦提供一些信用贷款，使其能够从美国战争资产管理局购买毛毯的可能性。会谈结束后，美国官员认为自己已经清楚向巴基斯坦表明了否定立场，但米尔·莱克·阿里却产生了误解，并向真纳政府报告称，与美国国务院的"协商"进展顺利。

10月27日，印度与巴基斯坦爆发第一次大规模战争，双方均投入大量军队。但双方在武器装备、弹药储备和指挥系统等方面对比悬殊，处于明显劣势的巴基斯坦要求获得美国军事援助的压力和动机更加直接、更加迫切。11月6日，得到真纳授权的老练的穆斯林联盟成员马利克·费罗兹·汗·努恩（Malik Feroze Khan Noon）向美国驻土耳其大使赫伯特·S. 博斯利（Herbert S. Bursley）表示，巴基斯坦急需军事装备，如果美国向巴基斯坦提供如同其向土耳其提供的援助，巴基斯坦将对此感激不尽。巴基斯坦准备付款购买美国装备，且需要美国提供大量贷款。努恩强调，巴基斯坦与美国能够成为"伟大的朋友"，他的祖国能够吸收"大量的美国商品"，美国可以期待巴基斯坦成为反对苏联共产主义的堡垒。"巴基斯坦的穆斯林是反对共产主义的。"努恩表示，巴基斯坦需要真正的朋友，巴基斯坦必须到处寻找朋友，而他们能够找到的如同土耳其那样的朋友是美国。如果美国和英国帮助巴基斯坦成为强大、独立的国家，并以其文化自豪，那么，巴基斯坦人民将与共产主义战斗至最后一人，以保持自由并延续其生活方式。[1] 可见，巴基斯坦的援助需求是迫切的，其对美国求援也是发自内心的，但杜鲁门政府另有打算，最初没有明确回应巴基斯坦的求援。

---

[1] M. S. Venkataramani, *The American Role in Pakistan*, *1947 – 1958*, New Delhi: Radiant Publishers, 1982, pp. 24 – 25.

三　杜鲁门第一届政府委婉拒绝巴基斯坦的援助请求

针对真纳政府的援助请求，杜鲁门第一届政府采取了"模糊"策略，既不明确表示接受请求，也不明确表示拒绝，而是委婉地解释不能提供援助的原因，并提出替代性或关联性建议。

美国国务院对美国驻巴基斯坦临时代办小查尔斯·W. 刘易斯的积极活动未予肯定和支持。小查尔斯·W. 刘易斯与巴基斯坦的国家领导人保持着良好的私人联系，是杜鲁门政府中积极主张向巴基斯坦提供援助者之一。他不仅与美国国务院就真纳政府的要求和活动保持频繁联系，而且竭力劝说国务院对巴基斯坦的请求予以积极考虑。但囿于固有偏见，美国国务院近东办公室不仅对巴基斯坦的请求未给予应有的关注，而且以需要立即处理的紧急事务太多为由，未向巴基斯坦驻美大使馆做出明确的援助承诺。

美国国务院首次婉拒巴基斯坦的求援。10 月 24 日，美国国务院近东事务办公室的四位官员在罗伊·L. 瑟斯顿的办公室就国务院应该对莱克·阿里代表巴基斯坦政府提出的援助请求问题采取何种态度和立场进行会商，最终一致同意拒绝巴基斯坦的援助请求。10 月 30 日，美国国务院以近东事务办公室的一致意见为依据，对巴基斯坦政府的援助请求进行了回复。在该回复中，国务院告知莱克·阿里、真纳总督和里阿夸特总理，美国不会向巴基斯坦提供其所要求的援助。与此同时，该回复却又解释了美国拒绝提供援助的理由，并提出了若干相关建议。其要点主要包括：第一，美国没有计划用于十分必要的发展项目贷款的大量基金。第二，美国进出口银行将会对适当范围内的个别项目予以考虑，将会根据其本身的利益采取肯定或否定的立场。第三，巴基斯坦政府或许可以考虑向私人投资方或国际银行寻求更多贷款，以应对其紧迫的需要。第四，鉴于新生的巴基斯坦的严重经济分裂和财政状况，美国对巴基斯坦的合理数量的紧急贷款的请求将予以同情性考虑。[①] 美国官员不但没有提及任何军事援助，而且向莱克·阿里询问了令其不悦的问题，即巴基斯

---

① M. S. Venkataramani, *The American Role in Pakistan, 1947 – 1958*, New Delhi: Radiant Publishers, 1982, pp. 21 – 22.

坦备忘录中是否包括详细、全面的经济发展计划。可以说，该回复所隐含的杜鲁门第一届政府对巴方求援的立场和态度是坚定的，即美方不会向巴基斯坦提供其所要求的援助；但其措辞却是相当委婉的，又令莱克·阿里产生了误解，认为美国对巴基斯坦的请求不能做出积极反应是各种因素综合作用的结果，杜鲁门政府是被迫的；一旦环境转好，美国就会援助巴基斯坦。他仍对美国存有希望。

美国国务院再次婉拒巴基斯坦的求援。12 月 17 日，代理国务卿罗伯特·洛维特致电巴基斯坦驻美大使伊斯帕哈尼，再次委婉表明了杜鲁门第一届政府的基本立场和态度，几乎婉拒了巴基斯坦的全部援助要求。洛维特的电报中包括如下要点，第一，美国政府知晓了巴基斯坦寻求美国援助是为了推动经济复兴和实施发展项目。洛维特称，总督特使递交的有关巴基斯坦建议的经济复兴和发展项目的备忘录似乎反映了一个计划。如果能够得到外国的资本和技术援助，其技术和管理人员能够得到训练、足量的信贷能够保障，该计划将持续数年。第二，杜鲁门政府目前不能援助巴基斯坦。洛维特声称，自己被告知，在没有国会批准和拨款之前，美国政府没有被授权向这一庞大的全面建设计划提供贷款。与此同时，美国国务院不准备建议国会采取此种行动。第三，向巴基斯坦政府提出建议。洛维特建议：其一，巴基斯坦政府应将其备忘录中设想的全面计划分解为可能被美国进出口银行或最终被国际银行认可资助的特选项目。为了协助评估具备获得此类资助的项目，要搞清楚需要遵守的程序，并附上约束美国进出口银行行为的原则声明。其二，鉴于获得公共资金的有限可行性，利用私募资金满足巴基斯坦部分资金需要的可能性不应该被忽视。美国国务院认为，巴基斯坦政府的代表已经在这方面采取了初步措施。巴基斯坦国内秩序的持续恢复，且巴基斯坦与其邻国之间经济和政治关系的继续改善将必然鼓励这种私人投资。其三，国务院欢迎巴基斯坦财政部长随时访问美国，但似乎现在能够采取的最有力的措施应是巴基斯坦政府递交全面的文件申请，以期获得美国进出口银行根据已经传递给巴基斯坦方面的原则声明，资助一个或更多具体项目。① 可见，杜鲁门第一届政府对拒绝援助真纳政府的方式是相当委婉的，并未明确地表明巴基斯坦不可能获得美国援助。相反，其提供的解释和建议留有相当广阔的想象空间，令真纳政府始终对获得美援怀有期待。

四 杜鲁门第一届政府对巴基斯坦实施非正式军事物资禁运

1947 年底，杜鲁门第一届政府婉拒了巴基斯坦的经济和军事援助的请求，但并未将其确立为明确的国家政策。随着第一次印巴战争的爆发，南亚次大陆的诸国之间出现了明显趋于分裂和对抗的巴尔干化倾向。该倾向令杜鲁门第一届政府极为担心，迫切希望印巴实现军事停火、政治和解与经济合作。因此，杜鲁门第一届政府决意以军事物资禁运为手段逼迫印巴两国，尤其是逼迫巴基斯坦停止在克什米尔的军事活动。

1948 年 3 月 4 日，马歇尔国务卿在其致美国驻印度大使馆的电报中指出，印度次大陆巴尔干化的倾向将破坏并搅乱该地区的政治和经济转变，并在这一地区最终产生与美国利益发生抵触的不稳定状态。② 3 月 11日，马歇尔国务卿正式建议杜鲁门总统对印度和巴基斯坦实施军事物资出口的非正式禁运。马歇尔声称："目前的克什米尔争端等问题引发了印度次大陆的紧张局势。印巴双方都宣称这一形势是对国际和平的威胁。鉴于此情况，在该局势没有明朗之前，不能向印度或巴基斯坦颁发出口军事物资的许可证。国务院还相信，应该在外国清算专员办事处的控制下，对今后向印度或巴基斯坦进行军事物品的转让、再转让和出售采取一个相似的政策，除非有证据显示这种物资在印度和巴基斯坦将用于民用和商用。我不建议对这一行动进行宣传而形成正式禁运。"③ 前述政策与美国政府在联合国安理会关于印巴问题的评议中所采取的态度一致，

① *FRUS*, *1947*, *Vol. Ⅲ*, *The British Commonwealth*：*Europe*，Washington，D. C.：U. S. GPO，1972，pp. 173 – 174.

② *FRUS*, *1947*, *Vol. Ⅲ*, *The British Commonwealth*：*Europe*，Washington，D. C.：U. S. GPO，1972，pp. 311 – 312.

③ M. S. Venkataramani，*The American Role in Pakistan*，*1947 – 1958*，New Delhi：Radiant Publishers，1982，pp. 45 – 46.

在该评议中，美国代表强调，印巴双方之间的争端应该以和平方式解决。① 1948 年 3 月 12 日，杜鲁门总统批准了该建议。

该非正式禁运持续到 1949 年 3 月 29 日，长达一年之久。杜鲁门政府之所以向巴基斯坦和印度实施非正式军事物资禁运，而不是采取正式禁运，最主要原因是在印度和巴基斯坦外交倾向尚未完全确定的情况下，美国在印巴之间维持貌似平等、友好的立场和态度，以保持未来能够在政策上拥有最大的选择自由。而正式禁运则过于严厉，可能会引发印巴两国的不满情绪；且正式禁运需要通过一定程序才能确立和解除，涉及的因素比较多，做起来比较耗时耗力。

杜鲁门第一届政府对巴基斯坦的援助请求采取最初婉拒、最终实施非正式军事物资禁运的立场和政策，是由多方面因素相互作用而成。

杜鲁门第一届政府的"英联邦"战略束缚了其援助巴基斯坦。所谓"英联邦"战略是杜鲁门政府在二战结束至 20 世纪 50 年代初期在南亚执行的一项基本战略，其政策内容主要体现在国家安全委员会第 48/1 号文件和第 48/2 号文件中，即依靠英国和英联邦国家承担南亚地区的安全义务，解决印巴争端，防止苏联干预，限制美国介入。② 美国采取该战略的主要原因包括：美国需要英国的国际和地区合作，并分担相应责任；英国希望维持在南亚地区的利益，对美国的介入十分敏感；美国不希望介入印度与巴基斯坦的争端，希望与两者都保持良好关系。杜鲁门第一届政府坚定地执行了该战略。1947 年 2 月 20 日，马歇尔国务卿对来访的英国驻美国大使卡尔宣称："美国支持英国遵循宪法的处理方案，美国完全信任英国可以完美地处理印度问题。"③ 同年 8 月 18 日，美国国务院近东事务局办公室向美国陆海空军协调委员会（SANACC）近东事务小组委员会主席罗伊·W. 亨德森（Loy W. Henderson）提交的一份草案中强调，针对真纳与格雷迪的初步接触，美国应牢记在其他地方做出的承诺，从

①　M. S. Venkataramani, *The American Role in Pakistan*, *1947 - 1958*, New Delhi：Radiant Publishers, 1982, pp. 45 - 46.

②　沈志华、梁志：《窥视中国：美国情报机构眼中的红色对手》，中国出版社集团东方出版中心 2011 年版，第 380 页。

③　*FRUS*, *1947*, *Vol. Ⅲ*, *The British Commonwealth：Europe*, Washington, D. C.：U. S. GPO, 1977, p. 143.

全球角度看，英国继续承担着维护世界和平和南亚安全的首要责任是符合美国利益的。这种接触显然表明巴基斯坦将美国认定为军事力量的主要来源，且由于这将导致美国对该新生国家承担实际军事责任，美国对巴基斯坦的要求持否定态度。① 在同年召开的关于南亚分裂会议上，美国驻印度大使明确表示，"从全球视角来看，英国继续承担维护南亚地区国家和平与安全的重要责任，是符合我们的利益的"②。美国在南亚的策略是以"最小的力气取得最大限度的安全"③。同年 10 月，副国务卿罗伯特·洛维特声称，由于马歇尔计划的庞大需求，美国不能满足印度的请求。当时美国视南亚为英国的势力范围，主张"由英联邦担负次大陆的安全与和平之责"。④ 而巴基斯坦恰恰在此时向美国提出了大规模援助请求，遭受婉拒是情理之中的事情。二者之间存在不可抹杀的必然联系。而在第一次印巴战争期间，美国更频繁怂恿、鼓励英国在推动印巴和解方面发挥带头和引领作用。

　　南亚不是杜鲁门第一届政府优先关注的地区。冷战开始后，杜鲁门政府迅速确定了其优先给予援助的地区和国家，欧洲和中国分别占据了第一和第二的位置。欧洲，尤其是西欧，与美国在政治、经济、军事和文化等方面存在着密不可分的历史和现实联系。二者不仅在人种、血缘、文化上相通、相近，而且在经济上相互依赖、在军事上相互依存、在政治上相辅相成。两个地区既有现实利益的纠葛，又有文化情感的萦绕。而且，面对与自身在意识形态上迥异的苏联，美国认为首先需要西欧迅速从衰败中实现经济恢复、政治稳定和军事重建，使其成为美国在欧亚大陆西部对抗、遏止、牵制苏联的坚固堡垒和阵地。因此，杜鲁门第一届政府在"杜鲁门主义"的引导下，将西欧列入其战后对外经济和军事援助的第一优先的地区，并对其实施了被称为"历史上最成功的对外援

　　① M. S. Venkataramani, *The American Role in Pakistan*, *1947 – 1958*, New Delhi: Radiant Publishers, 1982, p. 21.

　　② M. S. Wenkataramani, *The America Role in Pakistan*, *1947 – 1958*, New Delhi: Radiant Publihers, 1982, p. 21.

　　③ 邱永辉:《美国全球战略与早期印美关系》,《四川大学学报》(哲学社会科学版) 2000 年第 2 期。

　　④ Dennis Kux, *India and the US: estranged Democracies 1941 – 1991*, Washington D. C., 1992, p. 69.

助"的马歇尔计划。该计划从 1948 年 4 月执行到 1951 年 12 月底，美国为支持该计划而付出的实际支出达到 125 亿美元。当真纳及其领导的巴基斯坦政府向杜鲁门第一届政府寻求援助的时刻，正是美国政府酝酿、制定、实施马歇尔计划的阶段。保证该计划的顺利施行是杜鲁门第一届政府的头等大事，当然不会被尚未充分显露重要战略价值的巴基斯坦的求援所干扰。作为美国在亚洲对抗日本的战时盟友，中华民国政府延续并加强了与美国的同盟关系，而美国也将蒋介石领导的国民党政府视为在欧亚大陆东部遏止且牵制苏联向东南亚扩张的最重要联盟，并将其视为防止日本军国主义复活的监督者。为了阻止中国共产党击败国民党政府并建立一个亲苏联的政权，杜鲁门政府在 1945 年至 1949 年期间向国民党政府提供了大量经济和军事援助，总额高达 43 亿美元。1945 年 7 月—1952 年 6 月，美国对外援助总额为 379.87 亿美元，其中经济援助为341.85 亿美元，军事援助 38.02 亿美元。在对外援助的分配上，欧洲、亚洲分居前两位。欧洲获得了 254.27 亿美元的经济援助和 26.12 亿美元的军事援助；亚洲获得了 61.59 亿美元的经济援助和 9.66 亿美元的军事援助。[①] 1948 年召开的关于南亚分裂会议上，美国驻印度大使亨德森明确表示："美国目前必须集中精力和资源抵抗世界某些地区的侵略（以苏联为首的共产主义地区），这不是一个短期政策，我们正面临一个紧急而严峻的形势。"[②] 可见，杜鲁门政府此时的援助重点没有放在南亚，更不可能放在巴基斯坦身上。

　　国内的经济和政治束缚了杜鲁门第一届政府向南亚提供援助。在经济上，美国经济迅速衰退。1945—1947 年，美国经济连续三年负增长。在国民生产总值上，用当年美元计算，1946 年国民生产总值为 2085 亿美元，达到战后最低点；此后逐渐回升，到 1950 年上升为 2848 亿美元。用1958 年美元计算，国民生产总值 1947 年达到最低点，比 1944 年最高点下降 14% 左右。1947 年以后，实际国民生产总值开始增长，到 1950 年达

---

　　① 《战后美国经济》编写组：《战后美国经济》，上海人民出版社 1974 年版，第 289 页。

　　② *FRUS*, *1948*, *Vol. V*, *The Near East*, *South Asia and Africa*, *Part1*, Washington, D. C.：U. S. GPO, 1975, p. 504.

到了 1945 年的水平。① 在就业方面，失业人数不断增加，到 1946 年达到了近 230 万，占全国劳动力的 3.9%；1947 年和 1948 年停留在略高于 200 万的水平上；1949 年又激增到近 360 万，占全国劳动力的 5.9%；1950 年稍有回降。② 在通货膨胀方面，二战后美国延续了战时美国通货膨胀的走势，连绵不断且更加猛烈。1945—1950 年，美国国内物价上涨了 34%，工人的名义工资在同期大约提高了 36%。但这种提高不足以抵消通胀的影响。实际上，1950 年工业工人的周平均工资的购买力，还低于 1945 年的水平。……广大工人群众几乎无法靠工资收入来维持一家人的生活了。③ 1950 年农场的纯收入并不比 1945 年高。然而，在 1945—1950 年，农场的非农业收入从 44 亿美元增为 63 亿美元，再加上农场数目减少这个因素，使每个农场的平均货币收入从 2063 美元增加到 2141 美元。但这种货币收入的少量增加却被物价的上涨全部吞噬掉了，使 1950 年每个农场的平均购买力比 1945 年降低 12%。④ 可以说，经济的衰落直接导致美国对外援助基金的减少，起到了"釜底抽薪"的作用。在政治上，二战后美国工人为了争取生存权利掀起了持续的罢工风潮。1946 年，工人骚动达到了顶点，约有 460 万工人卷入了罢工风潮。钢铁、电气设备、汽车、肉类加工包装等工业部门的工人罢工一度使 1600 万左右工人停止工作。1947 年，罢工事件层出不穷，以电话业和煤矿工人罢工的规模最大。1948 年，再次出现了煤矿工人大罢工，克莱斯勒汽车公司的工人离开工作岗位达两个星期。1949 年，约有 50 万钢铁工人举行了罢工。1950 年，除煤矿工人接连不断地罢工外，持续 102 天的克莱斯勒汽车公司工人的罢工规模最大。⑤ 而二战后初期美国国会中孤立主义再次泛滥，亦严重限制

---

① ［美］吉尔伯特·C. 菲特、吉姆·E. 里斯：《美国经济史》，司徒淳、方秉铸译，辽宁人民出版社 1981 年版，第 743 页。

② ［美］吉尔伯特·C. 菲特、吉姆·E. 里斯：《美国经济史》，司徒淳、方秉铸译，辽宁人民出版社 1981 年版，第 746 页。

③ ［美］吉尔伯特·C. 菲特、吉姆·E. 里斯：《美国经济史》，司徒淳、方秉铸译，辽宁人民出版社 1981 年版，第 765 页。

④ ［美］吉尔伯特·C. 菲特、吉姆·E. 里斯：《美国经济史》，司徒淳、方秉铸译，辽宁人民出版社 1981 年版，第 767 页。

⑤ ［美］吉尔伯特·C. 菲特、吉姆·E. 里斯：《美国经济史》，司徒淳、方秉铸译，辽宁人民出版社 1981 年版，第 764 页。

了杜鲁门第一届政府向欠发达国家提供经济和军事援助的能力和行动。

杜鲁门第一届政府对南亚，尤其对巴基斯坦极度缺乏认知，令其不可能大规模援助巴基斯坦。认知是理论的基础，理论是行动的先导。杜鲁门第一届政府对印度和巴基斯坦的认知极为有限。国务卿马歇尔曾说："我对印度并不太了解，尽管我读了很多相关的书，但是我知道在二战中，印度是中国—缅甸的物资供给中心。"美国驻印大使鲍尔斯则表示："美国对印度的了解甚少，许多美国人则把印度看成婴儿、母牛和猴子、饥荒、大君、马球队员和眼镜蛇充斥，经济和政治问题都大得可怕。"① 但是，与巴基斯坦相比较，印度国大党和甘地在美国非常著名，尤其在美国国会议员和教育者群体中更是如此。他们中的很多人相信印度国大党代表了印度次大陆上各种观点和政治理想。而大多数美国人对巴基斯坦知之甚少。他们对导致巴基斯坦立国的环境困惑不解。很多美国人对巴基斯坦的国家、民众及其领导人，如真纳、里阿夸特、伊克巴尔、法兹鲁尔·哈克等人及其领导的穆斯林联盟缺乏真正的理解。全印穆斯林联盟在美国亦没有卓越的发言人，这在很大程度上令杜鲁门第一届政府轻视甚至忽视了真纳、全印穆斯林联盟和后来独立的巴基斯坦。

五　巴美两国政府在杜鲁门第一届政府拒绝提供援助后的相关活动

在杜鲁门第一届政府拒绝了巴基斯坦的援助请求和实施非正式军事物资禁运之后，两国政府并未就此完全停止与两国援助问题相关的活动，情况亦在慢慢发生变化。

真纳政府继续努力求援。真纳政府试图通过美国驻巴基斯坦临时代办刘易斯继续争取美国转变立场。当杜鲁门第一届政府拒绝援助巴基斯坦的消息传到卡拉奇后，财政部长古拉姆·穆罕默德和外交部长扎弗鲁拉·汗向刘易斯代办抱怨说："巴基斯坦对美国怀有的友情是众所周知的，反对苏联意识形态的态度是鲜明的，这两点似乎应该令美国政府郑重考虑巴基斯坦的国防需求。"② 1947 年 12 月 31 日，扎弗鲁拉·汗与古

---

① ［美］切斯特·鲍尔斯：《鲍尔斯回忆录》，上海人民出版社 1974 年版，第 235 页。

② *FRUS, 1948, Vol. V, The Near East, South Asia, and Africa, Part 1*, Washington, D. C.: U. S. GPO, 1975, p. 268.

拉姆·穆罕默德再次与刘易斯讨论了美国向巴基斯坦提供援助的问题。前者花费了很长时间来阐述巴基斯坦应该获得美国军事援助的理由，即巴基斯坦位于苏联和印度之间，具有重要的地缘政治价值，其对苏联抱有"明显反感"，对美国则怀有"众所皆知的好感"。在真纳政府看来，其提出的理由对杜鲁门第一届政府具有相当诱惑力，应该可以令国务院和白宫郑重考虑巴基斯坦的防御需求。

　　杜鲁门第一届政府执行非正式军事物资禁运政策，并初步考虑解除禁运。首先，1948年5月，英国政府要求美国批准从英国租借的美国物资中向巴基斯坦移交5198000发30毫米口径和1091000发50毫米口径的子弹，该要求遭到拒绝。因为该移交被认为违反非正式禁运。① 其次，杜鲁门政府考虑解除对巴基斯坦的军事禁运。7月11日，美国国家安全委员会通过了主题为"关于美国向非苏联国家提供军事援助的立场"的14/1号文件。该文件强调，如果对美国安全极端重要的自由国家决心抵御共产主义扩张，美国应该协助加强这些国家抵抗共产主义扩张的军事能力。这种援助将有效促进这一目标的实现。② 8月2日，美军参谋长联席会议（JCS）对美国需要获得的军事基地和基地权利进行了总体评估。该评估认为，为了应对紧急情况，有必要在"共同"或"参与"的基础上，获得卡拉奇的设施和基地的作战使用权。③ 8月18日。美国陆海空军协调委员会在关于"军事援助优先"的建议书中建议，在解除对巴基斯坦、伊朗、印度和沙特阿拉伯的武器禁运后，向这些国家提供有限的军事援助。因为上述四国没有自立能力，但战略位置重要。提供有限援助，将有利于增强其国内安全和抵御苏联侵略的意愿，或提升其发挥有限但重要的作用。④ 杜鲁门第一届政府对巴基斯坦的关注相较于此前有明显增强。

　　里阿夸特政府向杜鲁门第一届政府表达求援立场。1948年10月29

---

① *FRUS*, *1949*, *Vol.* Ⅵ, *The Near East*, *South Asia*, *and Africa*, Washington, D. C.：U. S. GPO，1975，pp. 25 - 26.

② NSC14/1, July 10, 1948. Cited in M. S. Venkataramani, *The American Role in Pakistan*, *1947 - 1958*, New Delhi：Radiant Publishers，1982，p. 52.

③ *FRUS*, *1948*, *Vol.* Ⅰ, *General*；*The United Nations*, *Part* Ⅱ, Washington, D. C.：U. S. GPO，1976，pp. 603 - 604.

④ *FRUS*, *1949*, *Vol. I*, *National Security Affairs*, *Foreign Economic Policy*, Washington, D. C.：U. S. GPO，1976，pp. 259 - 263.

日，巴基斯坦总理里阿夸特·阿里·汗（Liaquat Ali Khan）利用在伦敦参加会议的机会与马歇尔国务卿举行了历时1.5小时的会谈。里阿夸特明确强调了三个要点：其一，巴基斯坦不可能向共产主义国家寻求援助。因为后者在民主理想、财产所有权和个人地位方面的观点都与巴基斯坦的观点相反；共产主义阵营之外的国家应该充分认识到共产主义意识形态的极端压迫性。巴基斯坦迫切需要维持其反对共产主义渗透的立场。其二，美国作为自由国家中最强大的国家，应该援助其他国家，以加强自身防卫力量。美国应该全力从经济和军事两方面加强中东和近东。其三，美国的非正式军事物资禁运帮助了印度，伤害了巴基斯坦。因为印度拥有所有类型的军工厂，而巴基斯坦几乎没有弹药供给。[①] 显然，里阿夸特希望通过强调冷战因素、中东因素、近东因素和美国利益因素，推动杜鲁门政府重新考虑向巴基斯坦提供军事和经济援助的问题。其提出的要点显然是为了迎合美国的要求，但马歇尔的态度并不积极。虽然后者表示很高兴知道了巴基斯坦对共产主义和苏联持有的立场和态度，但同时表示，在克什米尔问题成为摩擦点的时间内，美国就不能向印度和巴基斯坦提供武器。实际上依然坚持婉拒的态度和立场。

杜鲁门政府军事和安全部门明显倾向援助巴基斯坦。11月1日，美国陆海空军协调委员会的 E. G. 马修斯（E. G. Matthews）在关于"美国在南亚的军事、政治和经济利益的评估"草案中指出，如果美国对巴基斯坦和印度向美国提出的军事援助请求仅仅是表示同情的话，印度和巴基斯坦政府或将被迫缩减军事建设，尝试进行本国生产，或向其他特定国家寻求帮助。所有这些替代性选择都将不可避免地引发对美国的恶感。如果唯一的选择是向苏联求助，那将挫败美国最为珍视的一个长期目标。除非他们从美国获得替换物资，否则，他们将转向特定的其他国家求助。最近的报告显示，他们正在考虑接受来自苏联主导的捷克斯洛伐克提供的援助。[②] 11月23日，美国国家安全委员会秘书长向杜鲁门总统递交了

① *FRUS*, *1948*, *Vol. V, The Near East*, *South Asia, and Africa*, Washington, D. C.：U. S. GPO，1975，pp. 435－436.

② M. S. Venkataramani, *The American Role in Pakistan*, *1947－1958*, New Delhi：Radiant Publishers，1982，pp. 1, 53.

国家安全委员会第 20/4 号文件①。该文件后来经杜鲁门总统批准成为正式政策文件。该文件认为,苏联领导人的意愿和能力及其所追求的政策对美国的安全所造成的问题,将是美国在可以预见的未来将要面对的最大威胁。为此,美国必须加倍小心,避免对美国赖以生存的经济、价值观和制度造成永久的伤害。……美国必须促进所有非苏维埃国家转向美国,与美国发展关系,对其中有意愿、有能力的国家,要帮助它们增强经济和政治上的稳定以及发展军事能力,使得它们能为美国的安全做出重要贡献。②

从二战结束到 1949 年,美国并无具体的南亚政策,其涉及印度和巴基斯坦的内容多被置于英联邦、亚洲和东南亚的战略框架和体系之中。最终,巴基斯坦只收到了一笔源自美国战争资产局提供的 1000 万美元的救灾赠予,只占其总要求的 0.5%。③

第二节　杜鲁门第二届政府开始援助巴基斯坦

1949 年 1 月至 1953 年 1 月是杜鲁门第二届政府时期。在此期间,国际形势发生重大变化。苏联成功试爆原子弹,打破了美国在二战后多年独占的核垄断地位,令美国感受到来自苏联的巨大威胁和压力。中国共产党战胜中国国民党,并在大陆建立了稳定的人民政权,不仅令杜鲁门政府失去了二战中在亚洲最重要的盟友,而且加深了对新中国的仇恨与恐惧。朝鲜战争的爆发则成为二战后社会主义力量与资本主义力量之间的一次直接军事对抗和较量,杜鲁门政府极为重视朝鲜战争的胜负及其影响。而此时的欧洲已经基本完成了美苏各自阵营的分化与组合,形成了相对稳定的对峙格局。但冷战逐步超出欧洲,新生的欠发达国家正逐

---

① 美国国家安全委员会第 20 号系列文件是美国在冷战过程中最早系统讨论遏制战略的文件,其不仅确认了苏联的威胁,提出了对苏联的战略目标,而且提出了一系列对苏联进行遏制的措施,是冷战遏制战略形成过程中的一份重要文件。

② *FRUS*, *1948*, *Vol.* I, *General*; *The United Nations*, Washington, D. C.: U. S. GPO, 1976, pp. 663 – 669.

③ *FRUS*, *1947*, *Vol.* III, *The British Commonwealth*: *Europe*, Washington, D. C.: U. S. GPO, 1972, p. 174.

步增多，并被美国和苏联视为可以争取的力量。这些变化深刻影响了美国政府对冷战形势的判断，进而逐步重视巴基斯坦在实现美国包围、封锁、孤立和扼杀苏联、中国和朝鲜的战略设想中的地缘政治价值。美国在马歇尔计划基本完成后，积极考虑向巴基斯坦提供援助，引诱后者加入美国对苏联和中国的战略包围圈，并发挥重要作用。

一　里阿夸特政府和纳泽姆丁政府更积极向杜鲁门第二届政府求援

巴基斯坦政府领导人虽然对杜鲁门第一届政府拒绝援助巴基斯坦的立场和政策感到失望和不满，但并未就此放弃寻求美国经济和军事援助的努力。相反，在杜鲁门第二届政府时期，巴基斯坦的求援活动不仅得到继续，而且增强了力度。

里阿夸特政府更加频繁派遣代表团访问美国求援。1949 年 6 月，外交部秘书穆罕默德·伊克拉姆拉（Mohammad Ikrammulah）率领政治代表团访问美国。6—7 月，国防部长伊斯坎德·米尔扎（Iskander Mirza）率领高级军事代表访问美国。9 月，财政部长古拉姆·穆罕默德和外交部长扎弗鲁拉·汗分别率领政治代表团访问美国。同年 11 月，扎弗鲁拉·汗部长再次率领政治代表团访问美国。1950 年 1 月，外交部长扎弗鲁拉·汗率领政治代表团访问美国。同年 4 月 19 日，里阿夸特总理应杜鲁门总统的个人邀请赴美访问。同年 5 月 3—26 日，里阿夸特总理率领政治代表团访问美国。同年 11 月，外交部长扎弗鲁拉·汗率领政治代表团访问美国。1951 年 1 月，政府秘书长穆罕默德·阿里·波格拉率领政治代表团访问美国。同年 10 月 18 日至 11 月，外交部秘书穆罕默德·伊克拉姆拉率领政治代表团访问美国。同年 11 月，外交部长扎弗鲁拉·汗率领政治代表团访问美国。1952 年 3 月，军械局局长萨哈希卜·哈米德（Sahahib Hamid）率领军事代表团访问美国。在国际关系史上，一国政府高官对另一国进行如此频繁的访问是十分罕见的。巴基斯坦访问的最重要共同目标就是要尽快促成杜鲁门政府向巴基斯坦提供实质性援助。例如，作为首位访问美国的巴基斯坦总理，里阿夸特于 1950 年 5 月 8 日在纽约市政厅向美国工商界公开呼吁："如果能够如杜鲁门总统本人所设想的那样，即美国的私人投资跟随并补充'第四点计划'，我们也期待杜鲁门总统的'第四点计划'的实施。因为我们相信，这将是非常令人兴奋的、最明智的、最具深远意义的方式，贵国能够让世界了解你们的善意和国际观，能够对世界继续进步的地区的文明进步做出不可否认的贡献。"① 又如，伊克拉姆拉奉里阿夸特的命令在 1951 年 10 月—1952 年 1 月对美国进行了长达 3 个多月的访问，其间不仅有军事和财政顾问随行，而且对美国表示了极大的顺从，唯一目的就是尽快推动美国政府向巴基斯坦提供大量军事和经济援助。

里阿夸特政府在国际事务中给予美国更多支持和配合。在朝鲜战争问题上，巴基斯坦政府给予美国力所能及的政治和物质支持。朝鲜战争刚刚爆发，杜鲁门第二届政府迅速操纵联合国宣布朝鲜为和平的破坏者和侵略者，呼吁联合国成员国为结束朝鲜战场上的敌对行动提供所有协助，并随即命令美国军队介入朝鲜战争。正在美国寻求援助的里阿夸特总理意识到这是拉近巴美关系、争取美国援助巴基斯坦的绝好时机。因此，里阿夸特不仅亲自公开宣称，巴基斯坦政府"将全力支持联合国"可能在朝鲜战争中所采取的任何行动，而且授意巴基斯坦政府迅速发表了一项声明，谴责朝鲜的军事行动是"一次明显的侵略"，亦投票支持联合国采取行动维护韩国安全的联大决议，并声称巴基斯坦政府"将全力支持联合国安理会决议中建议停止敌对行动的措施"。② 10 月 2 日，巴基斯坦外长扎弗鲁拉·汗指出："三八线并不重要，麦克阿瑟统帅的联合国军队应该开进朝鲜。"③ 而且，巴基斯坦政府向朝鲜战场上的"联合国军"提供了 5000 吨小麦。鉴于巴基斯坦当时正在经历的粮食紧张和低下的人民生活水平，此 5000 吨小麦是相当艰难和含义重大的选择，其向美国示好的意味非常鲜明。

在对日和约问题上，巴基斯坦也充当了积极角色。巴基斯坦不仅签署了对日和平条约，而且从旧金山和会筹备召开伊始就表达了强烈的支持态度。扎弗鲁拉·汗外长不仅亲自率团参会，而且公开声称，对日和约是一个"好条约"，促进了正义与和解，没有包含仇恨与压迫。不仅如

① Liaquat Ali Khan, *Pakistan: The Heart of Asia*, Cambridge: Mass., 1951, pp. 30–31.
② S. M. Burke and Lawrence Ziring, *Pakistan's Foreign Policy: An Historical Analysis*, Karachi: Oxford University Press, p. 127.
③ Latif Ahmed Sherwani, *Pakistan, China and America*, Karachi: D&Y Printers, 1980, p. 32.

此，扎弗鲁拉·汗还为美国没有邀请中国参加会议的行径进行辩解，他声称，中国作为遭受日本国家暴力最多的"伟大的国家"之所以没有被邀请，"只是因为在盟国之间对大陆还是台湾具有代表'中国'的资格的问题上存在分歧"。扎弗鲁拉·汗还对印度和缅甸未出席会议表示遗憾，并表示，印度与缅甸是自愿不参加会议的，其原因是巴基斯坦不能理解的。巴基斯坦的明确态度在美国人心目中留下了深刻印象。对此，杜鲁门总统处理对日和约问题的私人代表、旧金山对日和会的召集人和主持者、艾森豪威尔政府的国务卿约翰·福斯特·杜勒斯（John Foster Dulles）在1953年回忆说：当苏联试图将旧金山对日和约描述为美国为首的西方大国强加于日本的结果的关键时刻，"巴基斯坦发挥了领导作用，其推动了很多亚洲国家参加了对日和会"，[1] "巴基斯坦是力量的堡垒"[2]，促进了对日和约的进程。

里阿夸特政府反复强调其非"共产主义"特征和"亲西方"倾向。1949年4月29日，里阿夸特总理在伦敦新闻发布会上宣称："无论何时，共产主义在巴基斯坦只是个名字。然而，巴基斯坦的地理位置却是这样的，无论邻国采取了反对共产主义分子的何种行动，他们都可以悄悄地进入巴基斯坦的东部地区。我相信，即使巴基斯坦正在推动一个社会主义的计划，一个伊斯兰国家也不是共产主义的沃土。在该国必定存在这一国策的精神基础。我们不存在共产主义的问题。巴基斯坦期待在未来能够免受所有此类影响。"[3] 同年12月12日，巴基斯坦财政部长古拉姆·穆罕默德在卡拉奇向美国国务院负责近东、南亚和非洲事务的助理国务卿乔治·C. 麦基（George C. McGee）强调了自己曾经强烈谴责共产主义和激烈批评苏联的事实。1950年5月4日，里阿夸特总理在美国全国新闻记者俱乐部午餐会上宣称，美国是与巴基斯坦建立友好和外交关系最早的国家之一；是第一个跨越海洋与巴基斯坦建立贸易关系的国家。

---

① *Wheat to Pakistan*: *Hearings on H. R. 5659 – 5661*, before the House Committee on Agriculture and Forestry, June 15, 1953, pp. 8 – 9. https: //babel. hathitrust. org/cgi/pt? id = umn. 31951d0355 5402t; view = 1up; seq = 3.

② Department of State, *Bulletin*, June 22, 1953, pp. 890 – 891.

③ M. Rafique Afal, *Speeches and Statements of Quaid – i – Millat Liaquat Ali Khan*, *1941 – 1951*, Lahore, 1967, p. 248.

"我们期望能够发展长期的善意与合作。如果在我访问贵国期间我们能够更好地理解彼此的立场，对这一点我有信心我们可以做到，我的访问将成为巴基斯坦外交关系史上具有重大意义的事件。"①

里阿夸特政府刻意强调巴基斯坦的地缘政治价值。1950 年 5 月 18日，里阿夸特总理在洛杉矶市政厅致辞，强调了巴基斯坦的地理位置和战略地位。里阿夸特明确指出，巴基斯坦由东西两部分构成。一部分与缅甸接壤，距上次战争中日本被牵制的地方不远。另一部分与伊朗和阿富汗相邻，在中东产油区与外界的交通中占据重要位置。这一部分也控制着印巴次大陆在过去几百年中被外敌入侵 90 次的崎岖山路。多数人在思想上倾向于将更大的亚洲分成东南亚和中东，且将每个国家归属到二者之中。因为特殊的地理位置，巴基斯坦对这两个地区的事件发展极为关注。从政治、意识形态和战略而言，巴基斯坦具有重大责任。"我们已经表明了对民主的坚定信念。对此，我希望再次强调，我们也决心捍卫我们的自由，无论威胁来自何方。此外，巴基斯坦决心尽全力帮助维持亚洲的稳定。亚洲的稳定不仅对我们本国的自由和进步极为重要，而且对世界和平的维护也同样重要。除非亚洲稳定，否则世界和平难以维持。"② 1951 年底，伊克拉姆拉赴美求援活动失败后，激动地向美国国务院南亚办公室主任唐纳德·M. 肯尼迪（Donald M. Kennedy）说："你们必须在巴基斯坦问题上做出决断，克什米尔的情况更糟糕了。巴基斯坦国民对政府在克什米尔问题上的立场不满。自苏联在巴基斯坦建立大使馆以来，苏联一直鼓动这种不满。中东的骚乱正在蔓延。从印度到摩洛哥没有和平之域。如果巴基斯坦未能从西方国家获得援助，巴基斯坦政府的立场将遭到严重质疑和打击。巴基斯坦可能远离西方国家。巴基斯坦获得这些军需品是最重要的事情。"③ 可见，巴基斯坦政府将援助与苏联威胁、地区和平与稳定关联起来。

---

① Liaquat Ali Khan, *Pakistan*：*The Heart of Asia*, Cambridge：Mass. , 1951, pp. 12, 15 - 16.

② Liaquat Ali Khan, *Pakistan*：*The Heart of Asia*, Cambridge：Mass. , 1951, p. 82.

③ *FRUS*, *1951*, *Vol. Ⅵ*, *Asia and Pacific*, *Part 2*, Washington, D. C. ：U. S. GPO, 1977, pp. 2222 - 2223.

二　杜鲁门第二届政府逐步转变对巴基斯坦的态度和立场

面对巴基斯坦政府的持续、积极、急迫的求援言行，杜鲁门第二届政府开始从冷战视角考量美国向巴基斯坦提供援助的价值，并有限地解除了对巴基斯坦的军事物资禁运。

首先，美军参谋长联席会议对巴基斯坦的战略地位做出略微积极的评估和预测。1949 年 3 月 24 日，美军参谋长联席会议在讨论巴基斯坦对美国的战略价值的基础上，确定了美军在南亚的战略目标。在战略价值上，参谋长联席会议指出：从军事角度来看，在目前和长远条件下，除巴基斯坦之外的南亚国家对美国没有什么价值。……巴基斯坦的卡拉奇—拉合尔地区可能在一定条件下极具战略意义，……这一地区可能被要求作为针对苏联中亚地区的空军行动的基地和防御、收复中东产油地区的军事力量的集结待命地区。在美国的南亚战略目标上，参谋长联席会议列出了四大目标：第一，阻止苏联的侵略或主导；第二，阻止苏联从这些国家直接或通过其设施的使用获得军事支持或协助；第三，美国没有军事行动的承诺，在这些国家中发展合作的态度，将易于获得区域设施的使用权……用于在战时针对苏联的军事行动；第四，关于巴基斯坦，进行商业安排在紧急情况下将利于发展在卡拉奇—拉合尔地区的基地设施的战时使用。① 该评估显然已经意识到巴基斯坦在美国反苏战略中的潜在战略价值，并建议在获得基地过程中要考虑经济因素，也就是主张提供经济援助，以换取巴基斯坦境内基地的使用权。

其次，杜鲁门第二届政府有限解除对巴基斯坦的军事物资禁运。3 月 29 日，在获得杜鲁门总统批准之后，美国国务院同时致电巴基斯坦、印度和英国，通知三国政府：鉴于克什米尔谈判的进展和印巴关系的全面改善，武器禁运已经被终止。同月 31 日，国务卿迪安·艾奇逊致电印度政府和巴基斯坦政府驻美国大使，对武器禁运的终止做出进一步解释。艾奇逊强调："尽管国务院不关心印度和巴基斯坦政府的长期军事需要，印度政府和巴基斯坦政府现在不应该希望禁运的解除就能很快获得大量

---

① *FRUS, 1949, Vol. I, National Security Affairs, Foreign Economic Policy*, Washington, D. C. : U. S. GPO, 1976, pp. 30 – 31.

的战争物资。"他进一步说道:"印度和巴基斯坦获得美国武器的可能性是有限的,西欧仍然具有获得美国武器的优先权,印度政府和巴基斯坦政府也应该被告知,其在采购美国私营企业来源的物资时,直接受影响的将是此类物资的出口许可证,并允许交付、第三方交付或出售可能仍受外国清算专员办事处(OFLC)控制的物资。"① 杜鲁门第二届政府解除对巴基斯坦的军事物资禁运是有限的,只是允许巴基斯坦获得美国严格管控下的战争剩余物资,并不是从美国自由获得其希望的军事物资。

再次,杜鲁门第二届政府批准英国向巴基斯坦提供美军在英国的战时剩余军事物资。4 月 1 日,英国驻美大使致电国务卿艾奇逊,就英国是否可以向巴基斯坦提供美式坦克所用的炮弹的问题征询后者的意见。大使强调:"除非英国或美国拒绝满足巴基斯坦认为的合理要求,巴基斯坦将把苏联作为最后的求助对象。"因此,"英国政府认为,巴基斯坦政府的要求是合理的,应该得到满足"。② 6 月 27 日,美助理国务卿麦基向美国对外军事援助计划协调员劳埃德·伯克纳(Lloyd Berkner)提交了一份附有"美国在有偿基础上向巴基斯坦提供军事装备问题上的主流看法的总结"的建议书。麦基强调:"为了实现美国在巴基斯坦的国家利益,最重要的是美国尽快提供巴基斯坦已经拥有的美国军备和其他装备运转所需要的、特定类型的弹药和零部件。因为这些零部件不能从其他来源得到。……而且巴基斯坦得到美国而非英联邦国家提供的此类装备是重要的,是维持该国现存军事设施的必要条件。"麦基同时建议:第一,由军事代表团提交更充分的研究清单来确定提供给巴基斯坦所要求的装备的最小数量;尽早决定美国能够满足巴基斯坦军事需求的程度和时间。当决定做出之后,国务院应迅速告知巴基斯坦政府美国满足其目标需求的能力和善意。③ 最终,杜鲁门第二届政府在 1949 年 7 月 3 日同意了英国向巴基斯坦提供剩余军事物资的建议。

---

①　*FRUS*, *1949*, *Vol.* Ⅵ, *The Near East*, *South Asia*, *and Africa*, Washington, D. C. : U. S. GPO, 1977, p. 1696.

②　*FRUS*, *1949*, *Vol.* Ⅵ, *The Near East*, *South Asia*, *and Africa*, Washington, D. C. : U. S. GPO, 1977, pp. 1696 – 1698.

③　M. S. Venkataramani, *The American Role in Pakistan*, *1947 – 1958*, New Delhi: Radiant Publishers, 1982, pp. 81 – 82.

在此基础上，美国国务院虽然建议杜鲁门政府向巴基斯坦提供最低限度的军事援助，但依然坚持了相当保留的态度。

首先，美国国务院对巴基斯坦的评价和预测日渐积极。1949 年 6 月，美国国务院政策规划小组评估了美军参谋长联席会议提交的关于美军在外国的军事权利的总结报告。该小组认为，巴基斯坦政府将会批准美国政府提出的、关于美国军用飞机在巴基斯坦着陆和过境的长期协议，"巴基斯坦政府批准该草案的前景是光明的"。[①] 9 月 9 日，国务院近东、南亚和非洲事务办公室雷蒙德·A. 海尔向杜鲁门第二届政府的无任所大使菲利普·C. 杰赛普（Philip C. Jessup）递交了一份评估报告。该报告指出，巴基斯坦承担中东穆斯林阵营领袖作用的努力将产生被认为是新生的印度共和国的 "印度帝国主义" 的反制力量。……如果给予适当鼓励，巴基斯坦可能证明其是更可依赖的朋友。因为，一个巴基斯坦领导下的强大的穆斯林联盟，可能在亚洲提供一个非常值得期待的平衡力量。因此，在对未来力量联合将怎样塑造的问题有更多了解之前，美国不应该表示不喜欢巴基斯坦塑造穆斯林联盟的努力。[②] 11 月 16 日，杰赛普向艾奇逊表示：穆斯林，特别是巴基斯坦，是这一地区的重要因素。由于他们的方向主要靠近近东和中东其他伊斯兰国家，他们发挥的作用可能不及印度或日本在南亚和东亚的领导作用。尽管如此，整个地区的穆斯林集团的潜力将得到充分发掘。[③] 1950 年 2 月 10 日，助理国务卿麦基在提交给共同防御援助计划负责人詹姆斯·布鲁斯（James Bruce）的建议书中强调：倘若与苏联发生战争，似乎巴基斯坦准备尽一切可能，协助英国和美国。例如，可以使用巴基斯坦的空军基地。[④] 可见，此时杜鲁门第二届政府的相关机构对巴基斯坦的评价更加积极了。

其次，美国国务院积极建议向巴基斯坦提供象征性军事援助。1949

---

① *FRUS*, *1949*, *Vol. I*, *National Security Affairs*, *Foreign Economic Policy*, Washington, D. C.：U. S. GPO, 1976, p. 375.

② M. S. Venkataramani, *The American Role in Pakistan*, *1947 – 1958*, New Delhi：Radiant Publishers, 1982, pp. 96 – 97.

③ *FRUS*, *1949*, *Vol. VI*, *The Near East*, *South Asia*, *and Africa*, Washington, D. C.：U. S. GPO, 1977, pp. 1029 – 1031.

④ M. S. Venkataramani, *The American Role in Pakistan*, *1947 – 1958*, New Delhi：Radiant Publishers, 1982, p. 88.

年 8 月 16 日，助理国务卿麦基书面建议对外军事援助计划协调员伯克纳修改美国的 1949 年对外军事援助法案，解除对巴基斯坦提供军事援助的法律束缚。麦基强调，新修改的军事援助计划法将对美国"与那些近东、南亚和非洲的国家，特别是印度、巴基斯坦、阿富汗和沙特之间的关系造成严重打击"。如果"美国此次未提供一定形式的政府援助或象征性援助，将非常严重地破坏美国在过去两年多引导这些国家亲近美国，远离共产主义的努力"。因此，麦基强烈建议：尽一切努力修改目前的法规，以授权政府将有偿援助范围扩展至印度、巴基斯坦、阿富汗和沙特阿拉伯。如果美国不准备向这些国家提供军事援助，和向其提供合理数量的军事装备，美国与这些国家的关系将恶化，并可能无法实现美国的战略目标。因此，"在最低限度内，美国应努力满足巴基斯坦已经拥有的、美国来源的武器装备的零部件和替换品的合理要求"。① 在此情况下，美国国务院军火司司长约翰·C. 艾略特（John C. Elliot）在同年 11 月 3 日向美国国防部建议，美国应该满足巴基斯坦所需要的坦克和相应零部件的需求，"国务院极其希望尽早援助巴基斯坦。如果国防部能尽快审查这笔交易的可行性，国务院将非常感谢国防部"。麦基则说，"如果向这些被选择的国家提供军事援助的授权未被很快通过，那么美国与近东和南亚国家的关系将面临严重困难"，"在关键时刻，哪怕是棘手的援助都是这些国家是否处于苏联路线或受其影响的极其重要的因素"。

　　1950 年 2 月 10 日，助理国务卿麦基向共同防御援助计划负责人詹姆斯·布鲁斯强烈建议向巴基斯坦提供象征性援助。麦基强调："如果我们希望巴基斯坦对我们表现的善意感到信服，1951 财年向巴基斯坦提供一些军事援助是极为必要的。我们未能提供上述替换零件已经在巴基斯坦引发了诸多不满，如果我们继续拒绝这种合理要求，这种不满将被强化。倘若继续拒绝，我们在巴基斯坦实现美国目标的其他努力将受到不利影响，其结果将令巴基斯坦对以后的商讨持更不友好的态度和立场。象征

---

① *FRUS*, *1949*, *Vol. Ⅵ*, *The Near East*, *South Asia*, *and Africa*, Washington, D. C. : U. S. GPO, 1977, pp. 45 – 47.

性的有偿援助将可能不会引起印度之外的任何国家的诘难。"①

1950 年 4 月 3 日，美国国务院首次发布关于巴基斯坦的政策声明，较为全面、明确地阐述了美国的对巴政策。该声明宣称，美国的巴基斯坦政策是在美国的能力范围内协助巴基斯坦获得美国或其他西方民主国家和英国提供的援助。② 美国也应该通过本国官方机构、国际民用航空组织和航空公司自身提供技术援助，协助巴基斯坦维持足够的空军、海军和通讯设施，以及健全的国内空中运输系统。但美国政府的支持必须保持在最低成本的水平。尽管国务院认识到要给予巴基斯坦有限军事援助的必要性，但美国政府至今尚未做出这种援助行为，在现行法律框架下，美国政府能够从政府储备中向巴基斯坦提供相当数量的军事供给的可能性很小。在经济领域，美国更多强调充分利用包括"第四点计划"和国际复兴开发银行在内的美国援助项目是恰当的。由于巴基斯坦的经济发展将需要引进外资，美国应该鼓励巴基斯坦政府更多关注为进入该国的私人和政府投资提供便利。③ 杜鲁门第二届政府意识到援助巴基斯坦的必要性，但仍不愿付出更多成本。

美国国务院在向巴基斯坦提供军事援助的问题上仍然存在相当顾虑，未能做出重大承诺。例如，国务卿顾问乔治·凯南就在 1950 年 5 月 8 日，向正在访美的里阿夸特总理当面委婉解释了美国拒绝援助巴基斯坦的原因，并暗示今后美国也不会援助巴基斯坦。凯南说："我们需要我们的朋友理解我们面对的形势的复杂性。在双边关系中，以及我们作为世界大国履行责任的过程中，不要期望我们去做我们不可能做的事情。"④ 再如，1950 年 5 月 26 日，军事防御援助计划代理主任在提交给军事援助办公室主任黎尼兹尔（Lyman L. Lemnitzer）的信中声称，国务院认为，国防部目前不应该采取进一步行动。在国会对 1949 年共同防御援助法案第 408

---

① M. S. Venkataramani, *The American Role in Pakistan*, 1947 – 1958, New Delhi: Radiant Publishers, 1982, pp. 111 – 112.

② Rajendra K. Jain edited, *US – South Asia Relations 1947 – 1982*, Vol. 2, New Delhi: Radiant Publishers, 1983, p. 27.

③ *FRUS*, 1950, *Vol. V, The Near East*, *South Asia and Africa*, Washington, D. C.: U. S. GPO, 1978, pp. 1490 – 1499.

④ Liaquat Ali Khan, *Pakistan: The Heart of Asia*, Cambridge: Mass., 1951, pp. 37, 138 – 139.

部分的建议修改实施之前，继续对巴基斯坦进行装备销售将不利于通过令人满意的法案。除了这些考虑之外，巴基斯坦所面临的政治形势不允许国务院此时对其要求做出肯定。①

然而，1950年6月爆发的朝鲜战争被资本主义阵营与社会主义阵营视为双方在欧亚大陆东部进行的重大对抗与竞争，加速了杜鲁门第二届政府在援助巴基斯坦问题上的决策。

首先，朝鲜战争的爆发令杜鲁门第二届政府逐步重视巴基斯坦在其反苏战略中的地位和价值。封锁、遏制苏联是美国冷战战略和政策的基本核心和根本方针。美国对巴基斯坦的政策亦随着其对苏联战略意图、能力和行动的评估的扩展和深化而逐步改变。1950年8月25日，美国国家安全委员会形成第73/4号文件。该文件认为，苏联可能为了个别目的而动用军队的重点地区有：伊朗、土耳其、南斯拉夫、希腊、阿富汗、巴基斯坦和芬兰。阿富汗和巴基斯坦由于地理位置而对苏联具有战略价值。② 在该文件中，巴基斯坦在美国反苏战略中的地位得到美国的重视。在其认为苏联可能公开进攻阿富汗、土耳其和伊朗的预案中，美国都将巴基斯坦视为上述三国的重要力量来源。例如，该文件称，如果苏联进攻希腊或土耳其，美国可以要求英国和法国根据《英法土互助条约》向土耳其提供全力帮助，并且想尽一切办法使土耳其获得包括巴基斯坦在内的伊斯兰世界的支持。如果苏联公开进攻伊朗，美国必须首先寻求英国承担帮助伊朗应对侵略的主要任务，诸如包括努力寻求巴基斯坦和印度出面。③ 9月18日，英美两国政府在伦敦举行非正式会谈并一致认为，如果巴基斯坦能够从对次大陆的国内忧虑中摆脱出来，将可能在阻止任何向波斯湾和近东的军事进攻中提供某些帮助。美英应该尽一切努力鼓励印度和巴基斯坦强大到足以保护他们本国。④ 在上述认知的基础上，美

---

① M. S. Venkataramani, *The American Role in Pakistan*, *1947 – 1958*, New Delhi：Radiant Publishers, 1982, p. 126.

② *FRUS*, *1950*, *Vol. I*, *National Security Affairs*；*Foreign Economic Policy*, Washington, D. C.：U. S. GPO, 1977, pp. 375 – 389.

③ *FRUS*, *1950*, *Vol. I*, *National Security Affairs*；*Foreign Economic Policy*, Washington, D. C.：U. S. GPO, 1977, pp. 375 – 389.

④ *FRUS*, *1950*, *Vol. V*, *The Near East*, *South Asia and Africa*, Washington, D. C.：U. S. GPO, 1978, pp. 202 – 205.

国政府与巴基斯坦政府于 1950 年 11 月 29 日在卡拉奇签订了两国第一个关于军事援助问题的政府间协议——《美巴共同防御援助协议》，并于 12 月 15 日以两国政府换文的形式正式生效。根据该协议，巴基斯坦可以在有偿基础上购买美国军事物资、装备和服务。但美国国务院要求，美国政府提供的、巴基斯坦政府所需要的物资将被用于维持巴基斯坦的国内安全、合理的自卫，或允许巴基斯坦参与其所在地区的防御；巴基斯坦不能对任何其他国家采取侵略行为；如果美国政府认为有必要，将保留变换交付的装备或已经开始的，但未完成的服务的特权。① 在协定的实际执行中，杜鲁门第二届政府并未向巴基斯坦提供军事援助。

其次，杜鲁门政府确定援巴政策。1951 年 1 月 25 日，杜鲁门总统批准美国国家安全委员会 98/1 号文件。该文件集中阐明了"美国在南亚的立场"。该文件特别强调：向南亚国家，特别是向印度和巴基斯坦提供有利于地区总体稳定的经济援助；根据其他更高优先需求的可行性，向南亚各国，特别是向印度和巴基斯坦提供军事供应、装备和服务，即两国国内安全、自身防御或参与地区防御的合理需要所要求的，但又不能从其他来源获得的相关军事物资和服务。②

7 月 1 日，美国国务院再次发表对巴基斯坦的政策声明。该声明宣布，在自身的能力范围内，美国将援助巴基斯坦维持一个稳定的、能够沿着民主道路发展的政府。在军事援助政策上，该声明指出，巴基斯坦是南亚第一个签署协议（《美巴共同防御援助协议》，1950 年 12 月 15 日生效）的国家，在 621 公法第 408 部分框架下，巴基斯坦在采购美国军事补给、装备和服务过程中正在接受美国政府提供的有偿采购援助。这一援助受到其他更高优先需求的限制，并被计划用来满足巴基斯坦的国内安全需要、自卫或对南亚防御的参与。巴基斯坦的要求迄今还是适度的。而且，由于目前军事物资的短缺，美国不能够对巴基斯坦的更多援助要求做出回应。在经济援助问题上，该声明指出，在避免承担巴基斯

---

① US, Department of State, *United States Treaties and Other International Agreements*, *Vol. I*, *1950*, Washington: U. S. GPO, 1952, TIAS, pp. 884 – 885.

② *FRUS*, *1951*, *Vol. VI*, *Asia and the Pacific*, *Part 2*, Washington, D. C.: U. S. GPO, 1977, pp. 1651 – 1652.

坦经济福利和发展责任的同时，美国的政策是鼓励巴基斯坦政府执行良性平衡的经济发展计划。根据更高优先的其他要求的切实可行性，美国将帮助巴基斯坦从美国、英联邦和其他西方民主国家进口满足自身需求。此外，美国还将经济援助与鼓励巴基斯坦的私人投资、私营部门发展和鼓励巴基斯坦全面参与、拓展世界贸易相关联。① 从国家安全委员会文件和国务院的政策声明中可以看到，美国对待巴基斯坦求援的态度更加积极，且将对巴援助与巴基斯坦的经济计划、私营经济发展和民主制度相关联。但仍不希望承担对巴基斯坦过多的责任与义务，希望提供的军事援助为有偿援助而非无偿赠予。

1951 年 10 月 8 日，南亚被纳入美国共同安全计划。该计划可以获得的基金将被用于经济发展和技术援助项目。11 月 1 日，杜鲁门政府宣布，美国以印度和巴基斯坦为目标国的共同安全计划将由国务院技术合作署执行。该计划没有提供或考虑军事财政援助，但在有偿援助和 1949 年共同防御援助法案及其修正案的基础上提出，印度和巴基斯坦可以获得军事采购援助。② 12 月，杜鲁门总统向国会做关于共同安全计划的第一次报告，为援巴政策进行辩解。杜鲁门指出：“巴基斯坦是最年轻的国家，但已经展现出进步的力量。它对西方国家的友好可以成为近东稳定的重要因素。同时，因其在印度洋上的战略位置及作为中亚至印度洋的陆地通道，巴基斯坦是南亚一个有价值的联盟。”③ 1952 年 4 月 21 日，共同安全机构主任 C. 泰勒·伍德在参议院外交委员会（CFR）关于 1952 年共同安全法案的听证会上发言，将巴基斯坦列入美国可以信赖的国家的名单之中。

杜鲁门政府虽然确定了援助巴基斯坦的政策，且将援助巴基斯坦纳入计划，但巴基斯坦并未立即获得梦寐以求的经济和军事援助。杜鲁门

---

① *FRUS*, *1951*, *Vol.* VI, *Asia and the Pacific*, *Part 2*, Washington, D. C.：U. S. GPO, 1977, pp. 2008 - 2009.

② *FRUS*, *1951*, *Vol.* VI, *Asia and the Pacific*, *Part 2*, Washington, D. C.：U. S. GPO, 1977, pp. 1697 - 1698.

③ *The Mutual Security Program*, 1st Report to the Congress for the Six Months ending December 31, 1951, p. 29. https：//babel. hathitrust. org/cgi/pt? id = mdp. 39015088906378；q1 = the% 20mutual% 20security% 20program% 201st% 20report；view = image.

政府的态度并不积极，几乎没有主动做出任何向巴基斯坦提供援助的实际行动。虽然奉命赴美求援的巴基斯坦前外长 M. 伊克拉姆拉从 1951 年 10 月起进行了长达 3 个多月的求援活动，但始终没有获得满意的回应。而且，当 1952 年 7 月巴基斯坦政府再次请求从美国购买包括装甲车和飞机在内的 2 亿美元的军事物资的时候，却被告知，美国同情其增强国防的愿望，但因为受到相关法律限制，目前无法向巴基斯坦提供武器援助。[①]

杜鲁门第二届政府采取了相对于第一届政府更加积极、务实的态度和行动，向巴基斯坦提供技术援助和小麦贷款。

首先，技术援助。技术援助是杜鲁门政府最早向巴基斯坦提供的连续性援助。其优点就是成本较低、方式灵活、适应性强、见效较快。1951 年 2 月 9 日，美国与巴基斯坦签订《美利坚合众国与巴基斯坦技术合作协议》。该协议是美国与巴基斯坦之间签订的第一个技术援助协议，是在杜鲁门第二届政府的第四点计划的框架下订立的。根据该协议，巴基斯坦将获得杜鲁门政府提供的价值 60 万美元的技术援助。12 月 28 日，福特基金会向巴基斯坦赠款 160 万美元，用于建设包括一个理工学院和家庭经济学学院在内的三个项目。1952 年 2 月 2 日，巴基斯坦和美国政府签署了后者向前者在 1952 年 6 月 30 日之前提供价值 1000 万美元的技术援助的协议，增加了美国根据第四点计划为巴基斯坦的技术和经济发展做出贡献的内容。6 月 21 日，美巴两国宣布，在 1953 年 6 月 30 日之前，由前者向后者提供 2100 万美元的技术援助。1952 年 11 月 4 日，美国决定在 1953 年 6 月 30 之前分配给巴基斯坦 1500 万美元的援助。

其次，小麦贷款。1952 年 5 月 20 日，巴基斯坦政府请求美国政府提供 30 万吨小麦，以应对干旱导致小麦严重歉收而引发的、即将到来的粮食危机。美国农业部相信巴基斯坦有此种紧迫需求，认为美国的粮食状况允许美国政府向巴基斯坦提供小麦。6 月 12 日，杜勒斯国务卿与阿维拉·沃伦大使和国务院南亚办公室的唐纳德·D. 肯尼迪讨论了巴基斯坦对小麦的需求和克什米尔问题。沃伦主张美国立即向巴基斯坦提供小麦

---

① *FRUS*, *1952 - 1954*, *Vol. XI*, *Africa and South Asia*, Washington, D. C. : U. S. GPO, 1983, p. 1059.

援助。因为巴基斯坦确实有需要，美国在下一收获季节也有充足的小麦，而且这是巴基斯坦第一次向美国求援。肯尼迪则说，如果美国不做些什么，将令美国在巴基斯坦的地位非常尴尬。因为当印度要求美国提供小麦援助时，美国千方百计地向其提供了 1.9 亿美元的优惠贷款。巴基斯坦人将不能理解美国为什么拒绝他们的请求，该拒绝将令人尴尬。因为与美国向印度提供的小麦贷款比起来，巴基斯坦请求的援助数量很小。杜鲁门总统说："我总体上同意我们援助巴基斯坦，帮助其获得需要的小麦，且要求采取措施推动该事宜。"① 7 月 21 日，美国农业部官员在农业部与国务院召开的联席会议上表示，农业部同意美国在 1952 年 10 月至 1953 年 3 月期间向巴基斯坦提供 30 万吨小麦的决定。8 月 27 日，代理国务卿詹姆斯·布鲁斯指示美国驻巴基斯坦大使通知巴基斯坦总理，美国准备向巴基斯坦提供 1500 万美元的贷款，用于购买约 15 万吨小麦，以满足巴基斯坦急迫的粮食需求。该贷款偿还期限为 35 年，年利率为 2.5%。② 9 月 17 日，美巴两国政府签订了相关贷款协议。该协议由华盛顿进出口银行执行，根据共同安全法案及其修正案获得资金支持。③ 这是美国与巴基斯坦签订的第一个商品贷款协议。

与此同时，杜鲁门第二届政府明确主张给予巴基斯坦实质性军事和经济援助。1952 年 10 月 3 日，由美国中情局、国防部、陆军、海军、空军和参谋长联席会议的情报机构共同组成的部门间工作小组向国务院提交了一份特别评估报告，预测了社会主义阵营控制南亚对其自身和西方国家可能产生的后果。该报告认为，共产主义者控制南亚将使社会主义阵营增加包括潜力巨大的印度和巴基斯坦在内的五个国家，控制约 50% 的世界人口。在没有西方国家反制措施的情况下，共产主义者将加速控制南亚，且随之控制大部分东南亚国家，进而极大削减联合国的效率，降低对自由世界阻止共产主义能力的信心。而西方国家不能进入南亚必

---

① *FRUS*, *1952 – 1954*, *Vol. XI*, *Africa and South Asia*, Washington, D. C.: U. S. GPO, 1983, pp. 1819 – 1821.

② *FRUS*, *1952 – 1954*, *Vol. XI*, *Africa and South Asia*, Washington, D. C.: U. S. GPO, 1983, p. 1818.

③ *FRUS*, *1952 – 1954*, *Vol. XI*, *Africa and South Asia*, Washington, D. C.: U. S. GPO, 1983, p. 1821.

然导致英国和其他英联邦国家在外贸和交流方式方面做出重大调整，增加欧洲与远东商业交流的成本。同时，可能令西方国家在冷战背景下越来越难获得该地区主要的战略原料，而在战时则必定不能获得那些原料。其中，云母、石墨、锰、黄麻和紫胶对西方国家具有特别的战略价值。共产主义者控制南亚对西方国家军事能力的最重大影响，将是消除西方国家最终获得南亚军队和设施的任何可能。西方国家的军事力量将被要求划分出一部分，用以应对印度洋地区的新形势。除对西方国家产生这些不利影响之外，社会主义阵营将能够获得具备战略价值的空军和潜艇基地，将掌控南亚的军事，威胁西方在印度洋上的军队，以及通讯和交流设施。[1] 该报告也明确指出了南亚在冷战背景下对西方世界极其重要的价值。该报告强调，南亚国家拥有近 65 万人的军队、约 150 万人的预备役部队。印度和巴基斯坦 90% 以上的军队是活跃的力量，是受过训练、纪律严明和具有良好战斗力的军队。……如果印巴关系能够改善，巴基斯坦的军事力量可以作为中东地区的有效稳定因素，且巴基斯坦可能在西方国家与社会主义阵营发生战争时向前者提供空军基地。[2] 杜鲁门第二届政府已经清楚地明确了巴基斯坦对美国具有的极其重要的战略价值。

　　1953 年 1 月 16 日，国务卿、国防部长和共同安全机构主任向杜鲁门总统提交了一份关于重新审视美国国家安全计划的备忘录，强烈建议杜鲁门总统批准向巴基斯坦提供经济和军事援助，以促进中东地区的防御一体化，有效维护美国的国家安全。报告指出，在中东地区，除土耳其，可能还有巴基斯坦之外，暂时没别的地方在发生全球性战争时可以构建强大的力量。而更强大的巴基斯坦不仅可以保障区域内安全（如中东），而且最终也可以为对付共产主义扩张侵略做出贡献。该报告还认为，向巴基斯坦提供军事终端设备不仅是可行的，而且是维护自由世界的集体安全所迫切需要的。与此同时，鉴于巴基斯坦等国家经济的薄弱和动荡，"需要承受的军事负担如此重，对美国来说又如此重要，它们的

---

① *FRUS*, *1952 – 1954*, *Vol. XI*, *Africa and South Asia*, Washington, D. C.：U. S. GPO, 1983, pp. 1063 – 1064.

② *FRUS*, *1952 – 1954*, *Vol. XI*, *Africa and South Asia*, Washington, D. C.：U. S. GPO, 1983, pp. 1069 – 1070.

经济能力又很有限，不断地支持它们应付因防御负担而造成的经济发展问题将是必要的，也是有利的。……而且，健康的社会是形成强大防御的基础，经济能力在任何时候都为一个社会可以保障安全的防御项目的规模设定了限制条件"。因此，美国应该向巴基斯坦等中东和南亚国家提供经济援助。最后，艾奇逊等人强调，"考虑到自由世界在远东和中东所面临的严重且紧迫的威胁，以及快速增强北约力量所面临的政治和经济障碍，……继续将更多的经济和军事资源部署到美国选择的国家和地区，如中东和南亚，特别是伊朗、埃及、印度和巴基斯坦，以及采取有助于保障美国地区利益的措施。……对于欠发达国家，也需要其他的经济项目来推动原材料和粮食的生产，从而使西欧国家和日本获利，增强整个自由世界的经济基础"。① 杜鲁门第二届政府将巴基斯坦视为中东防御和"自由世界"集体防御的重要组成部分，而且认为援助中东和南亚国家对欧洲和日本的经济有影响。

1953 年 1 月 19 日，国务卿艾奇逊、国防部长洛维特和共同安全机构主任泰勒·伍德共同向国家安全委员会提交了一份关于美国国家安全计划的评估报告。该报告指出，美国应该准备向希腊、土耳其、伊朗之外的很多中东国家提供大量军事援助。……只要不卷入与印度的难以控制的麻烦之中，巴基斯坦在中东防御中的积极合作可能实现。巴基斯坦位于伊朗东侧，与伊朗西北侧的土耳其相连，巴基斯坦力量的增强可能增加伊朗的自信，并将在该地区施加有利于平衡的影响。……假使大规模军事援助能够不涉及巴基斯坦与印度之间难以控制的麻烦的话，美国对巴基斯坦的第一批实质性军事援助应该尽早开始。② 杜鲁门第二届政府向巴基斯坦提供实质性援助的政策倾向已经在上述报告和建议书中得到了充分体现。美国向巴基斯坦提供大规模援助的政策已经呼之欲出。但由于杜鲁门处于执政末期，在时间上已经来不及将其主张转化为具体政策并加以实施了，真正开启美国对巴实质性援助的任务只能由下一届政府

---

① 　周建明、王成至：《美国国家安全战略解密文献选编 1945—1972》（第一册），社会科学文献出版社 2010 年版，第 282—289 页。

② 　M. S. Venkataramani, *The American Role in Pakistan*, *1947 - 1958*, New Delhi: Radiant Publishers, 1982, pp. 1, 201.

来完成了。

三　杜鲁门第二届政府援助巴基斯坦的动机

杜鲁门第二届政府在援助巴基斯坦问题上的态度、政策和实践，比第一届政府更加积极，其相对积极的援巴言行背后蕴藏着深刻的冷战动机。

其一，全面遏制苏联和中国，极力创造有利于资本主义阵营的国际态势。在冷战和美苏争霸的时代背景下，遏制、封锁最终扼杀以苏联为代表的社会主义阵营，是美国国际战略和对外政策的最重要方针和核心内容。杜鲁门政府希望通过援助达到对社会主义国家，尤其是对苏联的军事遏制、经济封锁和政治孤立。

在军事上，以巴基斯坦为关节点，将美国封锁社会主义国家的国际体系联成一体。1950 年 4 月 3 日，美国国务院公开声明，如果巴基斯坦国内的分裂势力受到限制，那么巴基斯坦将继印度之后成为亚洲边缘的土耳其到日本之间最强大的国家之一。巴基斯坦承担了防御西北前沿的首要责任，该前沿的安全和整个印度次大陆的安全都需要巴基斯坦、印度和阿富汗的联合行动。与此对应，美国应努力促进巴基斯坦、印度和阿富汗之间的团结，并使其更具实用性；任何美国对巴基斯坦的援助计划都是作为影响这些国家之间合作的工具。[①] 1952 年 8 月 22 日，国家安全委员会执行秘书小詹姆斯·雷（James Lay Jr.）在提交国家安全委员会的备忘录中建议，美国及其盟国应保持并扩大核优势；应在其势力范围内邻近苏联政治、工业力量来源的地区建立起合理分布的海外基地；应设计越来越多的各式大规模杀伤性武器及不同的运载方式，以发展并维持一种实力地位。这种兼具灵活性和深度的实力地位，足以威慑苏联不要故意挑起全面战争，让苏联人放弃走引发全面战争的巨大风险之路。[②] 可见，巴基斯坦接近苏联在中亚的重工业和国防工业区的地缘位置恰恰

---

① *FRUS*, *1950*, *Vol. V*, *The Near East*, *South Asia and Africa*, Washington, D. C.: U. S. GPO, 1978, pp. 1490 – 1499.

② 周建明、王成至：《美国国家安全战略解密文献选编 1945—1972》（第一册），社会科学文献出版社 2010 年版，第 245、252 页。

是其他国家所不具备的，这成为杜鲁门第二届政府将巴基斯坦纳入其优先援助范围的最重要原因。但美国的根本目的仍是阻止社会主义扩大影响，直接目标就是遏制苏联和中国。

在经济上，不仅要最大限度地占领巴基斯坦的市场和资源，而且要最大限度地削减乃至排除巴基斯坦与社会主义国家的经济关联。1951年1月25日，杜鲁门总统批准了集中阐明"美国在南亚的立场"的国家安全委员会NSC 98/1号文件，该文件强调，美国和友好国家应该获得该地区的资源，进入该地区的市场，创造令南亚国家拒绝将资源向社会主义阵营开放的氛围。7月1日，国务院发表的巴基斯坦政策声明指出，培育巴基斯坦国内特定的态度，即愿意向美国及其盟国提供那些平时希望得到、战时要求得到的设施、资源和市场，并拒绝向社会主义阵营国家提供。1952年10月3日，美国国务院机构间工作小组的一份特别评估报告更加详细地预测了社会主义阵营控制南亚原材料对西方国家可能产生的严重后果。概括而言，共产主义者控制南亚将可能使西方国家越来越难获得该地区的云母、石墨、锰、黄麻和紫胶等对西方国家具有特殊战略价值的原料，令美国的库存不得不依赖不确定的、质量更低、价格更高的来源和替代物资，西方国家将不得不接受生产成果的数量和质量的某些削减。[1] 而对于向经济欠发达国家提供技术援助的"第四点计划"的实质，杜鲁门说，"第四点计划"对美国来说是"一笔好生意"，"它意味着贸易和销售市场的扩大，……原料的更好供应"。[2] 可见，杜鲁门政府考虑向巴基斯坦提供援助的因素中，经济因素是不可忽视的因素之一，但该因素也与政治因素相关联。

在政治上，希望通过援助巴基斯坦——当时世界上人口最多的伊斯兰国家——赢得中东伊斯兰世界的好感和支持。1949年9月9日，近东、南亚和非洲事务办公室向杜鲁门政府无任所大使杰赛普递交了附有对近东、南亚和非洲事务办公室巴基斯坦事务负责人报告的评估报告。该评估报告指出，一个巴基斯坦领导下的强大的伊斯兰联盟，可能在亚洲提

---

① *FRUS*, *1952 – 1954*, *Vol. XI*, *Africa and South Asia*, Washington, D. C.：U. S. GPO, 1978，pp. 1063 – 1064.

② 《战后美国经济》编写组：《战后美国经济》，上海人民出版社1974年版，第288页。

供一个非常值得期待的平衡力量。① 同年 11 月 16 日，杰赛普向国务卿艾奇逊建议：伊斯兰国家，特别是巴基斯坦，是这一地区的重要力量。但由于它们的政策主要面向近东和中东其他伊斯兰国家，它们发挥的作用可能不及印度或日本在南亚和东亚的领导作用。尽管如此，整个地区的伊斯兰集团的潜力将得到充分发掘。② 1950 年 4 月 3 日，美国国务院关于巴基斯坦的政策声明指出，一个巴基斯坦领导下的、强大的、对美国友好的伊斯兰阵营可以成为南亚地区中美国所希望的平衡力量。③ 同年 8 月 25 日，国家安全委员会第 73/4 号文件建议：如果苏联进攻希腊或土耳其，美国可以要求英国和法国根据《英法土互助条约》向土耳其提供帮助，并且想尽一切办法使土耳其获得包括巴基斯坦在内的伊斯兰世界的支持。④ 同年 9 月 18 日，美国政府代表在与英国政府代表进行的非正式会谈中特别强调了巴基斯坦的伊斯兰国家的身份。他明确指出，美国倾向欢迎巴基斯坦在伊斯兰世界的倡议。因为它是伊斯兰国家中最具进取精神和最有能力的国家。如果巴基斯坦认为我们抛弃了它，并收获了它的伊斯兰邻国的同情，巴基斯坦和其他伊斯兰国家之间的密切联系可能会对美国产生不利影响。……美国应该记住伊斯兰国家对中亚穆斯林民族可能发挥的有益作用。⑤ 1951 年 7 月 1 日，杜鲁门政府在公布的关于巴基斯坦政策的声明中强调，1947 年 9 月，巴基斯坦成为联合国成员，从此取得了在伊斯兰国家中的领导地位。它在一些事务上掌握了主动权。美国应该鼓励巴基斯坦支持联合国，并努力向它提供友好援助，以便于它能在联合国组织中获得其合理地位。……巴基斯坦在中东伊斯兰国家中占据更突出地位。美国应该鼓励巴基斯坦与中东国家解决它们面临的

① M. S. Venkataramani, *The American Role in Pakistan, 1947 – 1958*, New Delhi: Radiant Publishers, 1982, pp. 96 – 97.

② *FRUS, 1949, Vol. VI, The Near East, South Asia and Africa*, Washington, D. C.: U. S. GPO, 1977, pp. 1029 – 1031.

③ *FRUS, 1950, Vol. V, The Near East, South Asia and Africa*, Washington, D. C.: U. S. GPO, 1978, pp. 1490 – 1499.

④ *FRUS, 1950, Vol. I, National Security Affairs; Foreign Economic Policy*, Washington, D. C.: U. S. GPO, 1977, pp. 375 – 389.

⑤ *FRUS, 1950, Vol. V, The Near East, South Asia and Africa*, Washington, D. C.: U. S. GPO, 1978, pp. 202 – 205.

共同问题，并亲近土耳其。也就是说，美国援助巴基斯坦也是为了通过后者影响其他的伊斯兰国家，并获得中东伊斯兰国家对美国的更多政治支持。

其二，杜鲁门政府试图以美国援助为诱饵维持巴基斯坦的亲西方外交趋向。1950 年 4 月 3 日，美国国务院发布了关于巴基斯坦的政策声明，明确宣称："美国与巴基斯坦关系的首要目标是巴政府和人民对美国和其他西方民主国家的亲近和对苏联的疏离。美国希望巴基斯坦在坚持民主原则的基础上，作为经济和政治健康的国家进一步发展。在国际领域，美国积极鼓励巴基斯坦与其邻国发展和平与合作的关系，鼓励巴基斯坦政府了解并自愿与美国的国际目标对接。……美国在巴基斯坦的信息与教育交流计划被用来向巴基斯坦人民解释美国的立场，发展国民中的亲西方观点，这将增加该国沿着民主方向稳定发展的可能性。"[1] 1951 年 7 月 1 日，美国国务院第二次发表关于巴基斯坦的政策声明，再次明确宣布："我们关于巴基斯坦的目标是增强其政府和人民对美国、联合国和西方国家的亲近态度。"[2] 1952 年 8 月 19 日，代理国务卿布鲁斯向国家安全委员会执行秘书詹姆斯·雷提交了 NSC 98/1 号文件的第四次进展报告，强烈建议美国向巴基斯坦提供小麦援助。他强调：巴基斯坦的小麦歉收导致其国民在政治和思想上更加倾向于向持反美立场的毛拉寻求指导。"如果这一趋势继续发展，现政府中开明且倾向西方的领导人可能受到威胁，且其继任政府的成员将可能比现在的执政者们更加缺乏与西方合作的意愿和行动。""如果极大削减美国对该地区的技术和经济援助，美国的南亚政策的执行就会遭受严重挫折。如果未能为向巴基斯坦输送小麦找到资助基金，那将是另一个挫折。巴基斯坦不仅占据着与苏联和中东直接相邻的战略位置，而且其领导人——自其国家建立以来——始终以多种方式展现了对美国的友谊，包括在联合国内和在签订对日和平条约的有效合作中。迄今为止，巴基斯坦尚未看到美国视其为朋友的证据，

---

① *FRUS*, *1950*, *Vol. V*, *The Near East*, *South Asia and Africa*, Washington, D. C. : U. S. GPO, 1978, pp. 1490 – 1499.

② *FRUS*, *1951*, *Vol. V*, *Asia and the Pacific*, *Part 2*, Washington, D. C. : U. S. GPO, 1977, pp. 2008 – 2009.

如果不能对巴基斯坦的小麦援助请求进行积极回应，必然对美国的国家利益产生不利影响。"① 可见，在杜鲁门政府向巴基斯坦提供技术援助和小麦援助的考虑中，维持巴基斯坦的亲西方政策倾向显然是一个重要标准。

其三，杜鲁门政府试图以"美国援助"做交换，争取在巴基斯坦境内建立和利用具有重大战略价值的军事基地。数量适宜、分布合理、运转高效的海外军事基地，可以更加高效地支撑美国的全球和地区行动，巩固和提升美国的全球利益和地位。所以，在重要的战略地区和关节点获得军事基地始终是美国政府坚定不移的目标之一。巴基斯坦地处东西方交通要冲，邻近苏联和中国的腹地，与波斯湾和东南亚相隔不远，自然成为美国寻求军事基地的一个重要目标国。

首先，美国军方希望获得巴基斯坦的军事基地及相关权利。1947 年 9 月 9 日，美国海军战争协调会（SWNCC）向参谋长联席会议提交了一份题为"美国所需要的军事基地和基地权利的总体估计"的报告，明确提出了美国海军希望在南亚获得的基地和权利，分别是巴基斯坦卡拉奇的军事基地和空军过境权、印度的阿格拉和卡拉格普尔的军事基地和空军过境权。②

其次，美国国务院明确将军事援助与获得巴基斯坦的军事基地相关联。1950 年 4 月 3 日，美国国务院在首次发布的关于巴基斯坦的政策声明中明确强调："万一发生战争，我们希望使用巴基斯坦的基地和其他设施。我们对巴基斯坦要求军事援助的回应中应该增加其将基地供我们使用的意愿。"③ 1951 年 7 月 1 日，美国国务院在第二次发表的关于美国的巴基斯坦政策的声明中强调，由于巴基斯坦不存在强烈的反西方情绪和阻止印度与美国及其联盟充分合作的、根深蒂固的中立主义，巴基斯坦

---

① *FRUS*, *1952 - 1954*, *Vol. XI*, *Africa and South Asia*, Washington, D. C.: U. S. GPO, 1978, pp. 1058 - 1062.

② *FRUS*, *1947*, *Vol. I*, *General*; *The United Nations*, Washington, D. C.: U. S. GPO, 1972, p. 769.

③ *FRUS*, *1950*, *Vol. V*, *The Near East, South Asia and Africa*, Washington, D. C.: U. S. GPO, 1978, pp. 1490 - 1499.

可以被说服为美国和英国提供在印度洋地区的军事基地。① 由此可见，美国国务院此时已经明确希望以对巴援助换取美国在巴基斯坦的基地和权利。

再次，美国各情报机构就巴基斯坦在军事基地方面的重要性达成共识。1952 年 10 月 3 日，美国国务院机构间工作小组向国务院明确指出，南亚国家的其他军事资产包括：大量优秀的飞机场和空军基地地点（主要位于西巴基斯坦），可供中型和重型轰炸机起降，其航程半径可覆盖苏联中亚地区和中华人民共和国内陆的主要工业和政治中心。其铁路和高速公路网与港口设施足以维持从这些基地开展的大规模行动。重要的港口、空军基地和其他设施能够被用于维持西欧与远东之间的通讯，或者用于支持阻碍这些通讯与交流的空军和海军行动，亦可为在中东或远东地区可能进行的行动提供后勤支持。……巴基斯坦的军事力量可能成为中东地区的有效稳定因素，且巴基斯坦可能在西方国家与社会主义阵营发生战争时向前者提供空军基地。② 在美国政府看来，获取这些优秀基地的最有效方式当然是美国援助。

其四，杜鲁门第二届政府试图以"美国援助"为杠杆，推动巴基斯坦参与美国组织的中东防御计划。中东地区不仅是东西方之间的陆海空交通锁钥，而且蕴藏着丰富的、为西方工业国家的经济和军事所必需且稀缺的石油，地处苏联南方的地理位置更突出了其在美国封锁苏联的战略中的重大价值。美国绝不允许其倒向社会主义阵营。但大多数中东国家的军事力量薄弱，难以单独对抗苏联的军事和政治压力。而美国和欧洲相对于苏联而言距离中东较远。一旦发生突发事件，西方国家会措手不及。因此，美国急需在中东的临近地区寻找一个有能力、有意愿参与中东防御的国家。而在文化、宗教、血缘、历史、地理上与中东紧密相联、在对外政策上明显亲西方的巴基斯坦自然成为首选。1950 年 8 月 25 日，国家安全委员会的第 73/4 号文件指出，如果苏联公开进攻伊朗，美

---

① *FRUS*, *1951*, *Vol. Ⅵ*, *Asia and the Pacific*, *Part 2*, Washington：U. S. Government Printing Office，1977，pp. 2008 – 2009.

② *FRUS*, *1952 – 1954*, *Vol. Ⅺ*, *Africa and South Asia*, *Part 2*, Washington，D. C.：U. S. GPO，1983，pp. 1069 – 1070.

国必须首先寻求英国承担帮助伊朗应对侵略的主要任务，诸如包括努力寻求巴基斯坦和印度出面，以及在不会损害美国的安全或执行紧急战略预案的情况下，根据需要，向近东、中东和波斯湾地区派遣上述国家的部队。① 1951 年 3 月 2 日，美国南亚地区外交和领事官员在锡兰的努沃勒埃里耶举行会议，与会代表一致认为："倘若巴基斯坦对遭受印度攻击的忧虑被排除，且愿意对中东的防御做出极为显著的重大贡献"，"其就能够参与到中东的防御中来，抵制共产主义侵略"。② 7 月 1 日，美国国务院发表声明强调，巴基斯坦拥有的军事人力能够协助近东国家抵御苏联，特别是其对伊朗的侵略。巴基斯坦军队经过适当装备，将能够帮助伊朗，也能够发挥过去战争中英印军队的传统作用。而且，人口中大多数信仰伊斯兰教自然促使巴基斯坦寻求与近东国家的新联系。如果发生了针对中东的侵略，巴基斯坦会郑重考虑援助与其具有共同宗教信仰者。巴基斯坦距离中东更近，控制了通往次大陆的两条重要通道，且在目前倾向西方国家。③ 9 月 24 日，美国中情局对 1953 年中之前的世界形势进行特别评估后认为，如果美国给予支持，巴基斯坦可以为中东防御提供基地和军队。④ 此后，美国在很长时间内都将对巴援助与巴参与中东防御联系起来。

四　推动杜鲁门第二届政府援助巴基斯坦的决定性因素

杜鲁门第二任政府非常担心苏联向美国发起核攻击。1949 年 8 月 29 日，苏联成功试爆原子弹，成为世界上继美国之后第二个拥有原子弹的大国。苏联拥有的雄厚工业基础、广阔战略回旋空间和不断高涨的国民情绪，令杜鲁门政府感受到前所未有的威胁。1950 年 1 月 31 日，杜鲁门总统颁布总统令强调，鉴于苏联制造裂变炸弹的能力和潜在的研制热核

---

① *FRUS, 1950, Vol. I, National Security Affairs*; *Foreign Economic Policy*, Washington, D. C. : U. S. GPO, 1977, pp. 375 – 389.

② *FRUS, 1951, Vol. VI, Asia and the Pacific, Part 2*, Washington, D. C. : U. S. GPO, 1977, pp. 1666 – 1676.

③ *FRUS, 1951, Vol. VI, Asia and the Pacific, Part 2*, Washington, D. C. : U. S. GPO, 1977, pp. 2008 – 2009.

④ *FRUS, 1951, Vol. I, National Security Affairs*; *Foreign Economic Policy*, Washington, D. C. : U. S. GPO, 1979, pp. 206 – 207.

炸弹的能力，国务卿和国防部长应对美国在和平和战争时期的目标，以及对美国的战略计划中实现这些目标的有效手段进行重新评估。1952 年，美国国家安全委员会在假设苏联分别在 1953 年中期和 1955 年中期向美国发动核空袭的前提下，对该攻击所造成的后果进行了全面评估。该评估报告指出，苏联袭击美国的轰炸机基地以及美国本土之外的推进型、发动攻势的基地，会使美军飞机暂时无法使用，大量受训人员牺牲。跑道和地下燃料储备受到的损害相对小一些。维修设备、原料供应、暴露的加油装备和通讯设备，都会被破坏或严重毁坏。地面的飞机将严重损坏。在所有的飞机中，包括具备运载能力的水上飞机和战术飞机，都将遭到破坏。如果美国市中心遭到袭击，目的只是使人口损失最大化，伤亡数字在 1953 年中期预计高达 900 万人，1955 年中期预计高达 1250 万人。伤亡中将有一半人会死去。在受袭地区，所有工业会瘫痪。1953 年中期，美国全国工业的大约 1/3，包括军工企业，都是位于或邻近这些地区。1955 年中期，因为袭击的范围更大，这个比例增加到大约 2/3。对生产零部件的工厂造成的零散破坏，与对重要的终端产品生产设施造成的破坏相比，也许更加严重，这可能会严重影响到重要的战争装备的生产。[①]
1953 年 1 月 16 日，国务卿、国防部长和共同安全机构提交给杜鲁门总统的备忘录指出，美国现在保护美国大陆免遭核打击的能力被认为极其有限。1952 年中期，苏联发射的原子弹可能有 65%—85% 是对准美国的，现在项目中的防御措施无法提供有效的防御来对付大规模的核打击。在 1954—1955 年，苏联将会拥有对美国展开空中打击的能力，这将使美国的关键部分遭到攻击。[②] 此种担心令杜鲁门政府希望能够随时了解苏联的核试验活动的情况和动向。而这就需要能够对苏联的核试验活动进行就近侦听。巴基斯坦恰恰距离苏联核试验比较集中的中亚腹地非常近，具有其他资本主义国家所不具有的天然地理优势。通过援助获得在巴基斯坦境内的空军基地和情报基地，当然有利于尽早对苏联的核攻击情况有

---

① 周建明、王成至：《美国国家家安全战略解密文献选编 1945—1972》（第一册），社会科学文献出版社 2010 年版，第 276—277 页。

② 周建明、王成至：《美国国家家安全战略解密文献选编 1945—1972》（第一册），社会科学文献出版社 2010 年版，第 282—289 页。

了解、判断和准备。

美印分歧日渐分明。印度始终保持中立主义令美国拉拢印度的策略失败。1949 年 9 月 9 日，近东、南亚和非洲事务办公室向杜鲁门政府的无任所大使杰赛普递交的报告的评估报告指出，印度自二战以来正在成为亚洲最强大的国家。随着其力量的发展，其支配地位可能巩固。"我们不能确定印度是否在未来与我们结盟，但我们有一定的理由认为它可能不与我们结盟。"[①] 1950 年 4 月 3 日发表的美国首次关于巴基斯坦的政策声明强调：印度巩固土邦国的政策和对克什米尔的灵活态度带有印度特点，可以表明印度的国家特质，即如果不及时控制，可能使印度成为日本亚细亚帝国主义的后继国。[②] 1951 年，印度拒绝参加美国主导的对日和约进程。

巴基斯坦国际地位的上升，国际影响力不断增强。1947 年 9 月，巴基斯坦成为联合国成员，从此取得了在伊斯兰国家中的领导地位，并在一些事务上掌握了主动权，如在巴勒斯坦和意大利殖民地的处置问题上。而且，巴基斯坦一直是联合国巴尔干特别委员会的成员，也是利比亚的联合国专员咨询理事会、厄立特里亚人权调查委员会、和平观察委员会（依据联合国第五次大会的"联合一致共策和平"决议而建立）、联合国朝鲜统一和复兴委员会的成员。它还是亚洲远东经济委员会的成员，并与埃及、伊朗和叙利亚发起了伊斯兰国家会议，如世界穆斯林大会和伊斯兰经济会议。

小　结

杜鲁门政府的援巴立场和政策经历了一个逐渐转变的过程，从最初拒绝援助，然后提供小麦援助，再到提供连续性的技术援助，最后主张给予实质性经济和军事援助，甚至还萌发了与巴基斯坦结盟的想法。转

---

① M. S. Venkataramani, *The American Role in Pakistan*, *1947 – 1958*, New Delhi: Radiant Publishers, 1982, pp. 1, 96 – 97.

② *FRUS*, *1950*, Vol. V, *The Near East*, *South Asia and Africa*, Washington, D. C.: U. S. GPO, 1978, pp. 1490 – 1499.

变的关键是杜鲁门政府对冷战形势的评判，及在此基础上对巴基斯坦在美国遏制苏联和中国为代表的社会主义力量的战略中的地位和价值的重新评估。虽然杜鲁门政府未能与巴基斯坦正式结盟，亦未来得及向它提供实质性援助，但其执行了拒绝巴基斯坦求援和实施非正式军事禁运的政策，令巴基斯坦政府看到了改变"中立主义"和"不结盟"的对外政策的必要性，更加坚定地选择并执行了"亲西方"的外交政策，刻意冷淡与苏联和中国的关系，并逐步采取了准备与美国结盟的立场和行动，为艾森豪威尔政府通过援助诱导巴基斯坦与美国结盟，加入美国组织的、以反苏反共为目的的地区防御组织奠定了极其必要的基础。但是，我们也必须清醒地看到，杜鲁门政府拒绝向巴基斯坦提供经济和军事援助的初衷与巴基斯坦外交转向之间并不存在必然的逻辑关系。杜鲁门政府拒绝援助巴基斯坦的初衷是，它既不愿意承担对巴基斯坦国家和社会发展的长期责任，也不希望在印度与巴基斯坦之间做出有损美国与印度关系的选择，还担心因为援助巴基斯坦而触动英国在巴基斯坦的利益，并进而导致美英"特殊关系"的瓦解，影响英国与美国的合作。所以，杜鲁门政府的援巴政策虽然在客观上令巴确立了"亲美"和亲西方的政策和方向，但在主观上却并非美国主动谋求的。美国政策在总体上是有效的，但却未能实现推动印巴和解的目标，这种有效性因此又大打折扣。

第 二 章

艾森豪威尔政府对巴基斯坦的
援助政策

——从拖延援助到相对积极援助

艾森豪威尔政府时期是美国援助巴基斯坦政策的正式确立和初步实施的时期，也是美巴援助关系正式开始和初步发展的时期。在艾森豪威尔第一届政府时期，受各自战略预期和暂时交汇的战略利益的驱动，美巴两国政府不仅正式签订军事互助协议、缔结军事同盟，为两国援助关系奠定了最重要法理基础，而且开启了美国向巴基斯坦提供大量经济和军事援助的历程。在援助过程中，军事援助明显滞后于经济援助，且后者表现出鲜明的利己属性。艾森豪威尔第二届政府执行了"有限现代化"的军事援助政策和"相对优先"的经济援助政策，向巴基斯坦提供了大量经济援助以及有限数量和质量的军事援助。通过援助，艾森豪威尔政府基本实现其战略预期，将巴基斯坦纳入了美国倡导的地区防御组织，但巴基斯坦也因此经受了美援所产生的深刻双重影响，南亚地区亦增加了不稳定因素。

第一节　艾森豪威尔第一届政府开始
大规模援助巴基斯坦

艾森豪威尔第一届政府时期是冷战从欧洲向全球扩展和加深的阶段。虽然欧洲仍是中心和重点，但"边缘地带"的新兴国家在美苏冷战中的地缘政治价值持续提升，并逐步成为美苏争夺的主战场。艾森豪威尔第一届政府不仅继承了杜鲁门政府的"遏制"苏联的战略，而且制定了全球扩张战略和"同盟"战略，意图通过与苏联和中国的周边国家缔结军事结盟，形成对社会主义国家的完整军事包围圈，遏制地区和世界中社会主义因素的增长和蔓延。在艾森豪威尔第一届政府设计的战略包围圈的蓝图中，巴基斯坦作为亲西方国家和人口较多的伊斯兰国家，具有无可替代的地位和作用，是联结美国在亚洲东部和西部建立的防御体系最重要的环节。因此，巴基斯坦在获得美国政治、经济和军事援助的紧迫愿望的驱动下，美国在对苏联、中国和朝鲜封锁、包围，直至最终扼杀的深层动机的驱使下，美巴缔结军事同盟。在军事同盟中，美国对巴基斯坦的援助是两国关系的基础、桥梁和纽带，与两国同盟关系形成了相互依存、互为因果的密切联动关系。

一　艾森豪威尔第一届政府向巴基斯坦提供紧急小麦援助

1953 年 1 月 20 日，美国陆军上将德怀特·戴维·艾森豪威尔（Dwight David Eisenhower）宣誓就职，成为二战后美国的第一位共和党总统。在选举期间，他就做出承诺，将采取更加依靠集体安全条约和更强硬的国家安全政策来封锁社会主义阵营。该承诺预示着美国将与苏联在世界范围内发生激烈的对峙与争夺。在欧洲的力量格局基本确定后，与美国及其盟国的利益直接相关的重要战略地区和国家，如中东、南亚和东南亚将成为争夺的重点。而对美国外交政策的制定和执行具有重大影响的国务卿约翰·福斯特·杜勒斯（John Foster Dulles）却对印度和巴基斯坦怀有差异甚大的印象。杜勒斯对印度和尼赫鲁总理颇为不满，却对巴基斯坦印象良好。究其原因，主要有两方面因素。首先，在印巴两国独立初期的外交政策趋向上，杜勒斯认为尼赫鲁的中立主义对外政策是不道德的，或是幼稚的，他更喜欢巴基斯坦的反共倾向。其次，在杜勒斯主持的对日和约问题上，尼赫鲁总理不参与且不接受的言行进一步激怒了杜勒斯；而巴基斯坦的做法与印度截然相反，扎弗鲁拉·汗外交部长则因为在旧金山签约会议上帮助美国获得亚洲国家对缔结对日和约的支持和赞扬，赢得了杜勒斯的好感。艾森豪威尔和杜勒斯的政策主张和情感倾向成为其第一届政府与巴基斯坦缔结军事同盟且愿意提供援助的重要推动因素。

正是在此种看似有利于巴基斯坦获得美国善意的背景下，巴基斯坦政府延续了此前向美国积极求援的姿态，努力争取美国尽早开始提供实质性援助。

纳泽姆丁政府向美国请求紧急小麦援助。1953 年 1 月 28 日，受巴基斯坦政府新总理卡瓦贾·纳泽姆丁（Khwaja Nazimudin）派遣，扎弗鲁拉·汗外长访问美国，寻求艾森豪威尔政府向巴基斯坦提供紧急小麦援助，以预防在下一个收获季节之前可能出现的严重小麦短缺。扎弗鲁拉·汗在美国国务院强调，在即将到来的收获季节，巴基斯坦的小麦收成将低于正常水平，预计出现150 万吨的缺额。小麦歉收的主要原因是印度控制了印度河等主要河流的上游，截留了大量本来可以被巴基斯坦用于灌溉的河水。虽然巴基斯坦政府采取了各种办法提高粮食产量，但灌溉水量的急剧减少、难民的持续涌入和人口的迅速增长，令国内粮食短缺形势依然十分严峻，巴基斯坦由可以少量出口粮食的粮食富余国变为纯粮食进口国。扎弗鲁拉·汗代表巴基斯坦政府正式向艾森豪威尔政府提出了 100 万—150 万吨的紧急小麦援助请求，并希望其以长期贷款、赠予或二者混合的方式提供。美方则表示，虽然巴基斯坦要求的援助数量不多，艾森豪威尔总统、杜勒斯国务卿等人会给予同情，但美国政府在批准该要求方面依然面临严重困难。因为对外援助的具体用途是由美国国会直接决定的。扎弗鲁拉·汗则回应称，尽管巴基斯坦非常希望美国政府提供援助，但不希望该问题令美国政府感到烦恼。美国没有义务以此种方式援助巴基斯坦或其他国家，且美国已经得到世界足够多的感谢。[1] 显然，扎夫鲁拉·汗的表态并非发自内心，而是要表现出一种对美国困难的理解和巴基斯坦政府的理性和通达，并以此树立巴基斯坦政府在艾森豪威尔政府心目中的良好形象，为此后继续争取美国实质性援助创造条件。4 月 9 日，纳泽姆丁总理公开宣布，他将请求美国政府提供 100 万吨小麦作为"援助基础上的贷款"。

波格拉政府向杜勒斯积极求援。1953 年 5 月 23 日至 24 日，巴基斯坦新政府的主要领导人古拉姆总督、穆罕默德·阿里·波格拉（Muham-

---

① *FRUS*, *1952 – 1954*, *Vol. XI*, *Africa and South Asia*, *Part 2*, Washington, D. C. : U. S. GPO, 1977, pp. 1822 – 1824.

mad Ali Bogra）总理、扎弗鲁拉·汗（Zafrullah Khan）外长和穆罕默德·
阿尤布·汗（Mohammad Ayub Khan）将军极其热情地接待了访问巴基斯
坦的杜勒斯国务卿。四人分别强调巴基斯坦对反共事业的忠诚和加入
"自由世界"防御体系的愿望。尤其是作为巴基斯坦军队的最重要代表，
阿尤布·汗的表态尤为直接和坦率。阿尤布·汗对杜勒斯说：美国"不
应该担心向那些表示愿意与美国合作的国家提供公开的援助"。他认为，
当时形势是19世纪英俄"大博弈"传统的体现。威胁是苏联以进抵阿拉
伯海的暖水区为目标，通过中亚的山间通道大规模南侵的可能行动。在
此基础上，阿尤布·汗建议，美国向巴基斯坦提供恰当的装备，将能够
完成阻止苏联的任务。他对杜勒斯宣称："现政府急切期盼与美国合作"，
"巴基斯坦有美国可以利用的人力和基地"。[1] 古拉姆则私下向国务卿随访
团员保证：巴基斯坦不会用美国提供的军事援助反对印度。他还进一步
表示，如果印度遭受攻击，巴基斯坦愿意援助印度。[2] 同日，扎弗鲁拉·
汗亦公开声明，巴基斯坦既是中东国家，又是南亚国家。巴基斯坦对中
东国家的安全稳定有兴趣。同样，巴基斯坦也对可能提升南亚和东南亚
国家的政治、社会稳定的措施感兴趣。[3] 虽然四人并未明确提出紧急小麦
援助的问题，但该问题实质上被包含在更庞大的军事和经济援助的请求
之中。且此前已经提出过，故未再提及。可以说，巴基斯坦政府领导人
对杜勒斯采取了胁迫与利诱相结合的方式，极力推动艾森豪威尔政府做
出实质性援助承诺。

面对巴基斯坦的持续求援努力，艾森豪威尔第一届政府沿袭了杜鲁
门第二届政府对巴基斯坦的基本立场，积极研判巴基斯坦的经济和政治
形势，并在向巴基斯坦提供小麦援助的问题上采取了更积极的行动。

在纳泽姆丁政府积极向美国求援的同时，助理国务卿亨利·白劳德
（Henry Byroade）催促杜勒斯国务卿积极回应。白劳德向杜勒斯强调，预

---

① Dennis Kux, *The United States and Pakistan 1947 – 2000：Disenchanted Allies*, Washington, D. C.：Woodrow Wilson Center Press, 2001, p. 55.

② *FRUS*, *1952 – 1954*, *Vol. IX*, *The Near and Middle East*, *Part. 1*, Washington, D. C.：U. S. GPO, 1986, pp. 130 – 131.

③ *Dawn*, May 23, 1953. Cited in Rajendra K. Jain edited, *US – South Asian Relations 1947 – 1982*, Vol. 2, New Delhi：Radiant Publisher, 1983, p. 77.

计巴基斯坦在 1953 年至 1954 年需要进口 80 万—100 万吨小麦，希望从美国获得价值约为 7500 万美元的 75 万吨小麦。白劳德认为，向巴基斯坦提供小麦援助极具重大政治意义。巴基斯坦是能够在中东防御中发挥重要作用的国家，且其地理位置恰恰位于"自由亚洲"和中东国家之间。1952 年，巴基斯坦主张对美国友好的领导人的地位和作用被削弱了。巴基斯坦政府如果不能在粮食危机中采取充分措施，将极有可能导致更大的国内动荡和困难，进而增加对美国安全利益的损害。如果美国政府拒绝帮助巴基斯坦应对粮食需求，特别是在有大量余粮的情况下，将不仅会被巴基斯坦人误解，而且会迫使巴更积极地向苏联寻求小麦援助，美国在该地区的威望将严重受损。因此，白劳德建议：第一，在原则上同意帮助巴基斯坦应对其紧迫的小麦需求，数量和方式将在获得更详细数据后决定。国务院因此要推动国会增加一次相关立法。第二，杜勒斯国务卿应通知农业部长和共同安全署署长推进相关研究。[①] 杜勒斯接受了白劳德的建议，并于 1953 年 3 月 31 日致信农业部长，建议其在 4 月份派遣特别研究小组赴巴基斯坦调查小麦状况。

杜勒斯国务卿强烈建议美国向巴基斯坦提供小麦赠予援助。4 月 23 日，艾森豪威尔总统向杜勒斯国务卿提供了一份关于"巴基斯坦粮食形势"的备忘录。其要点包括：第一，巴基斯坦正面临连续两年粮食歉收所造成的真正的饥荒危险。第二，巴基斯坦 1951 年至 1952 年的粮食危机已经通过进口小麦被克服。第三，1953 年的粮食危机比前一年的危机更严重。第四，巴基斯坦政府希望从美国和其他国家获得小麦，但没有资金支付。第五，美元贷款将降低巴基斯坦有限的偿付美元贷款的能力和发展经济的能力。第六，只有两种方式能够避免巴基斯坦遭遇饥荒，且不迟滞其经济发展。一种是赠予援助，另外一种是用粮食偿还的贷款。4 月 30 日，杜勒斯回应了艾森豪威尔总统，同意其备忘录中的前五点判断，主张向巴基斯坦提供小麦赠予援助。与此同时，他强调仍有三个困难：第一，在可预见的未来，巴基斯坦不可能有足够的剩余小麦用于偿付贷款，并满足人民日益增长的需求。第二，让巴基斯坦在不阻碍其经

---

① *FRUS*, *1952 – 1954*, *Vol. XI*, *Africa and South Asia*, *Part 2*, Washington，D. C. : U. S. GPO，1977，pp. 1825 – 1826.

济发展的前提下，负担其不能用美元或其他方式偿付的大量债务，在政治上是不明智的。第三，在诸如"剩余粮食"和"危机"等概念的界定上和粮食的管控、装运、储存等问题上，困难重重。因此，向巴基斯坦提供援助的问题需要进一步研究。尽管如此，杜勒斯仍在最后强调："巴基斯坦政府对美国非常友好，需要美国的直接承诺。我强烈建议，我们的援助采取美元赠予的形式。"① 杜勒斯此时已经基本决定要推动对巴基斯坦的小麦援助，但其还需要直接的证据令其主张更有说服力和可行性。

里德使团建议尽早向巴基斯坦提供紧急小麦援助。5月10日，受杜勒斯派遣的普渡大学农学院院长兼农业技术推广服务系主任哈里·里德（Harry Reed）率团赴巴基斯坦，调研小麦生长形势。5月23日，哈里·里德向美国国务院提交了报告，特别强调了援助的紧迫性和赠予援助对促进巴基斯坦经济发展的重要性。里德强烈建议，尽早向巴基斯坦提供粮食援助符合美国的安全利益。美国的行动将防止巴基斯坦这样具有重大地缘政治价值且对美国友好的国家发生饥荒及政治与财政的崩坍。② 显然，里德使团对巴基斯坦的实地考察及专业性结论，在相当大程度上增强且坚定了杜勒斯和艾森豪威尔向巴基斯坦提供小麦援助的决心。

艾森豪威尔政府高度评价巴基斯坦及其领导人，并决定向巴基斯坦提供小麦援助。4月17日，古拉姆总督解除了纳泽姆丁的总理职务，任命巴基斯坦驻美大使穆罕默德·阿里·波格拉为新任总理。波格拉在对外政策和个人情感上表现出鲜明的亲美倾向，并在美国广受欢迎。艾森豪威尔政府对其就任巴基斯坦总理持欢迎态度。美国国务院内部的一份备忘录为波格拉就任新总理喝彩，认为他"精力充沛、积极进取"，并预测"更积极且决定性地解决巴基斯坦国内政治和经济问题的可能性增加了"。③ 这一观点反映在美国驻巴基斯坦大使馆的评估中，即波格拉的上任"代表了拒绝保守的宗教影响和希望强力、高效中央政府的因素的胜

---

① *FRUS*, *1952 – 1954*, *Vol.* XI, *Africa and South Asia*, *Part 2*, Washington, D. C.: U. S. GPO, 1977, pp. 1827 – 1828.

② *FRUS*, *1952 – 1954*, *Vol.* XI, *Africa and South Asia*, *Part 2*, Washington, D. C.: U. S. GPO, 1977, pp. 1826 – 1827.

③ Dennis Kux, *The United States and Pakistan*, *1947 – 2000*: *Disenchanted Allies*, Washington, D. C.: Woodrow Wilson Center Press, 2001, p. 54.

利"，"就美国利益而言，是受欢迎的变化"。① 5 月 26 日，杜勒斯结束对巴基斯坦的访问之后表示："我们认识到巴基斯坦是一个有士气和勇气发挥其抵制共产主义作用的国家。……我相信巴基斯坦将是任何在中东地区可能出现的防御计划的合作成员，我们不需要等待正式的防御安排作为向巴基斯坦提供某些军事援助的条件。" 6 月 1 日，杜勒斯在国务院汇报其访问巴基斯坦的情况时强调："巴基斯坦是最大的伊斯兰国家，在伊斯兰世界中占据重要地位。巴基斯坦人民强烈的精神信念和尚武精神使他们成为反对共产主义的可靠防御者。巴基斯坦新总理穆罕默德·阿里·波格拉积极地领导着新政府。巴基斯坦面临着严重、紧迫的小麦短缺问题。如果没有大量小麦进口，大面积的饥荒将接踵而至。……美国迅速向巴基斯坦提供小麦援助是极为重要的。"② 可见，艾森豪威尔政府对巴基斯坦著名亲美派人物当选政府首脑是相当高兴和满意的，而帮助波格拉应对巴基斯坦国内的危机，自然是巩固其政治地位和对外政策倾向的良方。因此，政治考虑和个人情感令杜勒斯和艾森豪威尔更加愿意向巴基斯坦提供小麦援助。

基于上述形势研判和政策建议，杜勒斯国务卿和艾森豪威尔总统开始积极推动向巴基斯坦提供小麦援助。

杜勒斯积极争取国家安全委员会、公众和国会的支持。6 月 1 日，杜勒斯向美国国家安全委员会强调，"巴基斯坦对我们而言是个潜在的强点"，并宣称其被"巴基斯坦人的尚武精神和宗教信仰深深震撼了"。而尼赫鲁却是一个"彻头彻尾的、好高骛远的政客"③。当晚，在面向全美国的广播和电视报告中，杜勒斯首次提出了"北层军事联盟"防御安排的理念，作为鼓吹中东安全的"中东防御组织"的替代选择。杜勒斯强调："阿拉伯国家对近在咫尺的苏联有更多关注。总体而言，北方国家联盟显示了对这种威胁的警惕。"④ 6 月 2 日，杜勒斯在国会听证会上说：

---

① Dennis Kux, *The United States and Pakistan, 1947 – 2000: Disenchanted Allies*, Washington, D. C.: Woodrow Wilson Center Press, 2001, p. 54

② Department of State, *Bulletin*, June 15, 1953, pp. 830 – 835.

③ *FRUS, 1952 – 1954, Vol. IX, The Near and Middle East, Part 1*, Washington, D. C.: U. S. GPO, 1986, pp. 379 – 383.

④ Department of State, *Bulletin*, June 5, 1953, p. 835.

"我相信，如果巴基斯坦人感到有必要，他们可以赤手空拳与任何共产主义侵略进行斗争。"① 6 月 3 日，杜勒斯在参议院外交委员会执行会议上发言指出，"我们认为，如果你们在这一地区有两个强点（土耳其和巴基斯坦），即使伊朗不能强大，通过那些山地通道也是非常困难的。此时，我们与巴基斯坦的麻烦是我们没有向巴基斯坦提供军事援助的任何计划，因为我们担心印度的激烈反应而不敢援助巴基斯坦"。② 6 月 12 日和 15 日，杜勒斯在参议院和众议院农林委员会会议上所作的关于向巴基斯坦提供小麦援助的报告中指出，巴基斯坦将在其力量许可的情况下抵御共产主义的威胁。巴基斯坦占据着重要的战略位置。中华人民共和国与巴基斯坦控制的北部领土相邻，一个人可以从巴基斯坦北部边界看到苏联。巴基斯坦西邻伊朗和中东，保卫着开伯尔走廊——从北部进入次大陆的传统侵略路线。由于他们的宗教信仰和勇敢精神，巴基斯坦人民及其领导人使该国成为一个真正的堡垒。该堡垒需要强化，美国的小麦赠予可以做到这一点。没有国家或政府能够在人民饥饿之时保持强大。巴基斯坦对改变饥饿状况的小麦的需求是重要而紧迫的。如果美国未能在措施上迅速帮助巴基斯坦，灾难将会持续。"艾森豪威尔总统建议直接援助采取赠予的形式。我完全支持该建议，且认为这是唯一可行的方式。"③ 可见，杜勒斯极力主张向巴基斯坦提供小麦援助的根本出发点是增强中东防御苏联的能力。

艾森豪威尔总统推动国会通过相关立法。6 月 10 日，艾森豪威尔总统致信国会，要求其进行相关立法，为美国向巴基斯坦提供小麦援助奠定必要的法理基础。艾森豪威尔强调："巴基斯坦人民正面临饥荒，他们请求我们帮助其应对灾难。我们有幸能够在此时提供帮助。因为我们有大量的小麦。我强烈认为我们应该帮助巴基斯坦。与此相对应，我督促国会批准向巴基斯坦装运 100 万吨美国小麦。在巴基斯坦处于一个新生国

---

① Dulles Testimony, June 1953, U. S. House Committee on Foreign Affairs, Selected Executive Session, *Hearings*, p. 10.

② US Senate, 83 Cong., 1st sess., 1953, Executive Sessions of the Senate Foreign Relations Committee (Historical Series), Vol. V, Washington: U. S. Government Printing Office, 1977, pp. 454 – 455.

③ Department of State, *Bulletin*, June 22, 1953, pp. 890 – 891.

家成长过程中的关键时期，它的人民正面临饥荒的威胁。如果这一趋势不受控制，将可能削弱巴基斯坦正在努力推进的民主原则和民主制度。……因此，我建议，国会授权我批准从美国商品信贷公司的存货中向巴基斯坦提供100万吨小麦。……我强烈敦促国会尽可能迅速地做出这种行动。"① 国会迅速行动，于6月16日通过了遵循艾森豪威尔总统建议的相关法案。从艾森豪威尔总统提出要求，到国会批准相关立法，仅仅用了两周时间，比1951年美国向印度提供小麦援助的相关立法过程要顺畅、迅速很多。6月25日，艾森豪威尔总统签署小麦援助法案，美巴亦于同日签订"紧急小麦援助协定"。次日，第一批装载援助巴基斯坦的小麦的轮船就离开巴尔的摩港，驶往巴基斯坦的卡拉奇港。

二　美巴结盟奠定两国援助关系的法理基础和政治框架

杜勒斯国务卿酝酿提出"防御中东"的新安排和理念。"中东司令部"和"中东防御组织"分别是杜鲁门政府和艾森豪威尔政府企图在冷战初期控制中东、阻止苏联渗透的军事安排和理念。但该安排和理念因遭到埃及和一些中东国家的反对，无法成为实体存在。在1953年5月访问中东和南亚的过程中，杜勒斯就已筹谋以新理念代替没有希望实施的"中东防御组织"的理念。回国之后，杜勒斯迅速提出了"北层军事联盟"的新理念，并决心将巴基斯坦纳入其中，且令其发挥重大作用。该理念的第一要义是放弃推动中东国家在中东核心地带建立防御苏联进攻的组织，代之以在中东北部地区建立防御性的军事联盟，抵御苏联对中东地区可能的影响，力保中东国家不会倒向社会主义阵营。其最初的网罗对象只包括土耳其和巴基斯坦，后来又增加了伊朗和伊拉克。该理念实际上成为"巴格达条约组织（Baghdad treaty）"［即后来的"中央条约组织（Central Treaty Organization）"］的理论基础，也是艾森豪威尔政府迅速与巴基斯坦结盟的最重要动因。

杜勒斯竭力向美国民众、国会和国家安全委员会推销"北层军事联盟"理念。6月3日，杜勒斯在参议院外交委员会执行会议上发言指出："我确信沿着中东北部地区发展力量是可能的，那里对苏联更加忧

---

① Department of State, *Bulletin*, June 22, 1953, pp. 889 – 890.

虑。……巴基斯坦……能够成为一个非常强大的支点。……我们应该依赖贯穿这里的国家的北层军事联盟。"①7月6日，杜勒斯在国家安全委员会讨论中东防御政策的会议上要求该委员会支持"北层军事联盟"理念。②国家安全委员会虽然肯定了南亚，特别是巴基斯坦对美国具有的现实政治价值、军事价值和潜在战略与经济价值，也认同巴基斯坦只有获得外部重大援助才能够使其军力得到重大改善，但仍未建议向巴基斯坦提供军事援助。最重要的理由就是美国向巴基斯坦提供军事援助将激怒印度，导致美印关系出现麻烦。而国防部也对此理念没有表现出热情和期待。国家安全委员会在7月14日通过的政策声明（NSC155/1）并未接纳杜勒斯的新理念。但很快情况就发生了变化。

10月30日，艾森豪威尔总统批准了国家安全委员起草的名为"基本国家安全政策"的政策声明。该声明强调，在中东，构建一个强大的区域集团是不可能的。为了确保美国及其盟友在和平时期获得这一地区的资源和战略支点，以及使它们拒绝社会主义阵营，美国应该指望土耳其、巴基斯坦，且通过政治行动和有限的军事和经济援助，协助实现中东稳定。③该声明虽然未提到"北层军事联盟"，但更加重视巴基斯坦在美国反苏战略中的重要性，与杜勒斯的新理念是一致的。

巴基斯坦政府极力迎合"北层军事联盟"理念。杜勒斯的新理念令巴基斯坦领导人欢欣鼓舞，认为争取军事援助的良机已经到来。9月，巴基斯坦陆军总司令阿尤布·汗将军开始全面负责该事项，将其在美国考察军队设施的例行旅行转变为促进美国在武器援助问题上采取积极决定的行动。阿尤布·汗对杜勒斯说："如果你们需要我们。我们的军队能够成为你们的军队。但我们现在要做决定。"④杜勒斯则保证，不管印度反

---

①　US Senate, 83 Cong., 1st sess., 1953, Executive Sessions of the Senate Foreign Relations Committee (Historical Series), Vol. V, Washington: U. S. Government Printing Office, 1977, pp. 454 – 455.

②　FRUS, 1952 – 1954, Vol. IX, The Near and Middle East, Part. 1, Washington, D. C.: U. S. GPO, 1986, pp. 395 – 396.

③　Documents of the National Security Council. Cited in M. S. Venkataramani, The American Role in Pakistan, 1947 – 1958, New Delhi: Radiant Publishers, 1982, pp. 1, 220 – 222.

④　Dennis Kux, The United States and Pakistan, 1947 – 2000: Disenchanted Allies, Washington, D. C.: Woodrow Wilson Center Press, 2001, p. 96.

应如何，他将支持向巴基斯坦提供武器援助。11 月 12 日，巴基斯坦总督古拉姆·穆罕默德访美并向艾森豪威尔强调，如果美国决定向巴基斯坦提供武器援助，就应该"全心全意"执行政策，因为"三心二意的行动将令巴基斯坦处于极为尴尬的境地"。[①] 11 月底至 12 上旬，美国副总统理查德·M. 尼克松（Richard M. Nixon）访问印度和巴基斯坦，并与尼赫鲁总理和古拉姆总督、波格拉总理和米尔扎国防部长进行了会谈。巴基斯坦领导人极力争取尼克松支持艾森豪威尔政府向巴基斯坦提供军事援助，并表达了如下观点：第一，巴基斯坦不会用美国的军事援助攻击印度。第二，获得美国军事援助是巴基斯坦与土耳其结盟的前提。第三，巴基斯坦将竭力阻止苏联经过其领土进入波斯湾。第四，美国未向巴基斯坦提供军事援助的后果将是灾难性的。不仅是对巴基斯坦政府的外交打击，而且在世界各国眼中，也是苏联和印度的外交胜利，是对美国的外交打击，还是对总理本人的打击，亦将打击其他愿意与美国分担责任的人。[②] 1954 年 1 月 15 日，波格拉总理接受《美国新闻和世界报道》中东地区编辑采访时表示，只要美国提供的军事援助不涉及向外国提供基地，将得到广泛支持；美军可以在紧急情况下使用巴基斯坦的基地；巴基斯坦需要美国军事顾问提出高水平建议，并帮助训练军官；美国军事援助将有利于巴基斯坦军队的现代化，令其能够与苏联拥有的现代化、机械化部队进行长期战争，为亚洲和中东防御做出贡献；印度不会因为巴基斯坦获得美国军事援助而加入共产主义阵营。[③] 巴基斯坦总理显然希望以上述言论打消艾森豪威尔政府的顾虑，向巴基斯坦提供现代化军事装备。

尼克松坚定了支持巴基斯坦的决心。1953 年年底，尼克松副总统在访问印度和巴基斯坦之后，对印度与巴基斯坦的印象截然不同。尼克松副总统对印度的印象比杜勒斯国务卿对印度的印象更加负面，他认为尼赫鲁总理是其在亚洲遇到的"最不友善的领导人"。但他对阿尤布·汗的

---

① Dennis Kux, *The United States and Pakistan*, *1947 – 2000*: *Disenchanted Allies*, Washington, D. C.: Woodrow Wilson Center Press, 2001, p. 58.

② Richard Nixon, *RN*: *The Memoirs of Richard Nixon*, New York: Grosset & Dunlap, 1975, p. 133.

③ Dennis Kux, *Estranged Democracies*, *India and the United States*, *1941 – 1991*, Washington, D. C.: National Defense University Press, 1993, p. 117.

印象则极佳，认为其与大多数巴基斯坦人不同，没有被巴印之间的问题所困扰，反对共产主义甚于反对印度，非常关注共产主义在意识形态上和军事上的威胁，关注苏联将印度作为其在南亚的代理人的影响。① 尼克松还认为，巴基斯坦在获得美国军事援助的承诺之前，不想与土耳其进行实质性谈判。但是，一旦获得承诺，古拉姆总督就将积极推动伊朗加入协议，并可能进一步获得沙特阿拉伯的帮助。因为沙特国王与古拉姆是非常要好的朋友。② 12 月 24 日，尼克松在国家安全委员会会议上汇报访问南亚的情况时宣称："我愿意为巴基斯坦做任何事情。巴基斯坦民众比印度民众更单纯。……如果巴基斯坦不能获得美国援助，结果将是灾难性的。巴基斯坦总理可能下台，但不会迫使巴基斯坦民众转向共产主义。"③ 毫无疑问，此次高规格出访和深层交流，令艾森豪威尔总统更加深刻认识到向巴基斯坦提供军事援助的必要性，也为其正式接受"北层军事联盟"理念，进而缔结美巴军事同盟增添了助力。

美国与巴基斯坦正式缔结军事同盟。1954 年 1 月 4 日，艾森豪威尔总统与杜勒斯国务卿、威尔逊国防部长、海外行动署负责人哈罗德·斯坦森（Harold Stassen）进行会谈。杜勒斯表示："艾森豪威尔总统原则上同意我们向巴基斯坦提供军事援助，但要同时强调，该决定是由土耳其与巴基斯坦倡议的、允许地区内其他国家参加的地区安全计划的一部分。"④ 1 月 29 日，美国国务院近东、南亚和非洲办公室顾问理查德·桑格（Richard Sanger）公开宣称："对于苏联共产主义的威胁，北层军事联盟国家总体上表现出了对这种危险的警惕。那里存在着不太明确的建立集体安全体系的意愿。……在等待安全联盟正式创立之时，美国能够在加强那些国家的相互联系方面发挥有益的作用。那些国家需要力量，而不是相互反对，或共同反对西方国家，而是抵抗对所有自由民族的共同

---

① Richard Nixon, *RN*: *The Memoirs of Richard Nixon*, New York: Grosset & Dunlap, 1975, p. 133.

② *FRUS*, *1952 – 1954*, *Vol. XI*, *Africa and South Asia*, *Part 2*, Washington, D. C. : U. S. GPO, 1977, pp. 1831 – 1834.

③ Dennis Kux, *The United States and Pakistan*, *1947 – 2000*: *Disenchanted Allies*, Washington, D. C. : Woodrow Wilson Center Press, 2001, p. 61.

④ *FRUS*, *1952 – 1954*, *Vol. XI*, *Africa and South Asia*, *Part 2*, Washington, D. C. : U. S. GPO, 1977, pp. 1838 – 1939.

威胁。我们未来与巴基斯坦或该地区其他国家的军事关系将限定在该框架内。"① 2 月 12—13 日，美国驻伊朗、印度、阿富汗、巴基斯坦、缅甸和锡兰的大使与代理助理国务卿杰克·杰尼根（Jack Jernegan）在锡兰的努瓦勒埃利耶举行非正式会议。与会者一致认为：美国应该继续向南亚国家提供经济援助和技术援助，并开始向巴基斯坦提供军事援助。因为将对巴基斯坦的军事援助与中东的地区防御安排相关联，可能有利于美国和"自由世界"的政治利益。其中的一个利益就是，一方面削弱该地区的中立主义情绪，另一方面强化那些喜欢与西方国家结盟的力量。目前，该地区国家未面临被共产主义者控制的严重威胁。②

2 月 19 日，巴基斯坦与土耳其开始就两国之间签订合作协议的问题进行谈判。该谈判被美国认为是巴基斯坦参与服务于美国利益的防御联盟的具有重大意义的步骤。实际上，巴基斯坦的举动既是为了赢得伊斯兰国家的支持，更是为了尽快获得美援而迎合"北层军事联盟"理念的讨好之举。同日，巴基斯坦政府正式、公开向美国政府寻求军事援助，美国国务院亦发表了关于中东集体安全的声明，对土耳其与巴基斯坦"研究在政治、经济、文化领域获得更紧密友好协作、加强符合两国和所有爱好和平的国家的利益的和平和安全的方法"的相关活动表示欢迎和支持，认为该活动是"扩展自由世界的集体力量之基础的建设性步骤"。③

同日，美国国家安全委员会公布了题为"美国的南亚政策"的第5409 号文件。该文件在 1954 年 3 月 6 日被艾森豪威尔总统批准成为美国政府的南亚政策。该文件宣称，鼓励巴基斯坦参加任何被认为服务于美国利益的防御联盟，应该建立巴基斯坦与土耳其之间的这种安排，以保证在发生大战之时，巴基斯坦能够提供人力、资源和设施，供西方国家的共同防御努力使用。鉴于其态度和在南亚国家中与西方国家进行军事协作的关键地位，在提供包括赠予在内的军事援助的过程中，要给予巴

① Department of State, *Bulletin*, February 8, 1954, p. 214.

② *FRUS, 1952 - 1954, Vol. XI, Africa and South Asia, Part 2*, Washington, D. C. : U. S. GPO, 1977, pp. 1118 - 1120.

③ Department of State, *Bulletin*, March 1, 1954, pp. 327 - 328.

基斯坦特别的考虑。① 美国应该带头将该地区国家，特别是巴基斯坦纳入一个能够提升美国安全利益的组织，以增加其对美国的信心，维持能够提高政治稳定、维护国内安全、亲西方且最终有利于地区防御的政权。美国应该选择关键国家给予援助，那些国家应该是非常清楚苏联的威胁、可能在地理上阻止苏联侵略的国家。因此，应特别考虑土耳其、伊拉克、叙利亚、伊朗和巴基斯坦。②

2 月 25 日，艾森豪威尔总统发表"关于巴基斯坦的防御潜力"的声明，宣布美国政府和国会已经决定向巴基斯坦政府提供赠予军事援助。但同时宣布，美国提供的装备、材料和服务将只能被用于维持受援国的国内安全及其合理的自卫，或允许其参加所在地区的集体防御。任何受援国也必须承诺，不能参加对任何国家的侵略行动。所有做出承诺的国家都可以得到美国提供的充足援助，而不论其政治方向和国家政策如何。美国政府为"自由世界"防御提供的武器绝不能威胁它们自己的安全。"如果我们向包括巴基斯坦在内的任何国家提供的援助被直接或间接用于对另一个国家的侵略，我将立即根据宪法授权，在联合国内外采取适当措施阻止此种侵略。我也将与国会协商进一步措施。"③ 同时，艾森豪威尔表示，巴基斯坦有资格根据 1951 年共同安全计划被给予军事援助。同日，巴基斯坦总理穆罕默德·阿里·波格拉发表声明公开强调，从美国获得军事援助的决定不是为了针对任何国家。巴基斯坦从没有，也不会有任何侵略企图。④

4 月 2 日，巴基斯坦与土耳其签订《巴基斯坦和土耳其促进共同合作协定》。杜勒斯的"北层军事联盟"理念初步成为现实。艾森豪威尔政府由此加速了与巴基斯坦结盟的进程。

5 月 19 日，美巴在卡拉奇签订《美国和巴基斯坦共同防御援助协

---

① Documents of the National Security Council. Cited in M. S. Venkataramani, *The American Role in Pakistan*, *1947 – 1958*, New Delhi: Radiant Publishers, 1982, pp. 236 – 237. *FRUS*, *1952 – 1954*, *Vol. XI*, pp. 1094 – 1095.

② *FRUS*, *1952 – 1954*, *Vol. XI*, *Africa and South Asia*, *Part 2*, Washington, D. C.: U. S. GPO, 1977, pp. 1111 – 1112.

③ Department of State, *Bulletin*, March 15, 1954, p. 401.

④ *Dawn*, February 26, 1954. Cited in Rajendra K. Jain edited, *US – South Asian Relations 1947 – 1982*, Vol. 2, New Delhi: Radiant Publisher, 1983, p. 92.

定》。该协定奠定了美国向巴基斯坦提供军事援助的法律基础，并标志着美巴援助关系正式建立。该协定第一条款规定，美国政府应对巴基斯坦政府提供条款所许可的装备、物资、劳务或其他援助。此项援助的供给和使用应与联合国宪章相符合。由美国政府依照本协定所提供的援助应遵循《1949 年共同防御援助法案》和《1951 年共同安全法》所有条件和最终条款、对这两个法案的修正或补充的法案、依这两个法案的拨款法令，或任何其他使用的立法条款等规定，并在其限制下予以供给。巴基斯坦政府应将此项援助纯粹用于维持其国内治安、正当自卫或参加该地区的防御，或参加联合国集体安全行动，巴基斯坦不应对任何国家采取任何侵略行动。巴基斯坦政府未经美国政府事先同意，不得将此项援助用于超出供给援助目的的活动。[①] 可以说，该协定是双方相互妥协的结果，美国以军事和经济援助为代价换得巴基斯坦的政治和军事支持，巴基斯坦则以一定程度的主权让渡、参与美国组织的地区防御联盟和限制巴苏关系为代价，换得其急需的美国经济和军事援助。无论如何，该协定为两国援助关系，尤其是军事援助关系奠定了最重要的法理基础。

三　艾森豪威尔第一届政府援巴承诺和执行的延误

《美国和巴基斯坦共同防御援助协定》只是奠定了美国政府向巴基斯坦政府提供军事援助的基础，并未涉及任何军事援助的内容、质量、数量和交付时间等详细且重要的问题，明显缺乏执行性和实效性，象征意义大于实际意义。而且，艾森豪威尔第一届政府在援巴承诺和实践问题上相对消极的态度和行动，令巴基斯坦政府感到不满，它意图积极推动美国政府增加援助并加速交付速度。

艾森豪威尔政府在援助问题上态度消极和行动迟缓。在军事援助问题上，艾森豪威尔政府最初建议给予巴基斯坦的军事援助不仅数量少，而且提出建议的时间较晚。在数量上，艾森豪威尔政府派遣到巴基斯坦的考察团和军事援助顾问团的建议分别是 2950 万美元和不超过 3000 万美元；在提出建议的时间上，美国赴巴考察团是在 1954 年 3 月，而美国驻巴基斯坦军事援助顾问团主管威尔逊·T. 塞克斯顿（Wilson T. Sexton）

---

① 《国际条约集 1953—1955》，世界知识出版社 1960 年版，第 159—160 页。

将军在 8 月初才提出建议。前者虽然似乎较早，但由于美巴两国此时尚未确立正式援助关系的法理基础、政策和制度框架，不仅实际意义不足，且令巴基斯坦领导人和美国驻巴大使霍勒斯·希尔德雷斯（Horace Hildreth）大为震惊。希尔德雷斯致电国务院询问相关情况时称，继续增强巴基斯坦国防是北层军事联盟防御理念的内在组成部分，但他惊讶地发现，考察团认为这只是一次性的行动。国务院则平静地回电表示，长期资助是可以实现的，但制订详细的武器计划需要时间。① 在经济援助问题上，美国政府也未做出明确承诺。出现该情况的主要原因虽然是技术性的，即美国上一财年的计划正在执行中，而下一财年的计划尚未制订。但也不能排除艾森豪威尔政府不希望马上开启援助的主观因素。巴基斯坦政府对此十分焦虑，担心美国政府援助巴基斯坦的决心不够坚定，忧虑其无法获得美国的大规模援助。因此，巴基斯坦急切地推动艾森豪威尔政府做出实质性承诺。

扎弗鲁拉·汗外长再次赴美寻求更多经济援助。6 月，扎弗鲁拉·汗外长再次赴美，与巴基斯坦驻美国大使赛义德·阿姆贾德·阿里（Syed Amjad Ali）请求美国政府提供更多经济援助。扎弗鲁拉·汗请求美国在 1955 年向巴基斯坦提供约 1 亿美元援助，此后每年提供 7000 万美元，最终降至 3000 万美元。② 艾森豪威尔总统派遣商务部行政高管 H. J. 海因茨二世（H. J. Heinz Jr.）带领特别考察团赴巴基斯坦进行调研。该团于 10 月提交国务院的报告证实，美国的新朋友的经济形势极为糟糕，需要大量、持续的经济援助，以帮助其实现有意义的增长。③ 7 月 23 日，杜勒斯国务卿向海外行动署署长哈罗德·斯坦森（Harold Stassen）建议，向巴基斯坦迅速提供剩余农产品援助，以预防巴基斯坦可能面临的政治风险。因为巴基斯坦对中东和亚洲抵御共产主义侵略具有重要价值。④

---

① *FRUS*, *1952 - 1954*, *Vol. IX*, *The Near and Middle East*, *Part 1*, Washington, D. C. : U. S. GPO, 1986, pp. 495 - 497.

② *FRUS*, *1952 - 1954*, *Vol. XI*, *Africa and South Asia*, *Part 2*, Washington, D. C. : U. S. GPO, 1977, pp. 1849 - 1850.

③ Dennis Kux, *The United States and Pakistan*, *1947 - 2000*: *Disenchanted Allies*, Washington, D. C. : Woodrow Wilson Center Press, 2001, p. 68.

④ *FRUS*, *1952 - 1954*, *Vol. XI*, *Africa and South Asia*, *Part 2*, Washington, D. C. : U. S. GPO, 1977, p. 1857.

巴基斯坦政府极力推动艾森豪威尔政府尽早做出军事援助承诺。8月5日，阿尤布·汗等巴基斯坦政府高官与美国驻巴基斯坦军事援助顾问团主管塞克斯顿进行会谈，极力争取美国增加军事援助的承诺。一方面，巴基斯坦政府强烈要求美国对巴基斯坦的军事援助水平不要低于其对土耳其的援助水平。否则，美国军事援助对巴基斯坦的影响将是非常负面的。另一方面，巴方声称，如果其力量被美国援助增强了，就可以为中东和东南亚的防御做出贡献。① 8月6日，赛义德·阿姆贾德·阿里大使向美国代理助理国务卿杰克·杰尼根（Jack Jernegen）明确强调："如果巴基斯坦不能够得到塞克斯顿承诺的更多的军事援助，对其利益而言，最好不加入美国的防御安排。"② 巴基斯坦外交部代理秘书阿伽·希拉利（Agha Hilaly）向美国驻巴基斯坦使馆人员发出警示："如果军援计划变成空头支票，……巴基斯坦人的幻想将破灭，会威胁到把巴基斯坦的未来系于这一大胆的决定性步骤的现政府。"③ 9月8日，在艾森豪威尔政府的强烈建议下，巴基斯坦与对"共产主义扩张感到恐惧"的美国、英国、法国、澳大利亚、新西兰、泰国和菲律宾在马尼拉签订《东南亚集体防御条约》，正式成为杜勒斯设想的"最完美的防范红色中国网"的国际反共联盟——东南亚条约组织的成员国。10月1日，穆罕默德·阿里·波格拉总理向巴基斯坦全国宣布："在自由与民主方面，我们与美国有很多共同之处。美国的民主生活方式适合我们伊斯兰价值观。我们都拥有与独裁理念进行斗争的精神力量。因此，巴基斯坦不相信中立主义，不再可能在两大阵营冲突中保持冷漠。"④

艾森豪威尔第一届政府最终做出重大援巴承诺。10月14日，穆罕默德·阿里·波格拉总理、陆军总司令阿尤布·汗将军和财政部长乔杜里·穆罕默德·阿里（Chaudhry Muhammad Ali）率领巴基斯坦高级政府

① FRUS, 1952 – 1954, Vol. XI, Africa and South Asia, Part 2, Washington, D. C.: U. S. GPO, 1977, p. 1862.

② FRUS, 1952 – 1954, Vol. XI, Africa and South Asia, Part 2, Washington, D. C.: U. S. GPO, 1977, p. 1840.

③ FRUS, 1952 – 1954, Vol. XI, Africa and South Asia, Part 2, Washington, D. C.: U. S. GPO, 1977, p. 1864.

④ Mushtaq Ahmad, Pakistan's Foreign Policy, Karachi, 1968, p. 114.

代表团赴美积极求援。10 月 21 日，美国与巴基斯坦达成关于援助问题的秘密谅解。在军事援助方面，艾森豪威尔政府承诺将全力加速向巴基斯坦提供军事援助，计划在 3—5 年内向巴基斯坦提供 1.71 亿美元①。在1955 财年，美国计划向巴基斯坦提供 5000 万美元的援助，最初提供 2900万美元。增加的部分可能采取防御支持和经济援助的形式。在经济援助方面，计划金额为 1.05 亿美元，其中包括洪灾救济、技术援助、2000 万美元用于支持经济发展的防御支持援助和 7560 万美元的消费品和工业原材料。1955 年 1 月 11 日，美巴两国政府发表联合声明，重申了美国向巴基斯坦提供防御支持援助的承诺和决定。② 同月，根据美国第 665 号公法和第 480 号公法，美巴政府签订了两个协定，巴基斯坦成为第一个与美国同时签订与这两项法案相关的协议的国家。可以说，巴基斯坦的长期努力初步实现了预期目标。

　　艾森豪威尔政府在兑现承诺方面表现出矛盾和犹豫的态度，造成军事援助承诺兑现的严重延迟。1955 年 6 月 25 日，美国军事援助政策办公室主任詹姆斯·K. 威尔逊（James K. Wilson）向助理国防部长 H. 斯特鲁·汉森（H. Struve Hensel）和军事助理罗伯特·W. 杜克（Robert W. Duke）表示，1954 财年分配给巴基斯坦的 3420 万美元的军事援助中，至 1955 年 3 月 31 日已经交付了 790 万美元。美国军事部门准备在 1956年 12 月之前完成 1954 财年承诺的交付。③ 1956 年 5 月，代理国务卿又向杜勒斯国务卿指出，美国在 1954 年向巴基斯坦政府做出了承诺，在三年内给予其军事制成品和直接军事援助，现在估计将花费 3.5 亿美元。到1956 年初，时间已经过去一半，但美国只向巴基斯坦提供了 2100 万美元的军事硬件和非常少的直接军队支持援助。④ 该情况自然令巴基斯坦非常焦虑。因此，巴基斯坦更加努力地推动艾森豪威尔政府加速兑现军事援

---

　　① 　美国政府同意向巴基斯坦提供 5.5 个陆军师的美制装备，为巴基斯坦海军提供 6 艘驱逐舰和 6 艘扫雷艇，为空军提供 72 架飞机，以弥补巴基斯坦军队的不足。详见：*FRUS*, *1952 - 1954*, Vol. XI, *Africa and South Asia*, *Part 2*, Washington, D. C.：U. S. GPO, 1977, p. 1869.

　　② 　Department of State, *Bulletin*, February 21, 1955, pp. 308 - 311.

　　③ 　*FRUS*, *1955 - 1957*, Vol. VIII, *South Asia*, Washington, D. C.：U. S. GPO, 1987, pp. 429 - 430.

　　④ 　*FRUS*, *1955 - 1957*, Vol. VIII, *South Asia*, Washington, D. C.：U. S. GPO, 1987, pp. 459 - 460.

助承诺。

　　巴基斯坦政府以加入"巴格达条约组织"为砝码向艾森豪威尔政府施压。1955 年 9 月 23 日，巴基斯坦正式加入巴格达条约组织。9 月 24 日，美国国务院召开新闻发布会，对巴基斯坦坚持"北层军事联盟"条约的言行表示欢迎，认为"该条约将有利于这些国家为其共同利益和防御进行合作"。① 10 月 4 日，阿尤布·汗将军向美国驻巴基斯坦总领事欧内斯特·菲斯克（Ernest Fisk）表达了对美国对巴基斯坦军事援助执行情况的强烈失望和不满，且认为中东国家现在不可能与美国站在一起，因为它们将知道"美国没有履行对巴基斯坦的承诺"。菲斯克向美国国务院建议，美国应加强阿尤布·汗在巴基斯坦国内的地位，因为其显然是巴基斯坦军官中唯一令人印象深刻的重要人物，且受到国民的信任。因此，国务院应该立即对美国的巴基斯坦军事防御援助计划进行高水平的评估，并考虑派遣助理国务卿艾伦访问巴基斯坦，且向阿尤布·汗保证，其目前深刻且痛苦的失望是建立在误会基础之上的。② 11 月 12 日，美国驻巴基斯坦大使希尔德雷斯向国务院汇报了阿尤布·汗与访问巴基斯坦的美国国会代表团的会谈情况。阿尤布·汗在会谈中指责美国不履行其对巴基斯坦的军事承诺。而在接受美国《纽约时报》记者采访时，阿尤布·汗也指责了美国未能坚守军事承诺，并威胁将美国的失信公之于众。美国国务院和国防部非常担心阿尤布·汗的言论会严重损害美巴关系且对中东国家产生严重不利影响，立即指示美国驻巴使馆向巴基斯坦总理和总督表示：美国准备继续全力履行备忘录中的承诺，不将 1.71 亿美元视为援助的上限。在下一财年中，在获得国会批准的援助拨款的范围内，美国继续为弥补巴基斯坦的 5.5 个陆军师的不足做出贡献。③ 12 月 12 日，巴基斯坦总督伊斯坎德尔·米尔扎（Iskander Mirza）以苏联领导人赫鲁晓夫指责巴基斯坦加入巴格达条约组织、为美国提供靠近苏联的空军基地的声明为借口，向希尔德雷斯明确表示，在美国展示出对巴基斯坦的

---

　　① Department of State, *Bulletin*, October 3, 1955, p. 534.

　　② *FRUS, 1955–1957, Vol. Ⅷ, South Asia*, Washington, D. C.：U. S. GPO, 1987, pp. 444–445.

　　③ *FRUS, 1955–1957, Vol. Ⅷ, South Asia*, Washington, D. C.：U. S. GPO, 1987, p. 449.

克什米尔立场更多支持和对巴格达条约组织的公开支持之前，美国寻求在巴基斯坦境内建立军事基地是不合时宜的。

　　巴基斯坦政府利用"中立主义"等问题诱压艾森豪威尔政府履行承诺。在艾森豪威尔政府看来，避免巴基斯坦外交的中立主义倾向，始终是其南亚政策中非常重要的目标之一。巴基斯坦对此也心知肚明，并将之视为能够促动美国向其提供实质性援助的筹码和施压工具。1956 年 2 月 15 日，米尔扎总督向希尔德雷斯大使强调，巴基斯坦不会采取中立主义政策，自己也不是中立主义者；尽管国内存在中立主义的论调，但如果战争到来，他和阿尤布·汗将排除中立主义者，并向美国保证，巴基斯坦及其军队会与美国进行最大限度的合作。① 7 月 9 日，米尔扎总统及巴基斯坦外交部和财政部的官员试图利用苏联、中东、中国、中立主义等因素促使来访的尼克松副总统代表美国向巴基斯坦做出更多援助承诺。在苏联问题上，米尔扎强调了苏联对中东和阿富汗的潜在威胁，苏联正忙于邀请巴基斯坦领导人访问苏联，巴基斯坦也准备与苏联做生意，希望以此推动美国加入巴格达条约组织，且加强巴基斯坦陆军。在中东问题上，米尔扎强调，自己即将于 6 月和 7 月访问土耳其和伊朗，以公布巴格达条约组织成员国之间的关系。在中国问题上，米尔扎强调，中国人是务实且智慧的民族，其处事方式令人愉快；他们非常娴熟地获得了巴基斯坦人的欢迎，巴基斯坦人非常有兴趣访问中国，且无疑将会继续如此；巴基斯坦非常高兴中国能够成为其棉花的出口市场。在中立主义问题上，米尔扎强调巴基斯坦面临着来自国内外要求它奉行中立主义对外立场和政策的强大压力。美国不应该在援助问题上给予美国的盟国和奉行中立主义的国家同等待遇，例如巴基斯坦与印度。希望美国不要听信印度对美国援巴计划的抗议。在上述言行的基础上，米尔扎表达了对美国对巴援助的希望与期待：第一，希望尼克松副总统与美国有关部门和机构积极讨论军事形势，尤其是巴基斯坦需要增加一个接受美国直接军事援助的师级部队。第二，希望尼克松副总统推动美国政府加速向巴基斯坦交付援助。第三，希望美国也对巴基斯坦的粮食问题给予重点关注。

---

　　① *FRUS*, *1955 – 1957*, *Vol. Ⅷ*, *South Asia*, Washington, D. C.：U. S. GPO, 1987, pp. 456 – 459.

第四，希望美国立即向巴基斯坦装运粮食。第五，希望美国政府在原子能领域给予巴基斯坦援助。米尔扎还向尼克松提出了获得 12 架轻型轰炸机的请求，但尼克松因为急于赶赴机场未给予回应。[①] 9 月 24 日，在与希尔德雷斯大使讨论苏伊士运河问题的过程中，米尔扎总统强烈重申了其强烈的亲西方、倾向"自由世界"和反对共产主义的对外政策。米尔扎还声称，巴基斯坦如果因为从美国获得军事援助而变得更加强大，就有道德义务、勇气和胆量支持急需其援助的朋友们。[②]

艾森豪威尔第一届政府虽然在战略上比杜鲁门政府更加重视巴基斯坦，但在执行向其提供军事援助的既定计划之初，仍然持矛盾和保留的态度。

艾森豪威尔总统在援巴问题上态度矛盾。1957 年 1 月 3 日，美国国家安全委员会开始重新评估对巴基斯坦的军事援助问题，准备修改其南亚政策。在讨论过程中，艾森豪威尔的矛盾心态表露无遗。一方面，针对美国对巴军事援助承诺的迅速增多，艾森豪威尔批评了"我们仓促寻找盟友的倾向"，因为它不是非常合理。"一段时间之前，我们判定，我们需要巴基斯坦成为军事盟友。显而易见，实现这一目标的代价是高昂的。事实上，除了军事援助之外，我们没有为巴基斯坦做什么。这是我们所做的最不好的一种计划和决定。它是极为糟糕的错误，但现在我们被无望地拖入其中。"[③] 另一方面，艾森豪威尔承认："不十分清楚巴基斯坦在做什么。"停止军事援助计划"可能对我们的关系产生严重影响"，且"可能摧毁巴格达条约。"当他询问是否有"灵活的策略"促使巴基斯坦主动减少军援要求时，代理副国务卿罗伯特·墨菲（Robert Murphy）称，使用外交手段"确实是国务院想要做的"。

国家安全委员会在援巴问题上的保留态度。1957 年 1 月 10 日，美国国家安全委员会公布了 5701 号文件，对美国的援巴政策提出了总体建议。

---

① *FRUS*, *1955 - 1957*, *Vol. Ⅷ, South Asia*, Washington, D. C. : U. S. GPO, 1987, pp. 463 - 469.

② *FRUS*, *1955 - 1957*, *Vol. Ⅷ, South Asia*, Washington, D. C. : U. S. GPO, 1987, pp. 470 - 471.

③ *FRUS*, *1955 - 1957*, *Vol. Ⅷ, South Asia*, Washington, D. C. : U. S. GPO, 1987, pp. 25 - 26.

报告指出，巴基斯坦政府已经形成了实际上亲西方，且在执行过程中总体亲美国的政策；巴基斯坦的民主进程的活力得到保证，巴基斯坦维持了国家统一，向议会体制持续进步，并在东巴基斯坦的语言和地理分割等固有问题的解决上取得进展。巴基斯坦的军事因素是巴基斯坦社会中潜在的最稳定和最积极的合作因素。因此，作为美国在这一地区最积极的盟友，巴基斯坦应加强独立，发展经济，以确保其人民的忠诚，维护国内稳定和提高防御能力。在向巴基斯坦提供军事援助的过程中，"美国应该：第一，抵制巴基斯坦劝说我们增加现有军事援助计划的任何努力；第二，鼓励巴基斯坦有效使用军事资源，最终能够在其必要力量目标得到满足的那个时刻，逐步减少对美国援助的依赖；第三，避免在巴基斯坦军队建成以后承担任何固定地分担维持巴基斯坦军事力量的责任"。[1]显然，艾森豪威尔总统和国家安全委员会的立场和态度，直接影响了美国对巴军事援助的延迟执行，"拖延援助"成为艾森豪威尔第一届政府援巴政策的主要内容和首要特征。

第二节 艾森豪威尔第二届政府对巴基斯坦的援助政策

艾森豪威尔在 1957 年 1 月再次就任美国总统。在冷战形势愈发严峻，苏联加紧向近东和中东渗透和英法开始进一步撤离近东和中东的背景下，艾森豪威尔强化了美国与苏联竞争和对抗的立场与政策，其对巴基斯坦的经济和军事援助亦随之发生了相对积极的变化。

一 "艾森豪威尔主义"的出台与巴基斯坦政府亲美政策再确认

艾森豪威尔主义是艾森豪威尔第二届政府的中东政策的理念基础和指导方针，为美国此时期的中东政策提供了最重要的决策依据，也在相当程度上影响了美国对南亚，尤其是对巴基斯坦的经济和军事援助政策，其有着特定的出台背景和过程。

---

① *FRUS*, *1955 – 1957*, Vol. Ⅷ, *South Asia*, Washington, D. C. : U. S. GPO, 1987, pp. 38 – 40.

1. 艾森豪威尔主义的出台背景。1956 年 7 月，埃及总统纳赛尔宣布将苏伊士运河收归国有。随后，埃及政府迅速接管运河。作为老牌的殖民主义大国，英国和法国在该地区的实力和影响虽比二战前大为缩减，但仍不甘心轻易放弃殖民利益，更不愿意主动退出。因此，英国和法国伙同以色列共同出兵埃及，意欲以武力令埃及屈服并放弃运河国有化的政策和立场。但英法以三国的军事行动在埃及、阿拉伯国家和联合国的共同努力下迅速失败。英法在近东和中东地区的实力和影响力进一步衰减，被迫进一步收缩。运河危机后期，在预见到英法以必败的情况下，苏联加紧了对中东地区的渗透，试图填补英法可能进行的战略收缩后留下的力量真空，在其南部突破美国的封锁和包围，并控制和威胁该地区攸关美国及其盟国利益的石油供应。该动向对于在中东地区属于后来者、与苏联激烈对抗的、已经初步建立封锁苏联和中国的战略体系的美国来说，是绝对不可接受的。在此背景下，美国急须出台关于中东地区的新理念和政策，指导美国镇压中东的民族解放运动，将中东地区纳入自己的有效影响之中，实现独霸中东，进而更有效影响西欧和日本、封锁并遏制苏联和中国，最终实现美国领导世界的理想。

2. 艾森豪威尔主义的出台。1957 年 1 月 5 日，艾森豪威尔总统向国会提交了由杜勒斯起草的关于美国的中东政策的特别咨文。该咨文强调：中东地区是欧亚非之间的门户、陆地交通的枢纽。该地区蕴藏的极其丰富的石油攸关西欧和美国的经济和战略利益。如果中东国家"受到敌视自由的外国力量的统治"，对美国的经济生活和政治前景将产生"最不利的影响"。"中东地区正在发生的骚乱可能被苏联利用，为其政治强权的目标服务。许多中东国家对苏联的威胁已经有明确的感知，但联合国不可能提供有效的保障，美国就成为受中东国家欢迎的'自由保护者'。"在以上判断的基础上，艾森豪威尔总统向国会建议：批准美国政府对中东国家实施"经济合作"和军事援助计划；授权总统在其认为必要之时，使用美国武装部队来"保护"任何请求军事援助的国家，以维护其领土完整和政治独立，防止"共产主义侵略"。艾森豪威尔主义由此正式出台，其实质就是阻止苏联对中东的渗透和影响，填充英法收缩后留下的真空。艾森豪威尔主义实际上是加强美国对苏联冷战的理念和主张。

1957 年 1 月 10 日，艾森豪威尔总统发表其第五篇国情咨文，进一步解释了艾森豪威尔主义。艾森豪威尔宣称：苏联的"帝国主义独裁政权"是对"自由世界"和美国的安全与和平的一种持续威胁；美国必须联合那些想要证明自身是可靠的"自由保卫者"，并以其能力和决心支持美国主导或参与的"区域公约系统"的国家；美国在继续执行军事援助计划时，必须强调美国的盟国应建立生产力更高的经济，且更好地满足它们的人民对进步的自然希望和要求；美国必须确保自身及盟国"自由而连续不断地从中东运出石油"，这是"自由国家"经济繁荣的必要条件；"如果中东这种地区落入敌手，要听从于敌人的决定的话"，"它们的经济将会受到严重损害"。① 1 月 24 日，艾森豪威尔总统在就职演说中宣称，"新独立国家必须能够更快地实现经济发展。否则，共产主义就会展现其吸引力"。艾森豪威尔强调："新的力量和新的国家正不断涌现。"美国必须与苏联去争夺新力量和新国家。为了更有效对抗苏联，艾森豪威尔总统要求大量增加对外援助，认为这符合美国的国家利益。可以说，通过国情咨文和就职演说，艾森豪威尔总统对其新理念进行了更清晰的阐释和宣传，并将美国的中东政策与其对西欧和南亚盟国的经济和军事援助进行了紧密关联。

　　3. 艾森豪威尔政府确立对巴基斯坦的援助方针和政策。1957 年 1 月 10 日，艾森豪威尔总统批准了美国国家安全委员会公布的题为"美国的南亚政策声明"的国家安全报告（NSC/5701），明确规定了美国在处理与巴基斯坦关系中应遵循的政策和行动指针：第一，努力增强巴基斯坦靠近"自由世界"的意愿，强化其对集体安全的支持，鼓励巴基斯坦发展更稳定、更具民意基础的政府。第二，在提供发展和技术援助，帮助巴基斯坦发展稳定而活跃的经济的过程中，牢记巴基斯坦对支持其军队的需求。第三，继续提供军事援助支持巴基斯坦军队，使其具备能够维持国内安全、应对外部威胁的有限能力，且通过以上方式使巴基斯坦为国境外的集体军事行动提供象征性军队，从而为集体安全做出贡献。第四，根据美国对巴基斯坦援助增加的趋势，探索未来美国对巴基斯坦的援助的最优化。第五，在向巴基斯坦提供军事援助的过程中，美国应该通过推动巴基斯坦军队提高组织效率、改善后勤系统和进行更务实的建

---

① 梅孜：《美国总统国情咨文选编》，时事出版社 1994 年版，第 241 页。

设，尝试减少对巴基斯坦军事机构的支持。鼓励巴基斯坦改善其与印度和阿富汗的关系，以减少其对美国援助的需求。第六，鼓励巴基斯坦继续发挥令中东和伊斯兰世界温和化的影响。第七，继续使巴基斯坦相信，美国欢迎克什米尔和印度河水争端得到令印巴两国满意的解决。第八，鼓励巴基斯坦采取令阿富汗增加与"自由世界"联系的政策。① 从该安全报告可以看出，美国将南亚视为一个整体，不希望巴基斯坦与其邻国关系紧张，却希望南亚各国能够共同作为"自由世界"的力量发挥作用。虽然美国不希望过多增加对巴基斯坦的军事援助，更不愿意承担相关的军事责任，却强调了对巴基斯坦的经济发展、民主政体和亲西方政策的支持。在不愿意做出更多军事援助承诺的前提下，持续增加经济援助自然成为艾森豪威尔实现上述目标的唯一选择。此种倾向深刻影响，甚至在相当程度上决定了艾森豪威尔第二届政府对巴基斯坦的援助政策与实践。

4. 巴基斯坦亲美政策再确认。作为在印巴对抗中处于明显劣势的一方，巴基斯坦自然不希望美国倾向印度。因此，胡赛因·沙希德·苏拉瓦底（Husain Shaheed Suhrawardy）总理作为巴基斯坦外交政策的重要决策者之一，极力推动巴基斯坦继续奉行亲美政策。

1957 年 2 月，巴基斯坦国民大会进行了其历史上唯一一次以巴基斯坦政府亲西方政策为主题的辩论，并最终以"绝对优势"确认了巴基斯坦将继续奉行亲美政策。

2 月 22 日，苏拉瓦底在巴基斯坦国民大会上阐明了自己在巴基斯坦对外政策上的基本立场，强调了巴基斯坦执行亲美政策的必要性。苏拉瓦底辩称："我们的资源有限且消耗太大，令我们的国民经济难以支持仅用于防御目的的军队。因此，我们发现有必要在国外寻找朋友。幸运的是，那些对生活表现出同样态度和具有同样民主政府形式的国家向我们提供了援助。我们发现有必要请求我们的朋友——美国提供军事援助，且协议已经签署……我们有朋友和盟友。在你身后有一个足够强大、能

----

① *FRUS*, *1955 – 1957*, Vol. VIII, *South Asia*, Washington, D. C.：U. S. GPO, 1987, pp. 41 – 42.

够保证你们的领土完整和政治主权的盟友是一件好事。"①

2月25日，苏瓦拉底再次发言强调："我相信，美国负责对外政策和关心我们的人必定在经济方面感到万分尴尬。这对他们来说是一个教训，即我们巴基斯坦人民承认我们朋友的价值，我们全心全意地与他们在一起，我们期待他们全身心地与我们在一起，且他们或许将发现——尽管巴基斯坦体量小、力量弱——他们不会有比我们更大、更忠实的朋友。我们也期待我们朋友的忠诚。"② 苏拉瓦底向批评者质问道：巴基斯坦能独立吗？"面对如此多的危险，巴基斯坦应付不了"，"印度现在能够大量订购武器……巴基斯坦却不能。巴基斯坦因此只能向国际上的其他国家求助"。③ 在苏拉瓦底等亲美派势力的极力辩护下，80名国民大会成员在2月25日以40:2的投票结果支持了亲美政策。该结果表明，虽然巴基斯坦政府总体上采取了亲美政策，但其内部并非铁板一块，反对过度亲美的力量始终存在，并在以后的巴基斯坦对美政策中发挥了重大作用。

5. 在美巴政府互相确认了彼此的双边政策之后，两国政府在"艾森豪威尔主义"的框架下进行了初步的积极互动。艾森豪威尔政府积极争取巴基斯坦支持"艾森豪威尔主义"。1957年3月14日，代理副国务卿罗伯特·墨菲在乔治城大学国际关系咨询会上声称，巴格达条约代表了中东地区国家为填补这一充满麻烦的地区之权力真空而采取的迄今为止最有效的方案。"土耳其和巴基斯坦不仅在中东采取行动，而且两国各自为更广阔区域的集体安全做出了贡献。……这些国家以各种方式展示出它们与我们有着基本相同的认识，即需要采取集体防御措施，以威慑国际共产主义的侵略。……（这些认识）有助于塑造已经存在于美国与

①　National Assembly of Pakistan, *Debates*, February 1957, pp. 912 – 928. Cited in Rajendra K. Jain edited, *US – South Asian Relations 1947 –1982*, Vol. 2, New Delhi: Radiant Publisher, 1983, pp. 126 – 127.

②　National Assembly of Pakistan, *Debates*, February 1957, p. 1088. Cited in Rajendra K. Jain edited, *US – South Asian Relations 1947 – 1982*, Vol. 2, New Delhi: Radiant Publisher, 1983, p. 128.

③　Dennis Kux, *The United States and Pakistan, 1947 – 2000: Disenchanted Allies*, Washington, D. C.: Woodrow Wilson Center Press, 2001, p. 89.

'北层军事联盟'国家之间的紧密联系。"① 墨菲的讲话既是为艾森豪威尔政府继续向巴基斯坦等"北层军事联盟"国家提供军事和经济援助进行宣传，又是为美国国会批准相关援助计划和拨款营造声势，还是向巴基斯坦表达美国向其提供援助的信心和决心。1957 年 3 月 27 日至 31 日，艾森豪威尔总统的中东特使詹姆斯·P. 理查兹（James P. Richards）访问巴基斯坦，并与巴总统、总理、外长和财长进行了会谈。在会谈中，理查兹强调了三个要点：第一，美国的中东政策是不希望中东出现任何势力范围。共产主义的"帝国主义"通过公开侵略和国内颠覆，构成了对中东地区人民的国家理想的直接威胁。如果任由威胁发展，将危害所有地区人民的自由和独立。② 第二，巴基斯坦有潜力和意愿成为中东地区防御中公开反对共产主义侵略或颠覆的东部支柱，如同土耳其是中东西部防御共产主义的支柱一样。③ 第三，理查兹强调了美国对巴基斯坦与中国关系的关注。他宣称："周恩来是带着迷人面具的最危险的共产主义者，且在过去严重愚弄了美国驻中国的代表。"④ 巴方则做了两方面回应。一方面，重点强调了巴基斯坦完全赞同"艾森豪威尔主义"的立场，强烈谴责了"道德败坏"的"中立主义"，表示愿意与美国合作确保中东和平。巴基斯坦总统伊斯坎德尔·米尔扎（Iskander Mirza）一方面强调："无论情况如何，我们将与你们站在一起；我们希望你们与我们站在一起。"另一方面，米尔扎特别强调了巴基斯坦的援助需求，希望美国援助巴基斯坦的化肥厂建设，批准 3 年的剩余农产品援助计划，帮助巴基斯坦改善与波斯湾国家之间及东巴基斯坦与西巴基斯坦之间的航运状况，协助巴基斯坦应对房屋需求、战略通道建设的钢材和水泥需求及东巴基斯坦的洪水防控问题，迫切希望美国向巴基斯坦派遣最高水平的顾问团队。在会谈后发表的联合公报声称，美国准备向巴基斯坦提供用于"一定的军事和经济项目"的援助，其来源是艾森豪威尔主义基金（The Ei-

---

① Department of State, *United States Policy in the Middle East*, *September 1956 – June 1957*, Washington, 1957, p. 60.

② Department of State, *Bulletin*, May 6, 1957, pp. 728 – 729.

③ *FRUS*, *1955 – 1957*, Vol. Ⅷ, *South Asia*, Washington, D. C.：U. S. GPO, 1987, pp. 476 – 477.

④ *FRUS*, *1955 – 1957*, Vol. Ⅷ, *South Asia*, Washington, D. C.：U. S. GPO, 1987, p. 478.

senhower Doctrine Funds）。①

苏拉瓦底政府积极参与东南亚条约组织和巴格达条约组织的活动。1957 年 5 月 3 日，苏拉瓦底总理与菲律宾总统卡洛斯·P. 加西亚（Carlos P. Garcia）在马尼拉发表联合公报，共同宣布：巴基斯坦与菲律宾将合作，尽一切努力促进集体防御，并再次表明他们强化该地区的和平和自由的结构的决心。5 月 6 日，苏拉瓦底总理与泰国陆军元帅、泰国部长会议主席在曼谷发表声明，重申了他们对联合国和东南亚条约组织宪章中所规定的目的和原则的信心，再次确认他们对缓和国际紧张局势做出积极贡献的决心。5 月 15 日，苏拉瓦底总理在卡拉奇主持巴格达条约组织经济委员会会议。6 月 2 日，巴基斯坦政府在卡拉奇主持召开了巴格达条约组织理事会会议。苏拉瓦底总理此时积极参加与美国有密切关联的反苏、反共的东南亚条约组织和巴格达条约组织的活动，并发挥重要作用，直接目的就是要向艾森豪威尔政府表明巴基斯坦为美国做贡献的决心和能力，让美国看到其价值，从而在美国的对外经济和军事援助中分得更大份额，并获得更重大、更真实的政治支持。7 月 10 日，苏拉瓦底总理率领巴基斯坦政府高级代表团赴美求援，并与杜勒斯国务卿和美国驻巴基斯坦候任大使詹姆斯·M. 郎利（James M. Longley）和近东、南亚和非洲事务办公室的罗伯特·M. 朗特里（Robert M. Rountree）等人会谈。在经济援助问题上，苏拉瓦底表示，巴基斯坦 1957 年度需要美国提供 150 万吨粮食，粮食需求在巴基斯坦的各项需求中处于最优先的地位。如果美国希望巴基斯坦避免饥荒、革命、通货膨胀和骚乱，就应该努力向巴基斯坦提供粮食。苏拉瓦底还提及了巴基斯坦对获得原子反应堆的兴趣。② 在军事援助上，苏拉瓦底等人希望美国国防部承诺提供更多军事援助，其中包括 4 个装备雷达的轻型轰炸机中队和一艘潜艇。苏拉瓦底还表达了对核炸弹的兴趣，声称巴基斯坦获得核炸弹的动机与美国的动机相似，都是为了对苏联可能发起的侵略形成威慑。关于轰炸机，苏拉瓦底说，如果巴基斯坦有 4 架或 8 架，最好是 12 架轰炸机，就能够对印度形成威慑，但不会与印度对抗或攻击印度。他再次重申，美国必须对

① Department of State, *Bulletin*, May 6, 1957, pp. 728 – 729.

② *FRUS*, *1955 – 1957*, *Vol. Ⅷ*, *South Asia*, Washington, D. C.：U. S. GPO, 1987, p. 481.

巴基斯坦不会滥用此类装备保持信心。但美方官员只是礼貌性地倾听了巴方的陈述，最后表示，国务院将与国防部进一步讨论巴基斯坦的军事援助需求。① 访问期间，苏拉瓦底告知艾森豪威尔政府，巴基斯坦政府同意美国在巴基斯坦境内建立秘密情报设施，并允许 U－2 飞机从巴基斯坦起飞。该表态成为最引人注目的事情。②

6. 美巴两国政府共同确认互相支持的基本立场。苏拉瓦底的表态和承诺显然基本达到艾森豪威尔总统的预期，促使后者在援助问题上开始积极起来。7 月 13 日，美巴政府发表联合公报，重申了它们支持和加强在亚洲已经形成的集体安全体系的决心，一致同意美巴将继续强化中东防御，使它们能够在自由与和平的条件下掌控本国命运。③ 7 月 17 日，艾森豪威尔总统在关于共同安全法案的声明中强调："巴基斯坦和土耳其在重要的自由世界地区维持着大量防御力量，理应获得重要援助份额。没有这种经济援助，它们的军事设施将不得不急剧减少。自由世界的其他国家，主要是美国，将不得不因此承担极快增加的负担。韩国、越南、土耳其和巴基斯坦将接受防御支持资金的 75%。［计划中］总金额的削减只能够被视为对我们国家和自由世界安全的威胁。我确信，参议院批准的总金额会被众议院批准。"④ 虽然艾森豪威尔总统竭力推动国会批准援巴计划，但鉴于巴基斯坦动荡的政治时局、日趋恶化的经济形势和不断增强的反美情绪，国会一直未能采纳艾森豪威尔总统的建议。

二　艾森豪威尔第二届政府对巴基斯坦的"有限现代化"的军事援助政策

"有限现代化"的军事援助政策贯穿艾森豪威尔第二届政府的大部分

---

① *FRUS*, *1955 - 1957*, *Vol. Ⅷ*, *South Asia*, Washington, D. C. : U. S. GPO, 1987, pp. 483 - 484.

② Dennis Kux, *The United States and Pakistan 1947 - 2000: Disenchanted Allies*, Washington, D. C. : Woodrow Wilson Center Press, 2001, p. 91.

③ Joint Statement Following Discussions with Prime Minister Suhrawardy of Pakistan. https: //www. presidency. ucsb. edu/documents/joint - statement - following - discussions - with - prime - minister - suhrawardy - pakistan.

④ Dwight Eisenhower, *Statement by the President on the Mutual Security Bill*. https: //www. presidency. ucsb. edu/documents/statement - the - president - the - mutual - security - bill.

时期，是其对巴援助政策的两大支柱之一。该政策的形成与艾森豪威尔主义、巴基斯坦的求援努力、美国政界对冷战形势的评估及美国援助巴基斯坦的立场的变化存在密切关系，是各种因素相互作用、互相妥协的产物。

巴基斯坦共和党领导人马利克·费罗兹·汗·努恩（Malik Feroz Khan Noon）在 1957 年 12 月作为巴基斯坦总理组建新政府。在美巴援助关系问题上，努恩政府积极推动艾森豪威尔政府尽快履行援助承诺。

1958 年 1 月 17 日，努恩总理在巴格达条约组织理事会的安卡拉会议上致辞，请求西方国家向巴格达条约组织国家提供更现代化的武器装备，并批评了西方国家向中立主义国家提供大量援助的政策。① 同月 25 日，努恩在德黑兰向杜勒斯国务卿声称，如果巴基斯坦改变其对巴格达条约组织和东南亚条约组织的政策，苏联就能够如同帮助印度一样帮助巴基斯坦。② 2 月 6 日，努恩对美国驻巴基斯坦大使郎利强调："美国承诺在 3—3.5 年内向巴基斯坦提供 20 架轰炸机，现在已经快要到最后期限了。"在会谈中，努恩数次强调美国未能履行在轰炸机事宜上的承诺，并批评美国在轰炸机事宜中偏袒印度，为印度着想多于为巴基斯坦着想。③ 3 月 7 日，巴基斯坦驻美大使再次向助理国务卿朗特里提出了尽快交付轻型轰炸机的问题，强调了南亚军事平衡已经被印度获得堪培拉的飞机打破，巴基斯坦为此非常焦虑。④

3 月 8 日，努恩总理在巴基斯坦国民大会上指责西方的经济援助正在助长印度的军事膨胀，警告其将改变巴基斯坦的外交政策，除非克什米尔问题有进展。努恩宣称："我们将打破世界上所有条约，并将与那些为了国家利益而成为巴基斯坦敌国的国家握手言和。"⑤ 努恩的言论激怒了

---

① *Pakistan Horizon*, No. 1, March 1958, pp. 6 – 7. Cited in Rajendra K. Jain edited, *US – South Asian Relations 1947 – 1982*, Vol. 2, New Delhi: Radiant Publisher, 1983, pp. 136 – 137.

② *FRUS*, *1958 – 1960*, Vol. XV, *South Asia and Southeast Asia*, Washington, D. C.: U. S. GPO, 1992, p. 618.

③ *FRUS*, *1958 – 1960*, Vol. XV, *South Asia and Southeast Asia*, Washington, D. C.: U. S. GPO, 1992, pp. 622 – 623.

④ *FRUS*, *1958 – 1960*, Vol. XV, *South Asia and Southeast Asia*, Washington, D. C.: U. S. GPO, 1992, p. 624.

⑤ "Pakistani Leader Berates the West", *New York Times*, March 9, 1958.

美国，美国国会中的民主党人对美国向巴基斯坦提供军事援助的批评不断增加。为了平息事件，米尔扎总统决定派遣政府高级代表团赴美国进行安抚和求援工作。但美国国务院依然不愿意加速向巴基斯坦交付轻型轰炸机，并于 3 月 31 日向郎利大使阐述了理由：第一，加速实施援助计划可能被解读为向努恩 3 月 8 日的言论屈服；第二，美国没有获得巴基斯坦与社会主义阵营相关的、加速该计划的正当理由；第三，巴基斯坦已经非常清楚地表示，其加速轰炸机的计划是为了针对印度，而不是用于对付共产主义阵营；第四，根据以上情况，印度政府将会误解美国政府的动机。①

巴基斯坦财政部长阿姆贾德·阿里、陆军总司令阿尤布·汗和空军总司令阿斯加尔·汗（Asghar Khan）受命于 4 月 28 日到达华盛顿。其访美行程具有双重目的。直接目的是"修复巴基斯坦认为被努恩 3 月 8 日讲话极大损害的巴基斯坦在美国的印象"，最重要的目的则是推动美国政府加速向巴基斯坦交付军事援助，特别是希望早日交付 B - 57 轰炸机。在加速交付军事援助的问题上，巴方强调了其国内民众、舆论和反对派势力对政府的亲美政策的不满情绪、印度在克什米尔问题和印度河水问题上的强硬立场和印巴之间 3.04：1 的军费支出比例所潜藏的严重威胁，以及巴基斯坦士兵的优良素质和有限数量等问题。波格拉还威胁说："如果我们独自战斗，我们将摧毁你们正在建立的东西。战争的创伤将为共产主义者进入次大陆创造条件，敞开大门。"② 巴方的姿态显然产生了一定的效果。美方表示，美国将在 1959 年第三个或第四个季度交付 4—6 架 B - 57 轻型轰炸机。杜勒斯国务卿则宣称，美国"对巴基斯坦的感情在一定意义上完全不同于对印度的感情……对印度的关心来自理智，与巴基斯坦的关系则发自内心"。③ 中情局局长艾伦·杜勒斯（Allen Dulles）声称，自己"将竭尽所能帮助巴基斯坦"。参谋长联席会议主席内森·F.

① *FRUS*, *1958 - 1960*, *Vol. XV, South Asia and Southeast Asia*, Washington, D. C.：U. S. GPO, 1992, p. 627.

② *FRUS*, *1958 - 1960*, *Vol. XV, South Asia and Southeast Asia*, Washington, D. C.：U. S. GPO, pp. 642 - 643.

③ Dennis Kux, *The United States and Pakistan 1947 - 2000：Disenchanted Allies*, Washington, D. C.：Woodrow Wilson Center Press, 2001, p. 95.

康宁（Nathan F. Twining）则称，自己不能"理解"美国的对印政策，认为"印度国内仍有很多共产党人"。① 最终，在美国同意加速交付 B - 57 轰炸机后，阿尤布·汗和阿斯加尔·汗才满意离开。但是，轰炸机的交付再次延迟。美国的理由是：巴基斯坦的国内军事机构超出了其国内安全所需，且其寻求美国武器的主要目的不是防御苏俄和中国的进攻，而是增强与印度对抗的地位。这不符合美国向巴基斯坦提供军事援助的初衷。②

在东西方关系日趋紧张的背景下，出于冷战全局利益的考虑，艾森豪威尔政府显然在一定程度上接受了巴基斯坦政府的游说，与外交决策相关的政府机构的援巴意愿亦明显强烈。

国防部主张美国继续向巴基斯坦军队提供援助。1958 年 1 月 10 日，陆军上将李曼·雷姆尼泽（Lyman Lemnitzer）和海军上将阿利·伯克（Arleigh Burke）告知国务院："不希望巴基斯坦因为美国压力而在军队规模上有任何缩减"，"根据巴格达条约组织国家面对的威胁……巴基斯坦的军队规模是极其必要的"。③ 2 月 25 日，国防部长办公室对众议院外交委员会表示，只要巴基斯坦维持符合美国安全利益需要的防御机构，且这些机构超出了其本国的支持能力，美国就必须继续提供其所需援助。当然，这种援助的成本仅是美国在这一地区建立守备部队所需成本的小部分。④ 3 月 28 日，近东、南亚和非洲事务办公室主任查尔斯·K. 伯根（Charles K. Bergen）海军上将在参议院外交委员会关于 1958 年共同安全法案听证会上强调："巴格达条约弥合了左侧的北大西洋公约组织和右侧的东南亚条约组织之间的缝隙，完成了自由国家的战略防御圈。……在这一地区，或许超过其他地区，军事援助通过鼓励和加强容易受到共产主义压力和讨好的特定国家的亲西方趋向，有机会提高美国对外政策的

---

① Altaf Gauhar, *Ayub Khan: Pakistan's First Military Ruler*, Lahore: Sang - Meel, 1993, pp. 116 - 123.

② M. S. Venkataramani, *The American Role in Pakistan, 1947 - 1958*, New Delhi: Radiant Publishers, 1982, pp. 390 - 391.

③ *FRUS, 1958 - 1960, Vol. XV, South Asia and Southeast Asia*, Washington, D. C.: U. S. GPO, 1992, pp. 49 - 51.

④ US House, 85th Cong 2nd sess., Committee on Foreign Affairs, *Hearings*, *Mutual Security Act of 1958*, Washington: U. S. GPO, 1958, p. 141.

有效性。"①

　　国务院力荐国会批准继续援助巴基斯坦。3 月 24 日，国务院向参议院外交委员会提交了一份建议书，建议美国政府在 1959 财年向巴基斯坦等 11 个位于社会主义阵营南方或东方边缘的陆国或岛国提供防御支持援助。其理由是巴基斯坦为共同防御做出了贡献：用国家三分之一的国家预算维持了大规模的专业武装力量；全力、坚定地支持了东南亚条约组织和巴格达条约组织。但巴基斯坦继续为共同防御做贡献的能力和意愿正面临着严重障碍：粮食不能自足的困难被每年新增的 100 万人口放大；防御费用约占国家预算的三分之一；因为上述两点，用于必需品供给的外汇短缺，外汇储备日趋减少；不能维持足以阻止经济绝对倒退的发展速度。② 3 月 28 日，在参议院外交委员会关于1958 年共同安全法案听证会上，助理国务卿朗特里强调，将近东和南亚地区纳入国际共产主义控制之下是苏联的最新目标之一，中东和南亚国家仍将需要大量外部援助来实现它们的理想。在此基础上，朗特里建议："向这一地区的四个国家提供防御支持和军事援助；没有我们的帮助，希腊、土耳其、伊朗和巴基斯坦就没有能力承受因军费增加而面临的沉重经济负担。"③ 但是，国务院内部也有不同意见，如副国务卿道格拉斯·迪伦（Douglas Dillon），他在 1958 年 9 月 17 日表示，从纯粹的军事角度分析，巴基斯坦维持大量的军队是没有正当理由的，而它因此背上了沉重的经济负担。④

　　国际合作署和众议院的代表也主张继续向巴基斯坦提供军事援助。3月 27 日，在参议院外交委员会关于 1958 年共同安全法案听证会上，国际合作署的代表宣称，美国对巴基斯坦的军事援助是建立在明确的谅解基础之上的，也就是说，军事援助只能被用于抵御共产主义或帝国主义的

　　① US House, 85th Cong 2nd sess. , Committee on Foreign Affairs, *Hearings*, *Mutual Security Act of 1958*, Washington：U. S. GPO, 1958, pp. 288 – 289.

　　② US Senate, 85th Cong 2nd sess. , Committee on Foreign Relations, *Hearings*, *Mutual Security Act of 1958*, Washington：U. S. GPO, 1958, pp. 167 – 168.

　　③ US Senate, 85th Cong 2nd sess. , Committee on Foreign Relations, *Hearings*, *Mutual Security Act of 1958*, Washington：U. S. GPO, 1958, pp. 276 – 278, 301.

　　④ *FRUS, 1958 - 1960, Vol. XV, South Asia and Southeast Asia*, Washington, D. C.：U. S. GPO, 1992, p. 660.

威胁。① 次日，国际合作署的代表再次表示，美国对近东和南亚的援助是为了协助近东和南亚国家克服面临的共同困难，解决阻碍经济增长的问题。美国的援助能够帮助这些国家维持其军事力量，预先阻止社会主义阵营的公开侵略，应对任何国内颠覆的再生威胁。简言之，美国应提升这些"自由国家"充分发挥作用的能力。② 而众议院外交委员会则认为，巴基斯坦在与其他伊斯兰国家和亚非阵营成员的关系中，能够成为西方政府的有效拥护国，能够令该集团中某些成员的极端民族主义和反西方态度变得温和。③

虽然美国政府内部主张继续向巴基斯坦提供军事援助的意见增加了，艾森豪威尔第二届政府也对巴基斯坦政府的求援活动进行了一定程度的积极回应，但美国依然总体上坚持不承担更多军事责任的原则，采取了拖延的策略，继续延迟履行军事援助的承诺。甚至将延迟履行承诺的原因推到巴基斯坦身上。美国政府宣称，由于米尔扎总统先后在东巴基斯坦实施专政和军法管制，如果美国向巴基斯坦交付军事援助，巴基斯坦国内反对美国的力量将会大肆宣扬美国提供的武器和装备正被用于屠杀反对专制的抵抗力量。而美国拥有的民主政府和人民的好名声将被摧毁，美国与东巴基斯坦人民及其领导人的强大联系亦将不复存在。④ 与此同时，艾森豪威尔政府也拒绝向巴基斯坦极为重视的、郎利大使极力推荐的巴基斯坦钢铁厂项目提供资金和技术援助。其官方理由是"在技术上极为困难，且成本极高"。但是，这种情况很快随着在美国政界和军界相当受欢迎的阿尤布·汗将军掌握巴基斯坦政府最高权力而发生变化。艾森豪威尔第二届政府随之加速履行既定的军事援助承诺。

阿尤布·汗政府奉行更鲜明的亲美政策。1958 年 10 月 28 日，巴基斯坦军法管制首席执行官、武装部队最高指挥官阿尤布·汗将军颁布总

① US Senate, 85th Cong 2nd sess., Committee on Foreign Relations, *Hearings*, *Mutual Security Act of 1958*, Washington: U. S. GPO, 1958, p. 272.

② US Senate, 85th Cong 2nd sess., Committee on Foreign Relations, *Hearings*, *Mutual Security Act of 1958*, Washington: U. S. GPO, 1958, pp. 280 – 283.

③ US Senate, 85th Cong 2nd sess., Committee on Foreign Relations, *Hearings*, *Mutual Security Act of 1958*, Washington: U. S. GPO, 1958, p. 145.

④ *FRUS*, *1958 – 1960*, *Vol. XV*, *South Asia and Southeast Asia*, Washington, D. C.: U. S. GPO, 1992, pp. 649 – 650.

统内阁令，建立了以自己为核心、在巴基斯坦历史和美巴关系史上都占据重要地位的阿尤布·汗政府。阿尤布·汗将军始终是美国援助的积极寻求者，更是美巴正式结盟、美国向巴基斯坦提供军事援助的积极推动者。执政伊始，其政府就开始积极推动美国援助巴基斯坦。阿尤布·汗在就任军法管制首席执行官时就宣布，自己的"最终目标是恢复民主，但该民主必须是人民能够理解和行使的民主"。① 以此迎合艾森豪威尔政府对巴基斯坦的民主政体的特别关注和期望。10 月 31 日，阿尤布·汗总统向美国驻巴基斯坦临时代办里奇韦·B. 奈特（Ridgeway B. Knight）保证，巴基斯坦近期的发展强化了其对美巴联盟的忠诚，巴基斯坦更加支持西方。美国对巴基斯坦的持续援助攸关巴基斯坦的生死存亡，巴基斯坦数次革命是远离共产主义的革命，不是趋近共产主义的革命。而奈特则代表美国政府向阿尤布·汗总统表达了对其在实现增进巴基斯坦人民福祉和恢复代议制政府方面的美好祝愿，并保证美国政府将如过去一样，利用其所有能够得到的资源，以一切恰当方式协助巴基斯坦。② 阿尤布·汗政府与艾森豪威尔政府之间迅速的积极互动预示着美巴援助关系将发生积极的变化。

1958 年 10 月巴基斯坦军事政变后的数月内，美国的陆军部长、国防部长、海军作战部副部长、陆军副参谋长、陆军工程兵团司令、空军后勤司令、地中海舰队司令、美国驻太平洋空军司令和前参谋长联席会议主席亚瑟·W. 雷德福德（Arthur W. Radford）相继到巴基斯坦活动，其中不少人还率领了各军种、兵种的代表团前往"参观了军事设施"，并同巴基斯坦高级将领们举行会谈。美国军方的高频访问及其与巴基斯坦军方高层之间的积极交流，极大加深了双方在军事领域的了解和情感，在相当程度上加速了艾森豪威尔政府履行对巴军事援助的承诺。之后，美国国务院也积极行动起来。

12 月 16 日，郎利大使致电国务院，建议其不要继续推迟批准对巴基斯坦的军事援助计划。理由是：第一，巴基斯坦新政权运行良好，且履

---

① FRUS, 1958 – 1960, Vol. XV, *South Asia and Southeast Asia*, Washington, D. C.: U. S. GPO, 1992, pp. 679 – 680.

② FRUS, 1958 – 1960, Vol. XV, *South Asia and Southeast Asia*, Washington, D. C.: U. S. GPO, 1992, pp. 681 – 682.

行了对美国的承诺。第二,巴基斯坦新政权恢复承诺的代议制政府是符合美国利益的,哪怕是有限的。但是,如果本财年美国未继续向巴基斯坦提供军事和经济援助,该进程将无法持续。继续推迟 1959 财年的军事援助计划只能被巴基斯坦新政权认为是羞辱,并可能造成其分裂,进而陷入混乱和无政府状态。第三,如果没有援助行动,美国对巴基斯坦的友好表示就没有意义。最后,郎利强烈建议立即批准美国 1959 财年对巴基斯坦的军事援助计划。① 在此之前,郎利已经两次提出相似建议。

1959 年 1 月 7 日,助理国务卿朗特里建议副国务卿迪伦批准对巴基斯坦的军事援助,将其作为 1959 财年过渡计划。朗特里建议:第一,执行国防部建议的 1959 财年军事援助计划的剩余计划,其价值在排除 M - 47 坦克和弹药库外约为 2732 万美元。第二,执行 1959 财年计划提供的 72 辆 M - 47 坦克,价值为 430 万美元。②

1 月 9 日,美国国务院致电郎利,告知他国务院已经基本批准 1959 财年的对巴基斯坦的军事援助计划,主要包括弹药库、耗损的飞机、72 辆 M - 47 坦克、坦克运输车、电子和通讯装备、车辆、训练辅助器材、弹药和军用消耗品。但拒绝向巴基斯坦提供其要求的更好性能的飞机和改良后的雷达。美国认为,在飞机问题上,在 1959 财年和 1960 财年的军事援助计划中的 B - 57 飞行中队被巴基斯坦空军有效吸收之前,巴基斯坦现有战斗机的现代化不具备技术和财政的可行性。在雷达问题上,1958 财年的军事援助计划已经包括了 4 套大型雷达(两套具备搜索功能,两套具备测量高度的功能),已经足够。③ 1954 年 10 月的备忘录达成的军事援助承诺被进一步具体化,具有了更强的可操作性。

该备忘录令阿尤布·汗政府更加期盼美国帮助巴基斯坦军队实现现代化,但艾森豪威尔第二届政府依然不愿意向巴基斯坦提供数量充足的更先进的武器装备,并正式明确"有限现代化"的军事援助政策。

---

① *FRUS*, *1958 - 1960*, *Vol. XV*, *South Asia and Southeast Asia*, Washington, D. C.: U. S. GPO, 1992, pp. 687 - 688.

② *FRUS*, *1958 - 1960*, *Vol. XV*, *South Asia and Southeast Asia*, Washington, D. C.: U. S. GPO, 1992, pp. 688 - 691.

③ *FRUS*, *1958 - 1960*, *Vol. XV*, *South Asia and Southeast Asia*, Washington, D. C.: U. S. GPO, 1992, p. 692.

1959 年 1 月 26 日，阿尤布·汗总统与参加巴格达条约组织部长理事会会议的美国代理副国务卿罗伊·W. 亨德森（Loy W. Henderson）和助理国防部长小约翰·N. 欧文（John N. Irwin，Ⅱ）等人会谈。会谈中，阿尤布·汗总统重点强调了其急需美国提供的现代化军事装备，要求美国提供相关设备，帮助巴基斯坦将 303 步枪的生产线转变为美国的 M14 步枪的生产线。但遭到了美方的婉拒。欧文声称，1959 年美国对巴基斯坦的军事援助计划将提供 M47 替代 M4，强调了推动巴基斯坦军队现代化必须避免运行和护养成本增长。①

2 月 11 日至 13 日，助理国务卿乔治·C. 麦基（George C. McGee）和亚瑟·W. 雷德福德在卡拉奇就美国对巴基斯坦的共同安全计划进行调研。其间，巴基斯坦国防部长秘书 M. 库尔西德（M. Khurshid）向两人强调了巴基斯坦陆军和空军对美国军事援助的需求。库尔西德指出，在陆军方面，巴基斯坦希望且需要 6 个美国军事支持计划支持的美械师，另外还需要美国向巴基斯坦 1.6 万人的军队提供类似的装备。在空军方面，巴基斯坦高度重视空军的现代化，希望所有的 F - 86 佩刀式飞机实现现代化。如果美国能够提供 35 架高性能战斗机取代同等数量的佩刀式飞机，其余的飞机装备空对空导弹，巴基斯坦就会满足了。② 但麦基和雷德福德的任务是调研，而非进行谈判或做出承诺，因此他们仅承诺将该请求上报国务院。

3 月 5 日，美国与巴基斯坦签订《美利坚合众国政府和巴基斯坦政府合作协定》。该协定规定：在巴基斯坦遭受侵略时，美国将向巴基斯坦提供包括武装部队在内的适当援助；美国将继续向巴基斯坦提供美巴达成一致的军事和经济援助，帮助其维护民族独立和领土完整，并有效地促进其经济发展；巴基斯坦政府保证，美国所提供的军事和经济援助的使用将符合于 1958 年 7 月 28 日在伦敦签订宣言的各国所阐述的目的和宗旨。③ 该

---

① *FRUS*，*1958 - 1960*，*Vol. XV*，*South Asia and Southeast Asia*，Washington，D. C.：U. S. GPO，1992，pp. 698 - 699.

② *FRUS*，*1958 - 1960*，*Vol. XV*，*South Asia and Southeast Asia*，Washington，D. C.：U. S. GPO，1992，pp. 701 - 703.

③ UNTS，Treaty No. 4726，Vol. 327，p. 286；TIAS 4190，317 - 319. Cited in Rajendra K. Jain edited，*US - South Asian Relations 1947 - 1982*，Vol. 2，New Delhi：Radiant Publisher，1983，p. 156.

协定进一步确认了美国向巴基斯坦提供经济和军事援助的原则和巴基斯坦使用美国援助的限制，相互承担了义务和责任。但美国在协定中享有更大的自主权，而巴基斯坦可能受到更多掣肘。

对于巴基斯坦要求获得更现代化的飞机的问题，美国国务院最终采纳了否定性的建议。因为其得到的绝大多数建议主张拒绝巴基斯坦的要求，至少是暂时拒绝。例如，4 月 11 日，参议院外交委员会主席 J. 威廉·富布赖特（J. William Fulbright）致信克里斯琴·阿奇博尔德·赫脱（Christian Archibald Herter）副国务卿，反对美国向巴基斯坦提供喷气式飞机。他宣称："向巴基斯坦提供如此之多的武器是错误的。希望行政当局在援助如巴基斯坦之类国家时，将重点由军事领域转移到经济领域。"[①] 4 月 17 日，美国驻印度大使埃尔斯沃斯·邦克（Ellsworth Bunker）向杜勒斯国务卿建议，在印度河水争端解决之前，不要与巴基斯坦达成关于向其空军提供更现代化的飞机或"响尾蛇"导弹的协议；在该争端解决之后，再公布正在考虑的相关行动。4 月 23 日，助理国务卿鲁弗斯·布尔·史密斯（Rufus Burr Smith）建议代理国务卿采纳邦克的建议。助理国务卿朗特里也认为 F－104 飞机价格昂贵，巴基斯坦很难有效使用，并且向巴提供现代化飞机可能引起印度寻求具有相似能力的武器系统，激发新一轮印巴军备竞赛。[②] 副国务卿迪伦则声称："从单纯的军事角度分析，巴基斯坦维持大量军队没有正当理由。"[③] 最终，国务院采纳了邦克等人的建议，拒绝向巴基斯坦提供更先进的飞机和"响尾蛇"导弹。

巴基斯坦政府并未气馁，仍旧继续求援。1959 年 5 月 4 日，阿尤布·汗交给郎利大使一封信，要求他敦促美国国务院和国防部批准用 F－104 飞机替换一定数量的 F－86 飞机。阿尤布·汗在信中呼吁美国政府关注一个事实，即"印度和苏联对巴基斯坦领空的兴趣急剧增长，起因是美国在白沙瓦附近建立了通讯单位。尽管巴基斯坦进行了反驳，但邻国

---

① *FRUS*，*1958－1960*，*Vol. XV*，*South Asia and Southeast Asia*，Washington，D. C.：U. S. GPO，1992，pp. 711－712.

② *FRUS*，*1958－1960*，*Vol. XV*，*South Asia and Southeast Asia*，Washington，D. C.：U. S. GPO，1992，pp. 726－729.

③ *FRUS*，*1958－1960*，*Vol. XV*，*South Asia and Southeast Asia*，Washington，D. C.：U. S. GPO，1992，pp. 660－661.

怀疑该单位实际上是潜在的导弹发射点"。① 阿尤布·汗强调，美国在白沙瓦建立通讯单位的直接结果就是令巴基斯坦的军事承诺超出了其能力范围。与此相对应，巴基斯坦强烈主张，自己不应该被要求为获得 F-104 飞机付出任何代价。阿尤布·汗期待美国无偿提供现代化的喷气式战机。

面对巴基斯坦政府持续、强烈的请求和胁迫，艾森豪威尔政府逐步确立并执行了"有限现代化"的军事援助政策。

1959 年 5 月 8 日，巴基斯坦驻美国大使阿齐兹·艾哈迈德（Aziz Ahmed）向助理国务卿朗特里递交了一份备忘录，表示巴基斯坦需要更高性能的战斗机保卫其领空，且其需求因为美国在白沙瓦建立"通讯单位"引发苏联和印度的怀疑而变得更加紧迫。巴基斯坦政府希望美国在赠与援助的基础上向其提供 F-104 战斗机②。朗特里则以数量不足、资金限制和美国没有向任何盟友提供 F-104 战斗机为理由，拒绝考虑向巴基斯坦提供 F-104 战斗机。但为了阻止巴基斯坦军事单位的作战能力恶化，美国正在并将继续向巴基斯坦提供军事援助，其中必然包括一些现代化装备。但援助必须以有序和渐进的方式进行。朗特里所提到的"有序且渐进的方式"就是"有限现代化"军事援助政策的最初表达。

1959 年中，美国国务院确定了新的军事援助政策，要求做出重大努力使巴基斯坦减少军事援助的要求，将优先重点放在经济上。新政策主张继续援助巴基斯坦，以"保护美国在巴基斯坦的投资"，并维持"用美国的某些现代化装备"武装起来的巴基斯坦军队。③ 美国国务院领导的机构间工作小组制定的文件重申了该政策。该文件内容显示："由于认识到维持我们正在支持的巴基斯坦优良军事单位的需要，我们打算继续向巴基斯坦提供军事援助，这必然包括某些现代化装备。然而，这应该以有序、渐进的方式进行，这应该是正常的结果，也是考虑到巴基斯坦的吸

① *FRUS*, *1958 - 1960*, *Vol. XV*, *South Asia and Southeast Asia*, Washington, D. C. : U. S. GPO, 1992, p. 726.

② *FRUS*, *1958 - 1960*, *Vol. XV*, *South Asia and Southeast Asia*, Washington, D. C. : U. S. GPO, 1992, p. 726.

③ *FRUS*, *1958 - 1960*, *Vol. XV*, *South Asia and Southeast Asia*, Washington, D. C. : U. S. GPO, 1992, pp. 736 - 740.

收能力和财政能力的结果。"① "有限现代化"政策在国务院内部获得了支持。

　　7月21日，副国务卿迪伦向即将赴任美国驻巴基斯坦大使的朗特里建议：不要主动与巴基斯坦政府提出军事"现代化"问题，因为只要国会维持目前对欠发达国家提供军事援助的基本态度，军事"现代化"的重点就应该被谨慎对待，重点不是"现代化"，而是"维持"目前的军事能力。② 迪伦非常简单明确地揭示了"有限现代化"军事援助政策的实质，令朗特里在未来面对阿尤布·汗政府的强烈军事援助要求时能够有所遵循，不会做出美国政府不希望看到的承诺。

　　12月，国家安全委员会作战协调委员会制定了巴基斯坦行动计划的指导方针。该政策和方针规定，美国将在完成1954年承诺之后，继续向巴基斯坦提供军事援助，但将援助限定在"有限现代化"（例如，替代过时的或损耗的装备）的范围内。美国不应该同意巴基斯坦政府提出的重大的军队现代化的要求。可以说，此时美国向巴基斯坦提供军事援助的政策才正式明确为"有限现代化"。

　　1960年1月26日，国务卿赫脱致电朗特里大使，要求他尽快告知阿尤布·汗，美国政府的援助不会超出现有水平和"有限现代化"的设计。同时，美国即将向巴基斯坦提供"响尾蛇"导弹和装备雷达制导的B-57飞机，以证明美国协助巴基斯坦军队逐步现代化的真诚愿望。但朗特里大使最初也被告知，"有限现代化"的新政策排除了巴基斯坦获得美国的超音速飞机的可能性。③ 此时，艾森豪威尔政府向阿尤布·汗政府正式宣布了"有限现代化"的军事援助政策。

　　艾森豪威尔第二届政府的"有限现代化"军事援助政策是美巴两国博弈的结果，对于巴基斯坦而言，具有明显的二重性，即积极属性与消极属性并存。从积极属性来看，美国向巴基斯坦提供先进的喷气式飞机、

---

　　① *FRUS*, *1958 - 1960*, Vol. XV, *South Asia and Southeast Asia*, Washington, D. C. : U. S. GPO, 1992, p. 752.

　　② *FRUS*, *1958 - 1960*, Vol. XV, *South Asia and Southeast Asia*, Washington, D. C. : U. S. GPO, 1992, pp. 747 - 751.

　　③ *FRUS*, *1958 - 1960*, Vol. XV, *South Asia and Southeast Asia*, Washington, D. C. : U. S. GPO, 1992, pp. 796 - 799.

"响尾蛇"导弹等美制武器，能够极大改善巴基斯坦部分陆军和空军的装备水平，并提高了相关战斗单位的战斗素养和战斗力，且形成一定的示范效应，亦在一定程度上抵消了印度军力的威胁，提高了士气。就消极属性而言，美国向巴基斯坦提供的先进武器是有限的。美国政府规定，只向巴基斯坦提供5.5个陆军师的军事装备，也仅为这5.5个师的装备提供相关的护养和升级服务。5.5个师仅是巴基斯坦陆军总兵力的很小的部分。美国政府还规定，替代旧装备的过程应该是一个自然淘汰的过程，也就是说，对于无法继续发挥战斗作用的装备，美国要按照1∶1的比例进行更新，而不是巴基斯坦要求什么装备，美国就提供什么装备。而巴基斯坦最终能够获得什么装备，完全是由美国决定的。

艾森豪威尔第二届政府制定并奉行对巴基斯坦的"有限现代化"军事援助政策，是在对各种因素进行综合考量后而做出的最终选择。

艾森豪威尔第二届政府力图通过援助令巴基斯坦继续保持东南亚条约组织和巴格达条约组织的成员国身份。1959年5月14日，助理国务卿朗特里在参议院外交委员会关于1959年共同安全法案听证会上发言强调："巴基斯坦参加东南亚条约组织和巴格达条约组织是维护这一地区形势中非常重要的一个方面，我们对巴基斯坦的政策鼓励是至关重要的。……巴基斯坦作为盟友在这些组织中具有重大价值。美国向巴基斯坦提供援助以维持它参加这些组织所需要的军事力量的行为是明智的。"①

艾森豪威尔第二届政府希望通过援助鼓励和奖励巴基斯坦坚持反共、亲西方和亲美的外交立场。1959年5月14日，近东、南亚和非洲事务办公室主任在参议院外交委员会关于1959年共同安全法案听证会上发言强调："没有这种援助，我们将很难看到巴基斯坦能够在自由世界维持强大且不妥协的立场。……如果我们的援助只是维持巴基斯坦目前水平的经济活动和军事政治力量，我们应该认为这些援助是必要、正当和正确的。"② 而这里的强大且不妥协的立场主要是指反对苏联和中国的立场。8

① US Senate, 86th Cong 2nd sess. , Committee on Foreign Relations, *Hearings*, *Mutual Security Act of 1959* (Washington, 1959), part 1, p. 582.

② US Senate, 86th Cong 2nd sess. , Committee on Foreign Relations, *Hearings*, *Mutual Security Act of 1959* (Washington, 1959), part 1, pp. 586 – 587.

月 21 日，艾森豪威尔总统批准了国家安全委员会计划委员会准备的主题为"美国的南亚政策"的 NSC 5909/1 文件。该文件强调，在没有获得巴基斯坦同意的情况下，美国对巴基斯坦军事援助的削减，可能导致巴基斯坦目前的反对共产主义且亲近西方的政策退步，动摇美国在南亚的政治地位，削弱用来保护美国的中东利益的防御安排，令仍然控制巴基斯坦的军事领导人疏远美国。毫无疑问，此时考虑停止美国在巴基斯坦的军事援助计划是不可取的。①

艾森豪威尔第二届政府欲巴基斯坦打造成为与美国成功合作的样本。1960 年 3 月 25 日，美国国务院公告刊载了国务院负责近东、南亚、非洲事务的助理国务卿 G. L. 琼斯（G. L. Jones）在众议院外交委员会上的发言。琼斯强调："作为中央条约组织和东南亚条约组织的双重成员国，巴基斯坦坚定地执行了反对共产主义的政策，同时取得了经济进步。通过提升巴基斯坦的经济和军事力量，为我们的坚定盟友——巴基斯坦的独立提供我们的持续支持，显然符合美国的利益。巴基斯坦是我们能够通过共同安全计划与一个强大且友好的政府进行合作的一个好例证，也是能够通过促进经济发展、提升防御性军事力量和政治稳定维护两国利益的好案例。"② 在美苏加紧争夺第三世界国家的背景下，如果艾森豪威尔政府将巴基斯坦成功打造成为美巴友好合作的范本和榜样，必然削弱社会主义的国际影响力，增强第三世界国家对美国的钦佩和认同，从而为其赢得更多盟友。此种前景当然是美国所希望看到的。

艾森豪威尔第二届政府希望尽量减少美国对巴军事援助对巴印关系、巴阿关系、美印关系和美阿关系的不利影响。可以说，美国政府对巴军事援助始终遭到印度和阿富汗的强烈反对和猛烈抨击，是美印关系和美阿关系中不可回避的消极因素。美国希望，通过限制对巴军事援助的数量和质量，缓解印度和阿富汗的痛感和减少对两国与美国关系的负面影响。美国国务院和国会多次表达了美国对巴军事援助已经引发的印巴军

① *FRUS*, *1958 - 1960*, *Vol.* XV, *South Asia and Southeast Asia*, Washington, D. C.: U. S. GPO, 1992, pp. 38 - 39.

② US Senate, 86th Cong 2nd sess., Committee on Foreign Relations, *Hearings*, *Mutual Security Act of 1960*, Washington, U. S. GPO, 1960, pp. 273 - 275.

备竞赛的担忧，更担心增加对巴军事援助的数量和质量会加剧该竞赛，并导致美国与印度和阿富汗关系的恶化，担心印度因此完全倒向苏联。可以说，这始终是美国政府向巴基斯坦提供军事援助过程中的重大牵制因素。

艾森豪威尔第二届政府认为巴基斯坦的军事援助要求超出了巴基斯坦真实的安全需求。助理国防部长欧文在巴基斯坦政府要求获得美国的M14 步枪生产线时，也表示巴基斯坦已经拥有满足当前需要的充足的小型武器和弹药，其将资金用于新的小型武器之前，应该优先考虑目前的小型武器需要。参谋长联席会议、国防部和国务院的其他官员也曾有类似立场。

此外，以军事援助为手段，胁迫或推动巴基斯坦政府放弃军法政府，建立或恢复代议制民主政府，也是艾森豪威尔政府的考虑之一。

综上所述，"有限现代化"的军事援助政策实质上是艾森豪威尔政府试图牢牢把控美巴关系的一项政策。通过控制向巴基斯坦提供的军事援助的品类、数量、质量和交付时间，有计划地压迫或推动巴基斯坦政府在内政和外交上顺应、支持或协助美国。也就是说，这完全是为了美国的全球和地区的安全利益，绝不是为了帮助巴基斯坦应付印度、阿富汗等邻国。

艾森豪威尔政府明确执行"有限现代化"军事援助政策显然不符合巴基斯坦的利益和期望，阿尤布·汗政府急切希望改变，希望至少通过积极活动减少其不利影响。

巴基斯坦政府以其国内建立共产主义制度要挟美国增加援助且加速援助交付。1960 年 2 月 10 日，阿尤布·汗总统在卡拉奇召开的国际合作署会议上发言宣称："如果巴基斯坦在未来的 25 年中充分发展，形成庞大的中产阶级，将使自己免受共产主义影响。如果由于我们的愚笨或由于缺乏援助，巴基斯坦不能充分发展。那么我所能说的全部就是，除了坠入共产主义海洋，我们没有其他选择，那是被所有人认为最可怕的事情。"① 1960 年 7 月，阿尤布·汗总统又在《外交》杂志发表题为"巴基

---

① *Pakistan Times*, February 11, 1960. Cited in Rajendra K. Jain edited, *US - South Asian Relations 1947 - 1982*, Vol. 2, New Delhi: Radiant Publisher, 1983, p. 182.

斯坦的前途"的文章。他在文中强调:"今后 15—20 年对巴基斯坦最为关键。或者在这一时期'成功',或者不能。如果我们未能成功,我们一定会淹没在身边汹涌澎湃的共产主义浪潮之中。由于我们不想接受这种命运,我们必须向前发展,且要快速发展。此时,我们的目光转向我们的朋友和盟友。他们已经给予了我们慷慨援助,我们对此非常感激。但由于历史原因,我们只能呼吁更多的援助。"①

巴基斯坦政府以其外交政策倾向共产主义国家胁迫美国政府增加对巴援助。1959 年 9 月 14 日,阿尤布·汗对美国驻巴基斯坦军事援助顾问团主管和国防部长副助理反复强调:巴基斯坦正在被"敌人"包围。如果美国未能提供足够的支持,巴基斯坦民众将产生遭到背叛的感觉,必然影响到联盟的力量。很多人已经认为,巴基斯坦应该采取对社会主义阵营国家更友好的政策。② 12 月 8 日,阿尤布·汗对访问巴基斯坦的艾森豪威尔总统再次明确强调:"如果巴基斯坦不能得到美国的支持,中国和印度必然会得到它,只是时间早晚而已。"③ 1960 年 11 月 11 日,阿尤布·汗总统又在开罗宣称,"接受苏联的财政援助是无害的,不会影响巴基斯坦对美国的友谊。11 月 18 日,巴基斯坦特别国会公开宣称,"巴基斯坦不应该对苏联和中国采取僵化立场,应该坚定地向美国解释,我们应该在下一届联合国大会时投票支持接纳中华人民共和国,这是我们在目前形势下得出的结论"。④ 阿尤布·汗以发展巴基斯坦与社会主义国家的关系胁迫艾森豪威尔政府增加援助的意图表露无遗。

巴基斯坦政府以参与中东防御为条件引诱美国增加对巴援助。1959 年 12 月 8 日,阿尤布·汗总统对访问巴基斯坦的艾森豪威尔总统强调了巴基斯坦在中央条约组织中的作用。他首先宣称中央条约组织是巴基斯坦、伊朗和土耳其人民的雄心的体现。三国人民已经做好了与共产主义

---

① *Foreign Affairs*, July 1960, pp. 555 – 556. Cited in Rajendra K. Jain edited, *US – South Asian Relations 1947 –1982*, Vol. 2, New Delhi: Radiant Publisher, 1983, p. 187.

② *FRUS*, *1958 – 1960*, *Vol. XV*, *South Asia and Southeast Asia*, Washington, D. C.: U. S. GPO, 1992, pp. 759 – 760.

③ *FRUS*, *1958 – 1960*, *Vol. XV*, *South Asia and Southeast Asia*, Washington, D. C.: U. S. GPO, 1992, pp. 781 –784.

④ Z. A. Bhutto, *The Third World*: *New Directions*, London: Oxford University Press, 1977, p. 121.

进行战斗的准备。随即又将中央条约组织称为中东地区的"护盾"，希望从美国获得更多的军事援助。

巴基斯坦政府借 U－2 事件催迫艾森豪威尔政府增加援助。1960 年 6 月 2 日，巴基斯坦外交部长曼苏尔·卡迪尔（Mansur Qadir）向赫脱国务卿强调，在巴基斯坦遭受攻击时，美国必须提供援助。然而，提供有效帮助需要花费时间，且帮助可能来得太晚，增加巴基斯坦国内的军事备战装备是应该做的事情。卡迪尔说，用 F－104 飞机代替 F－86 飞机或许是恰当的解决方式。他认为美巴两国领导人应该坐在一起，共同审视巴基斯坦的需求，并制订一个在 1—2 年内完成的计划。①

巴基斯坦政府以美巴同盟和巴基斯坦的战略地理位置请求艾森豪威尔承诺增加援助并加速交付。1960 年 7 月，阿齐兹·艾哈迈德大使在美国政治和社会科学学院年会上发表了题为"美国与亚洲国家的联盟"的演讲，强调了巴基斯坦的地缘政治地位和价值。他声称，巴基斯坦是美国在亚洲最可靠的盟友，其与美国签署的共同防御安排比任何其他亚洲国家与美国签署的同类安排更多。从战略意义而言，巴基斯坦占据了一个非同寻常的、令人感兴趣的地理位置，即中东与东南亚之间的桥梁。而且，西巴基斯坦与中国有共同边界，靠近苏联的南部前沿。巴基斯坦因此占据了对印度次大陆具有特殊意义的地理位置。西巴基斯坦保卫着印巴次大陆的山路入口，这是有史以来该大陆被陆路入侵的必经之地。实际上，巴基斯坦成了印巴次大陆北部边界的防御之盾和进入南亚之门户。② 阿尤布·汗政府还通过表达对印巴合作的期待，引诱艾森豪尔政府增加对巴援助。

艾森豪威尔第二届政府坚持"有限现代化"的军事援助政策。面对阿尤布·汗政府的努力，艾森豪威尔第二届政府虽然在 1960 年 3 月承诺向巴基斯坦提供在彼时相当先进的 F－104 喷气式战机，但美国政府高层都清楚，该承诺与美国的"有限现代化"军事援助政策是相背离的，仅

---

① *FRUS*, *1958 - 1960*, Vol. XV, *South Asia and Southeast Asia*, Washington, D. C.: U. S. GPO, 1992, p. 814.

② *The Annual of the American Academy of Political and Social Science*, July 1960, pp. 60 - 65. Cited in Rajendra K. Jain edited, *US - South Asian Relations 1947 - 1982*, Vol. 2, New Delhi: Radiant Publisher, 1983, p. 188.

仅是为了与巴基斯坦进行合作而不得不付出的代价。艾森豪威尔第二届政府只是将其作为一次例外，依然总体上坚持"有限现代化"的军援政策。这种坚持直接体现在1960年3月14日国务院巴基斯坦—阿富汗事务办公室主任利昂·B.博拉达（Leon B. Poullada）致美国驻巴基斯坦大使馆特别助理戴维·兰博（David Linebaugh）的电报中。该电报指出，美国的援巴政策有三个相互减损的目标：第一，通过鼓励印度和巴基斯坦之间的经济和政治和睦加强南亚实力；第二，尽可能迅速地发展巴基斯坦经济至自足状态；第三，维持巴基斯坦国内的一个最温和且有效的军事机构，将为美国影响巴基斯坦的领导人提供政治杠杆，这也作为美国维持巴基斯坦的政治稳定、对共产主义的"侵略"形成一定威胁的手段而具有一定的重要价值。美国继续向巴基斯坦提供军事援助，但限于"逐步、有限的现代化"。这种政策是为了最大限度地满足上述三个主要目标。① 在艾森豪威尔政府剩余的执政时间内，该政策一直未改变。

三 艾森豪威尔第二届政府积极向巴基斯坦提供经济援助

艾森豪威尔第二届政府对巴基斯坦的经济援助政策是美国援巴政策极其重要的组成部分。相对于在军事援助问题上的推诿、拖延的立场和态度，其对巴基斯坦的经济援助具有鲜明的主动和积极的特征。经济援助关系虽然也存在令双方不满意的情况，但远比军事援助关系发展得顺畅，其成因是多方面的。

艾森豪威尔政府积极向巴基斯坦提供经济援助，是因为有相应的认知基础，这为其经济援助行动提供了依据和指导。概括而言，认知基础包括：第一，美国对外援助的经济因素与政治和军事因素密切相关、不可分割。例如，1958年3月4日，助理国防部长办公室向众议院外交委员会强调，大多数情况下，不可能将防御支持中的军事、经济和政治因素分开来。② 第二，健康、持续发展的经济是稳定的政治和强大的军事之

---

① *FRUS*, *1958-1960*, *Vol. XV*, *South Asia and Southeast Asia*, Washington, D. C. : U.S. GPO, 1992, pp. 804-806.

② US House, 85th Cong 2nd sess. , Committee on Foreign Affairs, *Hearings*, *Mutual Security Act of 1958*, Washington, D. C. : GPO, 1958, p. 130.

基础。例如，1957 年 1 月 10 日，国家安全委员会公布的"美国的南亚政策"声明强调，展示持续进步的、充分的经济发展，是保证巴基斯坦国内广泛忠诚与合理稳定的基础。[①] 在同日的国情咨文中，艾森豪威尔总统也强调："我们应该同其他自由国家一起有力地执行促进自由世界内部的彼此实力、繁荣和福利的措施。实力主要是经济健康和社会福利的产物。因此，尽管我们继续进行我们的军事援助计划，我们必须强调，援助我们的朋友建立更强大的经济，更好地满足其人民希望进步的自然要求。"[②]

艾森豪威尔政府的上述认知体现了彼时美国政府在对外援助问题上的基本认知，为美国援助巴基斯坦提供了重要的依据和参考。

艾森豪威尔政府认为，美国援助是巴基斯坦实现经济发展和政治稳定的基础和保障。1957 年 11 月 1 日，美国驻巴基斯坦大使郎利向国务院报告：巴基斯坦面临着严峻的形势，国内工人的生活水平持续恶化。巴基斯坦国内粮食价格在过去一年中上涨了 10%—15%，而工资水平却没有变化；对粮食自给必不可少的农业生产却没有进步，用于发展的资本和外汇短缺，通货膨胀初现端倪，军费支出畸高，人口增长快于国民收入增长。巴基斯坦保持进步的唯一原因是美国援助。[③] 1960 年 3 月 21 日，国际合作署在众议院外交委员会关于 1960 年共同安全法案听证会上提供的情报显示，没有美国的援助，巴基斯坦人民的生活水平将明显恶化。美国自 1952 年以来的援助计划，使巴基斯坦保持人均 GNP 增长成为可能。防御支持计划为保持巴基斯坦经济运转所需要的极其必要的原材料和设备进口提供了助力。没有根据援助计划大量进口的粮食，巴基斯坦人在世界上已经处于最低水平的营养将进一步降低，或者宝贵的外汇将被用于其他必需品的进口。如果生活水平明显恶化，表面上已经实现的政治稳定将不可能继续保持。[④]

---

① *FRUS*，*1955 – 1957*，*Vol. Ⅷ*，*South Asia*，Washington，D. C.：U. S. GPO，1987，pp. 41 – 42.

② 梅孜：《美国总统国情咨文选编》，时事出版社 1994 年版，第 239 页。

③ *FRUS*，*1955 – 1957*，*Vol. Ⅷ*，*South Asia*，Washington，D. C.：U. S. GPO，1987，pp. 484 – 486.

④ US House，86th Cong 2nd sess.，Committee on Foreign Affairs，*Hearings*，*Mutual Security Act of 1960*，Part 6，Washington，D. C.：U. S. GPO，1960，p. 1006.

艾森豪威尔政府认为，经济援助是鼓励巴基斯坦参与地区集体防御的重要措施。1957 年 6 月 19 日，美国国际合作署近东、南亚和非洲事务办公室代理主任诺曼·伯恩斯（Noman Burns）在众议院外交委员会关于1957 年共同安全法案的听证会上的发言强调，美国的军事和防御支持援助增强了巴基斯坦军力——该国的一个主要稳定力量，鼓励巴基斯坦参加了集体防御安排。同年 11 月 1 日，美国驻巴基斯坦大使郎利向国务院报告巴基斯坦的政治和经济形势时指出，没有坚实的经济和政治基础，军事力量在南亚或其他地区根本不可能成为真正的力量。[①] 因此，美国应该通过提供发展援助和技术援助，帮助巴基斯坦发展稳定而活跃的经济。[②] 1958 年 3 月 4 日，助理国防部长办公室向众议院外交委员会表示，国会再次通过的防御支持理念一直是，且现在也是向巴基斯坦提供经济援助，以便它可以产生或维持极其必要的条件，使其能够对自身和美国要求的安全防御做出贡献。[③] 同年 3 月 24 日，国务院代表在参议院外交委员会关于 1958 年共同安全法案的听证会上强调，巴基斯坦是欠发达国家，没有足够资源支持它准备为共同防御做出贡献的军队的规模。长期支持这些有效力量取决于最大程度的政治和经济稳定。[④] 3 月 28 日，助理国务卿朗特里在参议院外交委员会关于 1958 年共同安全法案的听证会上表示，防御支持计划在本质上是经济援助，但它们基本上并不帮助经济发展。国务卿曾说，军事援助和防御支持的补充计划是美国安全拱门的拱顶石。[⑤] 1959 年 1 月 28 日，艾森豪威尔总统在向国会提交的共同安全计划进展报告中强调，巴基斯坦依然不能独立地应对要发展还是要国防的问题，但通过共同安全计划所获援助，将有助于为其未来的、内在的

[①]　*FRUS*，*1955 - 1957*，*Vol. VIII, South Asia*，Washington，D. C. ：U. S. GPO，1987，pp. 484 -486.

[②]　*FRUS*，*1955 - 1957*，*Vol. VIII, South Asia*，Washington，D. C. ：U. S. GPO，1987，pp. 41 -42.

[③]　US House，85th Cong 2nd sess. ，Committee on Foreign Affairs，*Hearings*，*Mutual Security Act of 1958*，Washington，D. C. ：U. S. GPO，1958，p. 130.

[④]　US House，85th Cong 2nd sess. ，Committee on Foreign Affairs，*Hearings*，*Mutual Security Act of 1958*，Washington，D. C. ：U. S. GPO，1958，pp. 167 - 168.

[⑤]　US House，85th Cong 2nd sess. ，Committee on Foreign Affairs，*Hearings*，*Mutual Security Act of 1958*，Washington，D. C. ：U. S. GPO，1958，p. 301.

增长奠定经济基础。[①]

第三节　艾森豪威尔政府的援巴概况

艾森豪威尔政府正式开启了美国对巴基斯坦官方援助的大门，不仅奠定了此后美国政府对巴援助的主要法理基础，确定了基本框架，而且通过在援助问题上的长期、反复博弈，成功地将巴基斯坦纳入了其反苏反共的全球和地区战略"防御体系"，并在一定程度上为巴基斯坦的经济发展、政治稳定和军事增强提供了重要支持。与此同时，在利己本性的内在驱动下，美"援"对巴基斯坦产生了深刻且久远的双重影响。

美国与巴基斯坦基本奠定对巴官方援助的法理基础。美国与巴基斯坦签订了一系列双边协定，令两国政府互相承担了相应的法理责任与义务。其中，最重要的是 1954 年 5 月 19 日《美国和巴基斯坦共同防御援助协定》。该协定不仅标志着美巴两国正式结盟，而且明确规定了美国负有援助巴基斯坦的义务和责任，巴基斯坦也必须采取相应措施，保障美国援助能够被正确使用，以发挥最大效能，并为"自由世界"的集体安全做出贡献。此外，美巴两国还陆续签订了一系列剩余农产品援助协定、技术合作协定、共同安全计划"防御支持"协定、"紧急救济"协定、"贷款"协定等具有法律效力的文书，同样为两国发展援助关系提供了多层次和多角度的法理保障，在一定程度上令美国对巴基斯坦经济援助具有了连续性和实效性。

艾森豪威尔政府对巴基斯坦的经济援助总额和优先关注呈现总体上升态势。根据美国国际开发署的官方统计，艾森豪威尔政府对巴基斯坦的经济援助总额在 1953—1960 财年依次分别为 1.098 亿美元、0.233 亿美元、1.098 亿美元、1.6360 亿美元，1.729 亿美元、1.646 亿美元、2.368 亿美元和 3.058 亿美元。[②] 1953 财年的援助高于 1954 财年的援助

---

① Dwight Eisenhower, *Report to Congress on the Mutual Security Program for the six months ended June 30, 1958* (Washington: n. d.), pp. 23, 30 – 31. https: //babel. hathitrust. org/cgi/pt? id = umn. 31951p00820298w; view = 1up; seq = 3.

② Source：USAID：*U. S. Foreign Assistance and Assistance from International Organizations：Obligations and Loan Authorizations*, July 1, 1945 – June 30, 1961 (Revised), Washington D. C.: Government Publishing Office, 1962, p. 54.

的主要原因是：一是 1953 财年的援助计划是杜鲁门政府制定的；二是
1954 财年的计划是艾森豪威尔政府正式承诺援助巴基斯坦的第一个财
政年度，时间过于紧迫，诸多法律和技术性问题在短时间内无法完成，
且政府内部在对巴基斯坦的援助问题上仍有分歧需要克服等。因此，从
后七个财政年度看，其趋势始终是上升的。在当时世界上接受美国经济
援助总额的国家或地区排名中，1951 财年和 1952 财年，巴基斯坦均未
进入前 10 名，分别位居接受美援排行的第 44 位和第 24 位。而在 1953
财年则跃居第 6 位，在其之前的有英国、法国、巴西、韩国和南斯拉夫
等。在 1954 财年，巴基斯坦跌出前 10 名，居第 13 名。在 1955 财年，
巴基斯坦再次进入美国经济援助接受排行的前 10 名，居第 8 位，其之
前有越南、韩国、南斯拉夫、伊朗、西班牙和印度等。而在 1954 财年，
巴基斯坦接受的美国经援比印度少 6560 万美元。1956 财年，巴基斯坦
的位次骤升至第 3，仅次于韩国和越南，印度则跌出前 10 名。[①] 1957 财
年至 1960 财年，巴基斯坦分别占据美援接受国（地区）排名榜的第 5
位、第 3 位、第 3 位和第 2 位。在 1957 财年其排名低于印度、韩国、巴
西和越南，1958 财年低于韩国和越南，1959 财年低于韩国和越南，1960
财年低于韩国。该排名起伏和趋势变化基本反映了艾森豪威尔政府对南
亚，尤其是巴基斯坦在美国反苏战略中的战略地位的判断及其援助态度
和政策的嬗变。

　　艾森豪威尔政府对巴基斯坦的经济援助相当优惠。在艾森豪威尔第
一届政府时期的各财政年度中，其对巴经济援助中的赠予援助分别为
0.948 亿美元、0.233 亿美元、0.806 亿美元和 1.351 亿美元，分别约占
美国对巴经援总额的 86.34%、100%、73.41% 和 82.58%。在艾森豪威
尔第二届政府时期，美国对巴经济援助总额中的赠予援助分别为 1.198 亿
美元、0.855 亿美元、1.344 亿美元和 1.514 亿美元，分别约占经济援助
总额的 62.29%、51.94%、56.76% 和 49.51%。虽然呈现总体下降趋势，
但在经援总额中的比例都在 49% 以上，且年平均比例为 55.125%。在贷
款方面，艾森豪威尔第二届政府通过美国国际合作署向巴基斯坦提供了
大量优惠贷款，分为可用卢比偿还的贷款和可用美元偿还的贷款两部分。

---

① 笔者根据美国国际开发署的相关统计数字进行整理得出。

在可用卢比偿还的贷款方面，各个协议的金额为 155 万美元—4200 万美元，总金额 1.5697 亿美元，平均每个协定的贷款金额约为 0.2242 亿美元。协议年利率为 3.5%—4%，偿还期限为 34—36 年，宽限期为 48—50 个月。①

在经济援助的使用上，艾森豪威尔第二届政府提供给巴基斯坦的贷款援助主要被用于印度河水系统项目（7000 万美元）、输电网项目（3352 万美元）、铁路贷款项目（3089 万美元）、卡纳普里河多功能水坝项目（1794 万美元）和土地盐碱化控制项目（1496 万美元）。此外还涉及港口建设、市政供水和污水处理项目、内陆水道项目、卡拉奇喷气式飞机跑道项目、天然气处理厂项目等。② 艾森豪威尔政府提供给巴基斯坦的贷款集中于农田水利和社会基础设施的建设，其重要目的之一就是为巴基斯坦的工农业发展创造一定的条件。

此外，艾森豪威尔政府还在美国国内、贝鲁特美国大学和第三国对巴基斯坦政府派遣的人员进行相关培训，受训人员的数量在 1953 财年至 1960 财年分别为 25 名、44 名、64 名、60 名、172 名、228 名、222 名和 146 名。③ 受训人员数呈现总体上升趋势，这些人在受训结束回国后，迅速成为巴基斯坦国内相关领域的骨干力量。

在军事援助方面，虽然艾森豪威尔第一届政府在 1954 年 10 月承诺向巴基斯坦提供大量军事援助，但鉴于对巴军援可能严重障碍印美关系发展，且在客观上可能导致印度与苏联关系更加密切，美国承诺和交付都出现了严重拖延。到 1953 年 12 月 31 日，巴基斯坦从美国以现金或贷款途径购买了 2650 万美元的军事装备和物资，包括 352 辆中型坦克、75 套 90 毫米（M36）炮架和各型号弹药。④ 1954 财年至 1956 财年的军援总额分别为 1450 万美元、6600 万美元和 9730 万美元。艾森豪威尔第一届政

① Source：USAID, Office of Financial Management, *Status of Loan Agreement as of June 30*, 1982, Washington D. C. ：USAID, pp. 100 – 137.

② Source：USAID, Office of Financial Management, *Status of Loan Agreement as of June 30*, 1982, Washington D. C. ：USAID, pp. 100 – 137.

③ Source：USAID/ Pakistan, *U. S. Assistance to Pakistan*, *FY 1952 – FY 1980*（Islamabad, 1979）, mimeographed, p. 15.

④ *FRUS*, *1952 – 1954*, Vol. XI, *Africa and South Asia*, Washington, D. C. ：U. S. GPO, 1977, p. 1124.

府向巴基斯坦交付了 10 架洛克希德公司生产的 T‑33 训练机。[①] 鉴于冷战的加剧、美国的法律义务和巴基斯坦政府的积极推动,艾森豪威尔第二届政府加速向巴基斯坦交付军事援助。1957 财年至 1960 财年,美国提供给对巴基斯坦的军事援助总额分别为 1.409 亿美元[②]、0.929 亿美元、1.027 亿美元和 0.791 亿美元[③]。巴基斯坦接受的美国军事援助占美国对外军事援助的比例,1957 财年至 1960 财年分别为 18.348%、22.5603%、17.3839% 和 13.9348%。

根据美国国家安全委员会的相关文件,美国对巴基斯坦的赠予军事援助从 1950 年至 1958 年 6 月 30 日,主要包括:飞机、零件和相关设备(包括 120 架 F86 飞机和 16 架 T‑33 飞机),价值 4100 万美元;舰船、港口作业船和零部件(包括 6 艘中型登陆艇、6 艘车辆/人员登陆艇、6 艘海岸扫雷艇和 6 艘现代化的驱逐舰),价值 3600 万美元;坦克、其他车辆、武器和火炮(包括 72 辆中型坦克,超过 5500 吨的平板式拖车、约 10500 吨的卡车、800 吨卡车),价值 9800 万美元;弹药(包括战争储备和训练所需的),价值 3900 万美元;电子和通讯设备,价值 2700 万美元;其他材料(包括基地设施、工厂设备、训练辅助器材和设备、药品,等等)和建设项目(包括约 2/3 的建设计划费用用于 3 个军用机场、2 个军

---

① "Progress Report on U. S. Policy towards South Asia", July 28. 1954, *FRUS*, *1952 – 1954*, *Vol. XI*, *Part. 2*, p. 1139; "Progress Report on U. S. Policy towards South Asia", (Aug. 28. 1955 – Mar. 28, 1956), *FRUS*, *1955 – 1957*, *Vol. III*; "Progress Report on U. S. Policy towards South Asia", (Mar. 28, 1956 – Nov. 28, 1956), *FRUS*, *1955 – 1957*, *Vol. III*; "Report of the Special Study Mission to the Middle East, South Asia and Southeast Asia, and the Western Pacific", House Report No. 2147, May 10, 1956, 84th Congress, 2rd session, p. 63; Report to Congress on the Mutual Security Program, House Report No. 481, June 30, 1956, p. 18.

② 笔者根据相关数据计算而得。Rajendra K. Jain edited, *US – South Asia Relations 1947 – 1982*, Vol. 2, New Delhi: Radiant Publishers, 1983, p. 633. 数据显示 1954 年到 1958 年 6 月美国对巴基斯坦的军事援助总额为 41160 万美元;而 1954 年、1955 年、1956 年美国对巴基斯坦的军事援助分别为 1450 万美元、6600 万美元和 9730 万美元;1958 年美国对巴基斯坦的援助为 9290 万美元。由于 1954 年之前美国没有对巴基斯坦进行军事援助。因此,41160 万美元减去 1954 年、1955 年、1956 年和 1958 年的美国对巴基斯坦的军事援助总额 27070 万美元,余额 14090 万美元即为 1957 年美国对巴军事援助总额。

③ Source: SIPRI, *Arms Trade Registers: The Arms Trade with the Third World* (Stockholm, 1975), pp. 146 – 147. Cited in Rajendra K. Jain edited, *US – South Asia Relations 1947 – 1982*, Vol. 2, New Delhi: Radiant Publishers, 1983, p. 635.

营和 1 条海军铁路、1 个海军码头及石油和弹药储备设施），价值 6500 万美元；训练服务，价值 700 万美元。总价值 35200 万美元。[①]

艾森豪威尔政府对巴基斯坦的经济和军事援助对美国、巴基斯坦以及南亚地区国际关系都产生了不同程度的影响。

艾森豪威尔政府基本实现了战略预想。通过向巴基斯坦承诺并提供大量经济和军事援助，美国成功建立并巩固了美巴联盟关系；推动了巴基斯坦积极参与巴格达条约组织和东南亚条约组织的活动，并发挥了重大作用，构建并保持了封锁苏联和中国的战略包围圈；取得了巴基斯坦境内更加便利于美国侦听苏联和中国情况的空军基地和监听设施；令巴基斯坦政府基本保持了亲西方、亲美和反共的立场和态度，主动在国际事务中采取了更多支持美国的言行；令美国在巴基斯坦的政治、经济和军事中的影响不断扩大，并进一步压缩和排挤了英国在巴基斯坦的残余影响；令美巴军方建立了比较紧密、稳定的合作关系，为此后更有效的合作开拓和保留了重要渠道；令巴基斯坦领导人与美国领导人保持了亲密的个人感情和关系，为美巴同盟关系增添了一重保障。但是，美国对巴基斯坦的援助，尤其是军事援助令美印关系不断出现波折。

艾森豪威尔政府的援助对巴基斯坦的经济、政治和军事发展产生了积极作用。在经济上，美国承诺给予巴基斯坦的经济援助占巴基斯坦接受外援总额的 70%，且多以商品形式提供，在一定程度上节约了巴基斯坦非常稀缺且宝贵的外汇，弥补了建设资金的不足。剩余农产品援助缓解了巴基斯坦严峻的粮食形势，避免了国民生活水平的绝对下降。例如，1953 年美国提供的紧急小麦援助，极大缓解了巴基斯坦面临的严重饥荒。据巴基斯坦政府估计，美国的小麦赠予援助令数百万巴基斯坦人免于饥饿。艾森豪威尔政府提供的项目援助主要集中于农田水利、农业技术推广和社会基础设施状况的改善，在一定程度上为巴基斯坦的工农业发展和人民生产与生活提供了必要的条件、基础和便利，发挥了其他国家援助未能发挥的作用。在政治上，美国援助令巴基斯坦在不直接损害本国

---

　　① 　Source：NSC 5909, "*U. S. Policy toward South Asia*", Financial Appendix, 22 July 1959. Cited in M. S. Venkataramani, *The American Role in Pakistan*, *1947 - 1958*, New Delhi：Radiant Publishers, 1982, pp. 400 - 401.

根本利益的前提下，主动支持美国的国际立场和行动。例如，巴基斯坦支持美国在苏伊士运河危机中的立场，亦对美国出兵干涉黎巴嫩和约旦的内政表达了支持态度。美国援助也令巴基斯坦政府不曾公开宣布放弃代议制政府，并反复强调民主政府是巴基斯坦的政体改革目标和方向。在军事上，美国提供的有限的现代化军事装备帮助巴基斯坦开启了军备现代化进程；巴基斯坦军队也获得了美国的培训、装备和弹药，在一定程度上提高了战术素养和战斗力，军队士气亦因此而有所提升。

艾森豪威尔政府对巴援助亦产生了深刻的消极影响。在经济上，巴基斯坦政府的财政预算形成了对美国援助的严重依赖，国民经济和社会发展受到美国援助的严重制约；附有苛刻条件的长期贷款令巴基斯坦长期背负沉重的债务负担，进一步迟滞了巴基斯坦的经济发展和社会进步。1958 年 7 月，巴基斯坦工业发展公司前任主席吴拉姆·法鲁克曾公开声明：美巴之间的条约和美"援"协定，附带了很多条件和义务，如果全部实现的话，"国家必定沦落到被完全典当出去的地步"。[1] 而努恩总理曾不止一次地表示"愈早摆脱美援，愈好"。[2] 在政治上，美国在援助问题上的鲜明功利性和军事援助上的拖沓，加剧了巴基斯坦民众、舆论和政治势力的分裂，甚至是对立，政治局势反复动荡，巴基斯坦国民对美国的不满情绪也不断累积。在外交上，巴基斯坦为了获得更多美国援助，在很多国际事务中支持美国的霸权主义言行，从而在相当大程度上失去了赢得更多伊斯兰国家，尤其是中东伊斯兰国家的信任和支持的机会，国际空间未能更快拓展；也加剧了来自印度、阿富汗、苏联的更大敌意。在军事上，美国"有限现代化"的军事援助政策并未使巴基斯坦的军队带来根本性变化，并未改变巴基斯坦与印度之间悬殊的军力对比和优劣态势，反而导致印度积极从各种渠道加速获得军事装备，两国军力差距没有缩小，反而呈现出扩大趋势。而且，巴基斯坦由此形成了军事物资进口来源单一化的局面，其军事机构的正常运转严重依赖美国军事物资的供应。此种不平衡的关系令巴基斯坦在此后不得不经常在内政和外交方面受到美国政府的严重制约和影响。

---

① 铎生：《巴基斯坦的经济和政治》，世界知识出版社 1960 年版，第 93 页。
② 铎生：《巴基斯坦的经济和政治》，世界知识出版社 1960 年版，第 99 页。

此外，美国对巴援助还推动了印巴之间的军备竞赛，印度积极发展与苏联的关系，苏联亦顺势加紧向南亚渗透，向印度和巴基斯坦展示更多善意，但其重点还是与印度建立密切关系。

艾森豪威尔政府向巴基斯坦提供的援助之所以对巴基斯坦造成深刻且持久的影响，主要是由其对巴援助的根本利己属性所决定的。

艾森豪威尔政府虽然公开宣称对巴基斯坦经济援助是为了增进巴基斯坦人民的福祉和提升"自由世界"的集体安全，实际上则是为了美国自身利益。首先，在各种协定中严格限定美国援助的用途。例如，在共同安全计划"防御支持"协定中，美方规定，巴基斯坦应保证其所获美"援"物资用于美国1954年"共同安全法"所规定的用途。在"紧急救济"协定中，美方规定，紧急救济援助在拨出5%作为美方管理费后，余额要经美方同意才可用于"救济"或其他用途。在"贷款"协定中，美方规定，"每笔贷款的用途由美国国际合作署和巴基斯坦"共同商定，并且不同贷款协定还有不同的具体规定。例如，1956年3月2日签署的一项总金额为1690万美元的"剩余农产品援助协定"就规定，其中的1100万美元必须用于从美国采购"共同防御"所需要的军事物资和装备等。①其次，美国对巴基斯坦的经济援助必须向美国在巴基斯坦的相关援助人员支付高额薪酬。例如，美国对巴基斯坦技术援助的大部分被用作美国"顾问"和"专家"之类的"技术人员"的高额薪金；紧急救济援助包含占援助总额5%的必须支付给美方的管理费；美方规定1955年1月18日的剩余农产品援助的10%用于支付给美方人员。再次，美国高价倾销美国剩余农产品。美国向巴基斯坦提供的经济援助绝大多数为商品援助，商品的价格基本都是由美方决定，且多高于国际市场价格。例如，在1956年巴基斯坦发生粮荒期间，美国援助给巴基斯坦的大米的抵岸价格每吨要比缅甸大米高21英镑。又如，巴基斯坦《黎明报》在1958年刊文披露：近年来，"巴基斯坦不得不以高于世界市场价格将近40%的价格购买美国的商品"，并且"还要付给美国公司以高额的运费"。②再如，1955年和1956年，美国向巴基斯坦大量倾销"棉籽油"，导致巴基斯坦

---

① 铎生：《巴基斯坦的经济和政治》，世界知识出版社1960年版，第89—92页。

② 铎生：《巴基斯坦接受美"援"的后果》，《国际问题研究》1959年第3期。

油价暴跌，近50%的食用植物油作坊被迫倒闭或破产。此外，美方要求巴基斯坦政府大力宣传美国的援助、帮助美国商品在巴基斯坦开辟新市场，巴基斯坦商品还不能与美国商品形成竞争关系，等等。关于美国对巴援助的实质，1957年8月《纽约时报》一篇题为"用安全做赌注"的社论公开宣称："同一般人的印象相反，经济援助主要不是美元，而是我们输出的商品。""这种商品输出，对扩张我们的海外市场和维持我们的繁荣是有利的。""我们的军事援助，也已经帮助受援国发展了国防部队。这些部队……在以比我们国内提供一支类似的部队的费用便宜得多的代价，保卫了美国；这的确是一笔好买卖。"① 可见，美国援巴动机在彼时的美国已经众所周知。

小　结

艾森豪威尔政府的对巴援助政策是在冷战持续加剧的背景下，对杜鲁门政府的援巴主张和政策的继承、实践和发展，不仅以经济和军事援助为筹码诱迫急切希望获得美援的巴基斯坦与美国正式缔结军事同盟，奠定了两国援助关系的法理和政治基础，亦为此后美巴纠葛埋下了最初的祸根和隐患。艾森豪威尔政府在援巴政策的执行立场和态度上经历了一个渐变的过程。最初仅笼统、模糊地承诺向巴基斯坦提供援助，在美巴正式结盟后拖延做出具体的援助承诺，继而在巴基斯坦反复催促和冷战因素的驱动下做出重大援助承诺，却继续拖延已经承诺的军事援助的交付，偏重于执行经济援助。最后，在慎重权衡各种因素后，艾森豪威尔政府确定了"相对优先"的经济援助政策和"有限现代化"的军事援助政策，加速交付对巴军事援助，并提供数量有限且在技术上有相当保留的先进飞机和导弹。艾森豪威尔政府的援巴政策及实践开创了美国大规模援助巴基斯坦的先河，增添了美国援助巴基斯坦的基本形式，如剩余农产品援助、军事援助等，亦奠定了美国大规模援助巴基斯坦的基调，即相对积极的经济援助和"有限现代化"的军事援助政策，深刻影响了此后美国历届政府的援巴决策。值得注意的是，艾森豪威尔政府的援巴

---

① 铎生：《巴基斯坦的经济和政治》，世界知识出版社1960年版，第88页。

政策是一项有效与无效成分杂合在一起的政策。一方面，该政策的执行将巴基斯坦拉入资本主义阵营，并充当了美国在南亚和中亚地区反对苏联的"前沿国家"，巴基斯坦的经济、社会和军事得到一定的发展，在相当程度上实现了政策预期。另一方面，该政策既未能令印巴两国真正和解，反而令两国军备竞赛呈现互相助长之势，又未能真正阻止印巴与苏联和中国发展关系的冲动，巴基斯坦也未能迅速富强起来，反而为此背上沉重负担，从长远角度看削弱了巴基斯坦的发展潜力。因此，从该政策的执行效果和影响考察，其是一项部分有效又部分无效的政策。

第三章

肯尼迪政府对巴基斯坦的援助政策

——重经济轻军事

肯尼迪政府为了延续美国对苏联和中国的封锁和遏制,沿袭并强化了艾森豪威尔政府的援巴政策。阿尤布·汗政府亦继续主动采取多重措施,积极争取美国的经济和军事援助。阿尤布·汗治下的巴基斯坦由此成为肯尼迪政府优先援助的国家之一,其接受的美援总量始终位居肯尼迪政府对外援助榜前列。此貌似稳定、密切的经济和军事援助关系,令美巴同盟得以延续。但肯尼迪政府在军事援助问题上相对消极,令美巴关系趋向冷淡,巴基斯坦更趋中立主义。

第一节 美巴政府清除影响援助关系
发展的外交障碍

1961 年 1 月 20 日,约翰·菲茨杰拉德·肯尼迪(John Fitzgerald Kennedy)成为美国第 35 任总统,美国由此进入肯尼迪政府时期。在此期间,冷战局势发生重大变化。冷战从激烈的对峙状态开始逐步转向缓和状态,转折点就是 1962 年的古巴导弹事件。此前,肯尼迪政府对苏联奉行"寸步不让"与"和平共处"相结合的战略,既与苏联进行激烈的政治和经济对抗、增强军力,又加强了与苏联的交流和对话,竭力避免美苏之间发生军事冲突及可能引发的灾难性的核战争。在美国与苏联共同认识到"核战争中没有胜利者",希望共同制止能够毁灭一切的核战争的前提下,美苏之间虽然发生了一系列危机,但始终没有恶化为美苏战争,两国反而进行了若干合作。古巴导弹危机结束后，美苏更真实感受到了两国之间爆发核战争的危险，从而开始更加刻意地寻求两国关系的缓和。美苏之间不仅交流与对话增多，在裁军谈判方面也取得了一定进展。虽然美苏继续加紧争夺第三世界国家，但再未发生过严重的直接对抗。在此背景下，肯尼迪政府继续向仍然具有重要地缘政治价值的盟国——巴基斯坦，提供了大量的经济和军事援助。与此同时，美巴关系也面临严重挑战，即两国对彼此的外交政策相互猜疑和不满。尤其是肯尼迪政府对阿尤布·汗政府的外交政策趋向的猜疑和不满，对美巴援助关系产生了不利影响，增加了麻烦和波折。为了延续同盟和援助关系，美巴政府相互试探，为发展双边关系确认基础。

一　肯尼迪政府的外援思想及其外交政策取向

肯尼迪总统出身政治世家，既经历丰富、年轻有为，又充满激情和带有反共色彩。他作为具有民主党党员身份的议员经历了杜鲁门和艾森豪威尔三届政府，既对冷战形势的变化有直观的感受和判断，又对二战后美国政府的冷战战略、对外援助思想和援巴政策有自己的分析和认识。他在就任总统前已经形成了自己的外援思想，奠定了其就任总统后的援巴政策的思想基础。

首先，美国应全力援助印度。肯尼迪认为，印度是"在所有的不承担义务的国家中最重要的国家"，其经济成功能够为"不发达国家的经济远景树立榜样"；在民主制度方面，印度像"西欧那样代表着伟大的希望"。[①] 但是，印度正在与中国进行"经济和政治上争取东方的领导权、争取全亚洲的尊敬、争取机会以证明谁的生活方式更为美好的斗争"。"如果印度失败了，而中国成功了"[②]，"它在亚洲和中国人相抗衡的作用就会消失，而共产主义就会赢得最伟大的不流血的胜利"[③]，"民主的印度

---

① ［美］阿兰·内文斯：《和平战略：肯尼迪言论集》，北京编译社译，世界知识出版社1961年版，第246页。

② ［美］阿兰·内文斯：《和平战略：肯尼迪言论集》，北京编译社译，世界知识出版社1961年版，第342—343页。

③ ［美］阿兰·内文斯：《和平战略：肯尼迪言论集》，北京编译社译，世界知识出版社1961年版，第222—223页。

和全亚洲的民主希望也都将成泡影，从而令腐蚀美国及其盟国的安全利益的势力活跃起来"。因此，肯尼迪强烈主张："美国政府采取立法、行政、外交等多重措施促进西方国家对印度的双边和多边援助。"①

其次，美国援助应该主要集中于经济领域。肯尼迪认为，世界上不承担义务的新兴国家现在有机会把重要力量投入到真正发展经济上去，这是最符合所有西方国家长远利益的。这是亚非国家获得政治均势和社会安定的唯一的基础。"有了这种均势和安定，才能真正防御共产主义的渗透。""我们的友谊不应当跟军事同盟或者'投西方国家的票'等同起来。否则只会迫使这些国家更加接近极权主义，或者使世界趋于极端；这样非但不能使局部战争的可能性降低，反而会使它增加。"②"如果印度得到充分的外援的话，第三个五年计划可能实现预期目标。"③"最重要的是，我们要援助印度，使它的新五年计划获得成功，能够为取得全亚洲的经济领导权，同中国竞争。我们必须抱着慷慨好义的精神来进行这种努力，从帮助世界公民的愿望出发，而不要成为心胸狭隘的银行家或自私自利的政客。"④"应当恢复原来制订第四点计划时的那种慷慨精神，强调我们对于济贫救灾的积极关怀和道义责任。"⑤

再次，美国应该同时援助印度和巴基斯坦。肯尼迪强调，在援助印度和巴基斯坦的问题上，"我们的责任是帮助两国推行他们的基本发展计划。我希望，不久之后能展开这种类型的多边活动，借以帮助巴基斯坦的经济发展。……削减援助——在国内被认为是节约——从来没有像现在这样更意味着在国外继续地丧失地盘"。⑥也就是说，就任总统前的肯

---

① ［美］阿兰·内文斯：《和平战略：肯尼迪言论集》，北京编译社译，世界知识出版社1961年版，第229页。

② ［美］阿兰·内文斯：《和平战略：肯尼迪言论集》，北京编译社译，世界知识出版社1961年版，第245页。

③ ［美］阿兰·内文斯：《和平战略：肯尼迪言论集》，北京编译社译，世界知识出版社1961年版，第351页。

④ ［美］阿兰·内文斯：《和平战略：肯尼迪言论集》，北京编译社译，世界知识出版社1961年版，第360页。

⑤ ［美］阿兰·内文斯：《和平战略：肯尼迪言论集》，北京编译社译，世界知识出版社1961年版，第224页。

⑥ ［美］阿兰·内文斯：《和平战略：肯尼迪言论集》，北京编译社译，世界知识出版社1961年版，第241页。

尼迪不主张在印度和巴基斯坦之间二择一，也不主张削减对外经济援助。

最后，美国应将国内剩余农产品作为重要的对外援助和对外政策工具。1959 年 10 月 24 日，肯尼迪在伊利诺伊州的中西部农场会议上宣称："我们仍然大有可能把粮食当作资金，向不发达国家投资，甚至向那些不缺乏粮食的地区投资。……如果我们能够从这个角度来看我们农产品的富足，我们就会把它当作国家的财富而不是负担，而这笔财富也正是共产党所没有，也无法取得的。这也是比我们武器库中任何武器都更有力的保卫自由世界的武器。我们需要两项特别计划，我们需要一项具备真正想象力和推动力的'和平粮食'计划，这项计划可以把我们的剩余农产品当作一种强有力的工具去促进经济发展、加强联盟以及援助世界各个角落不幸的人们。"① 可以说，肯尼迪在担任参议员期间就已经在援助南亚的问题上形成了清晰的主张和判断，为其就职总统后援助印度和巴基斯坦的政策奠定了基调，规定了方向。

肯尼迪政府确立对外援助的基本方针。就任总统后，肯尼迪接受了以沃尔特·罗斯托（Walt Rostow）、乔治·鲍尔（George Ball）和约翰·肯尼斯·加尔布雷斯（John Kenneth Galbraith）等人为代表的"查尔斯河学派"在对外援助方面的思想和主张，并将之确立为政府主导的对外援助的基本方针。该学派强调，建设现代化的国家是世界潮流。美国如果能够按照自身方式帮助不发达国家建设，扶植一个稳定的中产阶级，就有助于建立稳定的"非共产党政权"。因此，发展一些相对富强而独立的国家是符合美国利益的。查尔斯河学派主张在提供援助时，要考虑有关国家的经济、政治和结构改革、土地改革、公私企业的作用和社会文化等方面的因素。② 可见，肯尼迪政府对外援助基本方针的确定，为其制定并实施美国政府的对外援助政策提供了必要的原则和指导。

肯尼迪政府明确对外援助的基本方向。就职伊始，肯尼迪政府立即着手对美国在国内外所面临的严峻形势进行全面分析，为其后续的执政提供决策依据和参考。1961 年 1 月 30 日，肯尼迪总统在国会发表了其就

---

① ［美］阿兰·内文斯：《和平战略：肯尼迪言论集》，北京编译社译，世界知识出版社1961 年版，第 295—296 页。

② 资中筠：《战后美国外交史：从杜鲁门到里根》，世界知识出版社 1994 年版，第 435 页。

职总统后的第一篇国情咨文，阐述了对国内外形势的基本看法及其治下政府的基本政策取向。在国际关系方面，肯尼迪强调："美国正面临极大风险及来自苏联和中国的极大挑战，美国必须综合运用军事、经济和政治的工具进行强有力的回击。……我们面临的最大挑战仍然是在冷战以外的世界——但是第一个重大障碍仍然是我们同苏联和中国的关系。……公开的和平竞赛——威胁竞争、市场竞争、科学成就竞争，甚至人心竞争——则另当别论了。因为如果自由和共产主义在一个和平的世界上竞相争夺人心的话，我们展望未来时将有越来越多的信心。为了对付这一连串的挑战，为了在世界舞台上责无旁贷地发挥我们的作用，我们必须重新检查和调整我们的全套工具——军事的、经济的和政治的。我们决不可侧重一方面而偏废了另一方面。在总统的徽章上，美国之鹰的右爪抓着一根橄榄枝，左爪则抓着一把箭。我们打算给予两者同样的关注。首先，我们必须加强我们的军事工具。我们正在进入一个不稳定的危险时期。在这个时期内，为了决定军事上和外交上的成败，自由世界的力量必须强大得足以令任何侵略枉费心机。……第二，我们必须改进我们的经济工具。在为整个非共产党世界建设一种健全和不断发展的经济，帮助其他国家增强力量来应付它们的问题，并满足它们的愿望，在克服它们自己的危险方面，我们的作用是必不可少的，也是推脱不了的。……我想要求国会授权制订一个援助其他国家和大陆的经济、教育和社会发展的新的和更有效的计划。……这样一种计划将需要：对短期的紧急事件更具灵活性；更多致力于长期发展；对各级教育给予新的关注；对受援国的作用、努力和目的更加强调，并使社会正义扩大、分配和合作更加广泛、公共管理和税收制度更加有效；使国家和地区的发展要有条不紊地持续进行，而不是断断续续地进行。……本政府正在以一切可能的办法来扩大粮食用于和平的计划的覆盖范围。我们充足的产品必须更有效地被用于在全世界一切角落救济饥荒和帮助经济发展。……第三，我们必须磨砺我们的政治和外交工具——这是达成合作和协议的手段，是实现世界秩序的依靠。"[①] 在将美国援助用作对抗苏联和中国的重要政策工具的问题上，肯尼迪政府的态度和立场比艾森豪威尔政府更

---

① 梅孜：《美国总统国情咨文选编》，时事出版社1994年版，第314—321页。

明确、更强烈、更坚决。

肯尼迪在就任前后积极主张全力援助印度的言论令印度的宿敌、美国的盟友——巴基斯坦怀疑肯尼迪政府的南亚政策已经发生或即将发生不利于巴基斯坦的重大变化。如果已经发生变化，巴基斯坦就必须迅速调整对外政策，尽快找到能够与美国匹敌的大国、邻国做盟友，最大限度弥补失去美国援助的损失；如果即将发生变化，巴基斯坦必须未雨绸缪，将过度依赖美国援助可能产生的现实和潜在的不利影响降到最低。无论何种情况，都需要阿尤布·汗政府首先准确了解肯尼迪政府的外交目标和政策。

二　巴基斯坦的"中立主义"倾向

"中立主义"曾是巴基斯坦在独立之初力图坚持和奉行的对外政策的基本立场。但在国内外紧张形势的压迫和美国政府的诱迫下，巴基斯坦政府与美国政府结盟，在相当程度上放弃了"中立主义"的立场和原则。作为美巴结盟的重要推动者之一，阿尤布·汗在就任巴基斯坦最高领导人后，虽然在总体上保持着"亲美"的外交政策，主动将巴基斯坦与社会主义阵营国家的经济和政治关系保持在较低水平，并及时将相关情况向美国政府通报，但艾森豪威尔政府在对巴军事援助的承诺和交付问题上故意延宕、在经济援助问题上附加苛刻的政治和经济条件、在克什米尔问题上刻意模糊立场、在援助印度问题上对巴基斯坦主动忽视等，都令巴基斯坦民众和政治势力对美国逐渐产生了不满情绪，并逐步演化成为反美言行，强烈要求阿尤布·汗政权改变过度依赖美国的状况，并形成了越来越大的压力。阿尤布·汗政府内部也出现了越来越多的对美国通过援助影响巴基斯坦政治、经济和军事的强烈不满情绪。例如，总理努恩及其内阁的数位部长都曾数次列举美"援"对巴基斯坦经济的种种危害。巴基斯坦工业发展公司前任主席吴拉姆·法鲁克（Ulam Farooq）也强烈抨击美巴之间的协定和条约附带各种苛刻条件。巴基斯坦制宪大会也对阿尤布·汗政府的亲美政策多有批评。在此背景下，阿尤布·汗政府顺应并利用该压力，开始改变原来对待社会主义国家时所持僵化立场，逐步发展与中国和苏联的双边政治、经济和文化关系。在巴中关系上，巴基斯坦不仅与中国开展了互利的易货贸易，而且开始与中国进行关于边界划界的预备性谈判，试图解决两国之间的最大悬案。巴基斯坦政府还热情接待了中国领导人及各种代表团，并互相取得了好感。在巴苏关系上，巴基斯坦也对苏联缓和关系的主动姿态进行了较积极的回应，不仅否认本国为美国提供了空军和情报基地，而且开始尝试与苏联进行经济合作。例如，1961 年 3 月 4 日，巴基斯坦与苏联签署了一个苏联向巴基斯坦提供贷款的协议，贷款总额为 3000 万美元，用于开发巴基斯坦的石油。苏联石油开采专家亦于同年 5 月 31 日到达卡拉奇。7 月 3 日，苏联—巴基斯坦石油协议签署。该协议规定在下一个五年内，苏联将开采巴基斯坦的石油和天然气。此外，1961 年 1 月 13 日，阿尤布·汗总统专程赴贝尔格莱德与南斯拉夫国家领导人约瑟普·布罗兹·铁托（Josip Broz Tito）进行会谈。

以上情况都表明，巴基斯坦并未因美巴同盟而完全丧失独立品质。与之相反，巴基斯坦越来越多地表现出了不完全听从美国的更大独立性和灵活性。这种情况在美国决策者眼中就是越来越明显的"中立主义"倾向。1961 年 1 月 31 日，美国国务院负责近东和南亚事务的助理国务卿 G. 刘易斯·琼斯二世（G. Lewis Jones Jr.）向副国务卿戴维·迪安·腊斯克（David Dean Rusk）递交了题为"极为重要的问题：巴基斯坦的趋向"的建议书。琼斯指出："美国驻巴基斯坦大使近几个月递交的报告显示，巴基斯坦在一定程度上存在着趋向中立主义的可能性。尽管阿尤布·汗和巴基斯坦政府全力表明其继续忠诚于联盟，且仍将是美国的可靠友邦，但也有证据表明他们不希望维持对苏联的挑衅态度，他们或许希望达成某种和解。有令人信服的证据表明，巴基斯坦的决策者正在考虑在苏联和美国之间采取更加中立的立场。为了我们的利益，我们应该公开表明我们想要履行我们的军事承诺、继续我们的援助计划。"① 但腊斯克并未立即回应。2 月 8 日，美国驻巴基斯坦大使朗特里致信美国国务院南亚事务办公室主任，建议肯尼迪政府利用印度政府对其好感，积极推动印度与巴基斯坦和平解决克什米尔问题，他强调："对我而言，扩大对印度和巴基斯坦的援助计划看起来是可能的，能够为我们的某些倡议提供有利

---

① FRUS, 1961 - 1963, Vol. XIX, South Asia, Washington, D. C.: U. S. GPO, 1996, Document 2.

的条件。相反，增加与印巴关系无关的对印度的援助，则可能导致巴基斯坦更加远离美国，且使已经存在的广为流传的说法成真，即巴基斯坦也应该从东西方两个世界获得最大利益。"①

可以说，作为有着强大情报系统和极其敏感的冷战神经的美国政府，自然早已知晓巴基斯坦的外交潜在动向。肯尼迪政府认为该动向对美国的南亚政策和反苏反中战略是极其不利的，他不希望看到美国给予巴基斯坦援助，但巴基斯坦最后却倒向了社会主义阵营。所以，肯尼迪政府也需要确认巴基斯坦走向"中立主义"的危险程度。

三　美巴政府的相互试探

肯尼迪政府在 2 月初与印度政府进行了关于美国向印度的第三个五年计划提供援助的会谈。巴基斯坦对此感到不满和不安。最重要的是，美方代表乔治·W. 鲍尔（George W. Ball）副国务卿表示，美国政府非常愿意在任何时候在国内接待尼赫鲁总理，且美国计划在其能力和国际承诺的限度内，向印度提供一切可能的援助。② 鉴于肯尼迪总统及其政府的种种倾向印度的言行，阿尤布·汗总统不仅决定走到前台亲自试探，而且派遣坚定的"亲美派"、财政部长穆罕默德·舒尔布（Mohammed Shoaib）赴美探询肯尼迪政府的南亚政策趋向。

阿尤布·汗总统亲自上阵试探。2 月 15 日夜，阿尤布·汗总统特地邀请朗特里大使会面，向其表达了对肯尼迪政府对外政策转向的担忧，并请求他转交致肯尼迪总统的信件。在会谈中，阿尤布·汗重申，巴基斯坦的基本政策基于一个理念，即巴基斯坦的命运与美巴友谊紧密相关。他坚信，美国将在联盟关系的基础上继续重视美巴关系，美国不会在政策上出现有害于巴基斯坦利益的转变。尽管如此，阿尤布·汗总统还是坦诚地表示，肯尼迪总统在就职前后的不同场合发表了关于印度和其他中立主义国家的热情言论，却对除北约之外的巴基斯坦和美国的其他盟

---

①　*FRUS*, *1961 - 1963*, *Vol. XIX*, *South Asia*, Washington, D. C. : U. S. GPO, 1996, Document 4.

②　*FRUS*, *1961 - 1963*, *Vol. XIX*, *South Asia*, Washington, D. C. : U. S. GPO, 1996, Document 3.

友没有类似表态。他说，此种情况不仅令巴基斯坦，而且令伊朗、泰国、菲律宾和其他盟国感到不安。美国新政府似乎给人一种印象，即美国欢迎中立主义。阿尤布·汗认为，美国一定会强调，美国实际上不强烈要求中立主义国家必须参与违背自身意愿的安全条约。它们如果想保持中立，就让它们保持中立。阿尤布·汗对此表示十分理解，但认为美国的这种说法很不幸地给其他国家留下了一种印象，即美国实际上鼓励中立主义，喜欢中立主义国家甚于喜欢自身的盟友。阿尤布·汗还指出，美国的友邦，特别是在亚洲的友邦，在过去认为美国政府应对赫鲁晓夫的好战威胁极为消极。这不仅伤害了美国，也伤害了其亚洲友邦。"你们不能想象对我们的伤害有多大。"他说，如果美国期待反对共产主义的国家的领导人坚定和勇敢，美国在亚洲的立场就要坚定和勇敢。[①] 阿尤布·汗在致肯尼迪总统的信中强调："目前，在世界的欠发达地区，有两种重大力量正在发挥作用。第一种是共产主义的力量，征服和主导世界是其固定和不可撼动的目标，根据环境而采取任何可能有效的方式，如颠覆、煽动或侵略，这是其实现目标的途径。第二种是正在成长的、对殖民主义大国的憎恨。不知道为什么，这种情感正在成为反对西方国家的力量。在西方大国中，它们的领袖——美国，成为被敌对的特定目标。我或许可以将第二种重大力量称为反西方和反美主义。不同国家针对共产主义蔓延的反应是不同的。在某些国家，如巴基斯坦，其政府和人民决心不惜一切代价排除无神论对巴基斯坦的影响。我们完全相信，我们的命运维系于与美国的友谊。因此，这种完全符合西方国家利益的决心应该得到保护。然而，如果西方国家本身的态度和政策被设计用来削弱它，甚至使其坚定盟友的心中产生了困惑，这种决心是不可能持续的。"[②] 朗特里于次日将会谈的情况电告美国国务院，并附上了阿尤布·汗总统致肯尼迪总统的短信。

阿尤布·汗总统派遣财政部长舒尔布赴美试探。2月24日至3月11

① *FRUS*, *1961－1963*, *Vol. XIX*, *South Asia*, Washington, D. C.: U. S. GPO, 1996, Document 5.

② *FRUS*, *1961－1963*, *Vol. XIX*, *South Asia*, Washington, D. C.: U. S. GPO, 1996, Document 6.

日，舒尔布对华盛顿进行了长达半个多月的访问。肯尼迪总统在与舒尔布财长的会谈中两次表示，"无论何时"，巴基斯坦都是美国的朋友和盟友。美国重视与巴基斯坦的友谊及巴基斯坦在国际问题上的坚定立场。虽然舒尔布并未提及援助问题，但肯尼迪总统还是明确强调了美国政府在推动国会通过对巴基斯坦的援助计划方面面临诸多困难。然而他最终却表示，美国政府正准备努力推动对巴援助计划的通过。① 此外，会谈还广泛涉及阿富汗、伊朗、印度、巴中关系、巴苏关系和巴基斯坦的经济发展计划等问题，而舒尔布的回答基本令肯尼迪满意。美方认为舒尔布的访美之行是成功的。通过舒尔布与肯尼迪总统的会谈，美巴政府基本了解了对方的对外政策趋向，为两国援助关系的延续和发展奠定了必要基础。

在此基础上，肯尼迪总统对阿尤布·汗总统的来信进行了回复。肯尼迪在回信中宣称："我喜欢您的来信中的坦率和直白。现在不是问题可以被友好的共同点混淆的时候。我同意您所说的共产主义力量有着稳定且不可撼动的征服和主导世界的目标，它们根据环境的不同而采取所有可能有效的方式，如颠覆、煽动和侵略。我清楚地知道，这是一种我们必须在整个自由世界阻止的力量，是我们必须在中苏阵营内部削弱的力量。我向您保证，美国已经下定决心做这件事情。"在殖民主义问题上，肯尼迪极力否认美国是殖民主义大国，并试图将巴基斯坦和其他伊斯兰国家的反对殖民主义情绪引向中国和苏联。肯尼迪说："并不太难预见这样一个时期的到来，即只在中亚和其他地区剩下被描述为可能被殖民的国家，而这些国家将是中国和苏联的卫星国和中国与苏联的省份。""我知道不需要重申美国人民对巴基斯坦人民的友谊，我们的共同目标、对反西方力量的动机的共同理解，只会加强美巴两国之间的友谊。美国正在为所有国家寻求正义，我们将继续努力。幸运的是，我们有朋友和盟友，如巴基斯坦，与我们追求相同的目标。"② 肯尼迪还邀请阿尤布·汗

---

① FRUS, 1961－1963, Vol. XIX, South Asia, Washington, D. C. : U. S. GPO, 1996, Document 8.

② FRUS, 1961－1963, Vol. XIX, South Asia, Washington, D. C. : U. S. GPO, 1996, Document 10.

在 11 月访问美国，以便进行有益的沟通与交流。美巴国家元首初步确认了双方对美巴同盟的原则立场，但在攸关同盟存亡的巴中关系和美印关系问题上各自的立场仍待双方进一步确认。

艾夫里尔·哈里曼大使受命赴巴基斯坦进行相关立场再确认。3 月 18 日至 20 日，正在巡访欧洲、非洲、中东和南亚的美国巡回大使艾夫里尔·哈里曼（Averell Harriman）受命访问巴基斯坦并拜访阿尤布·汗总统。在会谈中，哈里曼阐述了其访问巴基斯坦的目的，即强调美国在巴基斯坦的利益，表达美国对巴基斯坦作为盟友的感激。哈里曼还说，肯尼迪总统期待与阿尤布·汗总统在 11 月的会晤，并分享在共同感兴趣的问题上的观点。在集体安全和中立主义问题上，哈里曼向阿尤布·汗总统解释了美国将继续强力支持集体安全，并声称腊斯克国务卿计划参加中央条约组织和东南亚条约组织会议就是明确的证据。美国重视美巴联盟，且计划本着联盟精神继续合作。阿尤布·汗则表示，他不反对肯尼迪与不结盟国家，如印度，发展更好的关系。但他敦促肯尼迪政府"保持不结盟国家与美国的盟国之间所接受的美国待遇上的差别"。阿尤布·汗强调："巴基斯坦政策的中心点是继续保持与美国的友谊"，但同时也表示，他正努力与中国和苏联建立更正常的关系。阿尤布·汗认为，巴基斯坦与中国进行的双边边界谈判是为了避免未标定的边界带来麻烦，并不是针对印度。① 在美国和巴基斯坦看来，哈里曼的访问也是一次成功的访问。双方进一步了解了彼此的政策动向和意图，并都做出了一定的保证。而为了验证肯尼迪政府的立场，阿尤布·汗总统在 4 月 19 日向朗特里大使表示，美国不要在巴基斯坦在其境内临近阿富汗的部落区使用美国提供的军事装备的问题上制造人为障碍。否则，"将对美巴关系造成极为负面的影响"。虽然朗特里对阿尤布·汗的说辞表示理解，但仍坚持巴基斯坦应该努力限制在敏感地区使用美国援助的武器装备。② 显然，朗特里的回应并不是阿尤布·汗总统所期待的，肯尼迪政府当然也不希望

---

① *FRUS*, *1961 – 1963*, *Vol. XIX*, *South Asia*, Washington, D. C.：U. S. GPO, 1996, Document 11.

② *FRUS*, *1961 – 1963*, *Vol. XIX*, *South Asia*, Washington, D. C.：U. S. GPO, 1996, Document 15.

因此而令巴基斯坦进一步失去对美国的信任。同日，副国务卿鲍尔建议肯尼迪总统批准美国政府在即将召开的援印财团会议和援巴财团会议上做出援助承诺，即美国将在两年内分别向印度的第三个五年计划和巴基斯坦的第二个五年计划提供 10 亿美元和 2.5 亿美元的援助。4 月 22 日，肯尼迪总统批准了该项建议，并随即通知了巴基斯坦。此外，肯尼迪政府还派遣副总统林登·贝恩斯·约翰逊（Lyndon Baines Johnson）访问巴基斯坦，继续进行双方立场的再确认。

约翰逊副总统赴巴基斯坦再次确认双方立场。5 月 20 日，美国副总统约翰逊访问巴基斯坦，并在与阿尤布·汗总统会谈后发表了联合公报。在会谈中，阿尤布·汗总统再次明确强调：第一，"美国是巴基斯坦的友邦，美国所犯任何错误都将伤害到巴基斯坦"。"巴基斯坦不希望美国失败。希望美国战胜苏联。美国的战斗就是巴基斯坦的战斗，如果美国不运用其力量，就将伤害巴基斯坦。"第二，在东南亚条约组织中，"除巴基斯坦之外"，似乎没有哪个国家愿意参加战斗。第三，巴基斯坦拥有优秀的军队，但需要更多装备和更大机动性。如果美国能够满足这些要求，巴基斯坦将派兵出国，协同美军作战。第四，在巴基斯坦的经济问题和发展问题上，阿尤布·汗和舒尔布阐述了五年计划的体量和基本内容，希望美国提供外汇资金和巴基斯坦急需的健康、教育与农业领域的专家，在十年内每年为西巴基斯坦灌溉区的控制水淹地和盐碱化的计划提供 1.1 亿美元的援助。[1] 虽然在美国大规模援助印度的问题上双方立场依旧对立，但两人都保持了冷静和克制，未让谈判破裂，反而在美巴援助问题上达成了多方面谅解。双方都认为，"自由世界"的长期安全必须建立在确保人民有更大机会和更好生活的基础上。[2]

约翰逊对此次会谈和对阿尤布·汗的评价都是非常积极的。在对会谈的评价上，约翰逊认为，这次会谈对于美国更准确地理解巴基斯坦及其领导人对地区和世界问题的观点具有极大价值。在对阿尤布·汗本人的评价上，约翰逊认为，阿尤布·汗总统个性鲜明，与其他巴基斯坦领

---

① *FRUS*, *1961 - 1963*, *Vol.* XIX, *South Asia*, Washington, D. C.：U. S. GPO, 1996, Document 22.

② Department of State, *Bulletin*, June 19, 1961, pp. 960 - 961.

导人不同，他自信、坦诚，且可以信赖。在消除贫困、愚昧和疾病的目标上，阿尤布·汗与美国一致。因此，约翰逊在 5 月 23 日向肯尼迪总统建议："通过支持巴基斯坦的需求，我们能够发挥重大影响，取得极大成功。我们的军事援助应该提高效率和实现巴基斯坦军队的现代化。阿尤布·汗明智地认识到巴基斯坦的战略地位，希望其军队更加现代化，希望解决克什米尔问题，令印巴两军解脱出来，进而形成对中国的威慑，而不是巴基斯坦与印度彼此威慑。"①

可以说，试探的结果就是双方都知道对方不会轻易在美国援助问题上妥协，更不会让双方在该问题上的分歧恶化到分裂"美巴同盟"的地步。肯尼迪政府在援助印度和巴基斯坦问题上的态度和立场更加自信且坚定，也为此后美巴援助关系的曲折奠定了基调。

第二节 肯尼迪政府对巴基斯坦援助
的政策：重经济轻军事

肯尼迪政府在基本了解了阿尤布·汗政府的对外政策趋向并获得相关保证后，立即根据已经确立的对外援助方针和方向推进美国政府对巴基斯坦的经济和军事援助。在该过程中，阿尤布·汗政府主动争取甚至胁迫肯尼迪政府增加对巴援助承诺，并希望其加速交付。肯尼迪政府虽然做出了一定妥协，但并未完全答应巴基斯坦的要求。

一 肯尼迪政府承诺增加对巴基斯坦的经济援助

在肯尼迪政府表明了保持"美巴同盟"的态度和立场后，阿尤布·汗政府希望 6 月召开的援巴财团会议能够满足或基本满足巴基斯坦的援助需求。但事与愿违，美国代表在援巴财团会议上仅承诺在 1962 财年向巴基斯坦提供 1.5 亿美元的经济援助，其他主要援助国在美国影响下仅象征性地做出了 1.7 亿美元的援助承诺，与巴基斯坦期望的 10 亿美元相差甚大。美方代表还向舒尔布暗示：肯尼迪政府将减少赠予援助的总额，

① William S. White, *The Professional*：*Lyndon B. Johnson*, Boston：Houghton Mifflin, 1964, p. 243.

对巴基斯坦的防御支持援助将比上一年更少。显然，援巴财团会议的结果令阿尤布·汗和舒尔布感到不满和沮丧，认为这完全不能满足巴基斯坦的发展需要。为了改变不利的局面，心有不甘的阿尤布·汗政府再次积极向美国求援。阿尤布·汗访美之前以退出中央条约组织和东南亚条约组织为威胁向肯尼迪政府施压。

1961 年 7 月 6 日，阿尤布·汗总统在与美国联合通讯社记者吉姆·贝克尔（Jim Becker）的访谈中向肯尼迪政府发出警告称，巴基斯坦准备重新评估其东南亚条约组织成员国身份。他诘问道："美国会为了那些尚未证明自己是美国的，如同巴基斯坦那样的好朋友而放弃巴基斯坦吗？"①

7 月 9 日，阿尤布·汗在伦敦接受美国广播公司记者采访，表达了对美国向印度提供大规模经济援助的强烈不满，并强烈希望美国展示支持巴基斯坦的诚意。阿尤布·汗指出，美国政府和国会对印度的援助要求给予了非常积极的反应，而在对巴基斯坦的援助需求进行讨论时，各种拒绝理由都出现了。美国在这一方面没有真正努力。"但我们希望这种情况下次会改善……我们的两项基本需求——防御和安全与巴基斯坦的发展，在何种程度上正在被东南亚条约组织和中央条约组织所满足，是一件需要评估的事情。这没有什么新东西。如果环境急剧变化，我们很自然必须考虑怎样才能让自己适应新环境。我们不是任何人的敌人，只要我们的安全不受到威胁，我们不会将任何人认作自己的敌人。至于我们是否想要变得中立，我所想说的是，如果我们认为，环境变化迫使我们采取中立场是保证我们安全的唯一办法，我们还能做别的事情吗？我希望那个时刻不要出现，也不应该出现，但我们永远无法预知。环境——如我所说，正是为什么巴基斯坦人民对美国政策极为关注的原因。"②

7 月 10 日，阿尤布·汗总统接受美国全国广播公司记者的电视采访，再次表达了对美国向印度提供经济和军事援助的强烈不满。阿尤布·汗强调："我们能够理解经济援助。……但是，根据我们的经验

---

① Jim Becker, "Ayub Says U. S. Policy Perils Asia", *Washington Post*, July 7, 1961.

② Mohammad Ayub Khan, *Speeches and Statements*, *Vol. Ⅳ*, July 1961 – June 1962 (Karachi, n, d.), pp. 3 –6.

和我国与印度国土相连的现实，如果你们为了帮助印度反对中国而增强了印度的军事力量，这些力量将被已经拥有 3 倍于巴基斯坦军力的印度用于威胁和恐吓巴基斯坦。所以，巴基斯坦人民认为，在这一方面，如果美国对巴基斯坦周边国家的政策具有增加我们困难的作用，我们不知道美国在追求什么。我们的人民感到困惑，他们不能理解这种行为及其哲学和逻辑。"① 阿尤布·汗总统通过媒体将美巴分歧公开化，目的就是希望在表面上看起来充满浓厚道德责任色彩的肯尼迪政府，迫于条约义务和地区防御安排的压力，增加对巴基斯坦的援助，且加速援助交付。

肯尼迪政府向访问美国的阿尤布·汗总统做出一定让步和妥协。7 月 11 日至 18 日，阿尤布·汗总统访美，不仅与肯尼迪总统进行了长时间会谈，而且与美国政界、媒体界和工商界进行了广泛接触和交流，极其主动地争取肯尼迪政府增加对巴基斯坦的援助。11 日，阿尤布·汗总统明确警告美国立法者不要厌倦提供对外援助，并宣称："我想建议你们最好不要厌倦此事。""如果真有麻烦，没有哪个亚洲国家能够让你们在亚洲立足。能够与你们站在一起的人民只能是巴基斯坦人民。"② 当巴基斯坦外交部长曼苏尔·卡迪尔（Mansur Qadir）暗示巴基斯坦将在下一届联合国大会会议期间支持中华人民共和国恢复联合国合法席位时，肯尼迪总统非常不高兴。他宣称，对美国而言，这是"极糟糕的事情"。这表现出肯尼迪总统对共和党长期认为民主党"丢掉了中国"的指责极为敏感。肯尼迪有点夸张地将这一问题称为"我们这一代美国人要面对的最重要的问题"。③ 但是，肯尼迪总统随后迅速确认，在世界银行援巴财团下一会期中，美国准备增加其援助承诺额，美国国际开发署随即决定在两年内向巴基斯坦提供一笔总金额 5000 万美元的贷款。在阿尤布·汗总统解释了西巴基斯坦灌溉区内破旧的排水系统正在极大减少农业产量之后，肯尼迪立刻承诺，美国将派专家赴巴基斯坦考察具体情况，并拟定相应

---

①　Mohammad Ayub Khan, *Speeches and Statements*, *Vol. Ⅳ*, July 1961 – June 1962（Karachi, n, d.）, pp. 12 – 13.

②　Mohammad Ayub Khan, *Friends Not Masters*, London：Oxford University Press, p. 137.

③　Dennis Kux, *The United States and Pakistan 1947 – 2000*, *Disenchanted Allies*, Washington, D. C.：Woodrow Wilson Center Press, 2001, p. 123.

对策。① 阿尤布·汗还强调，巴基斯坦正面临来自印度和阿富汗的军事压力，安全形势十分严峻。但肯尼迪总统并不同意阿尤布·汗的看法，也不准备利用援助问题胁迫印度和阿富汗分别在克什米尔和杜兰线问题上向巴基斯坦妥协。肯尼迪总统还表示，如果非常必要，美国不会拒绝巴基斯坦使用美国提供的装备保卫其国内安全。但未提示如何更好地解决巴基斯坦与阿富汗之间的分歧。阿尤布·汗总统希望肯尼迪总统记住，巴基斯坦是一个真正尊敬他的友邦。否则，巴基斯坦人民将迫使他们的国家摆脱所有条约和联盟。②

7月12日，阿尤布·汗总统在联合国大会上宣称："如果真有麻烦，你们在亚洲将不会得到另一个可以依靠的国家，能够与你们站在一起并支持你们的人民是巴基斯坦人民，只要你们也准备与我们站在一起并支持我们。所以，我想请你们记住，无论是什么决定你们在世界范围内的承诺，我希望你们关注这一问题，你们不要采取任何可能增加我们的困难和威胁我们安全的行动。只要你们记住这一点，我确信，我们的友谊将继续发展。"③

7月13日，美巴两国发表联合公报宣称，两国总统在巴基斯坦目前的五年计划的资金需求和对外国援助的需求问题上达成一致，讨论了即将召开的国际复兴开发银行发起的向巴基斯坦提供所需援助的财团会议。阿尤布·汗总统获得了美国的可靠承诺，即美国将筹集充足的基金，以便该计划能够尽可能高效推行。他们评估了正在导致巴基斯坦大面积耕地不再能够耕种的严重的水淹和盐碱化问题。双方同意，美国将尽快向巴基斯坦派遣高素质的科学家和工程师团队，为加速解决巴基斯坦人民极为重视的问题向巴基斯坦政府提供建议。肯尼迪总统对阿尤布·汗总统关于巴基斯坦的科学和技术设施相关需要的描述很感兴趣。两国总统再次确认了两国政府于1959年3月5日签署的双边协定的神圣目的。该

---

① Dennis Kux, *The United States and Pakistan 1947 – 2000*, *Disenchanted Allies*, Washington, D. C. : Woodrow Wilson Center Press, 2001, p. 123.

② *FRUS*, *1961 – 1963*, Vol. XIX, *South Asia*, Washington, D. C. : U. S. GPO, 1996, Document 30.

③ Mohammad Ayub Khan, *Speeches and Statements*, Vol. IV, July 1961 – June 1962（Karachi, n, d. ）, p. 30.

协定公开宣称："美国政府认为，巴基斯坦的独立和完整对美国国家利益和世界和平极为重要。"他们重申，作为防御侵略的现有集体安全安排是有价值的。他们回顾了美国正在向巴基斯坦提供的军事援助的进展。该援助是为了协助巴基斯坦维持保护自身安全所需的军队。阿尤布·汗总统陈述了制定适合巴基斯坦需求的新宪法方面所取得的进步。两国总统同意，这是他们的第一次会晤，极大加深了两国政府之间的理解，极大促进了两国间持续的紧密合作。①

阿尤布·汗政府努力推动肯尼迪政府履行新承诺。7 月 17 日，阿尤布·汗总统在纽约召开的新闻发布会上宣称，巴基斯坦是美国在亚洲的唯一朋友。"由于我们的利益，我们是你们真正的朋友。我认为，作为你们的朋友，我们的存在有利于你们的利益，我们是信守承诺和义务的民族。我想说的是：美国政府应该认识到，如果我们对一件事情说，好的，我们说到做到；如果我们没有言行一致，我们会有其他的原因。"②

8 月 25 日，阿尤布·汗总统在巴基斯坦国际问题研究所公开强调，西巴基斯坦处于亚洲三大强国的挤压之中。"一个实际上充满敌意，其他两个在意识形态上与我们有冲突。在这样的形势中，……我们能够保障自身安全的唯一方式就是有朋友——强大的朋友，对我们的安全感兴趣的朋友，对我们的自由感兴趣的朋友，对我们的进步感兴趣的朋友。因此，我们的努力和实践的目标是获得朋友，这是我们为什么加入类似于中央条约组织和东南亚条约组织的军事条约组织的原因。"③毫无疑问，阿尤布·汗的公开表态都是为了一个目的："表忠心，促援助。"

二　肯尼迪政府拒绝通过援助推动巴基斯坦与阿富汗和解

1961 年 9 月，阿尤布·汗政府关闭了阿富汗在巴基斯坦境内的所有领事馆和贸易机构，切断了阿富汗最重要、最具经济和政治价值的对外

---

①　Department of State, *Bulletin*, August 7, 1961, pp. 240 – 241; *Pakistan Horizon*, No. 3, 1963, pp. 245 – 247.

②　Mohammad Ayub Khan, *Speeches and Statements*, Vol. Ⅳ, July 1961 – June 1962 (Karachi, n, d.), pp. 60 – 61.

③　Mohammad Ayub Khan, *Speeches and Statements*, Vol. Ⅳ, July 1961 – June 1962 (Karachi, n, d.), pp. 86 – 87.

贸易、通讯和运输通道，源于杜兰线问题的争端由此恶化为巴阿危机。阿尤布·汗总统希望以此方式实现两个目标，第一，压迫阿富汗承认杜兰线，并放弃建立普什图尼斯坦的政治意图，且尽可能降低可能出现的印度和阿富汗联合夹击巴基斯坦的危险；第二，希望以此逼迫肯尼迪政府从冷战的战略高度出发，重视巴基斯坦在美国的阿富汗战略和反苏战略中的地缘政治价值，增加对巴援助，减少对印援助。

肯尼迪政府虽然确信，在美国与苏联在阿富汗的长期战略竞争中，阿富汗在巴基斯坦的过境权具有极端重要性，促进巴阿和解和重开阿富汗的巴基斯坦对外通道应是美国在南亚的重要任务之一，但仍不愿在该问题上向巴基斯坦让步，更不希望让巴认为能够以此在一定程度上要挟美国。尽管肯尼迪政府利用各种场合反复劝说阿尤布·汗政府允许阿富汗政府在巴基斯坦境内重开领事馆、贸易机构和对外通道，但并未承诺减少对阿富汗的援助，也未表示因此增加对巴基斯坦的援助。阿尤布·汗因而未立即采纳美国的建议，巴阿关系未在短期内得到明显改善。在此情况下，肯尼迪政府被迫启用了伊朗通道，继续向阿富汗提供经济和军事援助。但终因费用太高和地形过于复杂而放弃使用该通道。巴基斯坦的态度和立场仍是美国的阿富汗战略能否成功的关键，美国国家安全委员会力图推动肯尼迪总统转变态度。

1962年3月19日，美国国家安全委员会委员罗伯特·W.科默（Robert W. Komer）向肯尼迪总统的国家安全事务助理麦克乔治·邦迪（McGeorge Bundy）建议，美国应该尽快处理对阿富汗的援助问题，甚至可以考虑直接将援助作为施压杠杆，打破阿富汗与巴基斯坦在过境问题上的僵局。[①] 肯尼迪政府却始终没有动用援助杠杆压迫或诱惑巴基斯坦在该问题上松动立场。阿尤布·汗政府试图利用阿富汗问题向肯尼迪政府施压，以获得更多援助的策略最终未能奏效。

三 阿尤布·汗政府以印巴战争胁迫肯尼迪政府增加援助

在印度于1961年12月以武力成功夺取葡萄牙在次大陆的最后殖民据

---

① *FRUS*, *1961 – 1963*, *Vol. XIX*, *South Asia*, Washington, D. C.：U. S. GPO, 1996, Document 112.

点——果阿之后，阿尤布·汗政府极为担心印度借势以武力解决克什米尔问题。巴基斯坦尽快获得美国军事援助的心情更加迫切，甚至试图以印巴全面战争的风险为由，胁迫肯尼迪政府加速向巴基斯坦提供援助，尤其是军事援助，但未完全实现其预期。

　　阿尤布·汗政府对肯尼迪政府强调印度对巴基斯坦的潜在威胁。1962年1月2日，阿尤布·汗总统致信肯尼迪总统强调："印度政府武力夺取果阿表明巴基斯坦的认识始终是正确的，即如果印度认为攻击符合自身利益，且对方太过弱小而无力抵抗，印度将毫不犹豫地进行攻击。实际上，克里希南·梅农（Krishna Menon）早在12月23日的声明中就已经明目张胆地表露了印度政府的此种意图。"① 次日，美国国务卿腊斯克与巴基斯坦驻美大使阿齐兹·艾哈迈德进行了会谈。后者向前者表达了"果阿战争"后巴基斯坦对印度在克什米尔使用武力的严重忧虑，希望引起美国政府的关注和重视。

　　肯尼迪政府初步决定增加对巴基斯坦的经济援助。1月6日，国家安全委员会委员科默向国家安全事务助理邦迪提交了关于"美国与巴基斯坦关系的新观点"的备忘录。科默指出，美巴关系中的问题众多，以至于美国在批准向其提供约5亿美元的援助之前，或许需要重新审视美巴关系，且考虑一下美国提供了如此多的援助，为何没有得到足够的回报。科默强烈建议美国政府在向巴基斯坦承诺提供大规模援助的问题上不要做出明确表态。② 1月10日，国务院近东和南亚局向邦迪提交了一份题为"美国与南亚的关系：主要的问题和建议的行动"的文件，供腊斯克国务卿与肯尼迪总统在1月11日进行讨论时参考。该文件建议，美国政府应承诺在1962年向巴基斯坦提供5亿美元援助，而1962年和1963年的承诺总额为9.45亿美元——具体数字取决于援巴财团的其他援助国的承诺和美国政府获得的拨款。③ 1月11日，肯尼迪同意在援巴财团会议上承诺

　　① FRUS, 1961–1963, Vol. XIX, South Asia, Washington, D. C.：U. S. GPO, 1996, Document 83.

　　② FRUS, 1961–1963, Vol. XIX, South Asia, Washington, D. C.：U. S. GPO, 1996, Document 87.

　　③ FRUS, 1961–1963, Vol. XIX, South Asia, Washington, D. C.：U. S. GPO, 1996, Document 88.

提供 5 亿美元援助，而巴基斯坦需要的 9.45 亿美元援助中的剩余部分，将视具体情况再决定提供的具体数额。①

肯尼迪政府委婉拒绝增加对巴基斯坦的军事援助。1 月 24 日，巴基斯坦驻美国大使拜访肯尼迪总统，再次表达了对印度武力进攻克什米尔的严重忧虑，不仅强烈要求美国不要向印度提供军事援助，而且要求美国加速向巴基斯坦提供军事援助，以增强巴基斯坦反对印度的军事力量。为了获得肯尼迪政府同情，阿尤布·汗强调印巴在克什米尔的冲突不会局限于当地，可能升级为印巴全面战争，不仅包括军队的战斗，还会引起印度国内的穆斯林和巴基斯坦国内的印度教徒被屠杀。肯尼迪总统却说，美国提供给印度和巴基斯坦的援助的全部作用都被印巴争端毁掉了。肯尼迪总统认为，美国的援助正在枯竭，这就是为什么美国向印度和巴基斯坦派遣布莱克使团的原因。也没有证据显示印巴争端会恶化为战争。② 肯尼迪政府以此委婉拒绝了巴基斯坦增加援助和加速交付的请求。1962 年 1 月 26 日，世界银行宣布，援巴财团向巴基斯坦的第二个五年计划的第二年和第三年提供总价值 9.45 亿美元的额外援助。5 月 11 日，肯尼迪政府同意为巴基斯坦从美国购买工业品提供 4500 万美元的贷款。也就是说，肯尼迪政府仅仅承诺增加对巴基斯坦的经济援助，而在巴基斯坦更迫切希望迅速获得军事援助方面采取了否定性立场。

巴基斯坦在军事援助问题上的请求再次被拒。早在 1962 年 1 月，肯尼迪政府就以美国无证据表明印巴争端会恶化为战争为理由，委婉拒绝了巴方增加和加速交付对巴军事援助的请求。但阿尤布·汗政府依旧不改初衷。4 月 27 日，在巴基斯坦驻美公使 M. 马苏德（M. Masood）与美国助理国务卿菲利普斯·塔尔伯特（Philips Talbot）进行的关于"美国对印度和巴基斯坦的政策"讨论中，马苏德代表阿尤布·汗政府再次要求肯尼迪政府增加对巴基斯坦的军事援助，而塔尔伯特则回应称，肯尼迪总统向阿尤布·汗总统做出的保证已经满足了巴基斯坦的需求，美国也

① *FRUS*, *1961 - 1963*, *Vol. XIX*, *South Asia*, Washington, D. C.: U. S. GPO, 1996, Document 90.

② *FRUS*, *1961 - 1963*, *Vol. XIX*, *South Asia*, Washington, D. C.: U. S. GPO, 1996, Document 99.

不会在对印度和巴基斯坦的军事援助问题上有进一步的动作。巴方要求再次被拒绝。

美国国务院要求美国在南亚问题上保持充分的选择自由。5 月 13 日，美国国务院召开会议讨论美巴关系。参会人员一致同意，美国在南亚的重要政策目标是保持和增加美国选择和行动的灵活。美国重大政策变化所带来的好处与坏处是不对等的。目前美国所面临的主要问题是保持与巴基斯坦的关系，但要在处理美国可能向印度提供军事装备等问题上获得自由。从长期来看，印巴关系的改善是获得处理美印关系的充分自由的唯一选择。然而，从短期来看，如果美巴关系能够加强，美国将获得更多自由。但在设想的措施方面，与会人员更多强调了加强立场和观点的交流和审视增强巴基斯坦安全感的方式等，并没特别强调要增加对巴援助。[1]

阿尤布·汗政府的军事求援第三次被拒绝。5 月 14 日，阿齐兹·艾哈迈德大使在美国罗德群岛新港海军战争学院的演讲中强调，由于其战略位置，一个强大的巴基斯坦能够成为印度的一个强大护盾。从国家层面来看，一个动荡或弱小的巴基斯坦可能成为一个严重威胁南亚安全的因素。巴基斯坦保持独立、强大和稳定，显然符合"自由世界"，特别是更符合印度的利益。如今，巴基斯坦是"自由世界"在亚洲最强大的堡垒之一。从人口层面看，它是美国在世界上最大的盟友。它实际上是美国在亚洲最可靠的盟友，与美国不是通过一个而是四个共同安全安排相关联。"我们是一个共同防御援助协定的签字国。我们是东南亚条约组织和中央条约组织的成员。你们国家也与其有关联。我们与你们通过一个互助合作的双边条约进一步关联。尽管这一联盟正经历紧张和压力……联盟的基础与以往一样被认可。我们参加了这一联盟，承受了印度的压力……即使面对苏联的强大压力，我们仍然一如既往地坚持了该条约。我认为，该联盟的继续坚持对自由世界的安全是极为重要的。美国的一些阶层将巴中边界协议视为巴美联系松散的证据……实际上，巴中边界的确定与巴美关系毫无关系。通过解决与中国的边界争端，巴基斯坦摆

---

[1]　*FRUS*, *1961 - 1963*, *Vol. XIX*, *South Asia*, Washington, D. C.：U. S. GPO, 1996, Document 120.

脱了一个潜在的极为危险的局势，并由此对南亚的战略稳定做出了贡献。"① 5 月 19 日，阿尤布·汗总统召见美国新任驻巴基斯坦大使沃尔特·P. 麦克瑙希（Walter P. McConaughy），向其明确表达了对印度从苏联获得更现代化战斗机的严重关注，表明了对印度增强军力给巴基斯坦带来的威胁的强烈担忧，认为印度军力的增强不会被用来对付中国，只会被用来针对印度的弱小邻国。② 5 月 28 日，巴基斯坦驻美大使与美国国务卿腊斯克就"美国对印度的军事援助"问题进行了会谈。前者向后者表达了巴基斯坦对美国向印度提供 F - 104 飞机的深刻忧虑。但腊斯克却否认印度请求美国提供 F - 104 战机，美国也没有向印度提供 F - 104 战机。③ 肯尼迪政府仍然未接受巴基斯坦以增加军事援助为目的的游说。

四 肯尼迪政府向阿尤布·汗政府做出经济援助承诺

美国国务院强调重视巴基斯坦对美国的政治支持和军事基地支持的重要性。6 月 15 日，国务院执行秘书威廉·H. 布鲁贝克（William H. Brubeck）向国家事务安全顾问邦迪提交了一份关于美巴关系的备忘录。备忘录内容显示，美国期待巴基斯坦在"自由世界"与社会主义阵营的重大分歧问题上向美国提供政治支持；期待巴基斯坦在中央条约组织和东南亚条约组织的框架内，在军事上对地区集体安全做出贡献。除了在支持中华人民共和国恢复联合国合法席位的问题上，巴基斯坦始终与美国在每一个重大政治问题上保持一致。布鲁贝克认为，继续美巴联盟符合美国利益。一个自由、合作的巴基斯坦，不仅对南亚的稳定与安全和美国在南亚的存在极其必要，而且对美国维持在巴基斯坦境内的、事关美国重大国家利益的通讯和情报设施至关重要，因为没有一个令人满意的备选地点。④

阿尤布·汗政府借美国对印度的军事援助问题向肯尼迪政府施压求

---

① *Pakistan Times*, May 15, 1963.

② *FRUS*, *1961 - 1963*, *Vol. XIX*, *South Asia*, Washington, D. C. : U. S. GPO, 1996, Document 124.

③ *FRUS*, *1961 - 1963*, *Vol. XIX*, *South Asia*, Washington, D. C. : U. S. GPO, 1996, Document 126.

④ *FRUS*, *1961 - 1963*, *Vol. XIX*, *South Asia*, Washington, D. C. : U. S. GPO, 1996, Document 138.

援。6 月 21 日，阿齐兹·艾哈迈德大使与副国务卿麦基、负责近东、南亚事务的助理国务卿詹姆斯·P. 格兰特（James P. Grant）等美国国务院官员就美国计划向印度提供 F – 104 超音速飞机进行会谈。巴基斯坦大使再次表达了对美英向印度出售超音速飞机的严重关注和强烈反对，认为印度由此获得了可以向西方国家无限制地施加压力的方式。同时，他宣称："如果美国执意向印度提供此类飞机，巴基斯坦将认为美国对待盟友与中立国的政策差异更加模糊了。"麦基和格兰特则极力辩解并表示，美英对印度的军事援助不会改变印巴之间的军力不平衡，美国也未看到印度攻击巴基斯坦的迹象。为安抚巴基斯坦大使，格兰特宣称："我们过去和未来将继续保持与巴基斯坦的紧密联盟关系。我们相信自己正在做的事情符合巴基斯坦的最大利益。"①

肯尼迪政府做出新的经济援助承诺。6 月 29 日，美国向巴基斯坦提供以工业发展为援助目标的 3100 万美元贷款。7 月 19 日，阿齐兹·艾哈迈德再次向腊斯克陈述巴基斯坦政府对美国向印度提供超音速战机的担忧，腊斯克则依然拒绝接受这个理由。7 月 25 日，美国向巴基斯坦做出可靠承诺，为巴第二个五年计划的第二年和第三年提供 5 亿美元的财政支持。8 月 31 日，美国与巴基斯坦签署了一项 4200 万美元的贷款协议。从阿尤布·汗政府向肯尼迪政府发出的抱怨与美国政府向巴做出的援助承诺的时间上看，似乎存在内在关联。换言之，肯尼迪政府貌似希望以增加新的经济援助为手段平息巴基斯坦的不满和不安。

第三节　肯尼迪政府与阿尤布·汗政府
在援助问题上的僵持

肯尼迪政府在古巴导弹危机结束后，一方面加强了与苏联的对话和交流，努力缓和美苏两国的关系；另一方面，将冷战矛头更明确地指向了中国，甚至希望美苏合作打压中国。与此同时，巴基斯坦与中国的关系却出现了改善迹象。为了防止美国在亚洲最可靠的盟友——巴基斯坦

---

① *FRUS*, *1961 – 1963*, *Vol. XIX*, *South Asia*, Washington, D. C.：U. S. GPO, 1996, Document 143.

被中国拉拢而疏远美国，也为了促使印度与巴基斯坦实现政治和解和支持印度全力发展，肯尼迪政府开始将对巴基斯坦的援助作为"胡萝卜"和"大棒"，采取恩威并用的方式，力图使巴基斯坦冷淡中巴关系，升温印（度）巴关系。

一 肯尼迪政府以停止援助要挟巴基斯坦

肯尼迪政府始终将印度定位为美国对外援助的首要对象国，更将其视为资本主义制度在南亚和世界展示优越性的"橱窗"，也将其看作平衡和抵制新中国国际影响的大国。因此，在中印关系持续恶化甚至发生战争的背景下，肯尼迪政府在向印度提供大量经济和军事援助的同时，也试图通过援助推动巴基斯坦为美国的印度战略做贡献。肯尼迪政府因此为对巴军事援助设定了不可逾越的底线。

1962年10月20日，中国对印自卫反击战开始。如何迅速且有效地帮助印度对抗中国的军事行动，成为肯尼迪政府的头等大事。10月27日，肯尼迪总统通知阿尤布·汗总统：美国决定向印度提供军事援助。肯尼迪敦促阿尤布·汗公开或秘密致信尼赫鲁总理，并做出明确保证：巴基斯坦不会威胁印度。国务院进一步指示麦克瑙希大使，建议巴基斯坦政府推迟与中国政府的边界谈判，并在巴基斯坦媒体上降低"亲中"的热度。肯尼迪在电报中坚称，如同在古巴导弹危机中一样，"我们期待我们的盟国……全力应对共产主义的挑战"。[1] 面对肯尼迪总统的要求，阿尤布·汗总统拒绝接受。他不仅拒绝写信或以其他方式向尼赫鲁总理做出保证，而且在美国政府污蔑中国为侵略者，要侵略整个次大陆的观点上，反驳道："中国的意图看起来是要占据他们认为属于自己的领土和中印之间始终存在争议的地区。"[2] 尽管如此，阿尤布·汗总统还是向肯尼迪政府保证，巴基斯坦不会在中印战争期间向印度发动军事攻击。这一保证令肯尼迪政府产生了一种错觉，即坚信美国的军事和经济援助对

---

① *FRUS*, *1961 – 1963*, Vol. XIX, *South Asia*, Washington, D. C. : U. S. GPO, 1996, Document 186.

② Mohammad Ayub Khan, *Friends Not Masters*: *A Political Autobiography*, London: Oxford University Press, 1967, p. 142.

巴基斯坦太重要，巴基斯坦不会因为美国向印度提供军事援助而甘冒失去美国援助的风险。这一认识对肯尼迪政府在军事援助问题上的立场产生了相当影响。

11月12日，国家安全委员会委员科默在致肯尼迪总统的信件中说："巴基斯坦人将认识到，如果他们不感情用事，将从美巴关系中得到更多好处。"① 11月18日，腊斯克国务卿致电麦克瑙希大使，强调他与阿尤布·汗总统会谈时应该特别注意三个要点：第一，一定不要鼓励巴基斯坦政府产生一种想法，即美国将会向巴基斯坦提供更多军事援助，以"平衡"美国的对印援助。第二，在谈论巴基斯坦从中央条约组织和东南亚条约组织退出的问题时，阿尤布·汗总统应该被告知，从那些条约中撤出将令美国重新审视对巴军事援助的基础。第三，在中国问题上，要清楚地向其表示，美国将不会理解中国与巴基斯坦之间的友好关系，且此类行动将被视为具有非常严重的后果。② 肯尼迪政府首次明确地将对巴军事援助与中巴关系和巴基斯坦中央条约组织和东南亚条约组织的成员国身份紧密相关。

11月20日，麦克瑙希大使与巴基斯坦外长穆罕默德·阿里·波格拉进行会谈。波格拉表示，巴基斯坦政府决定坚持目前的基本政策，包括不退出中央条约组织和东南亚条约组织、支持美国的领导地位。而麦克瑙希则强硬警告，如果巴基斯坦退出地区联盟，美国的对巴军事援助将不会持续，巴基斯坦也不能与中国达成和解。③ 11月25日，肯尼迪总统致电即将访问巴基斯坦的助理国务卿艾夫里尔·哈里曼，要求其在拜访阿尤布·汗时要清楚地表明：美巴联盟是为了对抗共产主义威胁，美国将竭力推动印巴和解、全力阻止中巴接近、支持印度对抗中国、履行对巴基斯坦的军事援助承诺，将坚持对巴基斯坦的承诺并保护其领土完整和统一，等等。④ 肯尼迪政府再次在外交问题上为巴基斯坦政府划定了不

---

① *FRUS*, *1961 - 1963*, *Vol. XIX*, *South Asia*, Washington, D. C.: U. S. GPO, 1996, Document 193.

② *FRUS*, *1961 - 1963*, *Vol. XIX*, *South Asia*, Washington, D. C.: U. S. GPO, 1996, Document 201.

③ *FRUS*, *1961 - 1963*, *Vol. XIX*, *South Asia*, Washington, D. C.: U. S. GPO, 1996, Document 207.

④ *FRUS*, *1961 - 1963*, *Vol. XIX*, *South Asia*, Washington, D. C.: U. S. GPO, 1996, Document 212.

容许突破的底线，并明确地将军事援助作为施压和诱惑的工具。

　　巴美两国在中巴关系问题上进行博弈。1962 年 12 月 26 日，阿尤布·汗政府宣布，中国政府与巴基斯坦政府已经就边境划界问题达成原则性协议。当中国提议中巴签订互不侵犯条约，并准备向巴基斯坦提供一定的经济援助时，巴基斯坦决定拒绝这两项提议。因为巴基斯坦人"始终十分清楚美国的影响，不希望激怒"美国。[1] 1963 年 1 月初，美国国务院指示麦克瑙希大使向阿尤布·汗总统发出警告："近期巴基斯坦与敌人危险地纠缠在一起，似乎与我们的期待不相符，也与巴基斯坦的盟国身份不相符。"阿尤布·汗则回应称其在某种程度上理解美国，并向麦克瑙希保证，巴基斯坦与中国没有考虑其他的事情。1 月 22 日，波格拉外长致信腊斯克国务卿，强调了三个要点：第一，巴基斯坦"极为重视美巴长期友谊和美巴在中央条约组织和东南亚条约组织中的身份"。第二，印巴次大陆上的军事不平衡正在加剧，是由美国向印度提供援助所引发的，应该被纠正。第三，巴基斯坦正在进行现代化，"需要更多外国援助维持其计划的经济增长"。[2] 2 月 21 日，肯尼迪总统批准美国以援助为条件积极介入克什米尔问题。但巴基斯坦却加速了与中国进行的边界谈判，并于 3 月 2 日由布托在北京代表巴基斯坦政府与中国政府正式签订了《中华人民共和国政府和巴基斯坦政府关于中国新疆和巴基斯坦实际控制其防务的各个地区相接壤的边界的协定》。此举令肯尼迪政府感到十分沮丧。肯尼迪对正在访美的印度国防部长说："我们与巴基斯坦有真正的麻烦。我们之间有重要的情报关系，且我们不希望巴基斯坦在某一时刻会伤害中央条约组织和东南亚条约组织。"[3] 他也向印度总统拉达克里斯南（Radhakrishnan）解释道：美国想要"从经济和军事方面帮助印度，但我们不希望引起与巴基斯坦的真正危机"。[4] 显然，巴基斯坦采取的以

---

　　① Dennis Kux, *The United States and Pakistan 1947 – 2000*, *Disenchanted Allies*, Washington, D. C.：Woodrow Wilson Center Press, 2001, p. 137.

　　② *FRUS*, *1961 – 1963*, *Vol. XIX*, *South Asia*, Washington, D. C.：U. S. GPO, 1996, Document 245.

　　③ Dennis Kux, *The United States and Pakistan 1947 – 2000*, *Disenchanted Allies*, Washington, D. C.：Woodrow Wilson Center Press, 2001, p. 141.

　　④ Dennis Kux, *The United States and Pakistan 1947 – 2000*, *Disenchanted Allies*, Washington, D. C.：Woodrow Wilson Center Press, 2001, p. 141.

中国为筹码的策略，深刻触动了肯尼迪政府所重视的美国在巴基斯坦的利益，美国被迫要做出一定妥协或让步。

肯尼迪政府在对巴援助问题上开始采取相对积极的态度和行动。4月6日，世界银行援巴财团初步同意向巴基斯坦的第二个五年计划的第四年提供5.5亿美元的援助。4月29日至5月2日，国务卿腊斯克访问巴基斯坦，并与阿尤布·汗总统进行了会谈。对于阿尤布·汗在会谈中表达的从西德购买美国制造的约70架F86战机及大量零部件的希望，腊斯克表示美国将不会反对。阿尤布·汗还表示，在印巴关系问题上，巴基斯坦宁愿"自力更生"。他永远不能确定，在特定形势下，巴基斯坦能够劝服其他国家的政府、国会和人民满足巴基斯坦的安全需求。[①] 5月3日，援巴财团正式承诺在巴基斯坦第二个五年计划的第四年提供4.25亿美元的外援。肯尼迪政府之所以在对巴军事援助问题上采取了较以前相对积极的立场和态度，最重要的原因就是不希望巴美同盟破裂，令巴基斯坦与中国进一步接近，并造成巴中联合对付印度的局面。肯尼迪的此种立场在5月20日他与印度部长T. T. 克里希纳玛查理（T. T. Krishnamachari）的会谈中暴露无遗。肯尼迪宣称："我们与巴基斯坦之间存在着重要的情报关系，且我们不希望处于'暴力时刻'的巴基斯坦摧毁中央条约组织和东南亚条约组织。""我们愿以各种能够对中国产生最大威慑的方式帮助印度。"[②] 此后，肯尼迪政府开始加速向印度提供军事援助。

二　肯尼迪政府对巴基斯坦实施援助制裁

肯尼迪政府持续大规模援助印度的决定和行动，进一步增加了阿尤布·汗政府对美巴同盟能否继续存在的顾虑。阿尤布·汗政府认为必须采取措施对美国的相关行动进行牵制。

阿尤布·汗政府故意拖延关于扩建白沙瓦军事设施的美巴谈判。美国在白沙瓦的军事和情报设施是其在美巴关系中最为看重的利益，甚至

---

① *FRUS*, *1961 – 1963*, *Vol. XIX*, *South Asia*, Washington, D. C.: U. S. GPO, 1996, Document 286.

② *FRUS*, *1961 – 1963*, *Vol. XIX*, *South Asia*, Washington, D. C.: U. S. GPO, 1996, Document 300.

认为白沙瓦军事设施是巴基斯坦对美国援助的"唯一回报"。由于巴基斯坦特殊的地理位置，肯尼迪政府绝不希望在冷战正酣之时放弃这样一个独一无二的监听中国和苏联的前哨。但是阿尤布·汗政府也非常清楚该处设施对美国的冷战战略和利益的极端重要性，且认为该设施可以成为压迫美国增加援助并加速其交付的有力工具。因此，6月15日之后，巴基斯坦政府开始在美国扩建白沙瓦的情报设施的问题上采取拖延策略，并在这一过程中越来越多地批评美国。美国中情局局长约翰·A. 麦科恩（John A. McCone）则担心巴基斯坦接下来会削减现有的情报设施。麦科恩强调，这些设施远比扩建的设施更重要，没有其他地方可以被用于白沙瓦情报设施的扩建。改建和扩建将令美国的情报收集效率提高30%，可以覆盖更大范围的中国领土，也是一个更具灵活性的安排。① 可以说，巴基斯坦政府的态度令美国政府感到气愤、沮丧和无奈。

阿尤布·汗政府通过继续改善巴中关系向肯尼迪政府施压。封锁和遏制中国是美国在冷战前期的重要外交主题。其他国家，尤其是美国的盟国与中国发展关系也是美国政府极其敏感的事情。鉴于该判断，阿尤布·汗政府认定，可以利用中国因素向美国施压。因此，在巴基斯坦政府的支持下，巴基斯坦空军中将、巴基斯坦国际航空公司负责人努尔·汗（Nur Khan）采取积极措施，探讨巴基斯坦向中国提供商业航空服务的可能性。这一行动打破了西方国家的禁令。根据努尔·汗的消息，中国最初建议在达卡和昆明之间建立航线，与二战时期飞跃喜马拉雅山的"驼峰航线"相似。但努尔·汗将军拒绝了该建议，理由是该航线在商业上不具有可行性。努尔·汗将军提出了建立从达卡到上海、广州和北京的航线的建议。周恩来总理说，中国将批准达卡到上海和广州的航线。此外，努尔·汗曾将中国的机场描述为"十分简陋"，落后时代20年，周恩来总理则同意巴基斯坦帮助中国升级机场。经过激烈的国内辩论，阿尤布·汗总统同意了该建议。尽管肯尼迪政府激烈抗议中巴民用航空方面的协定，认为该协定标志着"自由世界的团结很不幸地被打破了"，但巴基斯坦与中国仍在8月29日签订了《中华人民共和国政府与巴基斯

---

① *FRUS*, *1961 - 1963*, *Vol. XIX*, *South Asia*, Washington, D. C. : U. S. GPO, 1996, Document 318.

坦政府航空运输协定》。而肯尼迪政府的回应则是第一次对巴基斯坦挥舞起援助制裁的"大棒",无限期推迟美国国际开发署提供的 430 万美元贷款。该贷款原计划用于在达卡建设一个新机场,而达卡是计划中的中巴航线巴基斯坦方面的起降点。① 考虑到美国政府表明的对巴中关系的深度关注,这是最低限度的惩罚。与此同时,肯尼迪政府对巴基斯坦停止与美国在扩建伯德埃波的通讯拦截设施问题上的谈判的行动保持着高度的关注和警惕。

三　肯尼迪政府加速军事援助承诺

肯尼迪政府既不愿意看到巴中关系发展,亦担心美巴同盟破裂,更担心巴中两国形成对印度的联合压力。为了阻止形势继续恶化,肯尼迪政府又开始将军事援助作为诱惑巴基斯坦的"胡萝卜"摆弄起来。7 月 13 日,腊斯克国务卿通知阿齐兹·艾哈迈德大使,国务院、国防部和国际开发署正在优先考虑向巴基斯坦承诺一个为期 3 年的军事援助计划,总金额为 1.439 亿美元。在提出该计划的过程中,美国清楚表明,提供武器是以美巴联盟关系的继续为前提的;美国继续提供军事援助是以国会拨款为前提的,而国会拨款将被巴中关系所影响。② 7 月 17 日,国家安全委员会委员科默向总统的国家安全事务特别顾问邦迪表示:"我也认为应该更积极地令巴基斯坦感到安心,且更积极地提醒他们,如果走得太远,巴基斯坦将丧失很多。"③ 肯尼迪总统也主张直接告诉巴基斯坦政府:美国不喜欢中国,巴基斯坦应该取消其国内媒体对美国的灾难性的攻击,白沙瓦对美国极其重要。"如果他们不想继续,我们就将援助给别的国家。"同月,麦基副国务卿向肯尼迪总统建议,如果西方国家向印度提供喷气式战斗机,美国应该对巴基斯坦做出其不受印度威胁和侵略的保证。肯尼迪拒绝接受该建议,并说自己"极不愿意"向巴基斯坦做出任何新

---

① Dennis Kux, *The United States and Pakistan 1947－2000*, *Disenchanted Allies*, Washington, D. C.：Woodrow Wilson Center Press, 2001, p. 143.

② *FRUS*, *1961－1963*, *Vol. XIX*, *South Asia*, Washington, D. C.：U. S. GPO, 1996, Document 309.

③ *FRUS*, *1961－1963*, *Vol. XIX*, *South Asia*, Washington, D. C.：U. S. GPO, 1996, Document 311.

承诺。代理助理国务卿塔尔伯特评论道："我们向巴基斯坦提供此种安全保证的主要目的是预先阻止巴基斯坦对我们在白沙瓦伯德埃波的设施'做些什么'，作为他们认为的美国亲印行为的报复。"但肯尼迪总统依然拒绝接受麦基的建议。

8月7日，美国驻巴基斯坦大使麦克瑙希在拜访阿尤布·汗总统时强调："如果巴基斯坦与美国的敌人合作，美国国内必然出现正如现在在某种程度已经出现的不利于美巴同盟的局面，且如果巴基斯坦被诱导限制美国为全球安全而采取必要行动的自由，我们必须认真对待。"对此，阿尤布·汗强硬地回应说，巴基斯坦需要美国，美国也需要巴基斯坦，且在未来越来越需要。美国不要使巴基斯坦被迫"做一些美国不能接受的事情"，"不要将巴基斯坦逼入绝境"。麦克瑙希则要求阿尤布·汗总统不要采取任何阻碍美国履行地区义务的行动。阿尤布·汗表面上表示理解美国的忧虑，且没有质疑美国按此行事的权力和需要。麦克瑙希认为，阿尤布·汗总统希望美国永远不要做选择，希望美国全面理解并接受安全因素在巴基斯坦外交中的第一重要性。[①] 8月9日，国家安全委员会委员科默向肯尼迪总统递交一份关于对巴基斯坦军事援助的政策文件。科默在文件中指出："在我们认为所有事情都准备就绪之后，巴基斯坦开始在我们扩建白沙瓦的设施的问题上进行拖延。……我完全同意，屈从于这种敲诈是愚蠢的。与此相反，我们必须使阿尤布·汗明白，如果他们不与我们合作，我们的整个对巴援助计划将岌岌可危。"[②]

8月12日，肯尼迪总统与国务院、中情局、白宫和国际开发署的相关负责人会面，商讨副国务卿鲍尔在与阿尤布·汗会谈时的内容和技巧。在F-104战机问题上，肯尼迪总统认为："如果我们不向印度提供超音速战机，我们也不要向巴基斯坦提供该类型的超音速飞机。反之亦然。"[③]鲍尔显然接受了该项指导，并于8月20日致电美国驻印度大使馆，解释

① FRUS, 1961 - 1963, Vol. XIX, South Asia, Washington, D. C. : U. S. GPO, 1996, Document 315.

② FRUS, 1961 - 1963, Vol. XIX, South Asia, Washington, D. C. : U. S. GPO, 1996, Document 316.

③ FRUS, 1961 - 1963, Vol. XIX, South Asia, Washington, D. C. : U. S. GPO, 1996, Document 318.

了美国考虑向巴基斯坦承诺实施为期三年的军事援助计划的原因，美国对巴军事援助的真实目的得以充分暴露。在总体的对巴军事援助问题上，鲍尔强调："如果巴基斯坦与中国结盟，印度和次大陆将被从侧面威胁。……除了我们在次大陆的安全中存在的广泛战略利益，我们也从美巴关系中获得了特殊利益，那是需要我们保护的利益。"在向巴基斯坦提供F－104A/B战机的问题上，鲍尔强调："F－104A/B战机表面上光彩夺目，但其只有2马赫的速度，实际是一种只能在白天进行战斗和拦截的、具有有限载弹能力的飞机；其航程如此之短，以至于不具备有效的拦截控制能力（巴基斯坦不拥有），只具备有限的拦截能力和更小的轰炸印度基地的有效能力。"在此基础上，鲍尔明确强调："我们向巴基斯坦作出三年军事援助计划的承诺有两个关键目标：第一，在关键时刻继续做出保证，条件是巴基斯坦的政策会自我约束以及巴基斯坦终止在多个对美国具有重要价值的领域中的拖延行为。第二，希望使美国摆脱以前向巴基斯坦承诺过，但又不能履行的义务——替换过时的驱逐舰。简言之，三年计划不是对巴基斯坦做出新的重大承诺，只是在可接受的最低限度内，继续正在进行的计划。……军事援助计划现在只是政治工具而已。"① 同日，美国驻巴基斯坦大使馆和美国驻英国大使馆也接到了同样内容的电报。

麦克瑙希和鲍尔根据肯尼迪总统的指导意见与阿尤布·汗政府沟通和交流。8月23日，麦克瑙希大使向巴基斯坦外长阿齐兹·艾哈迈德表示，"印度在克什米尔问题上的态度和巴基斯坦对外关系的态度仍是我们考虑援助计划的内容和速度的因素。它是一个复杂的公式，美国对中国威胁的评估当然是最大的单一因素"。② 可见，鲍尔的解释非常清楚地阐明了影响肯尼迪政府对巴援助的三个关键因素：印度、中国和军事基地。9月5日，鲍尔副国务卿与阿尤布·汗总统在德黑兰举行会谈。阿尤布·汗强调：第一，印度军队因接受美国的军事援助而变得强大，对巴基斯

---

① *FRUS*, *1961 - 1963*, *Vol. XIX*, *South Asia*, Washington, D. C.: U. S. GPO, 1996, Document 322.

② *FRUS*, *1961 - 1963*, *Vol. XIX*, *South Asia*, Washington, D. C.: U. S. GPO, 1996, Document 323.

坦造成了巨大压力和威胁。第二，巴基斯坦认为外部威胁只会来自苏联，而不会来自中国。如果情况确实如此，苏联威胁就不仅仅是针对巴基斯坦的，而是会有更大的行动目标，至少要主导卡拉奇以西的中东和波斯湾的港口。那意味着巴基斯坦、伊朗、伊拉克、土耳其都将被影响。实际上那将成为一场全球战争。第三，巴基斯坦没有转变为中立主义国家的想法，除非"完全被迫"。但令人感到压迫的环境还未形成。相反，巴基斯坦对外政策的基础是其与美国的友好关系，巴基斯坦仍高度重视与美国的友谊。但美国不要继续恶化已经困难的形势了。第四，巴基斯坦与社会主义阵营的关系正常化不意味着中立主义。中立主义不是巴基斯坦解决问题的方式，只是让社会主义阵营保持分寸的方法。第五，巴基斯坦绝不会与中国发展更好的关系。巴中关系正常化将令巴基斯坦无求于中国，避免来自中国方面的危险。最后，如果美国的政策发生变化，想要挤压巴基斯坦，那将会造成很多困难。他说，巴基斯坦"可以贫穷，但有自尊"。然而，巴基斯坦不愚蠢，不会鲁莽地丢掉朋友。鲍尔则宣称：第一，如果巴基斯坦遭受攻击，美国会提供援助。第二，在面临被共产主义大国两面包围危险的情况下，中立或中立主义政策不是巴基斯坦等国切实可行的政策选择。巴基斯坦会发现，印度是可以求助的对象国。第三，美国认为巴基斯坦的未来在于与美国保持更加紧密的合作关系。然而，巴基斯坦与此相反的任何行动都将导致新的问题。它将必然要求双方调整政策，并严格审视目前的美巴关系。第四，美国仍然认为，与巴基斯坦紧密合作、保持诚实的友邦关系是重要的，因为两国之间存在重大的共同利益。① 会议结束时，阿尤布·汗总统同意继续进行关于伯德埃波的军事设施的谈判。

　　9月9日，鲍尔向腊斯克国务卿和肯尼迪总统等人汇报了其访问巴基斯坦的情况。腊斯克根据鲍尔的汇报得出了几点结论：第一，美国得到了巴基斯坦不会退出中央条约组织和东南亚条约组织的保证。第二，美国获得了巴基斯坦的合理保证，即美国可以继续使用白沙瓦的情报设施，且其很有可能被扩建。第三，不能确定巴基斯坦是否会与中国进一步发

---

① *FRUS*, *1961 - 1963*, *Vol. XIX*, *South Asia*, Washington, D. C. : U. S. GPO, 1996, Document 328.

展关系。①

11 月 22 日，肯尼迪总统遇刺身亡，副总统林登·约翰逊继任总统。肯尼迪政府结束，美巴关系随即进入剧烈起伏的约翰逊政府时期。

第四节　肯尼迪政府的援巴概况

在肯尼迪政府的外援思想和"重经济轻军事"的援巴政策的指导下，受国际形势的影响，美国对巴基斯坦的援助经历了起伏和重大变化。

肯尼迪政府对巴基斯坦援助总额呈现起伏态势。1961 财年至 1963 财年，肯尼迪政府对巴援助总额分别为 1.809 亿美元、2.877 亿美元和 2.6320 亿美元。其中，1961 财年的总额最少，1962 财年的总额最多，1963 财年的总额位居中间。三个财政年度的总体发展态势呈现出"马鞍形"走势。而在经济援助与军事援助的对比中，"重经济轻军事"的特征十分明显。经济援助占总援助的比例分别约 68.66%、83.45% 和 66.22%，军事援助占援助总额的比例分别约为 31.34%、16.55% 和 33.78%，前者基本都是后者的 2 倍以上。

肯尼迪政府向巴经济援助经历了若干重大变化。第一个重大变化是在总趋势上形成了一个完整的"马鞍形"态势，经援总额从 1.242 亿美元骤增至 2.401 亿美元，而后下降至 1.743 亿美元。② 1962 财年在 1961 财年的基础上增长了约 93.32%，1963 财年又在 1962 财年的基础上减少了约 27.41%。而经济援助在美国对巴总援助中所占比例亦呈同样趋势。第二个重大变化是贷款援助的比例迅速提高、赠予援助的比例快速下降。在三个财政年度中，贷款援助总额分别为 0.272 亿美元、2.071 亿美元和 1.694 亿美元，占经援总额的比例分别约为 21.9%、86.26% 和 97.19%；而赠予援助则分别为 0.97 亿美元、0.33 亿美元和 0.049 亿美元，占经援总额的比例从约 78.1% 骤降至 2.81%。该变化体现了肯尼迪政府的对巴

---

① *FRUS*, *1961 – 1963*, *Vol. XIX*, *South Asia*, Washington, D. C.：U. S. GPO, 1996, Document 331.

② Source：USAID, *U. S. Overseas Loans and Grants*：*Obligations and Loan Authorizations*, *July 1*, *1946 – September 30*, *1989*（*Green book*）, Washington D. C.：U. S. GPO, 1965, p. 18.

援助政策更加强调减轻美国的经济负担，增加美国企业的收益。第三个重大变化是肯尼迪政府对巴基斯坦贷款援助的优惠减少。在肯尼迪政府时期，美国进出口银行共向巴基斯坦提供了三笔贷款，每个财政年度提供一笔，分别为 0.14216 亿美元、0.1516 亿美元和 0.03463 亿美元，年利率均为 5.75%，前两项贷款的还款期为 10 年，后一项为 20 年。与前政府相比较，肯尼迪政府通过美国进出口银行向巴基斯坦提供的贷款具有如下特征：总次数多、总金额少、利率高、偿还期短。前政府通过美国进出口银行向巴基斯坦提供了两次贷款，总金额为 0.88 亿美元，利率达 4%，偿还期为 19—40 年。[①] 第四个重大变化是美国对巴剩余农产品援助量迅速提升。在粮食换和平计划框架下，肯尼迪政府向巴基斯坦提供的剩余农产品援助总额 1961—1963 财年分别为 0.374 亿美元、1.582 亿美元和 1.786 亿美元。而前政府在 1958—1960 财年向巴基斯坦提供粮食援助总额分别为 0.621 亿美元、0.668 亿美元和 0.897 亿美元。[②] 虽然肯尼迪政府在 1961 财年对巴粮食援助只有 0.374 亿美元，而 1964 财年约翰逊政府对巴粮食援助达到 1.643 亿美元，但考虑到 1961 财年的援助计划为前政府的遗留计划，而 1964 财年对巴剩余农产品援助计划则是肯尼迪政府的遗留计划，肯尼迪政府更加重视将粮食作为外交工具的特征就尤为明显。[③] 第五个重大变化是巴基斯坦在美国对外援助中的地位相对下降。1961—1963 财年，巴基斯坦在所有接受美国经济援助的国家中分别排第五位、第二位和第二位。虽然该排名与艾森豪威尔第二届政府时期的排名基本相当，但同期的印度却始终占据美援接受国排行榜的第一名，鲜明体现了肯尼迪政府对南亚和印度的优先关注。

在人员培训援助方面，肯尼迪政府接受和实践了"查尔斯河学派"的主张，持续增加对巴基斯坦相关人员的培训援助。1961 年至 1963 年，

---

① Pakistan, Finance Division, Economic Adviser's Wing, Pakistan Economic Survey, 1979 – 1980 (Islamabad, n. d.) pp. 147, 149, 151 – 152, 154; Pakistan, Finance Division, Economic Adviser's Wing, Pakistan Economic Survey, 1981 – 1982 (Islamabad, n. d.) pp. 108 – 109.

② Source: USAID, U. S. Overseas Loans and Grants and Assistance from International Organizations, July 1, 1945 – June 30, 1963, Washington D. C. : U. S. GPO, 1967, p. 18.

③ Source: USAID, U. S. Overseas Loans and Grants and Assistance from International Organizations, July 1, 1945 – June 30, 1963, Washington D. C. : U. S. GPO, 1967, p. 18.

巴基斯坦参加美国国际开发署或巴基斯坦培训计划的总人数为660名，各财年分别为175名、223名和262名，呈持续增多趋势，年均增加约24.9%。受训人员所接受的培训涉及农业、自然资源开发、教育、健康卫生、运输、国内航空、工业地理调查、公共管理、公共安全、劳动力培训、原子能等，大多属于与工农业发展和人民生活相关的培训。农业、教育、健康卫生领域的受训人员最多，分别为162名、148名、120名，分别占受训人员总数的约24.55%、22.42%、18.18%。三者总共占据受训人员总数的约65.15%。从发展趋势看，农业、国内航空、工业地理调查、公共管理、公共安全领域的受训人数都呈现持续增长趋势，其余各项受训人数大多在1963年出现不同程度的下降。值得注意的是，巴基斯坦方面接受美国政府提供的原子能领域的培训人员数目在三年中分别为7名、10名和0名。考虑到1962年古巴导弹危机，此变化显然受到肯尼迪政府对世界爆发核大战担忧的影响。在受训人员的数目方面，肯尼迪政府提供给巴基斯坦的机会要明显少于艾森豪威尔第二届政府。前政府四年培训的巴基斯坦人员数目分别为244名、344名、286名和214名。重点培训的领域大致相同，但有两个领域存在明显差异。一是原子能领域，艾森豪威尔第二届政府培训的巴基斯坦相关人员数目分别为21名、10名、9名和8名。二是社会发展领域，肯尼迪政府没有向巴基斯坦提供社会发展方面的人员培训，而前政府在四年里分别为巴基斯坦政府培训了20名、46名、19名和8名相关人员。[1]

在军事援助方面，肯尼迪政府对巴援助的总金额在各财年分别为0.567亿美元[2]、0.476亿美元和0.889亿美元[3]。由于相关档案尚未解密，军事援助的详细内容无从得知。但根据第三方的不完全统计，肯尼迪政府在1962年向巴基斯坦交付了1艘排水量335吨的海岸扫雷艇、25

① Source：USAID, *Statistical Fact Book*：*Selected Economic and Social Data on Pakistan*，（mimeo）. Karachi, 1968. Table 9. 18. Cited in Mohammed Abdus Sattar, United States Aid and Pakistan's Economic Development, Tufts University, June 1969, p. 265.

② Source：SIPRI, *Arms Trade Registers*：*The Arms Trade with the Third World*, Stockholm, 1975, 146 – 7, Cited in Rajendra K. Jain edited, *US – South Asia Relations 1947 – 1982*, Vol. 2, New Delhi：Radiant Publishers, 1983, p. 635.

③ Source：USAID, *U. S. Overseas Loans and Grants*：*Obligations and Loan Authorizations*, *July 1, 1945 – June 30, 1971* (*Green book*), Washington D. C.：U. S. GPO, 1972, p. 24.

架塞斯纳 T – 37B 喷气式训练机、4 架卡曼公司提供的 HH – 43B 直升机、4 架洛克希德公司提供的 C – 130E 大力神运输机、4 架格鲁曼公司生产的 HU – 16A 信天翁式海军侦察机或反潜机和 12 架洛克希德公司提供的 F – 104B 战斗机。1963 年则只交付了一艘 5730 吨的加油船。[①]

小　结

　　肯尼迪政府对巴基斯坦采取的"重经济轻军事"的援助政策是对艾森豪威尔政府援巴政策的继承和发展，也是其一贯主张和思想的实践。该政策既是地缘政治因素（主要是指中印关系持续紧张和中巴关系日趋改善）和意识形态因素（主要是指中国与印度正在进行社会主义模式与资本主义模式的发展方式的竞争）等综合作用的产物，又是阿尤布·汗政府与肯尼迪政府之间激烈博弈但最终互有妥协的结果。两国政府之间的相互妥协体现了双方都不希望放弃美巴同盟带来的收益。肯尼迪政府希望以大量经济援助、有保留的军事援助和美巴关系史上首次实施的援助制裁影响巴基斯坦的外交走向，并尽可能促使其充分履行对美巴同盟、东南亚条约组织和中央条约组织的责任与义务，且令其保持必要的能力和意愿，能够继续充当美国封锁和遏制中国和苏联的"前线国家"和"马前卒"。而阿尤布·汗政府则希望通过一定程度的妥协换取肯尼迪政府继续提供大量经济和军事援助，增强自身对抗印度的实力。但巴基斯坦对美国政府的不满情绪继续滋长，中立或独立的因素在对外政策的选择中的分量逐步增加。一方面，巴基斯坦小心翼翼地改善与中国的关系，中巴友好在一定程度上缓解了巴基斯坦面临的来自印度的持续军事和心理压力。另一方面，以各种方式诱惑和胁迫肯尼迪政府，期待美国增加

---

　　① Source：SIPRI, *Arms Trade Registers：The Arms Trade with the Third World*, Stockholm, 1975, pp. 37 – 40；*SIPRI Yearbook, 1975：World Armaments and Disarmament*, London：Oxford University Press, 1975, p. 231；*SIPRI Yearbook, 1977：World Armaments and Disarmament*, London：Oxford University Press, 1977, pp. 3331 – 3332；*SIPRI Yearbook, 1978：World Armaments and Disarmament*, London：Oxford University Press, 1978, p. 273；*SIPRI Yearbook, 1979：World Armaments and Disarmament*, London：Oxford University Press, 1979, pp. 230 – 231；*SIPRI Yearbook, 1980：World Armaments and Disarmament*, London：Oxford University Press, 1980, p. 154；*SIPRI Yearbook, 1982：World Armaments and Disarmament*, London：Oxford University Press, 1982, p. 228.

对巴基斯坦的援助。

　　总体而言，肯尼迪政府的援巴政策获得了一定程度的成功，为巴基斯坦的经济发展和社会稳定做出了贡献，在一定程度上增强了巴基斯坦的军事力量，令美巴同盟继续存在，巴基斯坦政府坚持了其东南亚条约组织和中央条约组织成员国的身份，也在外交上履行其对美国的部分条约义务和在一定程度上限制中巴关系发展的承诺。但从现实来分析，肯尼迪政府的对巴援助并未从根本上阻止中巴的接近，中巴接近只是暂缓了步伐；也未能促进印巴和解，印巴之间的相互猜疑、敌视和对立依然如故。所以，从政策有效性的角度来看，肯尼迪政府的援巴政策是部分有效的。

第 四 章

约翰逊政府对巴基斯坦的援助政策

——从全面军事禁运到有限军事销售

约翰逊政府的援巴政策及其实践经历了美巴援助关系史上的首次剧烈起伏。在政策上，约翰逊政府经历了从主张向巴基斯坦提供长期军事援助到推迟召开援巴财团会议，继而停止对巴基斯坦做出新的经济援助承诺，且全面暂停向其提供军事援助，后又逐步恢复经济援助和军事援助，最后对巴基斯坦实施有限军事销售的政策嬗变过程。在实践上，约翰逊政府对巴基斯坦的经济和军事援助在峰谷间剧烈起伏。之所以出现如此剧烈的变化，根本原因在于约翰逊政府严重担忧中国可能介入南亚，并对美国和西方国家造成严重不利影响，从而希望以援助为杠杆，撬动巴基斯坦的对外政策。约翰逊政府对巴援助的政策与实践对第二次印巴战争、印巴关系、中巴关系、美巴关系和美印关系亦产生了不同程度的影响。

第一节　约翰逊政府对巴基斯坦
实施全面军事禁运

约翰逊政府时期是美苏冷战由对峙转向有限缓和的阶段。在该阶段，约翰逊政府与勃列日涅夫政府都认为，美苏之间不仅存在爆发核战争的巨大风险，而且在共同对付中国和防止核扩散方面有所谓的"共识"。此外，西欧国家和东欧国家独立倾向日益增强、西方阵营和东方阵营倾向瓦解、第三世界国家和不结盟运动逐步兴起。"共识"的存在和世界形势的新变化令美国和苏联不得不采取一定程度的"缓和"战略，改善双边关系，在某些国际问题和危机的解决方面进行一定合作。例如，为了尽快结束 1965 年第二次印巴战争，美国与苏联或各自或联合发挥作用，威逼利诱印度与巴基斯坦停战、和谈和签订《塔什干宣言》。即便如此，美苏之间的竞争与对抗的基本格局仍未改变，在越南战争和限制战略武器问题上的根本分歧严重阻碍并弱化了美苏"缓和"的成果，令"缓和"表现出明显的局限性。而约翰逊政府的援巴政策除受到美巴因素的直接影响外，也受到苏联因素、中国因素和印度因素的重大影响。

一　约翰逊政府以长期军事援助诱压巴基斯坦政府

约翰逊政府不仅基本继承了肯尼迪政府的相关人员，而且总体上继承并实践了肯尼迪政府的对外政策和思想。在南亚政策上，其继续秉承优先援助印度、推动印巴和解、保持美巴同盟和限制中巴关系改善的思想，并将之体现于美国对南亚的援助政策之中。约翰逊政府酝酿以长期军事援助诱压巴基斯坦限制中巴关系和履行对美国的同盟义务。

约翰逊总统亲自要求巴基斯坦限制中巴关系。1963 年 11 月 29 日，约翰逊总统会见巴基斯坦外长佐勒菲卡尔·阿里·布托（Zulfikar Ali Bhutto），两次强调了对巴基斯坦的高度信任和对中巴关系改善的严重关注和反对。一方面，约翰逊声称，自己在过去和未来都是巴基斯坦的朋友，美国人民和国会领袖都相信巴基斯坦是最坚定的反对共产主义的国家。另一方面，约翰逊特别强调，如果巴基斯坦增强与中国的关系，美巴之间将发生后果严重的公共关系问题。而参与会谈的助理国务卿塔尔伯特亦表示，"我们的盟国——巴基斯坦，成为中国实施阴谋的工具"。①显而易见，约翰逊政府在组建之初就已经向巴基斯坦政府发出了明确的警告。美国国务院也随之行动，寻找限制中巴关系发展的方式和方法。

12 月 11 日，腊斯克国务卿等人建议约翰逊总统批准制订一个向巴基斯坦提供大规模军事援助的长期计划，以平息因为美国向印度提供大规模军事援助可能引发的巴基斯坦的激烈反应，并限制中巴关系的发展。

---

① *FRUS*, *1961–1963*, *Vol. XIX*, South Asia, Washington, D. C.：U. S. GPO, 1996, Document 341.

腊斯克说："在目前承诺的背景下，我们也应制订一个可能向巴基斯坦提供军事援助的三年至五年的系列计划。该计划应该包含两个以上的飞行中队的超音速飞机。巴基斯坦对它们的联盟义务的看法令美国满意之前，不要泄漏该计划。如果条件成熟，美国准备同时宣布对巴基斯坦的军事援助计划与对印度的军事援助计划。任何向巴基斯坦提供三年至五年的军事援助计划必须达成清楚的谅解，即巴基斯坦对其与中国的关系做出可以令美国接受的限制，且履行对美巴联盟的义务。"① 几乎与此同时，作为美国对巴军事援助政策的重要决策部门之一的参谋长联席会议，也向国防部提出了几乎完全相同的建议。

12 月 23 日，美军参谋长联席会议主席马克斯韦·D. 泰勒（Maxwell D. Tailor）向国防部长罗伯特·斯特兰奇·麦克纳马拉（Robert Strange McNamara）汇报了其访问巴基斯坦的情况，并提出了相关建议。11 月 19—20 日，泰勒访问巴基斯坦并与阿尤布·汗总统会谈。在会谈中，阿尤布·汗总统强烈反对美国向印度提供军事援助。他不仅声称美国对印度的军事援助将巴基斯坦至关重要的利益置于危险和"极为可怕的困境"之中，巴基斯坦也被忠实地做美国盟友的责任感与寻求被美国一直伤害的巴基斯坦安全利益的责任感所撕裂。"巴基斯坦将为自己的领土而战"，不仅需要更高质量的武器来维持印巴之间传统的军力比例，而且急需更好的技巧、更好的领导、更好的战斗人员和高度机动化的装备。因此，美国要有一个支持巴基斯坦的明确计划，而不"仅是一个噱头"。而在泰勒强烈反对的周恩来总理访问巴基斯坦的问题上，阿尤布·汗极力辩解，并声称巴基斯坦与中国发展关系是为了西方国家的利益。② 泰勒向麦克纳马拉建议，鉴于阿尤布·汗总统必须将美国作为盟国，令美国愿意为巴基斯坦提供极其重要的军事装备，适当承认巴基斯坦的状况、增强巴基斯坦的信心和善意、不要屈从于巴基斯坦的恼怒和抱怨，将有利于美国的利益。因此，美国应该向巴基斯坦表示，愿意提供一个五年军事计划。

---

① *FRUS*, *1961 - 1963*, *Vol. XIX*, South Asia, Washington, D. C. : U. S. GPO, 1996, Document 342.

② *FRUS*, *1961 - 1963*, *Vol. XIX*, South Asia, Washington, D. C. : U. S. GPO, 1996, Document 346.

该计划应该包括两个中队以上的超音速飞机。但该计划应该根据巴基斯坦持续履行对中央条约组织、东南亚条约组织和巴美同盟的义务的情况来决定。① 参谋长联席会议的间接建议和腊斯克的直接建议为约翰逊政府在对巴军援问题上做出新决定提供了内部动力，而阿尤布·汗政府的胁迫也成为约翰逊政府对巴基斯坦做出新的军事援助承诺的重要原因。

阿尤布·汗总统以美巴同盟和巴基斯坦的地缘政治价值为筹码，诱压约翰逊政府增加军事援助。1964 年 1 月，阿尤布·汗总统在美国《外交》季刊上发表了题为"巴美同盟：压力和紧张"的文章。阿尤布·汗总统主要强调了两个要点：第一，美巴同盟具有重要价值。巴基斯坦通过四个共同安全安排与美国关联，巴基斯坦是"美国在亚洲最可靠的盟友"。巴基斯坦是唯一具有东南亚条约组织和中央条约组织双重成员国身份的亚洲国家。巴基斯坦的战略地理位置具有特殊重要性，与中东相连的西巴基斯坦靠近苏联南部边境，与中国有共同边界。它占据了重要的山路通道。这些通道是历史上发生的所有针对次大陆的侵略的陆上必经之路。东巴基斯坦还与缅甸相邻。西巴基斯坦和东巴基斯坦在印度的西北和东北两翼。这种地理形势令巴基斯坦实际上成了印度的护盾，也成为南亚门户。因此，巴基斯坦继续保持强大和稳定，将有利于世界和平，特别是有利于印度的安全和利益。第二，美国大规模援助印度不仅极大伤害了巴基斯坦及其对美国的感情，而且美国向印度提供大量军事援助将对西方产生不利的影响。② 阿尤布·汗强调的两点并非新内容，但在冷战大局尚未发生根本变化的背景下，约翰逊政府依然不得不谨慎考虑和尽可能妥善处理。

约翰逊政府与阿尤布·汗政府就军事援助和中巴关系问题进行初步交涉。1964 年 1 月 8 日，巴基斯坦驻美大使古拉姆·艾哈迈德（Ghulam Ahmed）拜访腊斯克国务卿，抨击了美国向印度提供军事援助，指责该援助令南亚的"地区军事形势"在过去数月发生了变化，而腊斯克国务卿却大肆宣扬"中国威胁"。③ 约翰逊政府不无所动，反而更明确地向巴基

---

① *FRUS*, *1961 – 1963*, *Vol. XIX*, South Asia, Washington, D. C.：U. S. GPO, 1996, Document 348.

② *Foreign Affairs*（New York）, January 1964, pp. 196 – 209.

③ *FRUS*, *1964 – 1968*, *Vol. XXV*, *South Asia*, Washington, D. C.：U. S. GPO, 2000, Document 2.

斯坦表明其对中巴关系的严重关切。1 月 14 日，麦克瑙希大使拜会阿尤布·汗总统，暗示巴基斯坦政府"接待周恩来和陈毅的仪式和规格的不同将产生不同的后果"，"美国希望该访问的接待规格尽可能低调，以便使其伤害最小化"，"华盛顿将密切关注中国领导人的访巴之行"。巴基斯坦则回应称，中国领导人的访问只是邻国之间维持正常外交关系的互访，巴基斯坦的唯一目标是"阻止中国，让中国不要越界"，且巴基斯坦推动"中巴关系正常化"是避免挑衅和确保中国留在自己国土之上的最好方式。[①] 阿尤布·汗总统的回应呈现了不卑不亢的态度和立场，表明他既不想放弃美巴联盟、恶化美巴关系，也不愿放弃与中国改善关系的机会。对此，约翰逊政府当然是不安心的。但美国国务院和国家安全委员会则坚信美国的对巴援助可以发挥制约中巴关系的作用。

　　1 月 17 日，腊斯克国务卿在致麦克瑙希大使的电报中说，他相信巴基斯坦仍需要美国的军事和经济援助，该援助将对巴基斯坦的与中国"正常化政策"形成令美国可以接受的限制。[②] 1 月 21 日，国家安全委员会委员科默向约翰逊总统建议："我们也应该制定向巴基斯坦提供军事援助的五年计划，作为保护我们在巴基斯坦财产的方式。""只要我们有军事援助计划，我们就很可能要在印度和巴基斯坦进行大量投资。所以，建议我们提供五年计划，而不是年度计划，目的是将美国的影响最大化。而且，我们建议，对印度和巴基斯坦的援助只提出初始计划。然后根据它们的反应，我们再决定后续的计划。如果印度和巴基斯坦同意我们的条件，我们将清楚地表明向它们提供五年的'承诺'。当然，我们要公开执行机构的想法，但要清楚地表明，其取决于每年国会的反应与印度和巴基斯坦的表现。""这一政策有很大风险。但如果我们与印度继续发展关系，我们也希望与巴基斯坦共同保护我们的侧翼。"[③] 同日，古拉姆·穆罕默德大使通知美国政府，巴基斯坦将把克什米尔问题提交联合国安

---

　　① *FRUS*, *1964 - 1968*, *Vol.* XXV, *South Asia*, Washington, D. C. : U. S. GPO, 2000, Document 5.

　　② *FRUS*, *1964 - 1968*, *Vol.* XXV, *South Asia*, Washington, D. C. : U. S. GPO, 2000, Document 6.

　　③ *FRUS*, *1964 - 1968*, *Vol.* XXV, *South Asia*, Washington, D. C. : U. S. GPO, 2000, Document 8.

理会。虽然美国代表劝说巴基斯坦不要如此行事，但巴基斯坦依然将自己的决定付诸实施，约翰逊政府对此十分不满，并希望通过五年军事援助计划令巴基斯坦改变外交立场和方向。

2月8日，约翰逊总统同意美国政府向印度和巴基斯坦提出试探性的五年军事援助计划，但要遵循一定的条件：第一，应清楚地向印巴两国政府阐明美国提供长期军事援助所期待的回报。第二，美国的军事援助计划应该与巴基斯坦令人满意地履行联盟义务和保护美国在其境内的情报设施的表现相关联。第三，印巴政府应被告知，美国做出可以调整的五年军事援助计划承诺，既因为每年的援助水平将取决于国会的意见，又因为美国每年的实际援助将取决于巴基斯坦和印度的持续表现。第四，美国向印度和巴基斯坦表明军事援助计划应该选择最有利的时机。例如，美国在完成对周恩来访问巴基斯坦的评估后，才向巴基斯坦告知美国的军援计划。① 2月10日，腊斯克再次向布托强调了中国对南亚次大陆的威胁。2月21日，副国务卿鲍尔致电麦克瑙希，告知他约翰逊政府准备在对巴军事援助问题上采取的步骤和原因。美国政府拟采取四个步骤：第一步，向阿尤布·汗表明，美国关于军事援助的考虑进展良好，美国希望能够在3月底之前讨论更重大的细节；美国仍计划向巴基斯坦提供与美国对印援助的规模和条件基本相当的军事援助。该计划有助于平抑巴基斯坦政府对美国向印度提供长期军事援助的激烈反应；在一定程度上可以降低周恩来访问巴基斯坦造成的影响。第二步，根据美巴中关系评估周恩来访问巴基斯坦的结果。第三步，与阿尤布·汗政府进行正式接触，并确定政治框架。美国准备在该框架内向巴基斯坦提供长期军事援助。正式接触的内容是把持续军事援助作为保持美巴联盟关系的必要条件，巴基斯坦必须保证限制发展与北京的关系，其政策总体上不得与美国利益相冲突。美国坚持在这些问题上美巴两国能够继续合作，这是美国对巴基斯坦军事援助得以持续的条件。第四步，就五年军事援助计划

---

① *FRUS*, *1964 - 1968*, Vol. XXV, *South Asia*, Washington, D. C. : U. S. GPO, 2000, Document 13.

的军事水平进行技术性讨论。① 显而易见，美国国务院拟议中的对巴基斯
坦的五年军事援助计划是一个试图将"大棒"与"胡萝卜"并用，且令
巴基斯坦不得不屈服的计划，让巴基斯坦在中巴关系上做出符合美国的
战略需要的决策。

与约翰逊政府的预想相背离，阿尤布·汗政府虽然在一定程度上降
低了接待周恩来总理的规格，但在中巴关系和印巴关系的根本立场问题
上却毫不退让。

阿尤布·汗政府低调欢迎周恩来总理访问巴基斯坦。2 月 28 日，周
恩来总理抵达巴基斯坦进行访问。巴基斯坦政府谨慎地将对周恩来总理
的官方接待保持在正常水平范围内，由财政部长穆罕默德·舒尔布主持
接待，而不是由外交部长布托负责接待。阿尤布·汗政府希望通过这种
折中的方式既不触碰约翰逊政府为巴基斯坦画定的红线，又能够令中巴
两国保留必要的体面，为两国在将来共同应对印度时预留空间和渠道。

约翰逊政府与巴基斯坦政府在中巴关系等问题上互不退让。3 月 11
日，美国国务院助理国务卿塔尔伯特与阿尤布·汗总统进行了会谈。塔
尔伯特根据约翰逊总统的指令，首先明确表示，美国的政策是封锁中国。
随后，塔尔伯特又明确强调了美国与巴基斯坦的相互需求。一方面，巴
基斯坦需要获得美国的可靠安全保证和经济与军事援助。美国一直满足
了巴基斯坦的需要。另一方面，塔尔伯特亦指明了美国希望从巴基斯坦
获得的回报：履行其对中央条约组织和东南亚条约组织的承诺；保证中
巴关系不会发展到对美巴关系产生不利影响，或扰乱美国支持和支援亚
洲国家抵御共产主义的计划；不会向印度使用武力。而阿尤布·汗则回
应称，美国是巴基斯坦的"天然的朋友"。② 然而，在美国军事援助印度、
印度在克什米尔争端中的态度和意图、巴中关系等问题上，塔尔伯特与
阿尤布·汗总统进行了激烈的交锋，互不退让。巴方没有在会谈中向美
方寻求军事援助。

---

① *FRUS*, *1964 – 1968*, *Vol. XXV*, *South Asia*, Washington, D. C.: U. S. GPO, 2000, Document 17.

② *FRUS*, *1964 – 1968*, *Vol. XXV*, *South Asia*, Washington, D. C.: U. S. GPO, 2000, Document 27.

约翰逊总统和塔尔伯特助理国务卿考虑推迟向巴基斯坦做出军事援助的承诺，暂不提五年军事援助计划。3 月 19 日，约翰逊向国会建议，将 1965 财年援助的三分之二给予中苏阵营边缘的 11 个国家；将 1965 财年的发展贷款的三分之二，包括进步联盟贷款，给予六个国家：智利、哥伦比亚、尼日利亚、土耳其、巴基斯坦和印度。① 3 月 25 日，塔尔伯特从伦敦致电腊斯克。塔尔伯特说，"关于对巴基斯坦的援助，坦白地说是一个普通的旧交易方式。近来，我们一直以延迟援助项目和计划的方式向巴基斯坦表明我们的不满。但始终未奏效。……经济援助对巴基斯坦和印度是一样的。关于军事援助，我们应该迅速开始讨论，不要在媒体上公布可能的五年计划。……如果舒尔布的公开声明宣称他们希望改善与我们的关系是正确的，我倾向于在下一阶段接受巴基斯坦的要求。如果不是，我们应该进一步延迟；如果是，我们不希望由于拒绝相信其真实性而在他们的考虑中失去位置。关于武器，应该弱化超音速飞机的象征属性。目前，我们的军事援助立场的关键在于是否同意提供超音速飞机。……如果我们能够弱化超音速飞机的象征属性，且将它们视为武器，我们对印度和巴基斯坦的军事援助计划将更容易处理"。② 3 月 26 日，国家安全委员会委员科默（Robert W. Komer）也向总统安全事务特别助理麦克乔治·邦迪（McGeorge Bundy）建议："在得到关于五年军事援助计划的更多消息之前，我们暂时不采取行动；……巴基斯坦对美国的完全且无可替代的依赖意味着，我们能够有技巧地令巴基斯坦接受我们的条件，这种依赖仍给予我们真正需要的东西。"③ 可见，约翰逊政府此时仍然希望通过援助影响巴基斯坦的外交立场和倾向。

阿尤布·汗政府与约翰逊政府就军事援助问题再次进行交涉。4 月 9 日，巴基斯坦驻美大使古拉姆·穆罕默德向美国国防部长麦克纳马拉转交了巴基斯坦陆军总司令兼陆军参谋长穆萨·汗（Musa Khan）的信件，

---

① Lyndon B. Johnson, *Special Message to the Congress on Foreign Aid*. https：//www. presidency. ucsb. edu/documents/special – message – the – congress – foreign – aid – 3.

② *FRUS*, *1964 – 1968*, *Vol. XXV*, *South Asia*, Washington D. C. ： U. S. GPO, 2000, Document 30.

③ *FRUS*, *1964 – 1968*, *Vol. XXV*, *South Asia*, Washington D. C. ： U. S. GPO, 2000, Document 31.

并就美国对巴基斯坦的军事援助计划与美方进行了讨论。古拉姆大使强调，军事援助计划中存在的两个主要问题是装备和弹药的进口进展缓慢。不充足的弹药储备和失效的弹药令巴基斯坦军队面临极大困难。麦克纳马拉则回应称，弹药正在被陆续送达，美方已经采取措施处理失效的弹药。无论如何，这显然应该是美国在巴基斯坦的军事代表负责讨论的事情，而穆萨·汗的信件则显示了关于该问题的沟通完全失效。麦克纳马拉宣称，如果美国错了，美国将改变，但"我认为美国没有错"。古拉姆继续强调，阿尤布·汗总统希望知道，是否是沟通问题或其他问题导致美国在向巴基斯坦提供军事援助时有困难。麦克纳马拉回应称：显然是沟通问题，而不是其他问题——不是因为美国对巴基斯坦与中国关系的不满。① 古拉姆与麦克纳马拉还讨论了巴基斯坦的空降大队、隼式战斗机大队、军工生产、H-34 直升机和炮兵部队现代化等问题，向美国寻求更多相关援助。麦克纳马拉给予了模棱两可的回应，既表示美国会予以积极考虑，又强调了美国的困难和谨慎态度，并没有明确回答巴基斯坦的求援。

美国国务院决定推迟向巴基斯坦做出长期军事援助承诺。4 月 11 日，麦克瑙希大使致电美国国务院，阐述了其对印巴关系的基本看法和建议。麦克瑙希认为，数月以来，次大陆进入了不寻常的动荡时期，充满了不利于美国利益的潜在风险。未来数月，美国能够有机会采取相应重大步骤，推进次大陆的稳定与和平。麦克瑙希说，巴基斯坦决策圈内存在着分裂与争论的迹象。巴基斯坦国内的温和派与强硬派正在进行博弈。阿尤布·汗总统处于决策的中心，还没有进行选择。尽管其倾向采取亲西方政策，但仍默许了布托建议的与西方国家疏远的政策。尽管表面上看起来阿尤布·汗总统似乎更重视目前的二元外交，实际上他是在看情况的发展，主要看美国对巴基斯坦的反应。因此，美巴关系正处于一个危险时期，即美国如何在日益动荡的环境中应对处于脆弱平衡状态中的巴基斯坦的对外政策。美国在巴基斯坦仍保有足以影响其重大决策的能力。麦克瑙希主张"对巴基斯坦和印度采取胡萝卜加大棒的方式"，推动解决

---

① *FRUS*, *1964 - 1968*, *Vol.* XXV, *South Asia*, Washington D. C. : U. S. GPO, 2000, Document 34.

克什米尔问题，实现印巴和解。他建议："在巴基斯坦，美国对温和派给予慎重支持，因为他们更强调目前对印度的压力策略所产生的负面效果；暂缓向印度或巴基斯坦做出任何长期经济和军事援助的承诺（1965 财年除外），直至我们能够判断克什米尔和解的前景和影响。"① 4 月 16 日，副国务卿鲍尔向麦克瑙希大使通告了国务院在对巴军事援助问题上的决定，即美国不会在 4—5 月与巴基斯坦讨论多年军事援助计划，但会与其讨论 1965 财年的援助计划，并"通知穆萨将军，1965 财年的军事援助计划不会包括更多的飞机。但是，如果在那时政治氛围良好，美国将在1966 财年向巴基斯坦提供 F － 104A 战机"。②

　　阿尤布·汗政府以美巴同盟义务胁迫约翰逊政府增加对巴基斯坦的援助。4 月 22 日，巴基斯坦陆军总司令穆萨·汗拜会美军参谋长联席会议主席泰勒，就美国对巴基斯坦的军事援助和美巴军事演习问题进行了讨论。虽然未做出最终决定，但双方同意继续商讨。5 月 8 日，阿尤布·汗总统向加拿大广播公司的记者表示，一方面，巴基斯坦不会脱离西方联盟；另一方面，"如果西方特别是美国继续向印度提供武器，中央条约组织和东南亚条约组织中的大国对巴基斯坦的价值是什么"？阿尤布·汗还强调了巴基斯坦在与西方国家交往中所面临的严重经济困难。③ 5 月 26日，巴基斯坦外交部长向麦克瑙希大使表示，巴基斯坦越来越关注美国向印度持续提供军事援助的活动。如果该活动继续，巴基斯坦将被迫重新考虑其对联盟的承诺。④ 6 月 22 日，布托外交部长在巴基斯坦国民大会上指责美国"完全忽视"了巴基斯坦，"现在到了巴基斯坦开始重新评估对外政策和政治军事承诺的时候了"。美国"必须在坚持联盟与背叛联盟中进行选择"。⑤

① *FRUS*, *1964 – 1968*, *Vol. XXV*, *South Asia*, Washington D. C.: U. S. GPO, 2000, Document 35.

② *FRUS*, *1964 – 1968*, *Vol. XXV*, *South Asia*, Washington D. C.: U. S. GPO, 2000, Document 36.

③ Mohammad Ayub Khan, *Friends Not Masters: A Political Autobiography*, Karachi: Oxford University Press, 1967, pp. 234, 197 – 202.

④ *FRUS*, *1964 – 1968*, *Vol. XXV*, *South Asia*, Washington D. C.: U. S. GPO, 2000, Document 60.

⑤ Embassy Karachi Telegram to State Department, June 23, 1964, NSF, Pakistan, LBJL.

阿尤布·汗政府以美国对印度的军事援助催迫约翰逊政府。7 月 1
日，阿尤布·汗总统致信约翰逊总统强调，美国对印度的军事援助威胁
了美国的盟友——巴基斯坦的安全；阻止了印巴在克什米尔问题上的和
解；必然导致印巴军备竞赛，并对各自的经济造成压迫性负担。希望约
翰逊重新考虑美国的援印政策。① 同日，阿尤布·汗总统发表全国广播讲
话宣称，如果美国继续目前的向印度提供军事援助的政策，巴基斯坦能
够向谁求助？除军事不平衡之外，应注意武装印度的经济结果。次大陆
内无论军事冲突还是经济混乱，获益的都不是西方国家。② 7 月 7 日，约
翰逊总统与古拉姆·穆罕默德大使就美国对印度的军事援助问题进行会
谈。古拉姆·穆罕默德转交了阿尤布·汗总统致约翰逊总统的信件，并
强调，美国对印度的军事援助及长期军事援助的承诺打破了次大陆的力
量平衡，而且削弱了巴基斯坦履行其联盟义务的能力。约翰逊总统打断
了古拉姆·穆罕默德的讲话，并要求其向巴基斯坦政府转达他对巴基斯
坦与中国关系的发展"相当失望"，因为中国对美国在越南的利益构成
"重大威胁"。约翰逊还表达了对阿尤布·汗不愿派遣军队到越南协同美
军作战的不满。在约翰逊眼中，"巴基斯坦至少应该在越南展示其国旗"。
约翰逊总统还拒绝接受阿尤布·汗的建议，并宣称，"重新评估美巴关系
的时刻已经到来"。③ 约翰逊的目标是，作为对美国提供大量援助的回报，
巴基斯坦应再次成为一个"好盟友"，延缓中巴关系的发展，支持美国对
越南的迅速介入，限制巴基斯坦媒体对美国的批评。7 月 15 日，约翰逊
总统、塔尔伯特、科默与麦克瑙希在华盛顿举行了关于美巴关系的讨论。
约翰逊要求麦克瑙希向阿尤布·汗总统表明：美国总统对其怀有最高敬
意；不同意阿尤布·汗总统发表不利于美巴两国利益的观点；阿尤布·
汗的注意力应该指向中国，而不应该指向印度，约翰逊总统对此感到失
望；巴基斯坦作为主权国家虽然有权利重新评估其政策，但若巴基斯坦

① *FRUS*, *1964 - 1968*, *Vol. XXV*, *South Asia*, Washington D. C. : U. S. GPO, 2000, Document 60.

② Mohammad Ayub Khan, *Speeches and Statements*, July 1964 - June 1965, Karachi, n, d. , pp. 4 - 5.

③ *FRUS*, *1964 - 1968*, *Vol. XXV*, *South Asia*, Washington, D. C. : U. S. GPO, 2000, Document 63.

这样做，美国也要重新评估美巴联盟关系。约翰逊总统对此感到遗憾，并指示麦克瑙希大使不要激怒阿尤布·汗。在援助问题上，约翰逊说，在人均受援数额上，美国给予巴基斯坦的数量是美国给予印度的数量的两倍还多。如果阿尤布·汗想要在此方面冒险，他就必须负责。[①] 麦克瑙希大使在8月11日向阿尤布·汗总统明确转述了约翰逊总统的观点。

约翰逊政府向阿尤布·汗政府做出新的经济援助承诺。7月15日，科默向约翰逊总统提交了一份关于援巴财团会议的备忘录。科默在备忘录中称，"我们和我们的朋友将向巴基斯坦承诺提供4.2亿—4.3亿美元的援助，美国的承诺为2.12亿美元"。"实际上，我们从巴基斯坦获得的回报是其采取了一些非常合理的行动来解放私营行业。但我们应让麦克瑙希向阿尤布·汗表示，在其咒骂我们的时刻，我们和我们的盟友仍将继续给予其重大援助。"7月16日，援巴财团第六次会议在华盛顿召开，援巴财团成员国在会上承诺向巴基斯坦第二个五年计划的第二年，即1964年7月至1965年6月提供4.31亿美元的援助，美国政府代表在会上承诺提供2.125亿美元的援助。[②] 在美巴军事援助关系相对不顺畅的背景下，约翰逊政府做出的重大经济援助承诺延续了美国对巴援助的传统，但将其作为对军事援助关系发展不利的一种补偿。

阿尤布·汗政府在对外政策上做出一定妥协。8月16日，腊斯克国务卿指示麦克瑙希大使告诉阿尤布·汗总统：第一，美国认为，在中美对抗的关键时刻，巴基斯坦政府退出东南亚条约组织将对美国的国家利益产生严重不利的影响，这一行动必将对美巴关系产生不利的影响。第二，巴基斯坦影响美国对中国的立场的行动必定影响美国继续向巴基斯坦提供高性能超音速飞机的计划，亦将对美巴两国高层人员互访的连续性产生不利影响。高层人员互访是美巴关系的指标性特征。[③] 9月18日，麦克瑙希大使与阿尤布·汗总统在拉瓦尔品第进行会谈。在东南亚条约

---

① *FRUS*, *1964－1968*, *Vol. XXV*, *South Asia*, Washington, D. C.: U. S. GPO, 2000, Document 65.

② *FRUS*, *1964－1968*, *Vol. XXV*, *South Asia*, Washington, D. C.: U. S. GPO, 2000, Document 64.

③ *FRUS*, *1964－1968*, *Vol. XXV*, *South Asia*, Washington, D. C.: U. S. GPO, 2000, Document 68.

组织的问题上，阿尤布·汗承诺，巴基斯坦将保持其成员国身份，但只是出于对美国的尊敬。在恢复中华人民共和国在联合国合法席位的问题上，阿尤布·汗承诺，巴基斯坦不会在联合国积极支持中国。关于巴基斯坦与中国互相表达善意的举动，阿尤布·汗声称，那只是巴基斯坦新睦邻政策的必要组成部分而已。关于印巴关系，阿尤布·汗表示要再等一等。关于美巴关系，巴基斯坦政府对美国在巴基斯坦境内的活动表示怀疑。关于苏联在次大陆的作用，阿尤布·汗强调，巴基斯坦不期望从敌人那里获得任何东西，但对其盟友有很多期望。阿尤布·汗还质疑美国在对待中国和苏联时采取了双重标准。① 9 月 24 日，约翰逊总统的国家安全事务特别助理麦克乔治·邦迪与巴基斯坦财政部长舒尔布在华盛顿进行会谈。舒尔布强烈要求美国提供 2500 万美元的援助，支持巴基斯坦继续采取自由放任的国内经济政策和进口自由化政策。但在双边关系问题上，双方依旧各持己见，互不妥协。尽管如此，邦迪仍在最后声称，美国希望将美巴关系保持在最好状态，除非巴基斯坦使其成为不可能。只要阿尤布·汗总统清楚表明愿意维持美巴关系，美巴就能继续进行大量的政治合作。②

美巴关系由紧张趋向缓和。阿尤布·汗在 1965 年 1 月再次当选巴基斯坦总统后，麦克瑙希大使代表约翰逊总统邀请他在 4 月访问美国，就双边关系进行总统间的直接交流。阿尤布·汗总统接受了邀请。麦克瑙希大使还声明，美国对巴基斯坦的军事和经济援助计划将继续，但需要预先规划；美国没有考虑将援助与政治捆绑在一起，美国需要确定更宽泛的政治框架。在该框架内，美国的援巴计划能够恰当地制定并被理解。从这一点看，阿尤布·汗的访问是重要且紧迫的。此系列问题事关美国在巴基斯坦的利益、计划和存在，巴基斯坦在"自由联盟"中的地位，印巴之间至为重要的问题，亚非阵营中巴基斯坦的地位，巴基斯坦与中国和苏联的关系，都是需要高度关注的问题。麦克瑙希大使认为，阿尤

---

① *FRUS*, *1964 – 1968*, *Vol. XXV*, *South Asia*, Washington, D. C.: U. S. GPO, 2000, Document 72.

② *FRUS*, *1964 – 1968*, *Vol. XXV*, *South Asia*, Washington, D. C.: U. S. GPO, 2000, Document 73.

布·汗的反应总体上好于美国的预期。① 2 月 23 日，塔尔伯特助理国务卿向腊斯克国务卿提出了关于美国向印度和巴基斯坦提供超音速飞机问题的建议。塔尔伯特建议，在对印巴提供超音速飞机的问题上，美国不要急于行动，应该在慎重评估阿尤布·汗总统访问美国时的"政治氛围"后再做决定。当然，美国希望要全面考虑向印巴提供超音速飞机对美印和美巴关系的影响。在这一考虑下，美国既要考虑向两国提供飞机，也要考虑拒绝提供超音速飞机。② 约翰逊总统亦同意阿尤布·汗在 1965 年 4 月访问美国。美巴关系似乎马上就要多云转晴，即将迎来风和日丽的好时光。然而，在美巴两国之间积累的深刻猜疑令局势迅速逆转。

二 约翰逊政府故意推迟召开援巴财团会议

阿尤布·汗总统虽然接受了访美邀请，但在巴基斯坦与中国和苏联的关系已经缓和与发展的背景下，尤其是在巴中关系实现重大进步的前提下，他当然不希望自己的访美之行对巴中关系和巴苏关系造成不利影响，进而导致双边关系的倒退和巴基斯坦战略环境的再度恶化。同时，也为了向美国政府展示巴基斯坦并非没有朋友，中国和苏联是可能成为其好朋友并会提供巨大帮助，从而减轻约翰逊政府对巴基斯坦施加的压力，并反过来向其施加压力，促使其增加对巴援助，阿尤布·汗总统决定通过访问中国和苏联，实施"走钢丝"策略。正如他所说："自己知道怎样在狮群中通过使一只狮子反对另一只狮子，从而使自己安全地生活下去。"他说，巴基斯坦将留在东南亚条约组织和中央条约组织内，同时与中国和苏联发展友好关系。③

阿尤布·汗政府在中国、苏联和美国之间走"走钢丝"。1965 年 3 月 2 日至 9 日，阿尤布·汗总统访问中国。在与中国领导人的会谈中，他反复表达了对中国领导人的钦佩和信心，认为中国的成就为其他亚非国家树立了榜样，热情地赞扬中国的和平意愿已经在亚非国家中树立了坚持

---

① *FRUS*, *1964 – 1968*, *Vol. XXV*, *South Asia*, Washington, D. C. : U. S. GPO, 2000, Document 84.

② *FRUS*, *1964 – 1968*, *Vol. XXV*, *South Asia*, Washington, D. C. : U. S. GPO, 2000, Document 89.

③ CIA Intelligence Cable Report, April 26, 1965, NSF, Pakistan, LBJL.

友好与合作的良好形象。7 日，巴基斯坦外长布托与中国外长陈毅在北京发表联合公报。该公报声称，中巴两国将发展更紧密联系，支持亚洲和非洲的民族独立运动、反对帝国主义和殖民主义。随后，阿尤布·汗总统访问了苏联，承认苏联有理由对美国与巴基斯坦的联盟感到不满。阿尤布·汗声称："这些条约已经失去生命力，但我们现在的处境是我们还不能埋葬它们。"关于美国在巴基斯坦的基地和苏联在克什米尔问题上的立场，阿尤布·汗总统向苏联领导人保证，巴基斯坦不会成为美国在南亚的工具，克什米尔问题可以通过双边协商得到合理解决。① 与阿尤布·汗的"走钢丝"策略相配合，布托外长于 3 月 28 日在卡拉奇召开的新闻发布会上强调，一方面，美国向对巴基斯坦怀有敌意的印度提供大量军事援助，不仅破坏了联盟的全部理念，而且粉碎了它；另一方面，巴基斯坦与中国更接近了，中巴之间实现了极大谅解，但这不是以牺牲美国为代价的，巴基斯坦和中国关系的发展与世界和平的目标一致。"我们与中国的关系向前发展，但同时我们与美国的关系没有倒退。"② 阿尤布·汗政府希望通过强调中国、苏联和印度因素，压迫约翰逊政府增加对巴经济和军事援助。该意图非常明显。

约翰逊政府对阿尤布·汗总统访问中国的初步评估和反应。3 月 16 日，麦克瑙希大使向国务院汇报了自己对阿尤布·汗总统访问中国的判断。麦克瑙希认为，中国再次以策略争取到了巴基斯坦，且在巴基斯坦国内赢得了宣传胜利。巴基斯坦获得了心理上的安全感，且阿尤布·汗提升了在国内的形象和在亚非国家中的地位，成为能够且不愿意受西方国家影响的亚非国家代言人，是能够获得中国高规格接待的重要人物。麦克瑙希建议，美国应该动摇巴基斯坦的信心，令其不要认为美国继续提供充分支持是理所当然的。他认为，这是极其必要的，不要考虑巴基斯坦的国际行动。3 月 20 日，科默向邦迪表示："国务院受够了我们的巴基斯坦朋友。在 4 月阿尤布·汗来访时与其进行极其必要

---

① Altaf Gauhar, *Ayub Khan: Pakistan's First Military Ruler*, Lahore: Sang – e – Meel Publications, 1993, pp. 299 – 300.

② *Dawn*, March 29, 1965. Cited in Rajendra K. Jain edited, *US – South Asian Relations 1947 – 1982*, Vol. 2, New Delhi: Radiant Publisher, 1983, pp. 233 – 234.

的摊牌是有用的。"① 与此同时，美国情报部门等相关机构对巴基斯坦的政治形势进行了评估。3 月 24 日，中情局、国务院和国防部以及国家安全机构的情报部门联合起草了一份关于"巴基斯坦前景"的国家情报评估。该评估认为，阿尤布·汗在可预见的未来仍将保持其在巴基斯坦国内的主导地位，且可能在看不到美国改变对印政策的希望的情况下，不愿改变其对外政策的基本方向。② 与上述观点不同，美国国际开发署的主任戴维·E. 贝尔（David E. Bell）在 3 月 22 日向参议院外交委员会指出，巴基斯坦与中国是逢场作戏，巴基斯坦政府仍是强大和强硬的反共政府，美国在巴基斯坦部署最低限度或某些具有重大意义的军力是有价值的，这些军事力量可以在特定情况下用于与美国保持联系。③

麦克瑙希在劝说阿尤布·汗约束其在中巴关系问题上的言行不成功的情况下，表达了对巴基斯坦对外政策的失望和对美国援巴计划的悲观预期。而科默则将阿尤布·汗的访美之行视为约翰逊总统改变巴基斯坦对外政策的良机，并建议"约翰逊总统以可以信赖的方式劝说阿尤布·汗改变立场"。④

与该建议相反，约翰逊总统却在 4 月 5 日突然通知巴基斯坦政府，要求推迟阿尤布·汗总统的访美计划。其理由是，阿尤布·汗的访问将使公众的注意力集中于美巴两国在中国问题上的分歧，将严重影响美国向巴基斯坦政府提供经济和防御援助的计划，"这些计划是你们正在全力推进的，那将不利于美国和巴基斯坦的共同利益"。⑤ 因此，阿尤布·汗总统访问美国的时机不合适。而副国务卿鲍尔则认为，推迟阿尤布·汗访美是一个"可能提供好处的休克疗法"。也就是说，约翰逊政府担心在国

---

① *FRUS*, *1964 – 1968*, *Vol. XXV*, *South Asia*, Washington, D. C. : U. S. GPO, 2000, footnote 4, Document 93.

② *FRUS*, *1964 – 1968*, *Vol. XXV*, *South Asia*, Washington, D. C. : U. S. GPO, 2000, Document 94.

③ *Dawn*, May 7, 1965. Cited in Rajendra K. Jain edited, *US – South Asian Relations 1947 – 1982*, Vol. 2, New Delhi: Radiant Publisher, 1983, p. 156.

④ *FRUS*, *1964 – 1968*, *Vol. XXV*, *South Asia*, Washington, D. C. : U. S. GPO, 2000, Document 96.

⑤ *FRUS*, *1964 – 1968*, *Vol. XXV*, *South Asia*, Washington, D. C. : U. S. GPO, 2000, Document 97.

会审议美国对巴援助计划期间，阿尤布·汗访美必然进行游说，很可能对国会的立场产生不可预知的影响。他希望利用援助问题压迫巴基斯坦政府，促使巴放弃"走钢丝"策略，最终实行对美"一边倒"的政策。但是印巴关系的持续紧张令约翰逊的预想成为空想。

美国与巴基斯坦因军事基地问题和库奇兰恩事件再生分歧。首先，阿尤布·汗政府利用军事基地问题倒逼约翰逊政府。4 月 16 日，约翰逊总统公开宣布推迟阿尤布·汗访美。巴基斯坦政府马上进行了回应。4 月 19 日，巴基斯坦外长阿齐兹·艾哈迈德向麦克瑙希大使提出了"美国在巴基斯坦的通讯设施"的问题，要求其充分说明美国在白沙瓦的通讯设施在过去、现在和未来的扩建情况；要求美国关闭"三个更小的通讯设施"；要求美国禁止任何有印度血统的自然人进入其位于白沙瓦的通讯设施；要求巴基斯坦相关部门人员可以充分、自由地进入美国在白沙瓦的通讯设施等。① 其次，约翰逊政府高度关注库奇兰恩事件。4 月 24 日，印度和巴基斯坦军队在库奇兰恩发生小规模武装冲突，成为引发第二次印巴战争的第一张多米诺骨牌。双方在冲突中都指责对方使用了被美国禁止使用的美国援助的武器装备，印度还呼吁美国敦促巴基斯坦停止进攻。约翰逊政府不仅向巴基斯坦政府表达了对印巴冲突的强烈关注，还非常担心印巴冲突升级为印巴战争。因此，麦克瑙希大使在 4 月 27 日向国务卿腊斯克建议，美国应该向巴基斯坦发出最高警告：如果库奇谷地的战斗持续下去，除非有合理的解释，美国军事援助计划就会做出政变。② 4 月 30 日，巴美两国政府代表就库奇兰恩冲突事件中美国对巴军事援助计划的装备的使用情况进行会谈。巴方代表表示，巴基斯坦不可能不将美国军事援助计划的装备用于其需要的地方。③ 美方代表对此回答感到不满意。5 月 4 日，在麦克瑙希大使的强烈坚持下，阿尤布·汗总统同意美国

---

① *FRUS*, *1964 – 1968*, *Vol. XXV*, *South Asia*, Washington, D. C.：U. S. GPO, 2000, Document 105.

② *FRUS*, *1964 – 1968*, *Vol. XXV*, *South Asia*, Washington, D. C.：U. S. GPO, 2000, Document 111.

③ *FRUS*, *1964 – 1968*, *Vol. XXV*, *South Asia*, Washington, D. C.：U. S. GPO, 2000, Document 114.

军事援助顾问团赴库奇兰恩地区进行观察。① 5 月 8 日，印度驻美国大使
B. K. 尼赫鲁（B. K. Nehru）强烈要求腊斯克国务卿密切关注美国军事援
助计划装备在印巴冲突中的使用情况，并要求美国对印巴 "一视同仁"，
通过切断所有援助惩罚巴基斯坦。② 腊斯克国务卿则认为，印度正在因其
与巴基斯坦的矛盾而利用美国的军事援助计划向美国施压。③ 为了防止印
度的压力令约翰逊政府在援助问题上对巴基斯坦做出不利的决定，阿尤
布·汗于 5 月 11 日致信约翰逊总统，介绍了印巴之间的紧张关系，并特
别强调，正是印度的侵略行动使次大陆的关系严重紧张，巴基斯坦只是
面对威胁被迫采取行动。阿尤布·汗总统强烈呼吁美国履行承诺，援助
巴基斯坦，避免印巴之间爆发战争，对该地区的自由与和平造成难以修
复的重创。④

约翰逊政府故意推迟召开援巴财团会议。6 月 8 日，国家安全委员会
委员科默向约翰逊总统递交了一份关于 "美国援助巴基斯坦和印度的决
定" 的备忘录。科默在备忘录中回顾了美国对印度和巴基斯坦的援助情
况，就 1965 财年美国对印巴援助计划征询约翰逊总统的意见，并建议以
是否批准援助为杠杆，分别向印度和巴基斯坦施加压力，推动印巴两国
调整对外政策，以符合美国的要求和利益。6 月 9 日，约翰逊总统决定：
第一，同意国际开发署继续推进已经授权和宣布已经接近完成的对印度
和巴基斯坦的贷款。第二，在 1966 财年对外援助拨款的等待期内，如果
没有约翰逊总统的批准，就不会有更多关于对印度和巴基斯坦的贷款的
决定、拨款的宣布。第三，即使要求国会进行相关的再次拨款，也不同
意向印度和巴基斯坦提供提前的贷款计划。第四，要求国务院和国际开
发署尽早评估对印度和巴基斯坦的经济援助，依据是美国援助资源的全

---

① FRUS, *1964 - 1968*, *Vol. XXV*, *South Asia*, Washington, D. C.：U. S. GPO, 2000, Document 116.

② FRUS, *1964 - 1968*, *Vol. XXV*, *South Asia*, Washington, D. C.：U. S. GPO, 2000, Document 117.

③ FRUS, *1964 - 1968*, *Vol. XXV*, *South Asia*, Washington, D. C.：U. S. GPO, 2000, Document 118.

④ FRUS, *1964 - 1968*, *Vol. XXV*, *South Asia*, Washington, D. C.：U. S. GPO, 2000, Document 120.

球使用模式。① 6 月 11 日，国家安全委员会委员科默向总统国家安全事务特别助理邦迪表示，美国政府正在向巴基斯坦政府施加压力，其主要表现在：第一，美国向巴基斯坦提供两个中队的 F - 104 战机的计划已经延迟了两年，并将继续延迟，巴基斯坦正因此而付出代价；第二，美国没有与巴基斯坦签订后者所希望的新的 "480 公法协议"，只是将原有的协议延长了 6 个月，且没有附加分期付款形式；第三，在援巴财团的预备会议上，美国没有向巴基斯坦提及具体的承诺金额，却与世界银行、英国和德国一起抨击了巴基斯坦的国内经济形势；第四，拒绝了巴基斯坦提出的卢步尔核电站的 2500 万到 3000 万美元的援助请求（巴基斯坦因技术原因不能从国际市场上购买）；第五，美国正延迟向位于卡拉奇的钢厂提供 1.2 亿美元的援助（该援助是巴基斯坦正渴望获得的）。科默建议，美国政府继续坚持以上行动，具体措施是：推迟一个月召开援巴财团会议，理由是美国政府和国际复兴开发银行的调查需要更好答案；继续推迟对卡拉奇钢厂的援助和 "480 公法" 援助等；暂停向巴基斯坦移交除飞机之外的其他军事援助计划物资；略微削减在白沙瓦的情报人员和新建的情报设施，以动摇巴基斯坦人对视为对付美国的底牌的信心。② 同日，阿尤布·汗总统与麦克瑙希大使讨论了印巴危机，并寻求美国以赠予或信用贷款销售的方式向巴基斯坦提供更多军事援助。③ 6 月 21 日，约翰逊总统接受了科默关于缓和印巴之间紧张关系的建议：第一，延迟对印巴的军事援助计划。约翰逊总统声称："我们将延迟向印度和巴基斯坦移交已经承诺的关键的军事援助计划物资和军事销售。……对于巴基斯坦，则是延迟交付 F - 104 战机、弹药或装甲车。"第二，停止扩建美国在白沙瓦的情报设施，令阿尤布·汗确信该设施对美国不重要，美国不准备向巴基斯坦让步。第三，推迟召开援巴财团会议，以此令阿尤布·汗动摇，且为美国政府提供更多的时间来确认阿尤布·汗总统是否接收到了

---

① *FRUS*, *1964 - 1968*, *Vol. XXV*, *South Asia*, Washington, D. C.：U. S. GPO, 2000, Document 129.

② *FRUS*, *1964 - 1968*, *Vol. XXV*, *South Asia*, Washington, D. C.：U. S. GPO, 2000, Document 131.

③ *FRUS*, *1964 - 1968*, *Vol. XXV*, *South Asia*, Washington, D. C.：U. S. GPO, 2000, Document 132.

美国的信号。①

6 月 27 日，在援巴财团伦敦会议期间，国际复兴开发银行（世界银行）总裁乔治·伍兹（George Woods）受命告诉阿尤布·汗总统，美国不确定会在援巴财团会议上做什么。伍兹还强调，美巴关系并不好；美国已经厌倦了被当作奶牛。当需要牛奶的时候，被踢到一边，但当不需要奶牛的时候，又被踢到另一边。阿尤布·汗则希望美巴之间进行对话。②6 月 30 日，印度与巴基斯坦签订了关于结束库奇兰恩武装冲突的协议。

同日，腊斯克国务卿指示麦克瑙希大使通知阿尤布·汗总统和舒尔布财长，鉴于美国政府希望与巴基斯坦政府讨论其他的特定问题，美国正建议世界银行将援巴财团会议推迟至国会休会期之后召开。美国认为 9 月 27 日是合适的日子，美巴两国最好不要公布该会议的延期。③ 7 月 3 日，麦克瑙希向阿尤布·汗总统传达美国政府决定推迟召开援巴财团会议的消息。阿尤布·汗则表达了对美国的决定和所谓的"其他的特定问题"的不理解，不准备与美国讨论"特定问题"，并表示巴基斯坦将会向其他国家寻求援助。④ 7 月 6 日，腊斯克、麦克纳马拉和中情局局长小威廉·弗朗西斯·雷伯恩（William Francis Raborn Jr.）向邦迪建议：第一，暂停目前计划扩建或改善美国在巴情报设施的活动，特别是那些不重要的活动。第二，减少巴基斯坦境内美国情报设施中美国人员的数量。第三，对伊朗境内的备选情报设施的开发给予最高优先。⑤ 7 月 9 日，古拉姆·艾哈迈德大使向腊斯克国务卿表示，约翰逊政府以国会拨款为由推迟召开援巴财团会议，"是一场得不偿失的游戏"，"在美巴关系史上，经

---

① *FRUS*, *1964 – 1968*, *Vol. XXV*, *South Asia*, Washington, D. C. : U. S. GPO, 2000, Document 134.

② *FRUS*, *1964 – 1968*, *Vol. XXV*, *South Asia*, Washington, D. C. : U. S. GPO, 2000, Document 135.

③ *FRUS*, *1964 – 1968*, *Vol. XXV*, *South Asia*, Washington, D. C. : U. S. GPO, 2000, Document 139.

④ *FRUS*, *1964 – 1968*, *Vol. XXV*, *South Asia*, Washington, D. C. : U. S. GPO, 2000, Document 141.

⑤ *FRUS*, *1964 – 1968*, *Vol. XXV*, *South Asia*, Washington, D. C. : U. S. GPO, 2000, Document 142.

济援助第一次被用于政治目的"。① 7 月 10 日，巴基斯坦财政部长舒尔布致电腊斯克，请求腊斯克在援巴财团的会期问题上给予帮助，以避免引发美巴关系危机。7 月 14 日，腊斯克指示麦克瑙希告诉舒尔布，美国在援巴财团会议的召开时间问题上没有其他选择，美国希望舒尔布能够以适当的方式让阿尤布·汗总统明白这一点，以便美国继续审视美巴之间存在的问题，并找到合作实现共同目标的更好方式。② 次日，腊斯克国务卿与古拉姆·艾哈迈德大使进行了简短会晤。在援助问题上，古拉姆·艾哈迈德希望约翰逊政府不要将经济援助与政治考虑相关联。如果美国认为必须收回对巴基斯坦的第三个五年计划的援助承诺，务必提前告知巴基斯坦，以便巴基斯坦能够及时调整。腊斯克强调了三点：第一，希望古拉姆·艾哈迈德不要因为援巴财团会议日期问题而认为美国将援助与所有政治考虑相关联；第二，如果美巴两国关系近期趋于紧张，巴基斯坦应该知道原因是什么；第三，印巴之间近年来的分歧在美国国会积累了负面评价，这也会影响美国的政策。但两人在对待越南和中国的问题上分歧依旧。③

对于美国推迟召开援巴财团会议的做法，巴基斯坦政府最初的反应是呼吁美国不要延期召开。在呼吁无果后，开始采取强硬路线。不仅布托外交部长将美国的相关决定和要求公之于众，阿尤布·汗总统也公开声称，"要朋友，不要主人"，美国在印巴争端中一直采取了有损于巴基斯坦利益的处理方式，大国的态度变得专横且傲慢了。古拉姆·艾哈迈德向腊斯克表示，援巴财团会议延迟召开是"不明智的"，其"个人特征"将会被巴基斯坦人民牢记。而科默则对此表示："如果在面对巴基斯坦莽撞地将推迟召开援巴财团会议的事情公开时，美国放弃原来的决定，将面临更大风险。由于美国有更好的底牌，我们能够耐心等待，且能够

① *FRUS*, *1964 – 1968*, *Vol.* XXV, *South Asia*, Washington, D. C. : U. S. GPO, 2000, Document 146.

② *FRUS*, *1964 – 1968*, *Vol.* XXV, *South Asia*, Washington, D. C. : U. S. GPO, 2000, Document 147.

③ *FRUS*, *1964 – 1968*, *Vol.* XXV, *South Asia*, Washington, D. C. : U. S. GPO, 2000, Document 151.

在更长时间内不给予回应，看看他们是否会来美国。"① 7 月 16 日，古拉姆·艾哈迈德大使向腊斯克国务卿强调，巴基斯坦从没有加入过有损美国利益的联盟，但巴基斯坦不可能在国际上支持美国的所有政策和立场，且认为美国向印度提供的军事援助只会被印度用于对付巴基斯坦。腊斯克则回应称，愿意与巴基斯坦继续讨论双方的共同利益、分歧及解决分歧的办法。② 7 月 18 日，邦迪向约翰逊建议，在对白沙瓦的美国情报设施的重要性进行全面评估的基础上，暂停对该处情报设施的扩建和改建，但也没有必要压缩现有的设施，以此表达对巴基斯坦现行对外政策的不满和对巴境内美国设施依赖程度的减弱。③ 7 月 23 日，腊斯克在给麦克瑙希的电报中表示，由于对美国推迟召开援巴财团会议不满，阿尤布·汗总统接受了布托和其他极端主义者的路线，采取了反对美国的立场。"巴基斯坦人都知道，美国创建了东南亚条约组织和中央条约组织，将之作为反对共产主义威胁的明确的、排他性的平台。美国为巴基斯坦的生存和安全投注的大量援助始终考虑了联盟的因素。实际上，巴基斯坦是世界上第二大美援接受国。"然而，随着美国反对共产主义扩张的焦点日益转向东南亚，其从巴基斯坦这个盟国得到的合作越来越少。"尽管美国想要保护南亚，包括巴基斯坦的侧翼，但巴基斯坦减少与美国合作的事实令我们非常失望。"④

尽管美巴关系没有明显改善，约翰逊政府仍希望美巴同盟继续存在。8 月 2 日，约翰逊总统通过电话通知腊斯克，其决定采取措施将美巴关系恢复到正常状态。决定包括：第一，告诉阿尤布·汗总统不要在巴国内报纸的发表言论试探美国的态度和政策；第二，如果政府应该停止扩建白沙瓦的美国情报设施，那就停止建设；第三，"告诉巴基斯坦人，他们是受欢迎的，我们准备尽快与他们和国会进行沟通"；第四，"我们对巴

---

① *FRUS*, *1964 – 1968*, *Vol. XXV*, *South Asia*, Washington, D. C. : U. S. GPO, 2000, Document 153.

② *FRUS*, *1964 – 1968*, *Vol. XXV*, *South Asia*, Washington, D. C. : U. S. GPO, 2000, Document 155.

③ *FRUS*, *1964 – 1968*, *Vol. XXV*, *South Asia*, Washington, D. C. : U. S. GPO, 2000, Document 156.

④ *FRUS*, *1964 – 1968*, *Vol. XXV*, *South Asia*, Washington, D. C. : U. S. GPO, 2000, Document 158.

基斯坦的政策与我们对其他国家的政策完全相同，我们之间有承诺，我们不想取消它们，我们今年不会取消，但我们也不会做出新的承诺"。①同日，科默受约翰逊总统指令向腊斯克建议，国务院应该采取一系列使阿尤布·汗总统放松的措施，努力推动他在 9 月 23 日之前访问美国。这些措施不是要迎合他，而是清楚地表明，他正在薄冰上滑行。科默建议的措施包括：第一，通过直接或间接方式，公开美巴在推迟召开援巴财团会议问题上的争议，使其明白应改变真正重要的东西。除非巴基斯坦改变其立场，美国不可能做出任何承诺。第二，动摇巴基斯坦的自信，暂停白沙瓦情报设施的所有扩建计划和活动是美国能够掌握的撒手锏。第三，告诉巴基斯坦人美国不会迎合他们，且不会要求他们向美国求援。如果阿尤布·汗总统重视美国的支持，他就会明智地选择接受"邀请"，且很快访问美国。② 正当美巴两国政府进行艰苦的僵持、博弈之时，印巴关系再次紧张，并逐步激化、升级为第二次印巴战争。约翰逊政府在战争中不仅再次推迟召开援巴财团会议，而且对印度和巴基斯坦实施全面军事禁运，期待以此迫使印度与巴基斯坦尽快停战、和解。

三　约翰逊政府以全面军事禁运促停印巴战争

印度与巴基斯坦在库奇兰恩的武装冲突虽然在 1965 年 6 月底就已经停止了，但两国之间的敌意却未有丝毫减少，双方反而伺机扩大战果或进行报复。不久之后，印巴两国在克什米尔再次兵戎相见、重燃战火。约翰逊政府不得不再次举起援助制裁的"大棒"。

8 月初，印巴关系因两国在克什米尔地区的行动再度紧张。巴基斯坦政府向美国寻求军事援助的动机再次变得强烈起来。虽然巴基斯坦驻联合国代表赛义德·阿姆贾德·阿里代表阿尤布·汗总统表达了"对约翰逊总统的个人友谊"，但巴基斯坦政府再次被告知援巴财团会议被推迟。阿尤布·汗总统声明，美巴关系的任何暂时恶化都能够"客观"地被纠

---

① FRUS, 1964-1968, Vol. XXV, South Asia, Washington, D. C. : U. S. GPO, 2000, Document 160.

② FRUS, 1964-1968, Vol. XXV, South Asia, Washington, D. C. : U. S. GPO, 2000, Document 162.

正，美巴两国应进行高层互访。美方则认为阿尤布·汗的声明强调了巴基斯坦与西方，特别是和美国的友谊，意味着巴基斯坦打算保持东南亚条约组织的成员国身份和与美国的联盟关系。[①] 但约翰逊总统却拒绝在彼时派遣美国政府高官访问巴基斯坦。

印度政府向约翰逊政府发出强烈抗议，希望美国减少对巴基斯坦的军事援助。9月1日，巴基斯坦装甲部队进攻查谟北部，印度随即越过停火线。印度外长斯瓦兰·辛格（Swaran Singh）向美国强烈抗议，声称巴基斯坦使用了美国提供的巴顿坦克，质问美国将如何履行保证，即除非印度显然是侵略方，美国不允许其提供给巴基斯坦的军事装备被用于反对印度。辛格还进一步强调，只有美国能够限制巴基斯坦军队，因为巴基斯坦拥有的美国装备使其在面对印度时占据了优势，特别是在坦克和飞机方面。[②] 9月2日，在美国总统会议上，腊斯克明确强调，关键的问题是恢复停火线，包括反对巴基斯坦的渗透。科默指出，美国的相关部门在9月1日已经判定，美国的直接介入和暂停军事援助计划是必要的。[③] 9月3日，印度大使向腊斯克说："如果巴基斯坦不想停止，这一点我们在数年前已经告诉他们了，印度将越过国际边界线进行攻击。除非你们能够阻止他们，我们将不得不那样做。"[④] 腊斯克国务卿虽然未对印度大使做出美国停止向巴基斯坦提供军事援助的表态，但他与国家安全委员会主张通过停止军事援助向巴基斯坦施压的想法已经十分明确了。

约翰逊政府决定部分暂停对巴军事援助。9月4日，国家安全委员会委员科默向约翰逊总统建议，以"谨慎"且"安全"的方式敲打巴基斯坦政府，以令巴基斯坦在克什米尔问题上保持清醒。同日，约翰逊总统致信阿尤布·汗总统，呼吁他以"体面"的方式解决印巴争端，美国将

---

①　FRUS, 1964 – 1968, Vol. XXV, South Asia, Washington, D. C.: U. S. GPO, 2000, Document 171.

②　FRUS, 1964 – 1968, Vol. XXV, South Asia, Washington, D. C.: U. S. GPO, 2000, Document 177.

③　FRUS, 1964 – 1968, Vol. XXV, South Asia, Washington, D. C.: U. S. GPO, 2000, Document 178.

④　FRUS, 1964 – 1968, Vol. XXV, South Asia, Washington, D. C.: U. S. GPO, 2000, Document 180.

"竭尽所能鼓励和支持朝着该目标的努力"。[①] 9 月 5 日，腊斯克国务卿指示麦克瑙希大使向阿尤布·汗总统发出警告：如果巴基斯坦对联合国的停火呼吁未做出积极回应，美国政府很难继续向巴基斯坦提供军事援助。[②] 腊斯克还指示麦克瑙希向阿尤布·汗总统说明已经暂停的对巴军事援助：法国提供的 3 架 T-33 飞机、西德提供的 160 枚响尾蛇导弹、美国陆军提供的 47 辆 M-48 坦克和美国海军提供的弹药。腊斯克要求麦克瑙希大使不要将暂停军事援助的事情公开，不要告诉巴基斯坦政府。如果被问到，就说暂停是由于管理的原因。[③]

　　美国中情局判断中国可能趁机介入印巴战争。中华人民共和国是美国政府考虑南亚政策的重要因素。历届美国政府都十分关注中国对南亚的立场和行动，并将美国情报部门的相关评估和预测作为美国南亚政策的重要依据之一。约翰逊政府正在越南战场上与中国角力，自然更加关注中国对第二次印巴战争的政策和行动。9 月 4 日，中国外交部长陈毅在卡拉奇召开的一次新闻发布会上公开宣称，中国支持"克什米尔人民反对印度的独裁统治"。9 月 6 日，美国中情局的情报备忘录就出现了"中巴之间可能达成了某种秘密的共同防御协定"的内容，且认为该协定虽然"松散"和"未做出承诺"，但中国可能还会坚持，双方达成的谅解将给巴基斯坦某种东西，拉瓦尔品第认为这是目前印巴冲突中的"王牌"。该协定可能增强巴基斯坦人的自信，也可能令其进入彻底的无脑且莽撞的状态。[④] 美国中情局是美国政府对外政策的重要参与部门，其提供的情报和评估是历届美国政府都必须给予高度关注的，并在很多时候都作为外交决策重要的依据。约翰逊政府对中情局提供的评估自然不能等闲视之。

　　约翰逊政府对巴基斯坦和印度实施军事物资禁运。9 月 6 日，麦克瑙

　　① FRUS, 1964-1968, Vol. XXV, South Asia, Washington, D. C.: U. S. GPO, 2000, Document 182.

　　② FRUS, 1964-1968, Vol. XXV, South Asia, Washington, D. C.: U. S. GPO, 2000, Document 184.

　　③ FRUS, 1964-1968, Vol. XXV, South Asia, Washington, D. C.: U. S. GPO, 2000, Document 185.

　　④ FRUS, 1964-1968, Vol. XXV, South Asia, Washington, D. C.: U. S. GPO, 2000, Document 186.

希大使向阿尤布·汗明确表示，美国人民强烈要求暂停对印度和巴基斯坦的军事援助。阿尤布·汗则回应称："无论你们是否相信，无论我们走到哪里，我们都会向你们求援。因为我们是联盟，且你们过去一直帮助我们。我在巴基斯坦与美国的联盟中肩负主要责任，我对美巴联盟非常感兴趣。它不是建立在心血来潮的基础之上的，而是建立在合理的因素之上的。"阿尤布·汗还强调，巴基斯坦只能通过与美国结盟才能够确保自身的安全，"你们必须帮助处于困难中的我们"，"你们要发挥作用。你们必须且能够发挥作用"。① 9 月 7 日，腊斯克国务卿建议约翰逊总统批准暂停向印度和巴基斯坦交付军事援助计划的物资，也暂停向两国做出新的经济援助承诺。但科默和邦迪认为暂停援助的风险极大，不仅会招致印巴的极大愤怒，而且会将印巴停火无限期推迟。因此，建议约翰逊谨慎考虑。② 次日，国防部长麦克纳马拉向约翰逊总统表达了对中国介入印巴战争的担忧。麦克纳马拉表示，鉴于中国近期发表的声明，解决印巴冲突可能面临各种意外情况，其中最严重的就是中国可能发动对印度的军事行动，中国对印度的威胁将产生非常严重的问题。他还说："中国将会是威胁。如果他们采取实际行动，我们应该知道该做什么。如果中国采取行动而我们没有计划，我们将陷入极为糟糕的困境。我们要努力排除这种危险。"③ 约翰逊总统表示认同该判断。同日，参议院拨款委员会讨论了援助法案，该委员会内部和国会总体上反对继续向印度和巴基斯坦提供军事援助和经济援助，除非两国的敌对行动被阻止。这种反对意见超出了腊斯克国务卿原来部分暂停军事援助的预想。9 月 8 日，约翰逊政府宣布对印度和巴基斯坦实施全面军事禁运，暂停了向美国境内所有以印巴为目标国的商业性军事物资的出口发放许可证，暂停对巴基斯坦和印度的军事援助。同时，拒绝批准新的经济援助承诺。然而，根据经济援助计划中的现行协议而进行的装运依旧进行，包括"480 公法"

① *FRUS*, *1964 – 1968*, *Vol. XXV*, *South Asia*, Washington, D. C. : U. S. GPO, 2000, Document 187.

② *FRUS*, *1964 – 1968*, *Vol. XXV*, *South Asia*, Washington, D. C. : U. S. GPO, 2000, Document 190.

③ *FRUS*, *1964 – 1968*, *Vol. XXV*, *South Asia*, Washington, D. C. : U. S. GPO, 2000, Document 193.

援助。

美国与巴基斯坦和印度在军事禁运问题上的互动。9月9日，约翰逊总统对印度驻美国大使 B. K. 尼赫鲁表示："我们担心，但我们确实不知道中国会做什么。然而，最重要的是要使巴基斯坦远离中国的路线。"①同日，腊斯克向约翰逊总统提交了一份主题为"印度和巴基斯坦"的备忘录。腊斯克说，次大陆正在发生的事情对美国具有最复杂和最深远的影响。中国对印度的"咄咄逼人的要求"成为一个明显的意外。这能够将印巴战争变成"自由世界"与共产主义的对抗。无论如何，印巴战争严重损害了美国的利益。"一定会使美国建立一个对抗中国的可靠支点的努力无效。""如果印度现在失败，美国将在很多方面面临与失去中国一样的困难。"如果印度失败，最终巴基斯坦也会失败。亚洲处于边沿地带的国家将受到影响。"只有美国拥有可以自由使用、长期影响巴基斯坦的、极其必要的胡萝卜和大棒。危机管理中有风险，但也有机会。……美国的介入也将提升令印度和巴基斯坦保持与西方国家合理联系的机会，理性且坚定地反对中国侵入次大陆。……然而，美国的政策目标从来不能够由印巴中的一个国家所支持。美国利益的最好保护在于维持与印巴两国之间充分的，即使可能不紧密的关联。"② 9月9日，布托外交部长与麦克瑙希大使就"美国暂停对巴基斯坦和印度军事援助"问题进行会谈。在会谈中，布托强烈希望美国不要停止对巴基斯坦的军事援助。一方面，布托强烈反对美国暂停对巴基斯坦的军事援助，认为暂停军事援助对巴基斯坦来说是致命的决定，意味着美巴关系不复从前。该决定不是一个联盟，甚至不是一个中立国家会做出的。实际上这只是仅仅有利于印度利益的决定。另一方面，布托极力劝说美国继续提供军事援助。其一，布托强调，援助巴基斯坦是美国作为盟友的义务。布托说，巴基斯坦站在历史的十字路口，正在为生存而反对印度的挑战。巴基斯坦急需自己的盟友和朋友的理解和回应，美国在其中占据首位。其二，布托放

---

① FRUS, 1964 – 1968, Vol. XXV, South Asia, Washington, D. C. : U. S. GPO, 2000, Document 195.

② FRUS, 1964 – 1968, Vol. XXV, South Asia, Washington, D. C. : U. S. GPO, 2000, Document 196.

低姿态，恳求美国继续提供军事援助。布托要求麦克瑙希转达巴基斯坦政府请求美国重新考虑暂停援助的立场，假如美国不能继续提供军事援助的话，希望美国允许巴基斯坦以现金形式从美国购买必需的军事物资，以保证巴基斯坦国防体系的运转。① 但麦克瑙希大使完全不同意布托的观点，会谈最后不欢而散。9 月 11 日，印度总统拉达克里斯南（Radhakrishnan）向美国驻印度大使切斯特·A. 鲍尔斯（Chester A. Bowles）表达了对中国介入印巴战争的担忧，希望美国在对巴基斯坦的军事援助方面有所行动，立刻切断由第三国向巴基斯坦供应军事装备的渠道，尤其不允许中央条约组织中的伊朗和土耳其向巴基斯坦装运军事装备。② 印度政府的游说和对冷战利益的考量令约翰逊政府必须尽快采取有效措施，尽早结束印巴战争，避免中国介入印巴战争。

9 月 16 日，中情局与美国政府相关部门的情报机构共同起草了一份关于"中国介入印巴战争的前景"的特别国家情报报告。该报告认为，中国会避免直接、大规模军事介入印巴战争。然而，如果巴基斯坦被击败，中国介入的压力将大大增加。中国可能向巴基斯坦表示政治支持，并象征性地向巴基斯坦提供一些弹药，或在印中边界进行小规模军事冒险。无论哪种情况，中国都期待产生远大于军事重要性的、合理的政治和心理影响。③

9 月 17 日，国务院和国际开发署联合向若干美国驻外大使通报了美国在援巴财团会议问题上的立场。腊斯克强调："在当前形势下，我们不应该在本财年对巴基斯坦的援助水平的问题上做出承诺。目前美国的立场绝不代表我们对巴基斯坦的经济发展的兴趣减少。我们希望形势尽早恢复到我们能够再次为巴基斯坦的经济发展承诺提供支持的状态。"④ 当日晚间，阿尤布·汗对麦克瑙希说："我不想与中国坐在一起，如果能够

① *FRUS*，*1964 - 1968*，*Vol. XXV*，*South Asia*，Washington，D. C.：U. S. GPO，2000，Document 198.

② *FRUS*，*1964 - 1968*，*Vol. XXV*，*South Asia*，Washington，D. C.：U. S. GPO，2000，Document 201.

③ *FRUS*，*1964 - 1968*，*Vol. XXV*，*South Asia*，Washington，D. C.：U. S. GPO，2000，Document 205.

④ *FRUS*，*1964 - 1968*，*Vol. XXV*，*South Asia*，Washington，D. C.：U. S. GPO，2000，Document 210.

避免，我一定不会那么做。但是，如果美国不能给我任何帮助，我就没有选择。"① 9 月 18 日，腊斯克指示麦克瑙希对巴基斯坦决策层表示：在巴基斯坦提及的美国援助问题上，直至有更明显的迹象表明，在"自由"的次大陆的未来面临重大抉择的时刻，阿尤布·汗不会将自己的命运与中国绑在一起，否则，美国不能在这些问题上做出有价值的评论。② 9 月 19 日，巴基斯坦财政部长舒尔布向麦克瑙希大使表示，阿尤布·汗总统已经不对布托的冒险主义抱有幻想，其对巴基斯坦的损失感到痛苦，强烈反对任何与中国的关联，强烈主张寻找明智的、折中的出路。舒尔布所说的折中的出路是指巴基斯坦与印度互相妥协，解决包括克什米尔在内的两国之间所有突出的问题，而不是指停火和回到停火前的状态。麦克瑙希对舒尔布的建议给予了积极评价，并建议美国政府予以积极考虑。

　　9 月 20 日，麦克瑙希大使与阿尤布·汗总统会谈。阿尤布·汗表示，美国在许多关键时刻的沉默和不作为伤害了巴基斯坦。中国在危机中向巴基斯坦表达了同情。这种同情巴基斯坦不希望来自中国，而期待在 9 月 6 日事件之后从美国得到的。麦克瑙希则向阿尤布·汗保证，美国将使用其掌握的所有资源支持处于困难中的阿尤布·汗。这种困难可能源自阿尤布·汗拒绝接受联合国安理会停火呼吁和拒绝批判中国介入南亚可能带来危险。③ 9 月 21 日上午，腊斯克国务卿指示麦克瑙希尽快争取阿尤布·汗接受美国建议。他的指示有两个要点：第一，巴基斯坦政府要在巴中关系问题上做出令美国政府满意的保证。第二，巴基斯坦尽快接受联合国提出的停火建议，尽快停止与印度之间的敌对行动，美国才不会忽视自己的义务。实质上，该指示就是试图以美国援助换取巴基斯坦在巴中关系和巴印关系上的对美妥协和让步。当日下午，麦克瑙希就按照腊斯克的指示与阿尤布·汗总统进行了会面。当日晚间，巴基斯坦宣布接受联合国的停火建议，印巴实现全面停火，美国的目标初步实现。

---

　　① *FRUS*, *1964 - 1968*, Vol. XXV, *South Asia*, Washington, D. C. : U. S. GPO, 2000, Document 212.

　　② *FRUS*, *1964 - 1968*, Vol. XXV, *South Asia*, Washington, D. C. : U. S. GPO, 2000, Document 214.

　　③ *FRUS*, *1964 - 1968*, Vol. XXV, *South Asia*, Washington, D. C. : U. S. GPO, 2000, Document 217.

但是，印巴停火的局面并不稳固，随时可能再次因印巴的敌对行动而不复存在。因此，约翰逊政府需要继续采取可能的措施来巩固尚未稳定的印巴停火，并尽可能实现其所期待的印巴和解并合作保卫南亚的局面。

第二节　约翰逊政府有限恢复对巴基斯坦的援助

第二次印巴战争结束后，约翰逊政府从遏制中国扩大对巴基斯坦的影响、推动印巴从此走上和解和共同抵抗中国的道路、继续支持印度与中国进行"制度优越性"竞争的立场出发，试图以有限重启援助为诱饵，令巴基斯坦将中巴关系保持在美国可以接受的状态，并减轻印度在发展经济中对来自巴基斯坦军事威胁的顾虑，以便其集中力量发展经济。

一　约翰逊政府以重启援助为诱饵推动印巴和谈

阿尤布·汗政府争取约翰逊政府恢复援助。在第二次印巴战争中，巴基斯坦的战略是发挥相对先进的美国武器的优势，在克什米尔速战速决。该战略在战争初期确实收到了巨大效果，印度军队失去了制空权，陆军损失惨重。但约翰逊政府的全面军事禁运导致巴基斯坦唯一的军事补给来源被切断，大量、迅速的战争消耗无法及时获得补充。考虑到长期战争将对巴基斯坦造成严重不利影响，阿尤布·汗政府被迫接受停火建议。因此，刚刚停火，巴基斯坦政府就立即采取行动，积极争取美国政府重新启动对巴基斯坦的军事援助。

巴基斯坦政府在美国极为重视的监听设施问题上首先发难。在 9 月 22 日之后的一周内，巴基斯坦政府强行关闭了卡拉奇附近的三个美国所属的声波监听设施。巴基斯坦卫兵亦阻止美国人进入白沙瓦的飞机场，且没有任何解释。阿尤布·汗政府之所以关闭了上述三个监听设施，而不是直接关闭白沙瓦附近伯德埃波的美国空军和情报设施，就是要向美国发出警告：不要对巴基斯坦想当然，巴基斯坦手中握有反制美国的筹码——美国在巴基斯坦的军事基地。当然，巴基斯坦也是希望通过此项有限的行动令美巴之间保留交流沟通的重要平台，便于相互的讨价还价，避免美巴关系突然恶化到无法挽回的余地，给巴基斯坦带来更重大损失。

阿尤布·汗政府向约翰逊政府表达了不卑不亢的态度和立场。9 月 29

日，阿尤布·汗总统向麦克瑙希大使强调："我们不能成为共产主义者，我们也不想成为印度人。我们准备变得理智，准备与印度人合作，但不准备服从印度人。我们准备与任何旨在使巴基斯坦从属于印度的政策战斗。"① 阿尤布·汗的表态似乎带有明显的"中立主义"色彩和"独立自主"的倾向，实际上是一种向美国施压的策略。

约翰逊政府考虑重新启动对巴援助。11 月 10 日，腊斯克致电麦克瑙希，同意其在稍早时候提出的关于美国在处理与阿尤布·汗的关系时保持灵活性的建议，并阐述了美国在援助巴基斯坦问题上的观点，即美国政府需要看到令美国人民满意的情况，包括：第一，巴基斯坦应展示其给予巴基斯坦与美国、巴基斯坦与"自由世界"关系的优先关注。第二，巴基斯坦应展示其对经济发展的关注优先于其针对印度的没有前途的政策的关注。关于重启援助的问题，巴基斯坦必须明白，"重启援助只能在我们能够使国会和公众确信，印巴两国不会再次在争吵和战斗中耗尽宝贵的美国经济和军事资源，这里的'我们'也包括巴基斯坦"。② 12 月 7 日，中情局和美国政府相关部门的情报机构形成了一份关于"印度和巴基斯坦对特定美国行动方针的反应"的特别国家情报评估。该评估报告显示，印度和巴基斯坦都急需美国重启援助。印度急需化肥和其他增加农业产量的经济援助。巴基斯坦则急需军事援助和军事销售，因为其军队已经被战争消耗和美国停止援助削弱了。报告强调：一个稳定、有影响力、经济上充满活力的印度是美国在亚洲对抗中国最有效的平衡力量，巴基斯坦与中国接触能够被限制在可接受的范围内，美国应该更明确地接近印度；在美印关系可接受的范围内，巴基斯坦能够再次成为可靠的盟友，美国应该集中力量支持巴基斯坦；在与 1963—1964 年的援助相近水平的基础上，重新启动对印度和巴基斯坦的经济和军事援助。③ 可见，在 11 月以后，约翰逊政府就已经考虑以重启援助为杠杆，努力恢复美国

---

① *FRUS*, *1964 – 1968*, *Vol. XXV*, *South Asia*, Washington, D. C.: U. S. GPO, 2000, Document 226.

② *FRUS*, *1964 – 1968*, *Vol. XXV*, *South Asia*, Washington, D. C.: U. S. GPO, 2000, Document 243.

③ *FRUS*, *1964 – 1968*, *Vol. XXV*, *South Asia*, Washington, D. C.: U. S. GPO, 2000, Document 259.

与印度和巴基斯坦之间的关系。其目的既是保持美国在南亚政策问题上的自由选择权,也是更有效地影响南亚局势。

约翰逊政府决定重启对巴基斯坦的经济援助。为了争取美国尽快重启对巴援助,以恢复被战争重创的国力和军力,阿尤布·汗总统在12月14—15日访问华盛顿,并与约翰逊总统和代理国务卿鲍尔会谈。在会谈中,约翰逊总统和鲍尔强调:第一,美国对"巴中军事同盟"感到不安;第二,美国期待阿尤布·汗总统和印度总理拉尔·巴哈杜尔·夏斯特里(Lal Bahadur Shastri)参加在塔什干举行的印巴和谈并达成共识;第三,美国高度关注印巴两国之间螺旋式上升的军费支出,希望印巴两国的军力保持在合理水平上;第四,美国从巴基斯坦的经济成就中获得了信心,非常满意巴基斯坦使用美国援助的方式。阿尤布·汗则强调了四点:第一,巴基斯坦的地缘政治地位是独一无二的,因为它"被三个大国死死地盯着"。在面对动机值得怀疑的三个大国环伺的情势下,巴基斯坦只能尽全力维持自身安全。第二,如果印巴再起冲突,国家必会没落,从而不需要中国或苏联从次大陆之外将共产主义注入其中。在该环境中,共产主义一定会从内部产生。[1] 第三,中国与巴基斯坦之间不存在军事联盟。"巴基斯坦与美国是联盟",巴基斯坦的首要义务是对美国的义务,巴基斯坦永远不想做出任何损害美国现实利益的事情。[2] 第四,阿尤布·汗总统欢迎并参加塔什干会议,甚至表示印度可以利用巴基斯坦海港接收美国的粮食援助。巴基斯坦总统的表态令约翰逊和鲍尔非常满意和高兴。约翰逊表示,阿尤布·汗访美没有要求什么,但正在带走一切——美国的友谊、信心和信赖。[3] 会议结束后,约翰逊总统马上指示美国国际开发署署长戴维·贝尔继续推进美巴之间关于五个贷款协议的谈判事宜,准备做出新的经济援助承诺,美国对巴经济援助开始重启。

---

① *FRUS*, *1964–1968*, *Vol. XXV*, *South Asia*, Washington, D. C.: U. S. GPO, 2000, Document 263.

② *FRUS*, *1964–1968*, *Vol. XXV*, *South Asia*, Washington, D. C.: U. S. GPO, 2000, Document 265.

③ *FRUS*, *1964–1968*, *Vol. XXV*, *South Asia*, Washington, D. C.: U. S. GPO, 2000, Document 264.

二 约翰逊政府以援助诱迫巴基斯坦同意美国的要求

1966 年 1 月 4—6 日，阿尤布·汗与夏斯特里在塔什干就克什米尔争端进行会谈，并于 1 月 10 日发表了"塔什干宣言"。双方同意撤军，"不以武力相威胁，且通过和平方式解决其争端"；两国承诺释放战犯，恢复正常外交关系，考虑恢复经济、贸易、通讯和文化联系的措施，限制针对对方的宣传；两国同意继续就双方直接关心的问题进行会晤。① "塔什干宣言"的内容和精神得到了约翰逊政府的高度好评。1 月 18 日，麦克瑙希受命向阿尤布·汗总统转达了约翰逊总统和腊斯克国务卿对其在"塔什干宣言"和对待中国问题上的立场的极大赞赏，表示美国愿意尽全力帮助巴基斯坦与印度实现和解。但是，如何保证"塔什干宣言"的内容和精神得到全面落实，马上成为约翰逊政府实现美国在南亚战略和利益的当务之急。约翰逊政府的首选就是充分发挥"美援"的杠杆作用。

约翰逊政府欲以放松军事禁运为条件换取巴基斯坦践行"塔什干精神"。

国家安全委员会委员科默反复建议约翰逊总统批准向巴基斯坦提供经济援助，甚至主张放松军事销售，以推动印巴两国，尤其是推动巴基斯坦沿着美国设计的道路前行，最重要的就是令"塔什干宣言"的精神、实质和内容得到全面落实。科默主张美国政府告诉阿尤布·汗总统：美国能够解除对非致命军事商业销售的禁令。一旦撤军在 2 月 25 日开始，美国将有兴趣考虑巴基斯坦的军事援助计划信用贷款要求。② 约翰逊总统显然在一定程度上采纳了科默的建议。2 月 10 日，约翰逊总统致信阿尤布·汗总统，希望他践行"塔什干宣言"精神。约翰逊说："你和印度能够以何种态度和方式保持'塔什干宣言'精神存在，将极大影响我们作为两国友邦能够提供的帮助。你知道我们是多么珍视南亚的真正和平。

---

① *FRUS*, *1964 – 1968*, *Vol. XXV*, *South Asia*, Washington, D. C.：U. S. GPO, 2000, Document 278.

② *FRUS*, *1964 – 1968*, *Vol. XXV*, *South Asia*, Washington, D. C.：U. S. GPO, 2000, Document 287.

我们不会推卸自身能够为该目标的实现而肩负的责任。"① 约翰逊政府再次将援助的"胡萝卜"摆上了美巴的谈判桌。

腊斯克国务卿要求赫伯特·H. 汉弗莱（Herbert H. Humphrey）副总统向巴基斯坦解释新决定。2月10日，腊斯克致电正在越南访问的副总统汉弗莱，向其通告了约翰逊总统主张有条件地向巴基斯坦和印度提供过渡性援助的决定。在经济商品贷款方面，约翰逊总统提出的条件之一是：发展优先，且避免将资源转移到军备竞赛方面。在商业军事销售和军事援助计划方面，约翰逊总统提出的条件是：印度和巴基斯坦继续在和平方向上取得令人满意的进步。例如，真正的撤军。② 2月12日，腊斯克国务卿在致麦克瑙希的电报中阐述了美国对印度和巴基斯坦的军事销售政策。腊斯克指出，约翰逊总统已经授权，在对印度和巴基斯坦的某些商业军事销售和非致命军事装备的军事援助计划的信用贷款问题上，美国政府可以采取更加灵活的政策。但该政策将在有选择和逐案审查的基础上进行管理，且与次大陆的决定相关联，受印巴两国为实现和平而采取的令人满意的行动影响，如实际撤军。"非致命"的定义：包括运输机、侦察机和训练飞机、非武装直升机和支持装备及零部件；卡车、拖车、各种轮式车辆和零部件；通讯、雷达和信号设备（不包括赠予援助）；工程设备（包括边境公路系统支持），医疗和军需装备培训；不包括被武装的上述车辆或如坦克和装甲运兵车之类的武装车辆、步兵武器、火炮、弹药、武装直升机、战斗机，支持这些装备的零部件也被排除。③ 从腊斯克的解释可以看出，约翰逊总统的决定是放松军事禁运，而不是解除军事禁运。在美国政府进行逐案审查和巴基斯坦政府承诺以现金支付的前提下，巴基斯坦可以向美国购买非致命军事装备。而且该政策的执行还必须受到印巴和解进展的影响。约翰逊政府此次提供的"胡萝卜"数量不多、质量不高，但具有重大的政治意图。美国既希望借此令巴基

　　① *FRUS*, *1964 – 1968*, *Vol. XXV*, *South Asia*, Washington, D. C.：U. S. GPO, 2000, Document 292.

　　② *FRUS*, *1964 – 1968*, *Vol. XXV*, *South Asia*, Washington, D. C.：U. S. GPO, 2000, Document 293.

　　③ *FRUS*, *1964 – 1968*, *Vol. XXV*, *South Asia*, Washington, D. C.：U. S. GPO, 2000, Document 294.

斯坦保持对美国的期望，又不完全满足其要求，从而形成一定的诱惑和压力，也就是现在所谓的"饥饿销售"。但其目的仍是促进印巴和解，并共同服务于美国的利益。

汉弗莱副总统向巴基斯坦政府通告约翰逊总统的决定。2月15日，副总统汉弗莱与阿尤布·汗总统会谈，并通报了美国政府的新决定：第一，准备开始就美国向巴基斯坦提供5000万美元经济商品贷款的问题举行谈判；第二，准备开始就美国向巴基斯坦提供过渡性的"480公法"粮食援助进行谈判；第三，放松关于军事物资装运的禁令，允许巴基斯坦通过商业渠道和军事援助计划的赊售渠道从美国购买某些非致命军事装备。阿尤布·汗总统对美国上述决定表示感谢，并强调巴基斯坦急需美国来源的、用于替换美国以前向其提供的、已经过时或损坏的军事装备，因为巴基斯坦正面临印度不断增强的军事能力所带来的危机。自始至终，阿尤布·汗都在强调其对和平的渴望和巴基斯坦执行"塔什干宣言"的内容和精神的意愿。但在军事供应问题上，阿尤布·汗也明确表示："我们不能令巴基斯坦没有国防。如果我们不能从你们那里得到我们想要的，我们必须到别处寻找。"汉弗莱则回应称，美国不会交易，但必须根据现实采取行动。[1] 该决定意味着一个新的政策——有限销售非致命军事装备的政策即将出台。

约翰逊政府明确要求巴基斯坦践行"塔什干宣言"的精神。为了迎合美国的关注和期待，并以此换得美国重启援助，印度和巴基斯坦政府开始了第一轮部长级对话。但由于两国政府立场严重对立且互不妥协，对话进行得相当僵化且消极。约翰逊政府对该情况十分不满。根据总统国家安全事务副特别助理瓦尔特·惠特曼·罗斯托（Walt Whitman Rostow）的关于在重启军事援助的问题上"保持最大灵活性"的建议，4月17日，约翰逊总统致信阿尤布·汗总统，极为精炼地表达了自己的观点：第一，希望印度和巴基斯坦根据"塔什干宣言"的内容和精神全力推进两国的和平与和解。否则，美国很难继续提供援助；第二，美国在次大陆和平问题上对印度和巴基斯坦一视同仁；第三，美国对巴基斯坦与中

---

① *FRUS*, *1964 – 1968*, *Vol. XXV*, *South Asia*, Washington, D.C.: U.S. GPO, 2000, Document 295.

国发展关系感到很麻烦。① 为了回应约翰逊政府，也为了推动其尽快恢复对巴援助，阿尤布·汗政府决定派遣舒尔布财长访问美国。

4月19日，舒尔布到访美国表达善意并求援。舒尔布提及巴基斯坦愿意向印度提供天然气、将本国军费稳定在印度军费的三分之一至四分之一，希望美国对巴基斯坦的经济援助恢复到原有水平，而巴基斯坦的钢铁厂项目急需美国援助。② 对于舒尔布的请求，副国务卿鲍尔建议约翰逊总统批准重新启动对巴基斯坦的商品援助贷款和"480公法"援助，但必须具备一定前提：巴基斯坦应将军费限制在一致同意的水平内，全力以赴维持"塔什干宣言"精神，展示与美国令人满意的合作和对美国亚洲利益的理解，接受援巴财团支持的巴基斯坦进口自由化和发展计划的条件，巴基斯坦必须更加努力提升农业产量。③ 数日后，罗斯托也提出了相似建议。4月23日，罗斯托通知腊斯克，约翰逊总统已经做出了如下决定：在巴基斯坦的卡拉奇钢厂的援助问题上，美国似乎有某种道德义务。如果国际开发署和进出口银行同意，他们可以继续推进对巴基斯坦卡拉奇钢厂的项目贷款。④ 4月26日，腊斯克、罗斯托与舒尔布就美国对巴援助问题进行会谈。腊斯克对阿尤布·汗政府仍未开放美国在巴基斯坦境内全部四个情报设施的情况表示震惊，希望阿尤布·汗总统尽快回复。在军费和印巴部长级会议问题上，舒尔布表示出了配合的态度。而在巴基斯坦与中国关系的问题上，罗斯托说："在中国问题上，巴基斯坦目前什么也不要做，要尽可能将巴中关系保持在平静和不活跃状态。"罗斯托进一步指出，巴基斯坦政府必须明白，任何相关行动都将对美巴关系造成严重政治影响。⑤

---

① *FRUS*, *1964 – 1968*, *Vol. XXV*, *South Asia*, Washington, D. C.：U. S. GPO, 2000, Document 317.

② *FRUS*, *1964 – 1968*, *Vol. XXV*, *South Asia*, Washington, D. C.：U. S. GPO, 2000, Document 319.

③ *FRUS*, *1964 – 1968*, *Vol. XXV*, *South Asia*, Washington, D. C.：U. S. GPO, 2000, footnote 3, Document 323.

④ *FRUS*, *1964 – 1968*, *Vol. XXV*, *South Asia*, Washington, D. C.：U. S. GPO, 2000, Document 323.

⑤ *FRUS*, *1964 – 1968*, *Vol. XXV*, *South Asia*, Washington, D. C.：U. S. GPO, 2000, Document 327.

　　4月27日，腊斯克国务卿向约翰逊总统递交了主题为"对巴基斯坦的援助方案"的备忘录。腊斯克强调，为了帮助阿尤布·汗总统平衡巴基斯坦国内推动其亲近中国的压力，美国需要与巴基斯坦达成政治—经济协议。约翰逊总统在听取了腊斯克与罗斯托的汇报后表示，重新启动对巴基斯坦的援助要谨慎行事，重新开放美国在巴基斯坦的情报设施是巴基斯坦能够迅速做到的事情，美国对卡拉奇钢厂有提供援助的道德义务，美国也有义务继续向巴基斯坦提供已经给予它的军事装备的零部件。①

　　4月28日，约翰逊总统和罗斯托与舒尔布会谈，特别提及了巴基斯坦与中国和印度的关系问题；强调了巴基斯坦政府限制军费的重要性；清楚表达了美国重新启动对巴基斯坦援助的条件，但没有详细讨论援助的数额和军事物资援助的水平。而参与会晤的罗斯托则向舒尔布明确强调了约翰逊总统对美国在巴基斯坦的情报设施的极大关注和重开这些设施的需要。②

　　约翰逊政府与阿尤布·汗政府继续就恢复援助问题讨价还价。5月1日，阿尤布·汗致信约翰逊总统，表达了其执行"塔什干宣言"的真诚愿望，解释了巴基斯坦邀请刘少奇主席访问巴基斯坦的原因。③ 意在缓解美国对巴基斯坦的疑虑，也是对约翰逊与舒尔布会谈内容的回应。5月18日，美国驻巴基斯坦使团副主任威廉·I. 卡戈（William I. Cargo）与巴基斯坦财政部长舒尔布和外交部秘书M. M. 艾哈迈德（M. M. Ahmed）进行会谈。双方分歧依旧，尤其是美国最为关心的重开美国在巴基斯坦的情报设施的问题，舒尔布并未提及。与此同时，舒尔布再次表达了巴基斯坦对发展中巴关系的克制，并希望约翰逊政府于5月底之前在援助巴基斯坦问题上做出决定，且采取重大措施推动美巴关系的正常化。卡戈建议，美国在关于巴基斯坦同意重开美国在巴基斯坦的原子能监测站的问

---

　　① *FRUS*, *1964 - 1968*, *Vol.* XXV, *South Asia*, Washington, D. C.：U. S. GPO, 2000, Document 328.

　　② *FRUS*, *1964 - 1968*, *Vol.* XXV, *South Asia*, Washington, D. C.：U. S. GPO, 2000, Document 330.

　　③ *FRUS*, *1964 - 1968*, *Vol.* XXV, *South Asia*, Washington, D. C.：U. S. GPO, 2000, Document 331.

题上，立即向巴政府表示，愿意推进与舒尔布讨论的援助计划。①

6月9日，美国驻巴基斯坦新任大使尤金·M. 洛基（Eugene M. Locke）向阿尤布·汗总统递交国书并进行友好会谈。洛基在会谈中阐述了如下观点：美国希望巴基斯坦削减军费，鼓励巴基斯坦与印度就所有问题进行会谈；美国正在准备重新启动对巴基斯坦的经济援助，但这不是一件轻而易举的事情，巴基斯坦必须努力维持次大陆的和平、解决与印度分歧、改善与美国关系、优先发展经济、实现进口自由化、公布援助计划、补偿美国损失。阿尤布·汗回应称，巴基斯坦不会做任何伤害美国利益的事；由于巴基斯坦所有军事装备都来源于美国，其不能以过高价格获得零部件，且该情况令巴基斯坦与印度对比时处境不利；原则上同意美方提出的经济援助所需的各项前提条件。② 面对巴基斯坦相对积极的回应，约翰逊政府认为恢复对巴援助的充分条件仍未满足。重新启动美国对巴基斯坦的援助仍需进一步评估。

7月7日，中情局与国务院等相关部门的情报机构共同形成了一份国家特别情报评估报告，对未来1—2年印度和巴基斯坦的对外政策进行了预测，得出四点结论：第一，鉴于印巴双方的怀疑和敌意，印巴关系在可预见的未来实现重大改善的前景极为渺茫。印度基本上不会在克什米尔问题上屈服，而巴基斯坦将继续努力寻求解决方案。但由于认识到印度的军事优势，巴基斯坦将谨慎避免可能会发展成为战争的行动。第二，巴基斯坦认为其必须改善军队，令自己在未来的任何敌对行动中都有能力至少保卫西巴基斯坦。印度已经决心要具备同时对付中国和巴基斯坦的能力。印巴两国继续给予防御需要以高度优先。第三，印度将继续保持对中国的敌意，且将寻求在美国和苏联之间保持不结盟状态。为了获得新的美国经济援助，印度已经在美国的推动下进行了大量的经济改革。苏联已经逐步放弃对印度非关键领域的支持。为了限制苏联的进一步退出，继续获得苏联的经济和军事援助，印度将努力避免冒犯苏联。第四，

---

① *FRUS*, *1964 - 1968*, *Vol. XXV*, *South Asia*, Washington, D. C. : U. S. GPO, 2000, Document 338.

② *FRUS*, *1964 - 1968*, *Vol. XXV*, *South Asia*, Washington, D. C. : U. S. GPO, 2000, Document 348.

巴基斯坦将继续试图平衡它与美国和中国的关系。它很清楚，紧密的巴中关系将损害它与美国的关系。同时，它需要武器，中国似乎愿意成为以最低价格向它提供武器的国家，且类型和数量可以提高巴基斯坦的军事实力和军事地位。第五，印度和巴基斯坦都清楚，美国提供的经济援助将与两国在美国重视的事情上的表现相关，诸如限制军费、优先发展经济。总体而言，美国相信印度将比巴基斯坦更有可能满足美国的需要。① 基于上述评估，美国政府的各情报机构显然主张美国的南亚政策应该更偏重印度，巴基斯坦则应处于从属的地位。

8 月 20 日，阿尤布·汗致信约翰逊，积极争取美国尽快恢复对巴基斯坦的军事供应。一方面，阿尤布·汗强调了印度政府在国内掀起了反对巴基斯坦的宣传运动，反对美国再次向巴基斯坦提供军事装备，他认为印度此举既是为自己发展核武器和准备新一轮的对巴战争找借口，也是为了阻止美巴关系更加融洽。同时，阿尤布·汗总统明确表示，巴基斯坦愿意与印度展开对话。另一方面，阿尤布·汗总统明确强调，如果美国拒绝向巴基斯坦提供替代军备物资和零部件，将严重降低巴基斯坦保卫自己的能力，那肯定不是约翰逊总统的想法。拒绝提供这些军事物资意味着巴基斯坦拥有的大部分美国装备完全报废。巴基斯坦从其他来源获得的替代军事物资将对本国的资源造成可怕的影响。因此，巴基斯坦需要零部件等军事物资，美国的军事援助对印度和依赖于美国装备的巴基斯坦的影响是不同的。② 8 月 30 日，约翰逊回信阿尤布·汗，表达了对印巴之间日益增长的不信任和恐惧气氛的关注，认为这令印巴避免军备竞赛更加困难，也增加了美国在提供帮助方面的困难，希望印巴继续通过谈判和对话建立互信。③ 11 月 1 日，美国的哈里曼大使和洛基与阿尤布·汗总统进行了简短会晤。阿尤布·汗表示，巴基斯坦已经接收了中巴武器协议所商定的几乎所有武器，巴基斯坦也正寻求从苏联获得某些

---

① *FRUS*, *1964 – 1968*, *Vol. XXV*, *South Asia*, Washington, D. C. : U. S. GPO, 2000, Document 354.

② *FRUS*, *1964 – 1968*, *Vol. XXV*, *South Asia*, Washington, D. C. : U. S. GPO, 2000, Document 369.

③ *FRUS*, *1964 – 1968*, *Vol. XXV*, *South Asia*, Washington, D. C. : U. S. GPO, 2000, Document 372.

军事物资，但巴基斯坦更希望首先从美国获得军事物资。阿尤布·汗暗示，军事限制和武器来源是适合讨论的主题，且巴基斯坦仍希望获得有限的军备。阿尤布·汗同时猛烈抨击了印度的军事力量远超巴基斯坦，印度的军事目标指向巴基斯坦。短短15分钟的会晤令哈里曼和洛基不可能与阿尤布·汗对该问题进行深入讨论。

　　11月6日，阿尤布·汗向洛基表示，巴基斯坦不想与印度开展军备竞赛；巴基斯坦政府与中国政府从未形成进攻或防御联盟；巴基斯坦在未来从美国获得军事装备将相应降低巴基斯坦对其他资源的需要；目前巴基斯坦军事装备严重不足；一旦美国决定满足巴基斯坦的装备需求，巴基斯坦将愿意讨论装备的数量；尽管巴基斯坦将与印度进行友好对话，但这些对话将是冗长且结果无法确定，所以，在协议真正达成前，巴基斯坦不能停止采购武器；巴基斯坦还希望从德国购买坦克。[①] 阿尤布·汗的上述表态表明，巴基斯坦既力图减少美国的顾虑，争取尽快重新获得美国的军事援助，又不希望在中巴关系和印巴关系方面立即做出约翰逊政府所期待的承诺，令巴基斯坦在未来的外交关系方面受到更多美国因素的束缚和牵制。当然，也可以将这一表态解读为阿尤布·汗以中巴和印巴关系的不确定的未来作为与约翰逊政府在援助问题上进行博弈的筹码。

三　约翰逊政府允许向巴基斯坦提供有限军售

　　巴基斯坦政府显然未完全按照约翰逊政府所预想的方向和轨道发展，证明了约翰逊政府试图以经济援助和非致命军事装备的有限出售推动印巴和解、约束巴基斯坦外交动向的政策效果不佳。导致这一局面的最根本原因是巴基斯坦迫切需要的是致命军事装备，约翰逊政府却恰恰在该问题上迟迟不肯放松"缰绳"。不仅阿尤布·汗政府对此十分不满，落实"塔什干宣言"精神的动力越来越弱，美国政府也对该局面感到相当失望和不满。1967年3月11日，腊斯克在致洛基的电报中表示，巴基斯坦对印度限制军备、降低军费、缓解紧张的倡议反应冷淡，美国国务院对此

---

① *FRUS*, *1964–1968*, Vol. XXV, *South Asia*, Washington, D. C. : U. S. GPO, 2000, Document 384.

感到失望。阿尤布·汗总统也在 3 月 15 日公开表达了对印度倡议的消极态度。在美国国务院看来，需要采取更能够吸引巴基斯坦政府的政策，才可能使其展现出对美国政策的理解和支持。因此，约翰逊政府酝酿出台比经济援助和有限的非致命军事装备销售更令阿尤布·汗政府感兴趣的援助政策。

3 月 16 日，罗斯托向约翰逊总统提交了一份关于"美国对巴基斯坦和印度的军事供应政策"的建议书，其中附有腊斯克国务卿关于美国对印巴的军事供应政策的相关建议，该建议得到了国务院、国防部和罗斯托的赞同。腊斯克说，除向巴基斯坦提供非致命军事装备零部件外，应该采取下列措施限制印巴的军费：第一，撤回美国驻巴基斯坦的军事援助顾问小组和美国驻印度的军事供应使团，以刻意表现美国不会回到以前的美巴关系。第二，劝说第三国向印度和巴基斯坦出售美国生产或使用美国技术合作生产的军事装备。第三，为印度和巴基斯坦的关键军事人员重新设计培训机会。第四，只要能够对美国的安全利益有利，就应该获得 1967 财年剩余的信用销售基金的支持。第五，在逐案审查的基础上，根据印巴限制军备的情况，允许向印巴两国赊售非致命军事装备的零部件，但 1968 财年的总额不能超过 7500 万美元。① 约翰逊总统最终采纳了该建议，并于 3 月 31 日分别致电美国驻印度和巴基斯坦的大使，要求二者分别向东道国解释美国即将公布的新的军事供应政策。

4 月 5 日，腊斯克国务卿再次指示洛基向阿尤布·汗政府解释美国的新军事供应政策。腊斯克的指示包括：第一，约翰逊政府将在逐案审查和现金支付的基础上满足巴基斯坦从美国购买致命装备的零部件的特殊要求。第二，约翰逊政府将继续考虑以赊销的方式向巴基斯坦出售非致命成品军事装备。第三，洛基可以与阿尤布·汗总统讨论其他的军事供应问题，包括从第三国购买美国控制的装备的要求，但只能在目前已经宣布的政策范围内进行。第四，如果巴基斯坦希望，美国将重启有限的

---

① *FRUS*, *1964 - 1968*, *Vol. XXV*, *South Asia*, Washington, D. C. : U. S. GPO, 2000, Document 425.

培训计划赠予援助。① 4 月 7 日，洛基按照腊斯克的指示向阿尤布·汗转述了美国军事供应新政策，表示需要巴基斯坦提供一份其需要的军事装备零部件和从第三国购买美国军事装备的清单，并邀请巴基斯坦国防部长访问美国，重建美巴两国军队间的关系。② 阿尤布·汗对约翰逊政府制定的军事供应新政策表示了勉强的满意。4 月 15 日，阿尤布·汗总统通过洛基向约翰逊总统转交了一份"关于美国政府对巴基斯坦和印度的武器政策的备忘录"，并声称"新的美国武器政策对巴基斯坦产生了不利影响"。与 1966 年 2 月约翰逊总统的决定相比较，该政策有了三项新变化：允许巴基斯坦购买致命军事装备的零部件、允许非现金购买、允许第三国在美国政府同意的情况下向巴基斯坦出售致命军事装备。显然，这是巴基斯坦与美国相互博弈的结果，绝不是美国的单方行为。阿尤布·汗政府也在遵循该政策的前提下，开始积极寻求从第三国获得美制坦克。

阿尤布·汗政府主动要求从第三国购买美制坦克。1967 年 10 月 5 日，巴基斯坦外交部长赛义德·沙里夫丁·皮尔扎达（Syed Sharifuddin Pirzada）代表巴基斯坦政府正式向美国提出购买巴基斯坦拥有的、美国以前提供的飞机和坦克的替换品的要求。约翰逊总统表示，该问题已经在讨论当中，但美国国会对军事供应问题持强烈反对意见，至今尚未在军事援助计划问题上达成一致，根本不能确定最后的结果。皮尔扎达则再次强调，巴基斯坦政府为军队购买装备零部件的要求始终未曾改变。③ 10 月 7 日，巴基斯坦国防部长及其秘书邀请美国驻巴基斯坦大使本杰明·H. 欧赫勒特二世（Benjamin H. Oehlert, Jr.）就军事供应问题进行会谈。巴国防部长展示了对美国的热情和善意，他不仅声称巴基斯坦军方是美国在巴基斯坦除阿尤布·汗总统之外最好的朋友，而且主动提出要全力帮助美国解决白沙瓦的军事设施问题。在做了上述表态后，国防部长强调，巴基斯坦实际需要 600—700 辆坦克，其中急需获得 200 辆。

---

① *FRUS*, *1964 – 1968*, *Vol. XXV*, *South Asia*, Washington, D. C.：U. S. GPO, 2000, Document 433.

② *FRUS*, *1964 – 1968*, *Vol. XXV*, *South Asia*, Washington, D. C.：U. S. GPO, 2000, Document 435.

③ *FRUS*, *1964 – 1968*, *Vol. XXV*, *South Asia*, Washington, D. C.：U. S. GPO, 2000, Document 462.

急需获得坦克主要是为了应对"印度的疯狂扩军"。国防部长还表示，如果美国要求，巴基斯坦将坚决保证，在其 200 辆坦克的紧迫要求被满足之后，巴基斯坦不会向其他国家寻求坦克供应。[①] 11 月 1 日，阿尤布·汗向欧赫勒特大使表示，如果约翰逊政府能够满足巴基斯坦对美国原产的军事装备的小要求，巴基斯坦将开始用新获得的坦克替换每一辆过时的坦克，将不再寻求或接受其他来源的军事装备。[②] 11 月 25 日，美国无任所大使艾夫里尔·哈里曼（Aeverell Harriman）和欧赫勒特大使与阿尤布·汗会谈。阿尤布·汗总统再次提出了坦克问题，其理由是：印度在尼赫鲁去世后已经丧失了意识形态，放弃了非暴力原则和不结盟政策，目前的印度政府脆弱且不能持久，但印度的军事力量却极大增强，巴基斯坦必须准备迎战。阿尤布·汗强调，巴基斯坦急需 500 辆坦克，替代已经过时的谢尔曼坦克，但此次只要求获得 200 辆。该要求与阿尤布·汗与欧赫勒特大使共同发表的声明相一致。阿尤布·汗重申，如果能够通过美国获得坦克，其将 1∶1 地淘汰过时的坦克。阿尤布·汗总统对美国不能直接向巴基斯坦出售坦克表示理解，但希望美国政府动员其他拥有美国控制的、过剩 M‐47 坦克的国家，以适当条件向巴基斯坦出售该坦克。但哈里曼却强调，对于巴基斯坦安全而言，使用资源促进经济发展是比增加军事开支更加明智的投资。[③]

约翰逊政府在阿尤布·汗政府的"坦克"要求上初期立场严苛，最终转变。12 月 7 日，腊斯克致电鲍尔斯，通报了国务院、国际开发署和国防部在美国对印度和巴基斯坦的军事供应政策问题上的主张，即应该在逐案审查的基础上，美国继续监督致命军事装备零部件的销售和第三国出售被美国控制的致命军事装备；应该继续双边和援巴财团内的外交努力，劝说印度和巴基斯坦在防御支出上保持克制。印巴两国应该认识到，如果它们希望得到美国的认可和信赖，就必须考虑美国为了削减印

[①] *FRUS*, *1964 – 1968*, *Vol. XXV*, *South Asia*, Washington, D. C.: U. S. GPO, 2000, Document 464.

[②] *FRUS*, *1964 – 1968*, *Vol. XXV*, *South Asia*, Washington, D. C.: U. S. GPO, 2000, footnote 3, Document 469.

[③] *FRUS*, *1964 – 1968*, *Vol. XXV*, *South Asia*, Washington, D. C.: U. S. GPO, 2000, Document 470.

巴国防费用所做的努力；当良机出现时，美国应该继续劝告其他向次大陆供应军事装备的现实或潜在的国家保持克制。只要美国仍是印度和巴基斯坦经济援助的主要来源国，美国就必须竭尽全力限制印巴之间的军备竞赛，阻止其在未增加两国绝对安全的情况下，将稀缺资源从经济领域转移出来。①

12 月 21 日，腊斯克致电欧赫勒特，阐述了国务院在军事供应、M - 47 坦克和白沙瓦的情报设施问题上的基本立场。在对巴基斯坦军事供应和坦克问题上，腊斯克指示欧赫勒特向阿尤布·汗政府表示，第一，美国政府准备首先仅根据 100 辆坦克的要求行动，且任何第三国应该也按照此标准。当第一批 100 辆坦克完成签约，美国将愿意考虑第二批 100 辆坦克的事宜。第二，美国目前得到了巴基斯坦政府的保证：它将用获得的美制坦克，按照 1∶1 的比例，淘汰过时的 M - 24 坦克；巴基斯坦拥有 150—160 辆中国坦克，且没有从中国订购更多坦克；在没有与美国政府协商的情况下，巴基斯坦政府不会从任何其他来源购买更多坦克。美国批准的任何对巴基斯坦的军事销售都必须毫无争议地符合巴政府的三项保证。美国反对巴基斯坦从伊朗获得坦克，希望巴基斯坦将寻求坦克的目光转向欧洲，特别是转向意大利和比利时。而任何愿意向巴基斯坦出售 M - 47 坦克的西欧国家，都必须预先向美国政府提出申请，报告成本、坦克状况、资金条件和交付计划，并获得批准。② 在白沙瓦的美国通讯设施问题上，腊斯克指示欧赫勒特向巴基斯坦政府表明：第一，白沙瓦的通讯站对美国仍具有极其重大的价值和意义，美国希望无论付出什么代价都要继续保持其运行。第二，白沙瓦的通讯站问题是美巴关系的一部分，必须与美国对巴基斯坦的军事供应问题关联。第三，美国对巴基斯坦的军事供应政策本身对巴基斯坦具有相当重要且持续的价值。美国认为巴基斯坦希望保持美国的军供政策。第四，巴基斯坦政府的任何努力，如巴基斯坦国防部长可能考虑以白沙瓦的通讯站强行改变美国的军事供

① *FRUS*, *1964 - 1968*, Vol. XXV, *South Asia*, Washington, D. C.: U. S. GPO, 2000, Document 472.

② *FRUS*, *1964 - 1968*, Vol. XXV, *South Asia*, Washington, D. C.: U. S. GPO, 2000, Document 473.

应政策，将不会成功，且只会造成美巴关系的紧张。① 可见，在 12 月的前三个星期内，美国在巴基斯坦 "坦克" 需求方面的立场和态度是十分严苛的，意在加强对巴基斯坦外交趋向的压力。

12 月 22 日，欧赫勒特按照指示向阿尤布·汗总统表达了约翰逊政府的基本观点，阿尤布·汗不仅接受了美方的观点，而且同意重新启动关于将白沙瓦通讯站延长 10 年的谈判。② 该谈判的重启让约翰逊政府看到了新的希望，决定改变此前对巴基斯坦在 "坦克" 需求方面的严苛态度。

12 月 23 日，约翰逊总统在卡拉奇机场与阿尤布·汗总统进行会谈促成了约翰逊政府在援助问题上态度的转变。会谈后约翰逊决定：第一，美国应该立即考察在 "480 公法" 援助的范围内向巴基斯坦提供植物油的可能性。第二，美国立即考察向巴基斯坦提供 50 万吨小麦的可能性，其中 40 万吨通过 "480 公法" 援助的渠道提供，10 万吨通过商业销售提供。目的是增强巴基斯坦在有利环境中的粮食储备。第三，美国立即考虑向巴基斯坦提供 500 辆巴顿坦克以替代其过时的谢尔曼坦克的可能性。阿尤布·汗总统对此十分高兴，不仅希望从第三国（如意大利和土耳其）获得巴基斯坦所需要的致命武器，还希望美国考虑直接向巴基斯坦出售巴顿坦克的可行性。③ 在阿尤布·汗看来，美国对巴基斯坦的军事援助貌似就要有所进展，但随后事实发展却表明巴基斯坦总统太过于乐观了。

约翰逊政府同意意大利向巴基斯坦出售旧坦克，但该方案最终流产。1968 年 2 月 28 日，总统特别助理瓦尔特·惠特曼·罗斯托向约翰逊总统报告了副国务卿尼古拉斯·德布·卡特森伯奇（Nicholas deB Katzenbach）与国防部长麦克纳马拉、国际开发署近东南亚局局长助理高德（William S. Gaud）的共同建议，即希望约翰逊总统授权正式通知意大利政府：美国同意其向巴基斯坦出售 200 辆 M - 47 坦克。该建议没有遭到参议院外交委员会的反对。罗斯托说，阿尤布·汗总统承诺，按 1∶1 的比例淘汰

---

① *FRUS*, *1964 - 1968*, *Vol. XXV*, *South Asia*, Washington, D. C. : U. S. GPO, 2000, Document 474.

② *FRUS*, *1964 - 1968*, *Vol. XXV*, *South Asia*, Washington, D. C. : U. S. GPO, 2000, footnote 6, Document 474.

③ *FRUS*, *1964 - 1968*, *Vol. XXV*, *South Asia*, Washington, D. C. : U. S. GPO, 2000, Document 475.

过时的坦克，向美国提供其拥有的全部装甲力量的清单，不会再购买中国的坦克，不会在未事先与美国协商的情况下从其他来源购买坦克。因此，罗斯托建议约翰逊批准上述建议。① 3 月 1 日，约翰逊总统批准了该建议。但在 4 月 22 日，巴基斯坦国防部长却向欧赫勒特大使表示，巴基斯坦政府已经确信意大利不会向它出售美制 M - 47 坦克，该方案已经破产。但巴基斯坦并未因此放弃获得包括美制坦克在内的美国致命军事装备援助的尝试和努力。

　　阿尤布·汗政府再次要求约翰逊政府提供致命军事装备。1968 年 4月 6 日，巴基斯坦外交部长皮尔扎达代表巴基斯坦政府交给欧赫勒特一份关于终止美巴白沙瓦协议的信件。4 月 22 日，巴基斯坦国防部长向欧赫勒特宣称，巴基斯坦高层内部正在进行关于巴基斯坦与美国、苏联和中国之间近期和长期关系的至关重要的拉锯战。其中，军方和其他力量正强烈要求美巴建立更紧密的关系，包括将白沙瓦的美国通讯设施的租借期延长三年。而美国的"敌人"，包括外交部中的实权人物等则反驳称，美国"亲印反巴"。他们的证据包括：1962 年至 1965 年之间的美巴关系；尽管印度制订并执行了庞大的装备计划，美国却不愿意用康特—赛明顿修正案约束印度；尽管美国向巴基斯坦出售致命军事装备零部件的协议已经宣布了一年多，仍然没有开始装运；坦克交易一再破产，理由花样百出。② 5 月 14 日，巴基斯坦驻美国大使阿伽·希拉利（Agha Hilaly）应邀拜访助理国务卿卢修斯·D. 巴图尔（Lucius D. Battle）。希拉利向巴图尔递交了巴基斯坦政府草拟的"确保巴基斯坦安全的最低防御要求"的清单，其中包括 400 支无后坐力步枪、125 门 175 毫米炮、各型号弹药、30 辆装甲修复车辆、4 架海军飞机、16 艘配备导弹的巡逻艇、8 架 F - 104 战机和各种型号的电子对抗和信号装备。但希拉利强调，巴基斯坦的这些需求是在 2—3 年内对包括美国在内的各种来源的总需求。其中的"致命"武器与其他的所有物资具有同样的防御性质。巴方建议美

---

　　① FRUS, 1964 - 1968, Vol. XXV, South Asia, Washington, D. C.: U. S. GPO, 2000, Document 485.

　　② FRUS, 1964 - 1968, Vol. XXV, South Asia, Washington, D. C.: U. S. GPO, 2000, Document 490.

国政府重新考虑向巴基斯坦出售致命军事武器；强调该清单的目的是保持目前的军力，而不是扩大目前的军力。巴图尔称赞了巴基斯坦政府在提供清单方面的积极态度和在限制国防开支方面的努力，并表示其中的某些物资供应符合目前的美国政策，承诺美国将尽快完成相关研究。①

美巴政府在白沙瓦的军事基地问题与对巴出售美制坦克问题上博弈。5 月 31 日，阿尤布·汗总统决定以每辆 1.2 万美元的价格从比利时购买已经严重损坏的 M－47 坦克，并计划在拉瓦尔品第进行改造。每辆坦克1.2 万美元，美国将截留 1 万美元。阿尤布·汗对欧赫勒特说，比利时提供的坦克确实是完全无用的装备，但他只能孤注一掷，因为巴基斯坦必须要有一些装备，且不能从其他来源获得。欧赫勒特对他的抱怨未给予回应，反而指出，如果阿尤布·汗总统有关于白沙瓦通讯设施的任何建议，未来谈判的大门将是敞开的。阿尤布·汗总统则强调，巴基斯坦的国家安全需要白沙瓦设施的关闭，希望美国政府能够理解巴基斯坦的困难和选择。在欧赫勒特第三次提及美国在白沙瓦的通讯设施之后，阿尤布·汗总统提出了变通的处理方案，即将该处设施转移到更小、更隐蔽的地点，且由巴基斯坦完全控制。6 月 27 日，美国高级机构间小组第 40次会议讨论了"美国的次大陆军事供应政策"。会议的最后结论是维持现行政策，并鼓励比利时向巴基斯坦出售坦克，以满足阿尤布·汗政府的紧迫需求。② 7 月 9 日，欧赫勒特大使拜会阿尤布·汗总统。欧赫勒特首先表示比利时向巴基斯坦出售坦克的可能性依然存在，进而解释了比利时拖延交易的原因：第一，比利时政府变化所带来的程序性因素；第二，比利时政府认为此交易令其收益甚微，从而导致其推动该交易的动力不足。随后，针对康特—隆修正案，欧赫勒特特别指出，该修正案要求美国政府削减对那些寻求高性能武器的贫穷国家的经济援助，除非约翰逊总统向国会证明，那些贫穷国家寻求高性能武器的活动符合美国的国家安全利益。阿尤布·汗则以苏联的强烈不满和反对为理

---

① *FRUS*, *1964－1968*, Vol. XXV, *South Asia*, Washington, D. C. : U. S. GPO, 2000, Document 495.

② *FRUS*, *1964－1968*, Vol. XXV, *South Asia*, Washington, D. C. : U. S. GPO, 2000, footnote 3, Document 500.

由，拒绝接受美国在更小、更隐蔽的地方建设由巴基斯坦控制的美国通讯设施，并称该问题已经没有继续商量的余地了。欧赫勒特最后建议，伊朗和土耳其在坦克交易问题上向巴基斯坦传达好消息是重要的。①

7月24日，欧赫勒特致电罗斯托，建议约翰逊政府履行对巴基斯坦的承诺，积极推动第三国向巴基斯坦出售美制坦克。同日，约翰逊在与腊斯克、克里弗德、赫尔姆斯、罗斯托、厄尔·维勒和马克斯维尔·泰勒等人进行的午餐会上接受了欧赫勒特的建议。② 8月24日，巴基斯坦国防部通知欧赫勒特，苏联与巴基斯坦已经达成协议，苏联原则上同意向巴基斯坦出售其需要的、包括坦克在内的所有军事物资。但阿尤布·汗又向欧赫勒特表示，巴基斯坦不愿意履行该协议。理由如下：第一，从经济角度看，巴基斯坦倾向于获得价格更低廉的二手军事物资；第二，从后勤供给角度看，巴基斯坦倾向于获得美制军事物资；第三，最重要的是，如果可以避免，巴基斯坦不希望加深对苏联的依赖。但是，如果不能尽早得到美国向巴基斯坦提供美制军事物资的保证，巴基斯坦不得不向苏联寻求军事物资供应。巴基斯坦国防部长向欧赫勒特暗示，伊朗是巴基斯坦心目中价格最低、最便捷和最可靠的美制军事物资的来源。欧赫勒特希望在数周内能给予巴基斯坦答复。③

9月底至10月初，巴基斯坦外长阿沙德·胡赛因（Arshad Husain）与美国副国务卿卡特森伯奇、总统国家安全事务特别助理罗斯托和国务卿腊斯克先后举行会谈。在军事供应问题上，阿沙德·胡赛因表示，巴基斯坦希望继续将美国作为军事供应的首要来源国，但在未来数月内巴基斯坦将决定哪一国是自己的主要军事物资供应国。卡特森伯奇则回应称，美国承认现行军事供应政策存在诸多令人不满的地方，美国政府会尽快做出修正，但国会和公众的反对意见令美国政府难以迅速实现修改

① *FRUS*, *1964 – 1968*, *Vol. XXV*, *South Asia*, Washington, D. C.：U. S. GPO, 2000, Document 502.

② *FRUS*, *1964 – 1968*, *Vol. XXV*, *South Asia*, Washington, D. C.：U. S. GPO, 2000, Document 506.

③ *FRUS*, *1964 – 1968*, *Vol. XXV*, *South Asia*, Washington, D. C.：U. S. GPO, 2000, Document 511.

该项政策的目标。①

10月22日，副国务卿卡特森伯奇向约翰逊总统建议，如果约翰逊深信自己有义务向巴基斯坦提供巴顿坦克，美国应该花费300万美元安排土耳其向巴基斯坦提供该类坦克。作为过渡销售，这是美国能够找到的唯一可行的交易。卡特森伯奇甚至还建议完全解除禁令，因为武器销售是美国能够令印度和巴基斯坦继续限制军费的唯一方式。

10月25日，欧赫勒特向约翰逊总统表示，坦克问题上的突破将极大增强美国的影响力。欧赫勒特进一步建议，在必要时将土耳其纳入考虑范围，或授权它直接出售坦克，或者以现行军事供应政策的一次性例外为形式，或者采取与以后的军事供应自由化政策相关联的形式。② 同日，罗斯托建议约翰逊总统采纳卡特森伯奇的建议，即推动土耳其向巴基斯坦出售坦克，他认为这是解决美巴之间坦克问题最容易的方式。③

11月4日，罗斯托向约翰逊总统建议，为了平衡美国即将对印度提供的1.69亿美元的"480公法"援助和1.95亿美元的经济贷款，美国政府应该：第一，立即电告土耳其政府，积极推动其向巴基斯坦出售坦克；第二，如果约翰逊总统批准，美国政府将在数周后宣布向巴基斯坦提供7000万美元的发展贷款，并告知巴基斯坦政府，美国政府正积极考虑向其提供2000万美元的"480公法"援助，且在比市场价格优惠的条件下向其出售农产品，以间接增加巴基斯坦的外汇收入。"我们相信，这些措施将足以平衡巴基斯坦的心态。"④

11月7日，欧赫勒特再次强烈建议约翰逊总统加速推动第三国向巴基斯坦出售坦克。⑤ 11月16日，欧赫勒特告知阿尤布·汗，美国与土耳

---

① *FRUS*, *1964 – 1968*, *Vol. XXV*, *South Asia*, Washington, D. C.：U. S. GPO, 2000, Document 515.

② *FRUS*, *1964 – 1968*, *Vol. XXV*, *South Asia*, Washington, D. C.：U. S. GPO, 2000, Document 519.

③ *FRUS*, *1964 – 1968*, *Vol. XXV*, *South Asia*, Washington, D. C.：U. S. GPO, 2000, Document 518.

④ *FRUS*, *1964 – 1968*, *Vol. XXV*, *South Asia*, Washington, D. C.：U. S. GPO, 2000, Document 522.

⑤ *FRUS*, *1964 – 1968*, *Vol. XXV*, *South Asia*, Washington, D. C.：U. S. GPO, 2000, Document 523.

其已经原则上同意由土耳其向巴基斯坦出售 100 辆 M – 47 坦克，并希望该交易顺利完成，但巴基斯坦必须接受欧赫勒特在 5 月 9 日提出的条件。对此，阿尤布·汗总统表达了明显的勉强态度。[①] 12 月底，巴基斯坦与土耳其达成坦克交易协议。

第三节　约翰逊政府的援巴概况

约翰逊政府援巴政策的急剧变化不仅导致美国对巴援助态势的剧烈起伏和根本转向，而且令巴基斯坦对美国的信心和信任发生了严重动摇，为美巴同盟的分裂埋下了严重的心理隐患。

在援巴总额上，约翰逊政府对巴援助为 8.276 亿美元。其中，经济援助总额和军事援助总额分别为 7.741 亿美元和 0.535 亿美元，各占总援助的比例约为 93.54% 和 6.46%。而 1964—1968 财政年度的援助总额分别为 2.438 亿美元、1.942 亿美元、1.157 亿美元、1.322 亿美元和 1.417 亿美元。从上述数据可知，美国政府的对巴援助在 1964 财年最多，在 1966 财年最少。这是两个特殊的年份。1964 年是肯尼迪政府的遗留计划继续执行的一年，1966 年是约翰逊政府对巴基斯坦实施全面军事禁运的年份。1965 财年虽然处于第二多的地位，但实际上是肯尼迪政府政策的延续影响和印巴战争在 1965 年底爆发所致。而在 1966 年之后，约翰逊政府逐步恢复了对巴援助，其援助额也出现小幅回升，但军事援助的总额始终远低于第二次印巴战争爆发之前的水平。

在经济援助方面，约翰逊政府对巴援助在各财政年度分别为 2.139 亿美元、1.823 亿美元、1.141 亿美元[②]、1.272 亿美元和 1.366 亿美元[③]，占其对巴援助总额的比例分别为 87.74%、93.87%、98.62%、96.22% 和 96.4%。巴基斯坦各财年在美国对外经济援助接受国排名中分别占据

---

① FRUS, *1964 – 1968*, Vol. XXV, *South Asia*, Washington, D. C.: U. S. GPO, 2000, Document 524.

② USAID, U. S. Overseas Loans and Grants: Obligations and Loan Authorizations, July 1, 1945 – June 30, 1966 (Green Book), Washington, D. C.: USAID, 1967, p. 18.

③ USAID, U. S. Overseas Loans and Grants: Obligations and Loan Authorizations, July 1, 1945 – June 30, 1966 (Green Book), Washington, D. C.: USAID, 1973, p. 24.

第二位、第四位、第六位、第四位和第三位。同期的印度始终占据第一位。从上述数据可以非常清晰地看到，1965—1966 财年是一个明显的低点。该财年正是约翰逊政府对巴基斯坦和印度实施军事禁运的年份。约翰逊政府对巴经济援助的基本走势是明显的、非对称的"V"形，即突然降低，而后缓慢回升，总体持续低落。该态势与约翰逊政府援助巴基斯坦的政策存在正相关的联系。

约翰逊政府通过国际开发署向巴基斯坦提供了大量经济援助。美国国际开发署继续承担着美国政府对外经济援助总执行机构的职责。其向巴基斯坦提供的贷款援助在各财年分别为 2.06 亿美元、1.753 亿美元、1.076 亿美元、1.213 亿美元和 1.182 亿美元。赠予援助在各财年分别为 0.08 亿美元、0.071 亿美元、0.065 亿美元、0.053 亿美元和 0.064 亿美元。无论是贷款援助还是赠予援助，其总体趋势都是下降的。美国政府给予巴基斯坦的贷款援助的最大部分为巴基斯坦购买美国商品的贷款，该项占据了贷款总额的约 79.63%，剩余的贷款援助被零散用于水资源和电力开发、公路和铁路建设、疟疾根除和公共卫生、港口建设、电力和天然气输送线路等项目。可见，直接用于农业领域的贷款援助已经基本没有，除购买美国商品的贷款援助外，其余的主要用于工业发展所需要的社会基础设施方面。

在军事援助方面，约翰逊政府给予巴基斯坦的援助在各财政年度分别为 0.299 亿美元、0.119 亿美元、0.016 亿美元、0.05 亿美元和 0.051 亿美元，[1] 在约翰逊政府各财年对巴援助总额中的比例分别约为 2.26%、6.13%、1.38%、3.78% 和 3.6%。其走势基本也是非典型的"V"形。与艾森豪威尔第二届政府和肯尼迪政府的对巴军援总额形成鲜明对比。

小　结

约翰逊政府的对巴政策经历了美国援巴政策史上第一次剧烈变化，集中体现为美国对巴军事援助政策的急剧变化。该变化不仅导致美国对

---

① USAID, U. S. Overseas Loans and Grants: Obligations and Loan Authorizations, July 1, 1945 – June 30, 1966（Green Book）, Washington, D. C. : USAID, 1974, p. 22.

巴援助在达到巅峰后开始衰减，也成为美巴关系由"热"转"冷"的直接原因。约翰逊政府援巴政策变化的最重大影响因素是冷战，尤其是美国对印度因素和中国因素的评估。而在两者之中，中国因素又比印度因素更具有影响力，是约翰逊政府对巴援助政策的重要依据之一。一方面，约翰逊政府试图继续以援助为条件，推动巴基斯坦与印度实现和解，并与中国保持令美国可以接受的距离和热度。另一方面，约翰逊政府竭力以军事援助为筹码，迫使巴基斯坦接受停火建议，迅速结束战争，避免中国趁机介入南亚。而其对巴经济援助政策与军事援助政策变化轨迹大体相同，只是后者表现得更曲折、更鲜明。此外，约翰逊政府的援巴政策继承并发展了肯尼迪政府的援巴政策，不仅继续在必要时挥舞经济援助制裁的"大棒"，而且首次对巴基斯坦实施正式军事物资禁运，为此后迄今的美国的援巴政策及实践开创了恶劣先例，严重损害了美国在巴基斯坦的形象和声誉，亦令巴基斯坦人对美国产生了挥之不去的心理阴影和心理障碍。总体而言，约翰逊政府援巴政策的实践在一定程度上为巴基斯坦的经济发展创造了条件，其运用的援助制裁政策阻止了印巴战争的拖延，进而消除了其认为的中国军事介入南亚的可能性，重启对巴军援的政策则令巴基斯坦承诺继续维护美巴同盟。因此，约翰逊政府的援巴政策在相当程度上是有效的。与此同时，我们也应该看到，约翰逊政府试图以援助推动印巴和解与合作的愿望并未实现，印巴两国之间的敌意依旧深厚，甚至持续加深；而中巴关系也未能如约翰逊政府所愿，反而取得了一定的发展。所以，约翰逊政府的援巴政策的有效性又大打了折扣。

第 五 章

尼克松—福特政府对
巴基斯坦的援助政策

——从有限军售到全面解除军事禁运

尼克松—福特政府对巴基斯坦的援助政策继续呈现出双轨态势。一方面，军事援助政策急剧变化；另一方面，经济援助政策基本稳定。在尼克松—福特政府时期，美国对巴军事援助政策先后经历了有限军事销售、全面军事禁运、有限解除军事禁运和全面解除武器禁运四个阶段。之所以出现此种嬗变，与尼克松政府的国际战略、南亚国际关系和中美关系直接或间接相关。

第一节　尼克松政府对巴基斯坦的
军事援助政策
——从有限军事销售到全面军事禁运
再到有限解除军事禁运

尼克松政府时期是冷战由有限缓和到缓和高潮的推进时期。在该时期，美国综合国力进一步下降，苏联的综合国力则进一步增强。美国曾经拥有的对苏联的核优势亦逐步被美苏核均势所代替。在此情况下，尼克松政府希望采取积极措施，扭转美国所面临的不利局面。而中国恰在此时成为美国认为可以与其进行某种程度战略合作的大国。在该时期，中苏关系更趋恶化，不仅发生了小规模武装冲突，而且苏联在中国边境部署了上百万军队和其国内三分之一的中程导弹，甚至扬言对中国实施

"外科手术式"的核打击。中国因此急需与在美苏冷战中处于不利地位的美国改善关系，缓解苏联对中国造成的严重战争压力和战略威胁。欧洲、日本外交和经济自主性的日益增强、第三世界要求政治独立、经济自主和国际平等的呼声持续高涨，都令美国和苏联从各自利益出发，调整了对外目标、战略和政策，在各自理解的范围内大力推行了"缓和"战略。两国不仅建立起为实现"缓和"服务的谈判机制与框架，而且进行了一系列会晤，发表了若干关于"缓和"的纲领性文件。美苏不仅开始了旷日持久的裁军谈判，而且试图解冻两国经济关系。虽然美苏关系的合作与竞争的实质未变，但"缓和"与"合作"已经成为主流的政策与状态。作为美国的盟国和苏联的近邻国家，巴基斯坦必然要受到美国对苏缓和战略的影响。其中最直接的表现就是尼克松政府对巴基斯坦的军事援助政策的剧烈变化和经济援助政策的相对稳定。

一　尼克松政府继续对巴基斯坦执行有限军事销售政策

尼克松就职之时，美巴关系相对冷淡。虽然美国对巴经济援助仍在继续，且数额不低，但军事援助却始终处于徘徊不前的状态。作为早在20世纪50年代就与阿尤布·汗等人建立了良好私人关系的尼克松总统，自然不愿意令老朋友在自己任职美国总统期间感到失望，更不愿意轻易放弃美国历届政府苦心经营的美巴同盟。在阿尤布·汗政府的积极推动、美国利益的驱动和私人感情的促动下，尼克松政府在援助巴基斯坦的问题上采取了灵活的立场和政策。

尼克松总统就任之初向巴基斯坦表达善意和热情。1969年1月20日，理查德·尼克松就任美国第37任总统，成为二战后美国第二位共和党总统，也是第二位在个人感情上和政策主张上明显倾向巴基斯坦的总统。这种感情来源于尼克松的个人经历。尼克松在就任总统前曾五次访问巴基斯坦，其中两次是作为副总统，三次是作为离职后的非政府人员。阿尤布·汗总统曾用红地毯接待以平民身份访问巴基斯坦的尼克松。尼克松亦在就职总统后的美国政府致阿尤布·汗的信件中加入了自己的短信，并宣称："我将一直感激我访问巴基斯坦时所接受的礼遇。"除了对巴基斯坦的语调更热情外，尼克松还继续秉承自己20世纪50年代在南亚问题上的思想和主张，即在印度和巴基斯坦之间更倾向巴基斯坦。而作为感情非常深厚的老朋友，阿尤布·汗早在 1968 年底尼克松赢得总统大选之时就热情祝贺，并对尼克松治下的美国政府恢复对巴援助充满期待。

阿尤布·汗政府积极向尼克松政府求援。1969 年 2 月 6 日，巴基斯坦驻美国大使阿伽·希拉利（Agha Hilaly）拜访国务卿威廉·P. 罗杰斯（William P. Rogers）。在会谈中，希拉利和罗杰斯都提到了尼克松总统对巴基斯坦的热情。希拉利代表阿尤布·汗政府向尼克松政府提出了恢复美国对巴援助的请求，特别希望尼克松政府向巴基斯坦提供军事援助。在经济援助方面，希拉利强调了以下几点：第一，巴基斯坦不仅在农业方面实现了突破，实际解决了自身的粮食问题，而且在出口、轻工业方面也持续进步，能够生产本国所需要的 58% 的工业成品和 42% 的材料。第二，美国的经济援助令巴基斯坦实施自由经济政策成为可能。美国的商品贷款和联合国国际开发协会（IDA）的贷款是能够使巴基斯坦发展成功的"软"援助的来源。第三，巴基斯坦每年至少需要 2 亿美元的"软"援助。罗杰斯则声称，尼克松总统非常清楚巴基斯坦的困难，且美国一定会认真研究巴基斯坦的困难和请求。但美国面临诸多困难，如美国收到的援助请求太多，国民和国会严重质疑美国的对外援助政策。因此，罗杰斯并未立即做出承诺。希拉利希望罗杰斯向尼克松总统提及军事供应问题，并尽快推进巴基斯坦要求获得 5 架 F-104 飞机和 200 辆二手坦克的事宜。希拉利还声称，巴基斯坦面临着决定未来从何处获得军事装备的问题。但罗杰斯仅仅表示美国政府会密切关注该问题。[①] 罗杰斯之所以未立即答应巴基斯坦的请求，主要原因在于阿尤布·汗政府和巴基斯坦局势正处在动荡之中，前途未明。同时，尼克松上台伊始，各项事务千头万绪，南亚问题暂时并不在尼克松政府对外事务日程中位居前列。罗杰斯的暧昧表态也表明，尼克松政府内部在是否再次向巴基斯坦提供援助的问题上存在分歧，尚未形成具有自身特色的、明确的、统一的南亚政策和对巴政策。

尼克松政府在恢复对巴军事援助问题上存在分歧。2 月 11 日，美国驻巴基斯坦大使欧赫勒特建议尼克松政府在对巴基斯坦的军事供应问题

---

① *FRUS*, *1969 – 1976*, *Vol. E – 7*, *Documents on South Asia*, *1969 – 1972*, Washington, D. C. : U. S. GPO, 2005, Document 5, pp. 1 – 3.

上实施自由化政策。欧赫勒特强调："本使团强烈建议美国的南亚军事供应政策自由化，以允许在逐案审查的基础上直接出售致命武器。本使团也相信，尽快实现这种修正对捍卫我们在该地区的重大利益是必要的。经过近两年徒劳无功的试探，我们仍未能阻止事态的发展。只是反复激怒了印度，令德国、意大利、比利时和土耳其进退两难、处境尴尬，令伊朗恼怒，使巴基斯坦疏远美国。"所以说，美国对南亚实施的"现行的第三国出售政策已经破产"。因此，"我强烈建议迅速实现武器供应的自由化，这种自由化不是为了巴基斯坦或南亚国家的利益，而是为了美国的利益"。① 欧赫勒特建议的政策与约翰逊政府的对巴军事供应政策存在根本差异，是质的变化。如果采纳该政策，尼克松政府可能不得不面对很多不可测、不可控的风险。而且，美国驻印度大使鲍尔斯持与欧赫勒特完全相反的立场和观点，坚决反对尼克松政府向巴基斯坦出售更多致命军事装备。2 月 19 日，鲍尔斯致电美国国务院和白宫，阐述了自己在美国对巴军事供应政策上的观点。鲍尔斯强调："任何增强巴基斯坦以印度为敌的军事能力的行动，都将进一步推动已经付出高昂代价的军备竞赛。在巴基斯坦正处于不稳定且难以预测前途的关键时刻，向巴基斯坦出售致命军事装备的行为是愚蠢的。""我们的很多军事援助增加了紧张，推高了发展中国家的军事预算，将美国与不受欢迎的独裁者、军阀相关联，且使那些本来可以成为美国朋友的人相信，美国在兜售武器、支持上述政府的反动立场与推进和平事业之间更倾向于第一选项。""在向印度和巴基斯坦提供武器的问题上，我们向巴基斯坦提供军事装备的行为令印度产生了对美国的不信任感，这种不信任始于 1954 年，被我们 1967 年 4 月的新政策所强化。这一政策导致美国刻意避免向巴基斯坦直接供应致命武器，但同时却公开地努力劝说诸如西德、意大利、比利时和土耳其向巴基斯坦提供该国半淘汰的或美国许可生产的致命装备，而美国则向这些国家提供更现代化的替代装备，以此缓解印度可能对美国施加的政治压力。""我认为，我们应该拒绝向任何可能用我们的武器反对我们友邦的国家出售或援助致命军事装备。""我相信，我们的政策基本没

---

① *FRUS*, *1969 – 1976*, *Vol. E – 7*, *Documents on South Asia*, *1969 – 1972*, Washington, D. C. : U. S. GPO, 2005, Document 7, pp. 1 – 2.

有服务于我们的国家利益。""在此期间，我建议直到现有研究完成之前，我们暂停所有致命军事武器供应。""现在，印度政府正焦急地等待着美国新政府在土耳其向巴基斯坦出售坦克问题上的最后决定，并将其作为新政府处理次大陆复杂问题的方法的参照指标。"① 鲍尔斯所提到的民主因素、印度因素和军备竞赛，确实是此前美国历届政府在制定南亚政策过程中都高度重视的因素，亦对美国的南亚政策发挥了决定性影响。尼克松虽然在个人感情上倾向巴基斯坦，但在国家利益面前，他作为国家的首脑和代表不得不慎重权衡。而且，欧赫勒特和鲍尔斯鲜明对立的建议显然令尼克松政府不得不谨慎。

2月21日，尼克松总统指示国务卿、国防部长、国际开发署主管、中情局局长全面评估美国的南亚军事供应政策，且要求该评估必须聚焦重点问题。尼克松就此明确强调评估内容应包括："第一，我们在制定对南亚的、合乎逻辑的政策的过程中所面对的主要问题；第二，美国在次大陆的利益选项；第三，实现这些利益的备选方案。"② 尼克松要求在3月之前形成书面形式的研究报告，以供美国国家安全委员会研究讨论。在没有明确的决定之前，依然沿袭约翰逊政府的军事供应政策。

叶海亚·汗政府寻求尼克松政府改变对巴军事供应政策。3月25日，阿伽·穆罕默德·叶海亚·汗（Agha Muhammad Yahya Khan）接掌巴基斯坦最高国家权力，巴基斯坦进入叶海亚·汗政府时期。叶海亚·汗上台后，继续实行军法管制，社会秩序趋向稳定。作为阿尤布·汗的继任者和巴基斯坦国家与军方的最重要代表，叶海亚·汗继承了前任对美求援的立场。3月31日，巴基斯坦海军总司令兼副军法行政官赛义德·穆罕默德·阿桑（Syed Mohammed Ahsan）将军借参加美国前总统艾森豪威尔葬礼的契机，与尼克松总统会谈并保证：巴基斯坦军方没有长期掌握政权的意图。此举显然是为了减轻尼克松政府在对巴军事援助问题上可能面临的来自国会和国际的质疑和反对的压力。4月1日，阿桑将军拜

① *FRUS, 1969 – 1976, Vol. E – 7, Documents on South Asia, 1969 – 1972*, Washington, D. C. : U. S. GPO, 2005, Document 8, pp. 1 – 2

② *FRUS, 1969 – 1976, Vol. E – 7, Documents on South Asia, 1969 – 1972*, Washington, D. C. : U. S. GPO, 2005, Document 10, p. 1.

访了副国务卿詹姆斯·W. 斯佩恩（James W. Spain）。阿桑提醒斯佩恩，
美国不向巴基斯坦提供武器将伤害美国，将迫使巴基斯坦与其他妨碍美
国利益的国家联系，或运用巴基斯坦本国的资源去购买其支付不起的西
欧国家提供的昂贵的武器。阿桑还说，有所作为的军事领导人必须拥有
足够的武器，以维持国内安全、保持军队稳定。从心理上来说，现在是
巴基斯坦的重要时刻，美国应该兑现曾经的承诺。显然，阿桑所表明的
态度既代表了叶海亚·汗总统的态度，也继承了历届巴基斯坦政府，尤
其是阿尤布·汗政府在美国对巴军事援助问题上软硬兼施的传统方式。
5 月 16 日，巴基斯坦经济计划委员会主席 M. M. 艾哈迈德受叶海亚·
汗总统指派访问美国，并与基辛格会谈。艾哈迈德简述了叶海亚·汗政
府的三点结论：第一，外国的持续援助支持了巴基斯坦的经济发展。第
二，仅依靠自身的力量，巴基斯坦不能实现经济的高度发展。第三，国
内动荡表明，经济增长的实际效率已经被"制度化"。艾哈迈德表示，
巴基斯坦政府希望继续依靠大量的外部援助解决东巴基斯坦资源分配不
均的问题。因此，在巴黎召开的世界银行援巴财团会议极为重要。而参
加会谈的希拉利大使向尼克松总统的国家安全事务助理亨利·阿尔弗雷
德·基辛格（Henry Alfred Kissinger）提出了美国对巴军事援助的问题。
基辛格承认，尼克松正在考虑该问题。艾哈迈德强调，由于要购买军事
装备，巴基斯坦政府不得不将原本要用于发展的预算转移到国防方面。
所以，美国对巴基斯坦军事援助的决定对巴基斯坦财政预算有影响。基
辛格表示，尼克松政府始终关注巴基斯坦的发展。① 叶海亚·汗政府将
美国对巴经济援助和军事援助相关联，看似请求经济援助，实则重点放
在了军事援助方面，企图以美国加大对巴军事援助换取巴基斯坦政府在
发展经济方面的更大努力，并取得令美国满意的结果。

　　尼克松政府初步承诺向巴基斯坦提供经济援助。4 月，欧赫勒特大使
两次致电国务院，强烈建议："继续扩大对巴基斯坦的经济援助规模，特
别是对东巴基斯坦的经济援助。"在军事援助上，美国应该"向巴基斯坦
供应特定类型的军事装备"。他特别强调，如果尼克松政府"未能立即做

　　① *FRUS*，*1969 – 1976*，*Vol. E – 7*，*Documents on South Asia*，*1969 – 1972*，Washington，
D. C.：U. S. GPO，2005，Document 20，pp. 1 – 2.

出并宣布一项新的武器供应的政策决定，必定被巴基斯坦解读为又一次延误和欺骗"。① 在欧赫勒特的强烈建议、个人感情的驱动和巴基斯坦的求援推动下，尼克松政府在 5 月 19—20 日的援巴财团会议上承诺，1970 财年向巴基斯坦提供 1.4 亿美元的经济援助，且将寻求国会批准。该承诺额已经比约翰逊政府 1969 财年的承诺多出了一倍。巴基斯坦代表非常高兴，热情赞扬了美国政府代表。

　　尼克松政府明确宣布执行有限军事销售政策。5 月 24—25 日，罗杰斯短暂访问巴基斯坦，并与叶海亚·汗总统会谈，这成为尼克松政府与叶海亚·汗政府的高级官员之间的第一次直接接触。叶海亚·汗总统向罗杰斯重申，希望美国放松在武器供应问题上的限制。罗杰斯虽然表达了尼克松政府重视与巴基斯坦的良好关系的立场，但在武器供应问题上却未做出积极表态，他向媒体透露，美国政府的建议要经历很长的过程才能满足巴基斯坦的要求②。他还宣称："我们在东南亚条约组织会议上清楚阐明了美国打算继续履行条约责任。我们现在没有看到一个新安全协议有任何实际前景。"③ 可以说，罗杰斯的态度反映了尼克松政府在南亚武器供应政策上的基本立场，即继续执行约翰逊政府实施的对巴基斯坦的有限军供政策，不向巴基斯坦出售致命性军用物资。叶海亚·汗随即重申了巴基斯坦面临的武器供应不足的严峻形势和巴基斯坦对美国的请求，并声称巴基斯坦不得不寻求特定的武器来源。④ 在继续表达对美国军事援助的迫切需求的同时，巴基斯坦政府开始采取实际行动，试图真正改变援助来源单一化和过度依赖美国的不利局面。作为巴基斯坦的最大邻国、世界超级大国，苏联成了叶海亚·汗政府首先考虑的对象国。

　　叶海亚·汗政府展示与苏联改善关系的新动向。叶海亚·汗政府对尼克松政府的对巴军事供应政策十分不满。为了尽可能实现武器来源的

――――――――――

　　① *FRUS*, *1969 - 1976*, *Vol. E - 7*, *Documents on South Asia*, *1969 - 1972*, Washington, D. C. : U. S. GPO, 2005, Document 18, pp. 10 - 12.

　　② Tilman Durdin, "Rogers Reassures Pakistan on Arms", *New York Times*, May 25, 1969.

　　③ *Pakistan Horizon*, No. 2, 1969, pp. 194 - 196.

　　④ *FRUS*, *1969 - 1976*, *Vol. E - 7*, *Documents on South Asia*, *1969 - 1972*, Washington, D. C. : U. S. GPO, 2005, Document 21, p. 1.

多元化、增强自身军力以相对平衡印度持续增强的军事力量，也为了缓和巴基斯坦与苏联的关系，并向尼克松政府施加压力，巴基斯坦政府随即与苏联政府进行了比较积极的互动。5月底至6月初，巴基斯坦政府在一年内第二次接待苏联总理阿列克谢·尼古拉耶维奇·柯西金（Alexei Nikolayevich Kosygin），并与之进行谈判。虽然在巴基斯坦国防部和外交部的强烈反对下，双方未达成任何实质性协定，但在会谈后发表的共同声明却宣称，巴基斯坦与苏联将扩大合作领域。而柯西金则宣称，苏联与巴基斯坦之间的政治和经济联系具有良好前景。6月，叶海亚·汗总统对莫斯科进行了官方访问，探询苏联向巴基斯坦提供军事援助的可能性。虽然双方在中国问题上的分歧令苏联没有对巴基斯坦做出新的军事援助承诺，但苏联仍然继续向巴基斯坦提供已经承诺的军事援助，且双方的互动继续进行。7月29日，苏联同意向巴基斯坦提供机械和技术援助，协助吉大港建立一个电力制造厂。该厂将生产电力转换器、断路开关、切换器和电容器。8月5日，苏联与巴基斯坦在卡拉奇签署了一份关于援助的议定书。双方约定苏联向巴基斯坦提供118000万卢比的援助资金，用于建设重型电力公司。12月9日，巴基斯坦与苏联又在伊斯兰堡签署了1970年易货贸易协议。苏巴关系较前一时期有了明显的升温和发展。巴基斯坦在对苏关系上的新动向和新进展显然对尼克松政府的对巴立场和态度产生了影响。美国对巴基斯坦的武器供应政策随之有所应变。

尼克松总统向叶海亚·汗总统承诺美国对巴援助政策将改变。面对叶海亚·汗的外交新动向，虽然欧赫勒特大使与鲍尔斯大使在美国对巴军事供应问题上依旧坚持两人根本对立的立场和理由，但尼克松政府却开始主动应变。

尼克松政府向巴基斯坦政府表明美国对巴军供政策将发生变化。8月1日，尼克松总统及其国家安全事务助理亨利·A.基辛格（Henny A. Kissinger）访问巴基斯坦，并与叶海亚·汗和巴基斯坦高级官员进行会谈。在会谈中，巴方宣称尼克松是"巴基斯坦令人尊敬的老朋友""世界重要的政治家和伟大美国的国家元首"，强调巴基斯坦"极为重视与美国的友好且重要的关系"，"永远铭记美国对巴基斯坦发展做出的非常重要的贡献"①。更为重要的是，巴基斯坦政府强烈希望美国尽快向其提供经济和军事援助。在经济援助方面，希望美国为巴基斯坦正在努力进行的经济发展和社会进步提供"持续且充分的援助"。巴方还进一步强调，美国继续提供经济援助是阻止共产主义蔓延的一种方式。对巴基斯坦而言，共产主义是令人厌恶的。② 在军事援助上，巴方表示，巴基斯坦没有阴谋，只是想要最低限度的威慑力量③，巴基斯坦不想，也不期待从苏联获得更多的武器。④ 而尼克松则立即回应称，自己是"作为巴基斯坦的长期朋友"访问巴基斯坦的，且以总统身份保证，自己将更努力"推动与美巴友谊极其密切相关的事业"。⑤ 尼克松进一步宣称："在这次访问中，我们能做和想做的就是恢复建立在互相信任基础上的友好关系。这种互相信任对两国友好关系非常重要。"但是，"一种稳定而热情的关系必须建立在各自政府能够坦诚分享对本国国家利益的评价，且彼此告知在各种问题上的观点的基础之上的。我想强调的是，美国对巴基斯坦和全亚洲的进步有持久的兴趣"。⑥ 至于在两国关系中占据重要地位的美国对巴基斯坦的武器供应问题，媒体被告知，尼克松政府将在年底做出决定。⑦ 叶海亚·汗政府对此消息十分振奋。

尼克松政府进一步表达对巴基斯坦的友好。8月16日，正在访问巴基斯坦的美国国会议员罗伯特·斯皮尔斯（Robert Spears）在拉瓦尔品第告诉新闻记者，美国政府正在考虑允许巴基斯坦从第三国购买美国军事装备。10月1日，叶海亚·汗总统致信尼克松总统，请求美国向巴基斯坦优先提供100万吨"480公法"小麦援助，以缓解东巴基斯坦非常严峻

---

① Department of State, *Bulletin*, August 25, 1969, pp. 163 – 165.

② *FRUS*, *1969 – 1976*, *Vol. E – 7*, *Documents on South Asia*, *1969 – 1972*, Washington, D. C.: U. S. GPO, 2005, Document 31, pp. 2 – 4.

③ *FRUS*, *1969 – 1976*, *Vol. E – 7*, *Documents on South Asia*, *1969 – 1972*, Washington, D. C.: U. S. GPO, 2005, Document 31, pp. 5 – 6.

④ *FRUS*, *1969 – 1976*, *Vol. E – 7*, *Documents on South Asia*, *1969 – 1972*, Washington, D. C.: U. S. GPO, 2005, Document 32, pp. 1 – 3.

⑤ *Pakistan Horizon*, No. 3, 1969, p. 297.

⑥ Department of State, *Bulletin*, August 25, 1969, pp. 164 – 165.

⑦ Tilman Durdin, "Nixon Ends Tour of Asia with Hope for Era of Peace", *New York Times*, August 2, 1969.

的粮食短缺和通货膨胀问题。尼克松政府立即予以积极回应。10 月 3 日，巴基斯坦与美国签署关于巴基斯坦接收美国 2300 万美元的"480 公法"农产品的协定。10 月 16 日，基辛格建议尼克松批准 1970 财年向巴基斯坦提供 100 万吨小麦援助，用于缓解东巴基斯坦的粮荒、降低物价以及促成东巴基斯坦与西巴基斯坦之间的和解。10 月 17 日，美国同意资助东巴基斯坦和西巴基斯坦各建一个化肥厂。10 月 23 日，巴基斯坦将美国援助的 100 万吨"480 公法"小麦分配给东巴基斯坦。11 月 5 日，巴基斯坦政府与美国海洋石油勘探公司签署一项协议，开采东巴基斯坦和西巴基斯坦的离岸和岸上石油。11 月 19 日，巴基斯坦与美国国际开发署在伊斯兰堡签署了一项美国向其提供 2000 万美元化肥的协议。

尼克松政府反思"有限军售"政策。11 月 22 日，美国国务院近东南亚局起草了一份供国家安全委员会高级评估小组进行研讨的总结文件，主题是美国对南亚的军事供应政策。该文件指出，1967 年 4 月的"有限军售"政策的实施结果有成有败。在成功方面，该政策使巴基斯坦保持了很多美制武器装备的正常运转，因此减少了但不是消除了对新的武器供应源的需求。该政策的执行极大减少了对巴基斯坦的军事供应，取悦了印度。在失败方面，该政策已经或可能产生三个不利结果：其一，通过第三国供应武器的方法未能奏效，引起了美国与其友邦——西德、意大利、比利时、土耳其和伊朗——之间的麻烦，没有满足巴基斯坦的需求；其二，最终可能导致巴基斯坦将更多原本用于经济发展的资源用于购买高性能装备；其三，使苏联在印度武器供应中的地位无可替代，也令中国在巴基斯坦军事供应中的地位无可替代。在以上反思的基础上，该文件提出了四个政策选项：继续目前的政策，实施更加严格的武器供应政策，允许有选择地向巴基斯坦出售致命军事装备，完全自由化。该文件最后建议在第一和第三个选项中择一从之。① 该文件是对 1967 年 4 月以后约翰逊政府的南亚军供政策的反思，提供的四个选项对尼克松政府具有非常重要的参考意义。此后的历史证明，尼克松政府将各个选项都试验了一遍。而基辛格与罗杰斯在是否允许美国通过土耳其向巴基斯

---

① *FRUS*, *1969 - 1976*, *Vol. E - 7*, *Documents on South Asia*, *1969 - 1972*, Washington, D. C. : U. S. GPO, 2005, Document 42, pp. 1 - 15.

坦提供 100 辆 M - 47 坦克的问题上持截然对立的观点。基辛格主张立即推进，罗杰斯则坚决反对。尼克松总统则在 12 月 20 日致信叶海亚·汗总统，赞扬了美巴关系，并对美国对巴军事援助政策上的延误表达了歉意。显然，尼克松希望尽快重新启动对巴基斯坦的军事援助。

　　在尼克松总统任职的第一年，美国对巴基斯坦的军事供应政策延续了约翰逊政府的有限军售政策，仅向巴基斯坦出售非致命军事物资，且资助少量的巴方军事人员在美国接受军事教育与培训。

二　尼克松政府决定对巴基斯坦实施"一次性例外"军事销售

　　尼克松政府虽然对巴基斯坦继续实施约翰逊政府的有限军售政策，但只是暂时的。一方面，作为巴基斯坦的老朋友，尼克松总统对该政策并不满意，希望找到令自己和巴基斯坦都感到满意的恰当方式；另一方面，作为美国的盟国，巴基斯坦也不满意，希望能够尽快获得美国援助。

　　叶海亚·汗政府继续向尼克松政府积极求援。1970 年 1 月 19 日，叶海亚·汗总统致信尼克松总统强调：在经济援助方面，"美国对外援助立法的不确定性正在引发巴基斯坦决策者们的某种焦虑，但我们希望新拨款中的任何削减都不要反映在我们的分配额度中"。在军事供应政策上，叶海亚·汗强调：该问题是一个"需要紧急推进的问题"。因为"已经实施了 4 年多的禁运令对巴基斯坦造成了极大损害。……除非我们有最低限度的、可以信赖的威慑力量。否则，南亚地区的和平和稳定可能处于危险之中"。

　　美国国务院反复建议尼克松总统批准对巴基斯坦实施"一次性例外"军事销售。2 月 10 日，代理国务卿理查德森向尼克松总统建议："如果您考虑提供军事装备，我们希望您不会明显背离我们目前的政策。我们的第一选择是制定对目前政策的'一次性例外'，且同意向巴基斯坦出售 6 架他们一直请求从美国购买的 F - 104 战斗机。"[1] 但理查德森仍反对土耳其与巴基斯坦之间进行坦克交易。理查德森提出的"一次性例外"军事销售的建议与"允许有选择地向巴基斯坦出售致命军事装备"的政策一

---

　　[1]　FRUS, 1969 - 1976, Vol. E - 7, Documents on South Asia, 1969 - 1972, Washington, D. C.：U. S. GPO, 2005, Document 47, pp. 1 - 4.

脉相承，且更加明确、具体。后者是由国家安全委员会于 1969 年 11 月 22 日在关于美国的南亚军供政策的总结文件中提出的。2 月 20 日，国家安全委员会委员哈罗德·桑德斯（Harold Saunders）向基辛格提交了一份关于美国对巴军事供应政策的备忘录。桑德斯说，美国驻巴基斯坦大使约瑟夫·S. 法兰德（Joseph S. Farland）强烈支持美国重新在"有限制和有选择"的前提下向巴基斯坦出售军事装备。桑德斯则建议："给予巴基斯坦某些真正有价值的装备，同时不使美国再次卷入印巴之间持续的敌对之中。"但他仍顾虑重重，既担心重新启动对巴援助将损害美国更为看重的美印关系，又忧虑不重新启动对巴援助将损害巴基斯坦的民主化进程，甚至可能迫使巴基斯坦更接近苏联、中国寻求武器供应。[1] 作为尼克松总统外交决策的重要幕僚，基辛格彼时已经下定决心在美国的对巴军事供应政策上做出改变。明证就是他在当日收到反映美国驻印度大使肯尼斯·B. 基廷（Kenneth B. Keating）强烈反对修改美国现行的南亚军供政策的意见的电报之后，在该电报上写下了"我们必须行动"的文字。3 月 16 日，基辛格向尼克松总统提交了主题为"美国在南亚军供政策上的决定"的建议书。基辛格指出，在军事供应问题上，"任何决定都将被认为是亲印或亲巴"。因此，在南亚军供政策上，美国主要有三个选项：第一，保持禁运；第二，解除禁运，允许在逐案审查基础上向巴基斯坦出售美国的军事物资；第三，在目前政策中做出"一次性例外"的修改，使之有利于巴基斯坦。基辛格建议，目前的政策应再次被确认，但为了满足尼克松总统对巴基斯坦做出某些积极姿态的愿望，应批准以"一次性例外"形式向巴基斯坦销售 6 架 F - 104 和 4 架 B - 57，批准土耳其向巴基斯坦提供坦克。[2] 4 月 13 日，基辛格进一步向尼克松总统建议，希望向巴基斯坦提供一个系列援助计划。该计划不仅要展现美国对巴基斯坦的友好姿态，而且尽可能不要在美国国内引起争议。基辛格建议在两个选项中进行选择：第一，继续保持在致命军事装备出售上的总体禁运，

---

[1] *FRUS*, *1969 – 1976*, *Vol. E – 7*, *Documents on South Asia*, *1969 – 1972*, Washington, D. C.：U. S. GPO, 2005, Document 48, pp. 1 – 3.

[2] *FRUS*, *1969 – 1976*, *Vol. E – 7*, *Documents on South Asia*, *1969 – 1972*, Washington, D. C.：U. S. GPO, 2005, Document 54, pp. 1 – 3.

但允许以"一次性例外"的形式向巴基斯坦出售其特别需要的一些商品。可供选择的直接出售包括 6 架 F – 104 或 B – 57 和 100 辆坦克。第二，解除禁运，且允许美国向巴基斯坦持续出售替代型武器。简言之，第一个选项比第二个选项有更多限制。① 5 月 21 日，法兰德大使与总统国家安全事务助理基辛格、国防部长马尔文·R. 莱尔德（Melvin R. Laird）、国防部长助理 G. 沃伦·纳特（G. Warren Nutter）、国防部长南亚助理西摩·克拉维茨（Seymour Kravitz）和国务院负责巴基斯坦事务的国别主任威廉·斯宾格勒（William Spengler）进行会谈。法兰德强调，美国在军事供应政策上的犹豫已经导致巴基斯坦日益转向中国和苏联……巴基斯坦对美国怀有的期望越来越小。中国在巴基斯坦媒体中受欢迎的程度远高于美国。美国仍有时间，但选择的余地正迅速缩小。"中国正寻求增加在中国与孟加拉湾之间的社会主义国家的数量。如果缅甸、阿萨姆邦和东巴基斯坦被共产主义者控制，中国将有效包抄东南亚。如果共产主义者控制巴基斯坦，中国亦能包抄印度。苏联可能寻求在印度洋和波斯湾拥有更大影响力，并寻求巴基斯坦在此方面的帮助。"因此，法兰德大使建议向巴基斯坦提供一些坦克。② 5 月 26 日，尼克松总统在中央条约组织部长会议上对助理国务卿约瑟夫·J. 西斯科（Joseph. J. Sisco）表示，美国应该向巴基斯坦提供某种援助。如果巴基斯坦在军事方面不够强大，它将不能对该地区的稳定做出贡献，也不能在中央条约组织中做好自己的工作。③ 6 月 11 日，基辛格建议尼克松批准罗杰斯国务卿的建议，即执行对巴基斯坦的"一次性例外"军事销售的决定，且在叶海亚·汗 6 月 22 日到达莫斯科进行访问之前批准该项决定。

　　尼克松政府将"一次性例外"军事销售的决定非正式通知叶海亚·汗政府。6 月 17 日和 18 日，基辛格和罗杰斯分别向希拉利大使和法兰德大使秘密通报了尼克松政府准备对巴基斯坦实施"一次性例外"军事销

　　① *FRUS*, *1969 – 1976*, *Vol. E – 7*, *Documents on South Asia*, *1969 – 1972*, Washington, D. C. : U. S. GPO, 2005, Document 57, pp. 1 – 2.

　　② *FRUS*, *1969 – 1976*, *Vol. E – 7*, *Documents on South Asia*, *1969 – 1972*, Washington, D. C. : U. S. GPO, 2005, Document 60, p. 1.

　　③ *FRUS*, *1969 – 1976*, *Vol. E – 7*, *Documents on South Asia*, *1969 – 1972*, Washington, D. C. : U. S. GPO, 2005, Document 61, p. 1.

售的决定。按照罗杰斯的要求，法兰德在 6 月 20 日向叶海亚·汗总统通报了尼克松总统的决定。法兰德提供了如下信息：在现行政策的前提下，在针对现行政策的"一次性例外"的基础上，美国准备向巴基斯坦出售其一直寻求获得的某些种类的军事物资。但鉴于美国国会中的强烈反对意见，暂时还不能做出正式承诺。美国准备提供的援助包括：6 架 F–104 战斗截击机或不同类型的替代飞机（替代飞机包括 F–104 和 F–5，但巴基斯坦必须将其目前拥有的 6 架 F–104 交给美国）、300 辆装甲运兵车、4 架反潜巡逻机和 7 架 B–5 轰炸机（替代型飞机）。法兰德被要求不和叶海亚·汗讨论军事装备的细节，但要表示：美国此次提供的物资是现行政策的"一次性例外"；希望现金支付；稍后要通知印度政府；如果被问到，要表示坦克正在被认真考虑，但国会在坦克问题上坚持反对立场，令美国提供坦克被认为不可行；要求叶海亚·汗总统绝对保密。罗杰斯向法兰德表示，除了向巴基斯坦出售"致命武器"，美国军事部门一直被要求在巴基斯坦近期希望购买非致命装备，如直升机、轻型飞机、运输机、吉普车和卡车时迅速采取行动。① 叶海亚·汗总统对该消息感到非常高兴，不仅将尼克松总统的决定视为友谊的体现，而且认为是他理解巴基斯坦的问题与困难的证据，是美巴两国能够继续走在一起的具体实例。但叶海亚·汗还同时表达了巴基斯坦不愿意购买土耳其坦克，将寻找其他供应源的意愿。② 虽然印度政府强烈反对美国对巴基斯坦的"一次性例外"军事销售，但尼克松总统依然坚持自己的决定，并于 9 月 24 日要求尽快推进"一次性例外"军事销售，强调当时正是行动的好时机。③ 10 月 1 日，法兰德大使非正式通知巴基斯坦政府，尼克松政府决定以现行军事供应政策的"一次性例外"为形式，向巴基斯坦提供武器，并与其商讨选派代表推进该决定的执行。④

---

① *FRUS*, *1969 – 1976*, *Vol. E – 7*, *Documents on South Asia*, *1969 – 1972*, Washington, D. C.：U. S. GPO，2005，Document 67，pp. 1 – 5.

② *FRUS*, *1969 – 1976*, *Vol. E – 7*, *Documents on South Asia*, *1969 – 1972*, Washington, D. C.：U. S. GPO，2005，Document 68，pp. 1 – 3.

③ *FRUS*, *1969 – 1976*, *Vol. E – 7*, *Documents on South Asia*, *1969 – 1972*, Washington, D. C.：U. S. GPO，2005，Document 76，p. 1.

④ *FRUS*, *1969 – 1976*, *Vol. E – 7*, *Documents on South Asia*, *1969 – 1972*, Washington, D. C.：U. S. GPO，2005，Document 79，pp. 1 – 3.

　　尼克松政府正式宣布对巴基斯坦实施"一次性例外"军事销售。10月5日，叶海亚·汗总统向尼克松政府提出了新要求，希望美国在武器的出售方式和价格方面给予巴基斯坦一定优惠。叶海亚·汗说，如果巴基斯坦不能支付其所需要和想要的，且美国愿意出售的美国原产装备，巴基斯坦和他自己将面临非常严峻的挑战。但美国未给予明确回应。① 10月8日，尼克松政府宣布，以"一次性例外"的形式，允许巴基斯坦采购5000万美元的替代型飞机和300辆装甲运兵车。具体而言，替代飞机包括4架海军巡逻机、7架马丁公司生产的 B - 57B 轰炸机、6架洛克希德公司生产的 F - 104 飞机和诺斯罗普公司生产的 F - 5 自由战士战斗机；300辆装甲运兵车均为美国食品机械公司和凯萨铝化学公司生产的 M - 113A1 装甲运兵车。巴基斯坦被给予了返还仍在服役的 F - 104 飞机或购买14架 F - 5A/B 战斗机代替前者的选择权。巴基斯坦表示只对装甲运兵车感兴趣，并根据美国对外军事销售计划支付了1330万美元总费用中的10%的预付款。② 10月15日，尼克松总统致信叶海亚·汗总统，将其以"一次性例外"形式向巴基斯坦提供军事物资的决定正式通知巴基斯坦政府。尼克松说，由于完成了必要的国会质询程序，美巴两国可以在军事销售问题上继续推进。尼克松进一步说明了此次提供的具体物资：6架用于替代美国提供给巴基斯坦的、已经陈旧的同型号的战斗截击机，或者巴基斯坦将相关飞行中队的剩余飞机交付给美国，美方即可提供12架不同类型的截击机；7架用于替代美国提供给巴基斯坦的、已经陈旧的同型号的中型轰炸机；300辆装甲运兵车；4架海军巡逻机。"除以上的致命武器外，我还要求美方人员在你们政府要求购买各种非致命物资，如轻型飞机、运输机、吉普车和卡车等悬而未决的问题上尽可能采取迅速、积极的行动。我们将竭尽全力满足你们对这些物资的需求。我知道我们提供这些装备并未完全满足你们的要求，但我希望你们能够将这种努力

---

① *FRUS*, *1969 - 1976*, *Vol. E - 7*, *Documents on South Asia*, *1969 - 1972*, Washington, D. C. : U. S. GPO, 2005, Document 80, p. 1.

② *FRUS*, *1969 - 1976*, *Vol. E - 7*, *Documents on South Asia*, *1969 - 1972*, Washington, D. C. : U. S. GPO, 2005, Document 81, pp. 1 - 2.

认为是我帮助巴基斯坦的真诚意愿的体现。"①

叶海亚·汗政府提出新要求。对于尼克松政府的这一决定，巴基斯坦政府和军队高层都非常高兴，但也同时强调了巴基斯坦实际存在的财政困难，并强调巴基斯坦正在获得信用贷款用于支付非美国来源的军事成品。此外，巴基斯坦还希望获得 12 架 F-5 战斗机，并愿意放弃 F-104。但尼克松政府反复告知巴基斯坦政府，美国此次提供的物资不可能更多，亦不可更改。10 月 25 日，尼克松总统与叶海亚·汗总统讨论了美国对巴军事援助以及中国与亚洲的关系问题。尼克松重申了美国对改善中美关系的兴趣，要求叶海亚·汗在已经计划好的 11 月访问中国的过程中转达美国对中美关系的立场，即重新接触十分必要，美国不会参加反中集团，并准备派遣高级代表与中国政府进行秘密讨论。② 尼克松对叶海亚·汗说，尽管"美国国内存在分歧，我们仍将履行对巴基斯坦的承诺，我们将与你们一起努力；我们将尽全力帮助你们"。③ 尼克松在会谈的开头和结尾两次向叶海亚·汗总统保证了其对巴基斯坦的友情。11 月 6 日，叶海亚·汗对法兰德大使表示，相对而言，巴基斯坦对 B-57 和 F-104 都不感兴趣，更希望获得 F-5，且更迫切希望获得"一次性例外"销售计划中的 300 辆装甲运兵车。他指派国防部长基亚斯立即与美国开始谈判。④

美国国务院反对向巴基斯坦提供军事销售信用贷款。12 月 24 日，美国国家安全委员会委员桑德斯和霍金森与基辛格就南亚武器供应问题进行会谈。在会谈中，桑德斯向基辛格强调，叶海亚·汗总统正在持续催促尼克松政府改变最初的"一次性例外"军事销售的内容。第一，叶海亚·汗总统要求美方出售混合型飞机（美国提供 6 架 F-104 替换巴基斯坦已有的同类飞机，或全部报废 F-104，换成一个飞行中队的、相似类

---

① FRUS, 1969-1976, Vol. E-7, Documents on South Asia, 1969-1972, Washington, D. C.：U. S. GPO, 2005, Document 83, pp. 1-2.

② Henry A. Kissinger, White House Years, Boston：Little and Brown, 1979, pp. 699-700.

③ FRUS, 1969-1976, Vol. E-7, Documents on South Asia, 1969-1972, Washington, D. C.：U. S. GPO, 2005, Document 90, pp. 1-3.

④ FRUS, 1969-1976, Vol. E-7, Documents on South Asia, 1969-1972, Washington, D. C.：U. S. GPO, 2005, Document 93, pp. 1-2.

型的全新 F‑5 飞机和以替换为目的的 7 架 B‑57 轰炸机）；第二，该出售计划全部使用信用贷款支付。国务院和国防部在进行研究后都倾向于不为巴基斯坦提供相关信用贷款。但备选的主要方式是降低巴基斯坦正在购买的非致命军事装备的价格或改善其支付条件，帮助其将资金转移到"一次性例外"的军事销售的支付上。国务院和国防部都认为 F‑5 比 F‑104 和 B‑57 更适合巴基斯坦，因为 F‑5 是防御型飞机。但两部门之间仍存在一定分歧。国务院希望向巴基斯坦出售 F‑5，且不出售 B‑57，从而削减巴基斯坦以印度为目标的战略能力，令印度更容易接受。国防部则希望用 F‑5 全部替换巴基斯坦已经拥有的 B‑57。[①] 1971 年 1 月 14 日，罗杰斯向尼克松总统递交了一份关于向巴基斯坦提供军事销售信用贷款问题的建议书。罗杰斯反对向巴基斯坦提供军售信用贷款。罗杰斯强调，我们认为，坚持"一次性例外"军事销售问题上的现金支付而不提供信用贷款的底线是极其必要的。"如果我们向巴基斯坦提供了其所要求的军售信用贷款，会降低我们在国会和印度政府中的信用，且破坏我们继续向南亚执行有限军售的目标。而且，我们不能要求制造商向巴基斯坦提供优惠价格，也不能要求他们以低于实际价值的价格向巴基斯坦出售被法律禁止出口的防御物资。在可获得的资源的范围内和正常标准的情况下，我们支持向巴基斯坦提供最高水平的经济援助。但是，我们反对为了使巴基斯坦能够购买武器而向其提供额外的经济援助和允许债务延迟偿付，因为那将与此类援助的目标冲突。[②]

尼克松政府支持叶海亚·汗政府的新要求。1971 年 2 月 3 日，基辛格通知罗杰斯，针对后者在 1 月 14 日的建议，尼克松总统已经做出了四个决定：第一，"一次性例外"军事销售仍然坚持现金支付的形式。第二，将批准美国政府在 1971 财年向巴基斯坦提供 1300 万美元的信用贷款。第三，要求在制定 1972 财年计划的过程中积极考虑给予巴基斯坦所要求的信用贷款。第四，与上述决定相关联，美国政府要向巴基斯坦政

---

　①　FRUS, 1969 - 1976, Vol. E - 7, Documents on South Asia, 1969 - 1972, Washington, D. C.: U. S. GPO, 2005, Document 106, pp. 1 - 3.

　②　FRUS, 1969 - 1976, Vol. E - 7, Documents on South Asia, 1969 - 1972, Washington, D. C.: U. S. GPO, 2005, Document 108, pp. 1 - 2.

府表明，鉴于美国必须处理的各种问题，巴必须坚持美国在 1970 年 6 月提出的"一次性例外"的军事销售的付款形式。然而，为了最大限度地帮助巴基斯坦，美国将在 1971 财年把巴基斯坦在美国的其他采购所需的信用贷款额度增加到 1300 万美元。① 2 月 12 日，美国驻巴基斯坦大使法兰德致电美国国务院表示，他不仅完全赞成尼克松政府在"一次性例外"军事销售支付方式上的最终决定，而且强烈建议尽快将装甲运兵车从"一次性例外"的军事销售清单中移除，以便为巴基斯坦从美国购买非致命防御装备提供 1300 万美元的军事销售信用贷款。② 但是，国务卿罗杰斯依然反对尼克松政府做出的决定。2 月 20 日，罗杰斯致电美国驻巴基斯坦大使馆，反对尼克松政府向巴基斯坦出口装甲运兵车，亦反对向巴基斯坦提供军事销售信用贷款。罗杰斯强调，装甲运兵车被美国国务院和国防部认定属于致命装备类别。"无论如何，我们不能因政治因素同意从致命装备类别中移除该类，以使美国能够向巴基斯坦提供军事销售信用贷款；目前做此类事情将严重损害我们在国会和印度的信誉。"③ 2 月 25 日，美国驻巴基斯坦大使法兰德再次与叶海亚·汗总统讨论关于"一次性例外"军事销售的支付方式和装甲运兵车的问题。在支付方式上，叶海亚·汗强调，如果没有信用贷款，美国的"一次性例外"军事销售就没有实际意义。在装甲运兵车的问题上，叶海亚·汗表示，因为国内危机，无暇考虑。④ 尼克松政府以"一次性例外"形式向巴基斯坦进行军事销售援助的政策和计划被暂时搁置。1971 年 3 月，巴基斯坦的国内危机在东巴基斯坦升级为国内战争，并最终引爆第三次印巴战争。在第三次印巴战争中，尼克松政府用全面禁运政策代替"一次性例外"军事销售政策，在一定程度上促使印巴战争迅速结束。

　　"一次性例外"军事销售政策是各种因素相互作用、相互妥协的产

① *FRUS*, *1969 – 1976*, *Vol. E – 7*, *Documents on South Asia*, *1969 – 1972*, Washington, D. C. : U. S. GPO, 2005, Document 111, pp. 1 – 2.

② *FRUS*, *1969 – 1976*, *Vol. E – 7*, *Documents on South Asia*, *1969 – 1972*, Washington, D. C. : U. S. GPO, 2005, Document 114, pp. 1 – 2.

③ *FRUS*, *1969 – 1976*, *Vol. E – 7*, *Documents on South Asia*, *1969 – 1972*, Washington, D. C. : U. S. GPO, 2005, Document 117, pp. 1 – 3.

④ *FRUS*, *1969 – 1976*, *Vol. E – 7*, *Documents on South Asia*, *1969 – 1972*, Washington, D. C. : U. S. GPO, 2005, Document 120, pp. 1 – 3.

物。该政策既受巴基斯坦政府积极求援的影响，又被尼克松总统的个人情感驱动；尼克松政府既希望以更有吸引力的军事销售拉拢巴基斯坦，令它疏远中国和苏联，又担心全面解除军事禁运对美印关系造成不可挽回的不利影响；尼克松政府既希望巴基斯坦充当中美之间重要的沟通桥梁和纽带，又不希望中巴关系更加紧密；尼克松政府既希望该政策能够令巴基斯坦的美制装备正常运转、维持必要军力，又希望以该政策掌控巴基斯坦军事现代化的主导权，并限制其军费过快增长；而基辛格与罗杰斯和基廷等人的意见分歧与博弈也是影响该政策的重要因素。但最重要的是尼克松政府希望以该政策保证美国在未来南亚政策选择上的最大灵活性，以便随时能够以最有效的方式介入南亚，维护美国认定的重要利益。

"一次性例外"军事销售影响了美印巴三国之间的相互关系。在美巴关系方面，该政策令尼克松政府赢得了叶海亚·汗政府的好感，令美巴关系在相当程度上走出了 1965 年以来的曲折和徘徊状态，由原来相对冷淡的状态不断升温。在美印关系方面，印度政府和民间强烈反对尼克松政府对巴基斯坦实施"一次性例外"军事销售，并形成全国规模的反美抗议和示威运动，甚至印度政府关闭了其境内有美国官方背景的美国文化中心，并在外交上更加倾向于苏联，美印关系持续恶化。在印巴关系上，印度对巴基斯坦的不信任感和敌意再次强化，为稍后的第三次印巴战争和巴基斯坦被肢解埋下重大隐患。

在"一次性例外"军事销售政策的酝酿过程中，尼克松政府积极向巴基斯坦提供经济援助。3 月 25 日，巴基斯坦与美国国际开发署在伊斯兰堡签署一项贷款协议，巴基斯坦将获得 8000 万卢比的信用贷款。4 月 6 日，尼克松总统批准财政部、农业部和预算局建议的向巴基斯坦提供 1.025 亿美元的经济援助计划。[①] 4 月 13 日，巴基斯坦与美国的政府代表在伊斯兰堡签署了一项协议，美国向巴基斯坦提供 8300 万美元贷款，用于进口工业原材料和工业品。11 月，东巴基斯坦发生严重的龙卷风灾害，巴基斯坦政府请求国际社会给予援助，美国驻巴基斯坦大使和基辛格也

---

① *FRUS, 1969 – 1976, Vol. E – 7, Documents on South Asia, 1969 – 1972*, Washington, D. C.: U. S. GPO, 2005, Document 56, p. 1.

建议尼克松总统迅速采取行动。尼克松立即指令美国国际开发署主导并协调美国政府各相关部门向巴基斯坦提供了紧急救灾援助。至 1971 年 1 月 4 日，美国政府向巴基斯坦提供了超过 900 万美元的紧急救灾援助，包括食品、衣服、医疗用品和联合运输与投递工具。尼克松亦在 1 月 4 日宣布将对巴基斯坦的粮食赠予援助增加到 2 万吨。①

显而易见，尼克松政府向巴基斯坦提供的经济援助对其经济发展、社会进步和灾难救济都发挥了重要作用。

三 尼克松政府对巴基斯坦实行全面军事禁运

在尼克松政府对巴基斯坦的援助和美巴关系正要迎来积极改善的时候，巴基斯坦被迫接连面对东巴危机和第三次印巴战争。为了避免巴基斯坦与印度两败俱伤，更为了消除中国或苏联趁机介入南亚的可能性，尼克松政府先后以"援助"手段压迫巴基斯坦政治解决东巴危机和接受印巴停火的建议。

尼克松政府确认美国在巴基斯坦的利益。3 月 3 日，美国国家安全委员会秘书珍妮·W. 戴维斯（Jeanne W. Davis）向代理国防部长戴维·帕卡德（David Packard）递交了一份主题为"关于巴基斯坦可能发生的事件的研究——东巴基斯坦退出巴基斯坦"的建议书。戴维斯指出："我们的持续立场是美国利益能够更好地被一个统一的巴基斯坦所维护，分裂为两个独立国家的巴基斯坦则做不到这一点……我们认为，独立的东巴基斯坦比从属于西巴基斯坦的东巴基斯坦更容易经历国内动荡、经济停滞和外部颠覆。东巴基斯坦的存在缓和了西巴基斯坦对印度的敌意。如果我们要与巴基斯坦政府保持满意的关系，我们只能支持西巴基斯坦的统一。"② 美国期待东巴危机得到政治解决。4—5 月，美国国家安全委员会在一份主题为重新评估巴美关系的文件中指出，美国总体上在南亚没有必不可少的安全利益，但确实有重要的利益，包括南亚的和平与稳定；阻止苏联与中国中的任何一国主导该区域和国家；阻止怀有敌意的、激

---

① Department of State, *Bulletin*, February 1, 1971, p. 138.

② *FRUS*, *1969 – 1976*, *Vol. E – 7*, *Documents on South Asia*, *1969 – 1972*, Washington, D. C. : U. S. GPO, 2005, Document 123, pp. 1 – 17.

进的或民族主义的军事政权的发展；保护美国公民和美国的商业与投资利益。美国的这些利益取决于印度和巴基斯坦各自的发展情况和双边关系，但美国在巴基斯坦实现这些利益的能力实际上被该地区的局势变化大幅削弱了。① 以上都表明，尼克松政府准备介入巴基斯坦的内政。

尼克松政府以援助问题胁迫巴基斯坦政府采取政治方式解决东巴危机。3 月 25—26 日，西巴基斯坦军队全面控制东巴基斯坦。此后数日内，美国驻达卡总领事向国务院汇报了西巴基斯坦军队在东巴基斯坦执行镇压政策的情况，提及了军队和非孟加拉穆斯林对人民联盟领导人、学生领袖、大学教师、孟加拉人和印度教徒的武力袭击情况。4 月 10 日，美国总领事向国务院建议：为了恢复和平并阻止东西巴之间的冲突升级且超出巴基斯坦国界，"停止援助将使我们拥有相当重要的影响力"。② 4—5 月，尼克松政府开始运用援助杠杆向叶海亚·汗政府施加压力。在政治上，尼克松政府向叶海亚·汗政府表示：希望巴基斯坦局势迅速恢复到军法当局宣称的正常状态；抗议巴基斯坦政府驱逐外国记者；关注巴基斯坦人民的生命、损失和困难，呼吁结束冲突，实现和解；通过秘密途径重申对巴基斯坦军队使用美国武器的关注。在经济上，督促巴基斯坦接受国际援助；延迟签订向受龙卷风影响的地区提供 15 万吨 "480 公法" 小麦援助协议；推迟考虑 1971 财年对巴基斯坦的 7000 万美元的贷款计划；要求巴基斯坦公布已经承诺在全国范围内公平使用的，但仍未分配的美国计划基金的情况；将数艘装载粮食的美国船只的目的地由吉大港改为韩国。在军事上，美国国务院暂停颁发弹药出售的新许可证，并暂停更新过期的弹药出售许可证，对国防部库存的交付物资加强控制，并暂缓对巴基斯坦实施 1970 年 10 月做出的 "一次性例外" 军事销售的决定和承诺。结果是，计划给巴基斯坦的约 3500 万美元的武器被停止供应，只有 500 万美元的军事物资被继续交付。虽然，尼克松政府希望以部分暂停对巴基斯坦的援助为手段推动叶海亚·汗政府用政治方式解决东巴基

---

① *FRUS*, *1969 – 1976*, *Vol. E – 7*, *Documents on South Asia*, *1969 – 1972*, Washington, D. C.：U. S. GPO, 2005, Document 132, pp. 7 – 8.

② *FRUS*, *1969 – 1976*, *Vol. E – 7*, *Documents on South Asia*, *1969 – 1972*, Washington, D. C.：U. S. GPO, 2005, Document 130, pp. 1 – 5.

斯坦与西巴基斯坦之间的矛盾和分歧、恢复民主政体，但后来的事实证明其努力是徒劳的。

美国国家安全委员会和国务院向尼克松政府明确提出美国防止东巴危机升级为印巴战争的具体目标和政策选项。1971 年 5 月，国家安全委员会向国务院机构间工作小组提交了一份关于南亚问题的文件，供其讨论之用。该文件显示，美国在追求南亚和平与稳定的总体目标外，仍应追求几个具体目标：阻止巴基斯坦国内战争升级为国际冲突；创造减轻政治动荡且允许经济发展的条件；无论分裂还是统一，美国都要同时保持与东巴基斯坦和西巴基斯坦的关系；阻止外部大国借此时机主导南亚。该文件为尼克松政府设定了三个政策选项：相对不干涉的政策，即继续执行现有的计划；选择性介入的政策，即支持现有的计划，但该计划的暂停可能会造成战争持续；全力介入并尽早结束敌对行动的政策，也就是使用美国能够运用的所有手段阻止东巴危机升级，并实现政治和解。此三项政策各有优缺点。① 在第二和第三选项中，减灾援助、经济援助、债务延期偿付、军事援助和军事销售等都成为美国可以运用的手段，区别只在于前一选项中多数手段是"推迟"，个别手段是"维持"，而在后一选项中多数手段是"推迟"，个别手段是"取消"或"禁止"。显然，后一选项比前一选项更加严苛。5 月 25 日，美国国务院执行秘书西奥多·L. 艾略特（Theodore L. Eliot）向基辛格递交了一份关于印度与巴基斯坦敌对行动的研究报告。艾略特指出，印度和巴基斯坦之间极有可能爆发战争。而中国和苏联都有可能介入，可能导致印巴战争的二次升级。为了防止该情况发生，艾略特强调，一旦东巴危机升级，美国应迅速采取行动终止冲突，"正式、公开暂停对印度和巴基斯坦的所有军事援助计划"是政策选项之一，也应考虑暂停对巴基斯坦和（或）印度的经济援助，直至和平恢复。② 从美国国务院的上述文件和报告可以看出，美国主张以援助阻止巴基斯坦的国内战争升级为国际战争，以此竭力避免中国

---

① *FRUS*，*1969 – 1976*，*Vol. E – 7*，*Documents on South Asia*，*1969 – 1972*，Washington，D. C.：U. S. GPO，2005，Document 132，pp. 14 – 17.

② *FRUS*，*1969 – 1976*，*Vol. E – 7*，*Documents on South Asia*，*1969 – 1972*，Washington，D. C.：U. S. GPO，2005，Document 133，pp. 2 – 6.

或苏联的介入。

尼克松政府削减对巴基斯坦的援助。经过长时间的艰苦博弈和慎重考虑，美国众议院于 8 月 3 日批准暂停对巴基斯坦的援助。10 月 5 日，参议院外交委员会亦投票支持暂停美国对巴基斯坦的所有经济和军事援助。迫于国会和舆论的压力，尼克松政府亦开始减少向巴基斯坦交付已经承诺的军事援助和停止颁发军事物资的商业出口许可证。11 月，尼克松政府取消巴基斯坦出口价值 36 万美元的军事物资的出口许可证；暂停正向巴基斯坦交付的 500 万美元军事物资中的 300 万—400 万美元的武器。但是，倾向巴基斯坦的尼克松总统并不甘心就此向国会就范，而是采取了变通措施，鼓励中国和其他国家向巴基斯坦提供军事援助。11 月，国家安全事务助理基辛格向中国驻联合国及安理会首任常驻代表黄华表示，尼克松政府已经告诉约旦、伊朗、沙特和土耳其，美国会 "抗议"，但将对它们向巴基斯坦提供军事装备的行动表示理解。基辛格还说："实话实说，我要求这次会面是想建议中国向巴基斯坦提供军事援助。"美国没有其他的选择。[1] 可见，尼克松政府对巴基斯坦实施军事援助制裁在相当程度上是被迫的。而在经济援助方面，尼克松拒绝停止对巴援助，他认为："我们能发挥的最具建设意义的作用是继续提供经济援助。"[2] 在尼克松总统坚持将对巴军事援助与经济援助问题分开处理的坚定立场下，美国政府对巴经济援助异乎寻常地加速了。8 月 7 日，美国与巴基斯坦在伊斯兰堡签署了向东巴基斯坦提供 1530 万美元的 "480 公法"（粮食换和平计划）援助协议。9 月 10 日，美巴两国政府代表在伊斯兰堡签署协议，美国向巴基斯坦提供价值 4030 万美元（19000 万卢比）的食品援助，用于东巴基斯坦的国际救灾。10 月 8 日，巴基斯坦与美国签署了一项关于美国向巴基斯坦提供额外的 5000 万卢比援助的协议。该援助将用于东巴基斯坦的人道主义救济。11 月 12 日，美巴政府代表在伊斯兰堡签署一项关于美国政府向印度河流域计划提供 698 万美元贷款的协议。

---

① Dennis Kux, *The United States and Pakistan*, *1947 - 2000*: *Disenchanted Allies*, Washington, D. C.: Wood Wilson Center Press, 2001, p. 202.

② Dennis Kux, *The United States and Pakistan*, *1947 - 2000*: *Disenchanted Allies*, Washington, D. C.: Wood Wilson Center Press, 2001, p. 195.

国家安全委员会再次提出阻止印巴战争升级为国际战争的政策选项。11 月 11 日，国家安全委员会起草了一份紧急文件——印巴敌对行动的总结文件。该文件认为，敌对行动最初可能只涉及印度和巴基斯坦。然而，仍然存在真实的危险：第一，为了帮助巴基斯坦减轻压力，中国可能通过在中印边界挑起争端而介入印巴战争；第二，苏联将援助印度，但不太可能进行直接的军事介入。美国在印度和巴基斯坦爆发战争时应该确保印巴敌对行动不会卷入第三方，特别是中国（和苏联）；确保印巴敌对行动不拖延成长期战争，因为长期战争会深刻伤害印度和巴基斯坦的政治、经济和社会。该文件认为，尽早结束冲突和开始以印度撤军和全面政治和解为目标的谈判，美国利益能够得到最好维护。该文件提出了美国应对印巴战争的三个政策选项：消极的国际作用、军事支持和政治介入。该文件建议，如果不能判断印巴两国是哪个国家率先发起攻击，美国应该公开暂停对印巴两国的军事供应；考虑暂停对印巴两国的经济援助；敦促其他重要的武器供应国（苏联、中国、英国和法国）暂停向印度和巴基斯坦装运武器；在援巴财团和援印财团内督促向印巴两国施加国际经济压力。① 国家安全委员会的这些建议对尼克松政府随后的对巴政策产生了直接且重要的影响。

尼克松政府对巴基斯坦和印度实施全面军事禁运且暂停经济援助。11 月 21 日，第三次印巴战争爆发。11 月 26 日，基辛格向尼克松建议，鉴于巴基斯坦已经承认是其对印度进行了挑衅，美国应停止向巴基斯坦提供援助。尼克松表示同意，但同时希望基辛格告诉巴基斯坦政府："我们停止提供援助是因为他们的国内行为，而不是由于他们的对外行为。"② 12 月，尼克松政府停止了对印度的全部经济援助（8300 万美元）和对巴基斯坦的全部军事援助（1400 万美元）。尼克松政府对巴经济援助亦随之实际停止交付。

尼克松政府最终对巴基斯坦和印度实施援助禁运的政策是多重因素

---

① FRUS, 1969 - 1976, Vol. E - 7, Documents on South Asia, 1969 - 1972, Washington, D. C.: U. S. GPO, 2005, Document 153, pp. 1 - 6.

② FRUS, 1969 - 1976, Vol. E - 7, Documents on South Asia, 1969 - 1972, Washington, D. C.: U. S. GPO, 2005, Document 157, pp. 1 - 2.

综合作用的结果。第一，排除中国和苏联借机介入南亚的风险。国家安全委员会的多份评估报告和文件反复强调了此种所谓的"危险"。在苏联加紧向美国发动全球攻势的背景下，巴基斯坦作为临近苏联中亚柔软腹地的锁钥之地，显然是美国不能轻易放弃的国家。一旦苏联介入甚至控制南亚国家，美国的全球战略和国家经济安全将面临严重威胁。因此，基辛格于12月5日向罗杰斯国务卿表达了对苏联介入南亚的担忧。基辛格强调："如果苏联人由此渗透进次大陆，我们将会看到中东战争的带妆彩排。"[1] 虽然尼克松政府希望中美合作对抗苏联，但骨子里只是将中国视为一枚重要的棋子而已，对中国的防范之心从未改变，亦不希望看到中国借机强化与临近波斯湾的巴基斯坦的关系。第二，排除印度和巴基斯坦相互伤害和被拖垮的风险。印度和巴基斯坦是在世界上非共产主义国家中占前两名的发展中大国，其市场潜力、资源价值和政治影响都是美国看重的。而巴基斯坦仍是中央条约组织成员国，与美国之间有重要的条约关系。一旦其被印度摧毁，美国在盟国和发展中国家的威望和形象将受到严重质疑。如果印度被印巴战争拖垮，美国就失去了可能展示资本主义制度优越性的"民主的橱窗"，就失去了一个能够在亚洲除日本之外与中国抗衡的大国。而印巴两国的被拖垮和摧毁必然为苏联南下暖水区和西进中东提供良机，甚至扫清道路。那种情况是美国绝对不能接受的。因此，必须尽快停止印巴的相互伤害。印度和巴基斯坦同样严重依赖美援，对美国援助的数量的多与少和交付速度的快与慢都非常敏感。美国认为可以用停止援助的方式进行尝试。第三，美国制度的压力。美国的三权分立制度、总统选举制度、政党制度和对外援助的审议和拨款程序，都令尼克松总统及其领导的政府不得不受到民主党占多数的国会和新闻舆论的牵制和影响。否则，其政治前途及政府的其他决策和事务就可能不得不面对非常困难的局面。所以，制度的约束力量也是尼克松总统最终宣布禁运的重要因素之一。第四，对人权问题的担忧。美国自认是天选之国，负有救助世界其他弱小和落后民族的"责任"。人权是其在对外援助决策时的重要考虑因素之一。美国对于印巴分治时穆斯林和

---

[1] *FRUS, 1969 – 1976, Vol. E – 7, Documents on South Asia, 1969 – 1972*, Washington, D. C.：U. S. GPO, 2005, Document 159, pp. 1 – 3.

印度教徒之间的宗教屠杀记忆犹新，其更担心印度和巴基斯坦被战争拖垮或摧毁可能引发世界上最大规模的人权问题。如果该情况真实出现，自认为印度和巴基斯坦友邦的美国，自认在世界人权领域负有"神圣的道德义务"的美国，不仅要担负更大的物质负担，还将沉重打击其所谓"天选之国"的自信和形象。此外，印巴的相互摧毁也必然令人们对美国极力宣扬的资本主义制度的可靠性和优越性产生严重怀疑，令社会主义在与资本主义的意识形态竞争中赢得更多认同。所以，在慎重权衡后，尼克松政府最终选择对巴基斯坦和印度实施全面援助禁运，以尽可能减少，甚至杜绝不可测、不可控的风险。

四　尼克松政府对巴基斯坦实施"有限放行"军事销售

尼克松政府虽然对巴基斯坦和印度实施了军事物资禁运，但只是将其作为避免中国和苏联卷入、防止战争延续的手段和工具，其内心并不想以此惩罚巴基斯坦，亦不希望看到美巴关系破裂和巴基斯坦从此虚弱下去。所以，一旦达到基本目标、形势允许其重新启动对巴援助，尼克松政府必然会顺应巴基斯坦政府的积极要求，主动解除禁运。

布托政府向尼克松政府表达希望解除军事禁运的意愿。1972 年 2 月 7 日，布托向《纽约时报》记者苏兹伯格（Sulzberger）表示，希望复活并强化美巴之间现有的防御协定，即 1959 年 3 月的美巴双边协定。布托此举既意在试探美国对巴基斯坦的立场和态度，也希望恢复美巴紧密的军事关系，以获得美国更多的军事援助和更可靠的政治承诺和支持。2 月 15 日，巴基斯坦空军高官向美国驻巴基斯坦公使团副公使西德尼·索贝尔（Sidney Sober）表达了巴基斯坦从美国获得大量战斗机的愿望。2 月 24 日，布托再次向索贝尔探询重新激活 1959 年 3 月的双边防御协定的可能性，但并未明确提及美国对巴基斯坦的军事供应问题。

布托政府以提供军事基地为条件引诱尼克松政府解决军事禁运问题。3 月 10 日，布托总统的全权外交代表基亚斯（Ghias）受命与索贝尔就美巴军事合作问题进行正式会谈。基亚斯表示，如果美国希望获得巴基斯坦境内的军事设施，就可以得到。此类设施包括陆上的基地和海边的港口，包括位于阿拉伯海沿岸的几个港口，从西至东分别是吉沃尼、瓜达尔、松米亚尼湾、卡拉奇及其南部和东部地区。基亚斯含糊地表示，巴基斯坦需要一些用于防御目的的装备，但没有提出所需装备的详单。① 在迫使美国从白沙瓦附近的伯德埃波军事基地撤出两三年之后，巴基斯坦政府再次试图以基地换取美国重启援助，其对美国重新恢复对巴军援的迫切心境可窥一斑。

布托政府明确提出希望解除禁运。1972 年 3 月 20 日，巴基斯坦驻美大使 N. A. M. 拉扎（N. A. M. Raza）受命致信美助理国务卿西斯科，向美国正式提出了解除武器禁运、恢复提供军事援助的要求。拉扎在信件中要求：第一，美国重启零部件销售和已经签订合同的成品装备的销售（包括 300 辆装甲运兵车）；第二，尼克松政府在原则上同意美国向巴基斯坦供应致命性的高性能装备，如火炮、防空武器、飞机、地对地和地对空导弹、导弹艇、潜水艇，等等，并降低价格，允许延期支付货款。在该信件的附件中，巴基斯坦方面提出了更多的军事援助要求：第一，美国向巴基斯坦提供 100 辆 M – 47/48 坦克、4 艘潜水艇、12 架 B – 57、25 架 F – 5、1000 辆 M – 601 卡车以及一些火炮和通讯设备；第二，重新启动此前美巴之间"已经签订合同但未交付的军需品"的装运和交付，包括 300 辆装甲运兵车；第三，补充 1971 年战争中实际损耗的美国原产的装备，包括 74 辆坦克、25 架 F – 86 飞机、4 架 B – 57 飞机和 3 架 F – 104 飞机。② 3 月 22 日，巴基斯坦外交部秘书长阿齐兹·艾哈迈德与美国务卿罗杰斯进行会谈。罗杰斯指出，艾哈迈德在近几天要求美国向巴基斯坦提供大量军事援助，其要求包括 3 个中队的飞机、100 辆坦克、4 艘潜水艇和大量的其他装备。罗杰斯认为，艾哈迈德的访美之行是为了推动美国在对巴基斯坦军事供应问题上做出决定，并探询美国未来在南亚欲扮演何种角色。③ 4 月 3 日，布托向索贝尔表明了他在美国对巴军事援助问题上的看法，希望美国能够迅速恢复向巴基斯坦提供原产自美国的装备的零部件。

---

① *FRUS*, *1969 – 1976*, *Vol. E – 7*, *Documents on South Asia*, *1969 – 1972*, Washington, D. C. : U. S. GPO, 2005, Document 235, pp. 1 – 4.

② *FRUS*, *1969 – 1976*, *Vol. E – 7*, *Documents on South Asia*, *1969 – 1972*, Washington, D. C. : U. S. GPO, 2005, Document 239, p. 1.

③ *FRUS*, *1969 – 1976*, *Vol. E – 7*, *Documents on South Asia*, *1969 – 1972*, Document 240, pp. 1 – 3.

尼克松总统努力推动解除对巴军事禁运。尼克松总统在 2 月 9 日提交国会的对外政策报告中宣称："巴基斯坦仍是亲密朋友。它的人民面临着重建一个破碎国家的社会和经济的严峻考验。美国愿意提供帮助。我们关注巴基斯坦人民的福祉和安全，这种关注不会随着危机的结束而终止。"① 尼克松总统于同日向罗杰斯建议，解除美国向巴基斯坦提供军事援助的禁令。因为他认为美国在南亚迅速停止印巴战争、恢复印巴和平的直接目标已经实现。

罗杰斯和基辛格主张推迟重新启动对巴基斯坦的军事供应。罗杰斯国务卿和总统国家安全事务助理基辛格是影响尼克松总统对外政策决定的两位关键人物。两人的主张和建议对尼克松总统的外交决策具有非常重要的参考价值。1972 年 3 月 17 日，罗杰斯向尼克松总统建议，在未来数月内，美国应该继续强力支持巴基斯坦的经济发展；推迟关于重新启动对巴基斯坦的军事供应的任何决策，直至印巴对话取得明显进展。② 罗杰斯的主张就是经济援助放行和军事援助禁运继续。同日，基辛格同意了国务院的建议，即美国继续对印度和巴基斯坦实施武器禁运；允许向印度和巴基斯坦出口非军事用途的军需品清单上的特定物资。这些特定物资的放行将使美国既能够满足巴基斯坦对 87.1 万美元的气象设备的需求，也能够满足印度购买 200 万美元海岸警卫飞机的需求。③ 3 月 29 日，巴方代表再次与尼克松总统和基辛格会谈，寻求解除军事禁运。但是，就在上述会谈开始前的 45 分钟，基辛格与罗杰斯已经达成共识：绝不答应巴基斯坦提出的任何军事援助请求。

尼克松政府拒绝布托政府解除军事禁运的请求。4 月之前，尼克松政府以南亚政策或军事援助问题正在评估中为由，委婉地拒绝回应或回避布托政府的请求。例如，3 月 22 日，尼克松总统致信布托总统，表示美国将全力帮助巴基斯坦解决经济困难问题、推进改革计划。但在巴基斯

①　Richard Nixon, *US Foreign Policy for the 1970's*: *The Emerging Structure of Peace*, Washington: GPO, 1972, p. 60.

②　*FRUS*, *1969 - 1976*, *Vol. E - 7*, *Documents on South Asia*, *1969 - 1972*, Washington, D. C. : U. S. GPO, 2005, Document 236, pp. 1 - 3.

③　*FRUS*, *1969 - 1976*, *Vol. E - 7*, *Documents on South Asia*, *1969 - 1972*, Washington, D. C. : U. S. GPO, 2005, Document 237, p. 1.

坦人更为关注的解除武器禁运和重新启动军事援助问题上，尼克松却在信中只字未提。4月，尼克松政府明确拒绝布托政府的军事援助请求。例如，4月14日，国务院指示索贝尔继续向巴基斯坦表明，美国将坚持目前对印度和巴基斯坦实施的军事供应禁运政策。① 尼克松政府之所以在此时拒绝布托恢复军事援助的请求，主要是希望继续以军事供应问题压迫和推动巴基斯坦政府和印度政府进行积极对话，并尽快实现和解，避免重新启动军事援助对印巴谈判造成不利影响。此外，在重新启动军事援助的问题上，国务院、国防部与国际开发署之间仍存在严重分歧，国家安全委员会的评估也尚未完成。因此，尼克松本人虽然主张重新启动军事援助，但为了政府的团结，也为了即将开始的总统大选，他还是初步选择了在短期内不重新启动对巴军事援助。

布托政府向尼克松政府强调苏联威胁，诱迫尼克松政府重启并增加援助。7月6日，布托向来访的美国财政部长小约翰·博登·康纳利（John Bowden Connally Jr.）强调，巴基斯坦所遭受的分裂和未遂的摧毁打破了对南亚而言至关重要的力量平衡，将可能产生严重后果，甚至会波及中东。在此后十年重建更加稳定的南亚的过程中，巴基斯坦持久、稳定的唯一愿望是美国保持对南亚的持续兴趣、力量存在和政治影响。布托说，南亚有很多问题：苏联人正在大量涌入印度和孟加拉国。巴基斯坦有出口问题——开发其资源需要在俾路支斯坦的某地建设一个港口，巴基斯坦急需美国的帮助来进行该项建设。苏联人极为渴望一个进入暖水港口的通道。如果这一港口设施在美国的帮助下建成，那对苏联人而言将是极大的挫败。② 康纳利则回应称："危机的终结并不意味着友谊的结束。我们想继续做朋友，并尽我们所能提供帮助。"③

布托政府借外交问题向尼克松政府表达不满并施加压力。11月8日，国家安全委员会委员哈罗德·桑德斯和约翰·霍尔德里奇（John Hold-

---

① *FRUS*, *1969 - 1976*, *Vol. E - 7*, *Documents on South Asia*, *1969 - 1972*, Washington, D. C. : U. S. GPO, 2005, Document 248, p. 2.

② *FRUS*, *1969 - 1976*, *Vol. E - 7*, *Documents on South Asia*, *1969 - 1972*, Washington, D. C. : U. S. GPO, 2005, Document 288, pp. 1 - 3.

③ Dennis Kux, *The United States and Pakistan*, *1947 - 2000*: *Disenchanted Allies*, Washington, D. C. : Wood Wilson Center Press, 2001, p. 208.

ridge）向基辛格提交了一份备忘录，向他汇报了布托总统在当日早晨批准的巴基斯坦政府准备采取的行动：第一，巴基斯坦将在 11 月 9 日承认朝鲜民主主义人民共和国政府、越南民主共和国政府和柬埔寨的西哈努克政府。第二，巴基斯坦将宣布从东南亚条约组织中退出。11 月 9 日，桑德斯向巴基斯坦驻美国大使苏尔坦·穆罕默德·汗（Sultan Muhammad Khan）表示，巴基斯坦政府在前日所作的决定令美国处于非常困难的处境之中，要求布托政府在外交方面将美国援助因素纳入考虑范围。苏尔坦·穆罕默德·汗不仅拒绝推迟巴基斯坦的相关行动，反而希望尼克松政府不要将这些决定与巴基斯坦非常重视的军事供应需求问题关联，希望基辛格能够迅速在被搁置的供应巴基斯坦军事物资的问题上做出决断。① 11 月 9 日，巴基斯坦退出东南亚条约组织。12 月 3 日，苏尔坦·穆罕默德·汗向罗杰斯强调：在武器问题上，印度能够期待从"盟国"获得帮助，但对巴基斯坦而言，尽管能够从中国获得一些援助，却不能从美国获得维持巴基斯坦现有的、美国援助的坦克和飞机正常运作所需的零部件。②

基辛格积极回应布托政府的请求。11 月 29 日，基辛格与苏尔坦·穆罕默德·汗会谈，主动提及了美国对巴基斯坦的军事援助问题。基辛格说，"对于我们而言，放行对你们的军事供应的容易方式就是同时放行属于印度的、因禁运而被暂置在美国境内的一些物资"。苏尔坦则希望被暂时搁置在美国港口的、属于巴基斯坦的军事物资和送回美国修理的装备都能够被放行。基辛格对此给予了肯定性回答。苏尔坦·穆罕默德·汗还提及了"480 公法"粮食援助问题、巴基斯坦的资金困难问题和开通民航新航线的问题，希望美国予以积极考虑。基辛格同样给予了积极答复。③

基辛格和罗杰斯建议尼克松总统批准有限放行对巴基斯坦的特定军

---

① FRUS, 1969 – 1976, Vol. E – 7, Documents on South Asia, 1969 – 1972, Washington, D. C.：U. S. GPO, 2005, Document 312, pp. 1 – 3.

② FRUS, 1969 – 1976, Vol. E – 7, Documents on South Asia, 1969 – 1972, Washington, D. C.：U. S. GPO, 2005, Document 320, pp. 1 – 2.

③ FRUS, 1969 – 1976, Vol. E – 7, Documents on South Asia, 1969 – 1972, Washington, D. C.：U. S. GPO, 2005, Document 316, pp. 2 – 5.

事物资的供应。12 月 23 日，基辛格向尼克松总统建议，在原则上批准放行因武器禁运而被暂置在美国境内的、属于巴基斯坦的军事装备。基辛格表示，需要放行的装备包括三种类型：第一类，属于巴基斯坦的、因武器禁运而被暂时搁置在纽约港口仓库中的价值约 170 万美元的飞机、坦克和电子装备的零部件以及 F－104、C－130、B－57 和直升机的发动机。第二类，美国制造商已经生产、但因武器禁运而被暂时搁置在纽约港口的价值约 120 万美元的军事物资。美国厂商强烈要求放行该类军事装备的出口。因为它们不能向巴基斯坦交付已经生产的装备，就无法收回成本和利润。第三类，1970 年 10 月美国与巴基斯坦之间达成的 "一次性例外" 军事销售协议所包括的价值 1300 万美元的 300 辆装甲运兵车。巴基斯坦已经为此支付了货款，这批军事物资也已生产完毕。[①] 1973 年 1 月 31 日，罗杰斯建议连任成功的尼克松总统批准解除属于巴基斯坦，但由于武器禁运而一直未装运交付的、价值 100 万美元的零部件和非致命军事物资的出口限制。3 月 7 日，基辛格再次向尼克松提出关于美国对巴基斯坦武器供应政策的建议。基辛格的建议主要有三点：第一，重回 1967—1971 年对南亚的武器供应政策，即出售非致命武器和以前提供的美制致命装备的零部件，并告知布托总统的特使。第二，重申向巴基斯坦提供 300 辆装甲运兵车是基于 1970 年的 "一次性例外" 协议。第三，督促与美国友好的国家支持巴基斯坦。这些建议都获得了尼克松总统的批准。次日，基辛格又一次建议尼克松总统批准放行因禁运而被暂时搁置在美国的 110 万美元的军事物资。其重要理由之一是 "巴基斯坦的状况极为糟糕，印度正试图摧毁它，印度正在煽动俾路支省和西北边境省内的骚乱"。同日下午，基辛格、哈罗德·H. 桑德斯与巴基斯坦驻美国外交人员代表举行了会谈。基辛格承诺，美国在一周内将美国境内巴基斯坦拥有的军事物资从仓库中运出，相关决定将在 3 月 16 日之前做出，美国将在 4 月与第三国讨论帮助巴基斯坦的可能方式。可见，罗杰斯与基辛格此时都已经明确主张 "有限放行" 对巴基斯坦的军事援助。

布托政府再次以所谓的 "苏联威胁" 为借口，继续推动尼克松政府

---

① *FRUS*, *1969 - 1976*, *Vol. E - 7*, *Documents on South Asia*, *1969 - 1972*, Washington, D. C. : U. S. GPO, 2005, Document 323, pp. 2 - 4.

解除对巴军事禁运。1973 年 2 月 10 日，巴基斯坦偶然发现伊拉克驻巴基斯坦使馆内储存有苏制轻武器和弹药。巴基斯坦的官员和官方媒体将该事件大肆渲染，认为这是苏联支持巴基斯坦民族人民党煽动的骚乱和苏联分裂巴基斯坦的阴谋之证据。布托亦在致尼克松总统的信件中指责苏联，并声称阿富汗也可能卷入这一阴谋。但美国驻巴使馆人员却基本上一致认为：布托目前关于苏联"威胁"的说辞的目标之一就是从美国获得军事装备。1973 年 3 月 7 日，巴基斯坦外交兼国防部长阿齐兹·艾哈迈德（Aziz Ahmad）向美国众议院强调，根据 1959 年美巴双边条约，巴基斯坦认为获得了美国提供军事援助的承诺。然而，在 1965 年至 1972 年的 7 年之中，巴基斯坦未从美国获得任何军事援助。美国众议院对艾哈迈德的讲话内容表示同情，但强调 1959 年美巴双边协议只是一个执行决定，且参议院中存在反对该决定的意见。

尼克松政府宣布解除对巴基斯坦的军事禁运。1973 年 3 月 14 日，美国国务院宣布，解除 1971 年 12 月实施的向巴基斯坦和印度装运军事装备的禁运令。根据新政策，美国宣布将向印巴出售非致命武器和以前提供的美制装备的零部件。实际上，该政策与 1967—1971 年政策基本相同。尼克松政府此次放行的 110 万美元的巴基斯坦拥有的军事物资包括各种零配件、降落伞和由巴基斯坦支付费用、保存在美国仓库中巴基斯坦飞机的发动机，美国还要向巴基斯坦交付 300 辆 M - 113A1 装甲运兵车。3 月 15 日，尼克松总统在新闻发布会上对该政策进行了初步解释。尼克松说："我们不是无偿提供，而是出售给他们。"而且，禁运令的解除仅仅是将被冻结的援助解冻，并向印度和巴基斯坦交付已经承诺过的援助。"所以，我们所做的是印度正在得到他们的 8300 万美元的经济援助，巴基斯坦被允许购买武器、非致命军事装备及各种零部件。"且因为 1971 年以后印巴军事实力悬殊，"我们相信，未来我们对两国的援助是能够成为将它们推向和平而非战争的援助"。"所以，根本不可能成为导致另一场战争爆发的条件，放行仅仅是在履行美国以前做出的向巴基斯坦出售零部件和非致命武器的承诺。"[①] 5 月 10 日，美国国务院专门致电美国驻巴基斯坦和印度使馆，就美国的南亚军事供应政策进行相关解释，明确界定

---

① Department of State, *Bulletin*, April 9, 1973, p. 417.

了致命武器和非致命武器的界限和内容。电报指出，尼克松政府做出决定有两个目的：第一，履行美国在过去对印巴做出的承诺；第二，回归1967—1971 年的军事供应政策——供应非致命武器、装备和以前美国供应的致命装备的零部件。具体而言，就是美国对南亚的军事供应是建立在"现金支付"的基础之上的，受美国对外军事销售法案的制约，来源于商业部门，供应的物资应是非致命装备和此类装备的零部件；此类军事供应将接受美国相关部门的逐案审查，并在得到批准后方可交付；培训是建立在赠予的基础之上的，培训未受到禁运影响。致命军事物资包括：战斗机、武装直升机、武装或装甲车辆（例如坦克和装甲运兵车）、步兵武器和火炮及致命武器所需的零部件。非致命军事装备包括：卡车、拖车、各种轮式车辆及其零件、通讯物资、雷达、声呐和信号设备、运输机、观察机、训练机、非武装直升机、支持装备及其零部件、工程装备和机械工具、医疗和军需装备。弹药将被视为特殊物资对待。① 尼克松政府"有限放行"的政策和信号已经非常清晰了。

从尼克松总统的阐述中可知，此次宣布解除军事禁运的物资实际上仅仅是放行而已，也就是美国政府对因执行禁运令而暂置于其境内的巴基斯坦已经购买的军事物资再次启动交付程序，并没有增加新的实质性的军事援助。所谓允许巴基斯坦购买美国武器的说法，仅仅是说巴基斯坦有选择的权利，但没有说明的是，美国实际上也有拒绝向巴基斯坦出售武器的权利。因此，与其称此次尼克松政府的决定为解除军事禁运，不如将其认定为"有限放行"非致命军事物资更恰当。

布托政府进一步推动尼克松政府解除对巴军事禁运。3 月 15 日，布托对尼克松政府的政策决定表示欢迎，但同时强调，该决定是在美巴双边协定继续有效的背景下做出的，而美国一直未履行美巴协定规定的义务。在美国看来，布托实际上是希望美巴关系重新回到20 世纪50 年代的"特殊关系"状态，并全面解除对巴基斯坦的军售禁令。但由于国际形势和美巴国内环境都发生了深刻变化，布托的期望注定无法全部实现。对国家利益的权衡和国会的掣肘等因素严重制约了尼克松政府对布托的期

---

① National Archives, RG 84, New Delhi Embassy Files: Lot 78 F 45, Subject Files 1974 DEF 19 Mil Asst/MAP/Sales 1974. Cited in *FRUS*, *Document on South Asia 1973 – 1976*, Document 128.

望和要求做出迅速且积极的回应，全面解除对巴军售禁令的问题被暂时搁置，等待更有利的时机。9 月 18—20 日，布托总理访问美国并与尼克松总统会谈。布托访美的主要目的是争取恢复巴美关系、尼克松政府全面解除对巴军售禁令，并争取经济援助和救灾援助。布托在盛赞了尼克松政府的对巴倾斜政策之后，竭力呼吁尼克松政府解除关于武器交付方面的所有限制，对其在克服国会反对意见的过程中所面对的持续困难表示理解。布托亦寻求美国帮助巴基斯坦在俾路支省的瓜达尔建设新港口，并诱惑说，美国海军可以利用该处设施。尼克松对此虽未当场表态，但在会谈后实际拒绝了布托的请求，反而决定在政治敏感度较低的英属迪戈加西亚环礁建立一处美军军事基地。① 11 月 10 日，布托在欢迎基辛格国务卿的晚宴致辞中说，巴基斯坦在中东地区有"重大利害关系"。11 月 24 日，布托向美国《基督教科学箴言报》公开宣称，如果美国继续拒绝向巴基斯坦提供武器，巴基斯坦可能寻求来自阿拉伯国家的武器援助。可见，全面解除军事禁运是布托政府不懈追求的直接目标，其方式仍然是传统的软硬兼施，也就是以条约关系和军事基地进行柔性引诱，以外交关系的变化相要挟。虽偶有效果，但终究难以撼动美国在美巴援助关系中的主导地位。

综观尼克松政府时期美国与巴基斯坦军事援助关系的发展全程，可见其曲折与复杂。究其原因，是多方面的。第一，军事禁运对美国道义和利益的伤害。1972 年 12 月 14 日，国家安全委员会委员桑德斯和霍金森建议基辛格推动有限放行对巴基斯坦的非致命军事物资交付，他们主要强调了两个理由：首先，被禁运的非致命军事装备在法律上属于巴基斯坦，巴基斯坦理应获得该批物资。也就是说，两人在暗示：一直宣扬民主和法治精神的美国，如果因军事禁运令不将该物资交给其物权人，会令人们严重质疑美国宣传的真实性。其次，美国制造商的利益受到损害。由于该批物资已经生产且准备装运，美国制造商因军事禁运而不能及时回收成本，面临严重的财政困难。因此，放行被禁运物资既有利于

---

① 　Dennis Kux, *The United States and Pakistan*, *1947 – 2000 Disenchanted Allies*, Washington, D. C. : Woodrow Wilson Center Press, 2001, p. 210.

巴基斯坦，也有利于美国公司。① 第二，以解除军事禁运促进印度与巴基斯坦改善关系。桑德斯和霍金森强调，到 1973 年春季，如果从印度和巴基斯坦获得了预期的回报，就可以对印度和巴基斯坦提供新的援助。② 第三，对中国亲近巴基斯坦的立场有所顾忌。在尼克松政府对巴基斯坦军事援助政策的问题上，中国因素始终是其高度关注的因素。因为中国与美国实际形成了共同反苏的非正式战略合作关系，中国始终关注西巴基斯坦的安全和稳定，美国对巴基斯坦的态度可能对中国产生直接影响。所以，尼克松政府必须向中国展现其对待共同的朋友的友好态度。除了在经济援助方面要有重要表现，军事援助同样具有重要的政治意义。第四，布托政府对尼克松政府展现了与美国进行合作的态度。这主要体现在，在事实上接受印度在次大陆的主导地位，与印度改善关系，在中美之间充当桥梁和纽带。第五，担心完全解除对巴军事禁运将严重阻碍美印关系的改善。尼克松政府的多次内部文件显示，对美国而言，印度是更重要的国家，印度的政治和经济影响力不断提升，将成为亚洲大国，且将对国际事务发挥重要作用。因此，印度因素是尼克松政府考虑完全解除军事禁运的核心阻碍因素。印度政府对美国的对巴军事援助极为敏感，且强烈反对美国解除对巴军事禁运。尼克松政府非常担心因军事援助问题丧失与印度发展关系的机会。其"有限放行"政策也是向印度展现美国对印度的重视。第六，美国国内民主党占据多数的国会，对巴基斯坦的人权状况和军法政府非常不满，强烈反对重新启动对巴军事援助。而国务院内部及政府各部门之间在重新启动对巴军事援助问题上的严重分歧和总统连任大选也是尼克松政府必须考虑的因素。所以，尼克松政府最终采取"有限放行"政策是各种因素相互对冲、各方相互妥协的产物，是设计用来讨好多方，而实际上却令多方不满的政策。

尼克松政府与巴基斯坦政府之间经济援助关系的发展远比军事援助关系顺畅、密切。尼克松政府的对巴经济援助不仅在其对巴援助总额中

---

① *FRUS*, *1969 – 1976*, *Vol. E – 7*, *Documents on South Asia*, *1969 – 1972*, Washington, D. C. : U. S. GPO, 2005, Document 322, p. 5.

② *FRUS*, *1969 – 1976*, *Vol. E – 7*, *Documents on South Asia*, *1969 – 1972*, Washington, D. C. : U. S. GPO, 2005, Document 322, p. 10.

始终占据绝对主体的地位和绝对稳定的比例，而且在第三次印巴战争后优先于军事援助，得到迅速重启和发展。1972 年 3 月 18 日，美巴政府之间签订了总额 3000 万美元的商品援助协议。5 月，援巴财团成员国同意将 1973 年 6 月 30 日到期的 26 个月的贷款免除其中的短期债务 2.34 亿美元。美国在这一重新安排中承担了 5100 万美元，占 22%。6 月，美国政府宣布向巴基斯坦提供 6000 万美元的长期贷款，用于巴基斯坦进口原材料和备用零部件，美国对巴基斯坦的经济援助全面重启。① 9 月 20 日，巴基斯坦与美国签署了债务减免协议。次日，美国决定向巴基斯坦提供 60 万吨小麦援助。9 月 25 日，巴基斯坦与美国签署了 6000 万美元的商品贷款。

美巴经济援助关系发展顺畅且密切的原因是多方面的，主要原因有以下几方面：第一，推动巴基斯坦财政改革。例如，1972 年 3 月 10 日，国家安全委员会委员桑德斯和霍金森就向基辛格建议，将对巴基斯坦的债务减免与巴基斯坦的重大财政和经济改革相关联。如果在 3 月底前达成协议，巴基斯坦应推进财政改革，包括在 4 月底大幅贬值巴基斯坦卢比。如果该计划顺利实施，援巴财团将在 4 月底再次召开会议，研究新的商品援助，美国也应该在 1973 财年准备提供哪些援助方面做出一些表示。如果巴基斯坦拒绝改革，其获得的国际援助将大大减少。第二，人道主义援助。例如，1973 年 8 月 24 日，巴基斯坦信德省遭受严重的洪水灾害。联合国秘书长呼吁国际社会帮助救济正在遭受洪灾的巴基斯坦民众。8 月 31 日，尼克松总统批准向巴基斯坦提供用于应对洪灾的 10 万吨小麦紧急援助。第三，尼克松认为自己与中国和法国在援助巴基斯坦问题上有分工。尼克松政府认为，在 1965 年以后，中国和法国逐步成为巴基斯坦最重要的军事援助提供国。这一情况在 1971 年之后依旧。因此美国应该将更具争议性的军事援助的负担让中法两国承担，而美国只需要专注于经济援助就可以了。第四，减轻巴基斯坦高昂的国防费用对其经济发展造成的巨大压力。例如，1973 年 4 月 5 日，美国驻巴基斯坦使馆向美国国务院汇报道："巴基斯坦本财年的军事预算占联邦预算的三分之一，占国民生产总值的 7%。巴基斯坦当前的目标是通过发展足够强大的

---

① James P. Sterba, "U. S. Will Resume Aid to Pakistan", *New York Times*, June 20, 1972.

军队，以阻止印度快速、无痛的胜利，形成对印度攻击巴基斯坦的可能行为的威慑。但巴基斯坦在此方面的努力正在令其资源压力增大。"尼克松政府据此认为要发挥美国自身拥有的经济和技术优势，帮助巴基斯坦减轻压力，赢得巴基斯坦政府和民众更广泛、更稳定的好感。

第二节　福特政府对巴基斯坦的援助政策
——全面解除武器禁运

福特政府最初继承了尼克松政府的对苏缓和战略，不仅积极推动美苏外交部门达成关于裁减核军备的若干共识，而且通过美苏国家元首会晤推进了第二轮限制进攻性战略武器的谈判。但美苏关系的改善和关于裁军的谈判进展并非一帆风顺，取得的成果也相当有限。苏联对美国将其排除在中东之外十分不满，后来两国又在安哥拉内战问题上纠缠不清、互有攻讦。福特政府对自身执行的对苏缓和战略也逐渐感到不满，并萌生了改变的想法。而福特政府的这种主张的变化也间接体现在其对巴援助政策上——美国逐步全面解除对巴基斯坦的武器禁运。

一　福特政府解除对巴基斯坦的武器禁运

在尼克松总统因"水门事件"突然辞职的情况下，副总统杰拉尔德·鲁道夫·福特（Gerald Rudolph Ford）宣布继任总统，福特政府就此形成。福特政府基本继承了尼克松政府的对巴倾斜政策，并在向巴基斯坦提供援助的问题上实现了尼克松未来得及实现的愿望——全面解除对巴军事禁运。

福特政府对布托政府展示友好态度。1974年8月10日，刚刚就职总统1天的福特就致电布托总理。福特宣称："美国政府将继续全力支持巴基斯坦在国内建设和南亚新和平结构方面的努力，这些努力对我们所追求的世界和平与繁荣具有重大意义。"① 同日，基辛格国务卿向巴基斯坦外长兼国防部长阿齐兹·艾哈迈德表示："我们关系中有很多共同利益和

---

① *Dawn*, August 11, 1974. Cited in Rajendra K. Jain edited, *US - South Asian Relations 1947 - 1982*, Vol. 2, New Delhi: Radiant Publisher, 1983, p. 339.

共同目标，……我的经验令我更加相信，我们能够在未来的数月和数年中紧密合作，共同积极推进南亚和世界和平。"① 福特总统和基辛格国务卿的友好态度具有双重目标：其一，向布托政府表明福特政府将延续尼克松政府向巴基斯坦提供经济援助的基本立场，令巴基斯坦摆脱焦虑和不安，更好地与美国合作。其二，向布托政府强调，美国非常重视南亚和平局面的出现和保持，希望巴基斯坦能够积极配合美国，推动南亚出现并保持美国所期望的、稳定的和平结构和局面。在福特和基辛格貌似简单的表态中，既有诱惑，又有期待，隐含一个令巴基斯坦更好适应且服务美国南亚利益的策略。但无论怎样，布托政府还是从中看到了福特政府的积极态度和重新启动对巴军事援助的希望。因而，布托政府开始进行更积极的行动，促进美国对巴军事禁运的早日解除。

布托政府通过媒体向福特政府表明巴基斯坦的基本立场。1974 年 9 月，布托向美国国家广播公司记者表示："我们希望美国尽早明白，向巴基斯坦提供武器是明智之举。这将有利于本地区的和平，也有利于美国的全球利益。"② 1975 年 2 月 1 日，布托总理在拉瓦尔品第发表讲话，为促进福特政府解除对巴基斯坦的武器禁运营造氛围。布托宣称，武器禁运的解除不会带来南亚局势的根本变化。1971 年以来的力量平衡变得更加有利于印度，以致巴基斯坦永远无法改变这种平衡，但可能需要从美国购买不太昂贵的武器。如果禁运令仍然有效，巴基斯坦将被迫寻找其他供应国。③

布托政府以巴基斯坦核计划引诱福特政府解除军事禁运。1974 年 10 月 2 日，美国中情局与国务院及相关部门的情报机构共同形成了一份关于"核武器进一步扩散的前景"的特别国家情报评估。该评估指出，巴基斯坦将需要至少 10 年的时间来执行核武器计划。如果美国和苏联等有

---

① *Dawn*, August 11, 1974. Cited in Rajendra K. Jain edited, *US – South Asian Relations 1947 – 1982*, Vol. 2, New Delhi: Radiant Publisher, 1983, p. 339.

② Business Recorder (Karachi), September 23, 1974, reproduced in *Strategic Digest* (New Delhi), November 1974, p. 25. Cited in Rajendra K. Jain edited, *US – South Asian Relations 1947 – 1982*, Vol. 2, New Delhi: Radiant Publisher, 1983, p. 340.

③ *The Statesman* (New Delhi), February 2, 1975. Cited in Rajendra K. Jain edited, *US – South Asian Relations 1947 – 1982*, Vol. 2, New Delhi: Radiant Publisher, 1983, p. 344.

核国家不能设法停止核武器的扩散，巴基斯坦将被推动参与核竞赛，并通过购买材料或获得外部援助来实现其核计划。[①] 10 月 9 日，布托向《纽约时报》记者宣称：美国重新启动向巴基斯坦的武器交付将减弱巴基斯坦对开发核装置的渴望。"如果我们在传统武器方面的需求得到满足，我们不会将大量资源转移至核计划方面，以致损害自己经济的未来，且引发经济和社会动荡。"布托还声称，美国对次大陆的武器禁运令"没有服务于该地区的和平的根本利益"[②]。10 月 30 日，基辛格和布托发表联合公报，呼吁再次采取措施控制核武器传播。随后，布托政府为了表达不发展核武器的坚定决心，甚至提出并推动了南亚无核区的理念被联合国安理会采纳，并通过相关草案。

　　布托通过发展与美国官员的私人关系推动福特政府解除军事禁运。美国驻巴基斯坦大使白劳德与布托发展了密切的私人关系。9 月底，白劳德致电华盛顿警告说，武器问题是"美巴双边关系的试金石"。"如果相关谈判不能促成解除禁运的迅速行动，巴基斯坦将不再抱有幻想。"[③] 白劳德将巴基斯坦和伊朗定义为美国在中东利益的东部之锚。[④] 1975 年 2 月 4 日—2 月 7 日，布托到访华盛顿，其目的之一就是要与福特总统建立亲密的私人关系。布托的目的通过访问得以实现。福特总统一方面公开宣称："我们的第一次正式会面是巴美两国领导人和人民之间经常联系的表现。且我们希望维持并加强巴美两国之间最重要的友谊。"[⑤] 福特总统接受了布托总理再次提出的访问巴基斯坦的邀请。而国务卿基辛格早已在尼克松政府时期就与布托等人成为"老朋友"。后来的事实证明，巴基斯坦的这些"老朋友"和"新朋友"在重启美国对巴军事援助问题上发挥了极其重要的作用。

---

① D. D. Palit and P. K. S. Namboodri, *Pakistan's Islamic Bomb*, New Delhi: Radiant Publisher, 1979, pp. 85 – 88. Cited in Rajendra K. Jain edited, *US – South Asian Relations 1947 – 1982*, Vol. 2, New Delhi: Radiant Publisher, 1983, p. 342.

② Bernard Weinraub, "Pakistani Presses U. S. for Arms", *New York Times*, October 14, 1974.

③ Embassy Islamabad telegram to State Department, "*The Secretary's Visit: View from Pakistan*", September 21, 1974, obtained through Freedom of International Act (FOIA) request.

④ Lewis W. Simons, "U. S. Seen Weighing Arms for Pakistan", *Washington Post*, September 25, 1974.

⑤ Department of State, *Bulletin*, March 3, 1975, pp. 269 – 270.

美巴通过互访直接推动福特政府解除军事禁运。1975 年 2 月 4—7 日，布托总理访问美国。在解除武器禁运问题上，福特总统向布托总理保证，禁令将被废除，但为了与国会领袖进行更多咨询，希望延期公布该项决定。① 在此期间，福特、基辛格和布托也通过美国媒体表达了积极解除对巴基斯坦武器禁运的意愿。福特总统声称，他正"积极考虑"解除对巴基斯坦武器出口的限制。基辛格国务卿则表示，巴基斯坦是"一个盟友，但正被美国的武器禁运置于奇怪的境地"。② 布托总理则向华盛顿记者公开宣称：如果美国满足了布托对传统武器的要求，他准备将巴基斯坦的所有核反应堆置于国际监管之下，以阻止秘密生产核武器，巴基斯坦的国防需要只限于防御目的。③ 布托此次访美之行加速了福特政府在解除对巴基斯坦武器禁运问题上的行动。

福特政府非正式宣布解除美国对巴基斯坦的武器禁运。1975 年 2 月 23 日，美国副国务卿约瑟夫·西斯科在美国国家广播公司的"会见媒体"计划上宣称，美国解除了对巴基斯坦的武器禁运。但西斯科也同时强调："一方面，印度正从苏联获得武器，且有能力生产武器。另一方面，巴基斯坦却不能从美国获得武器。我不希望武器禁运的解除伤害印美关系。"④ 西斯科的讲话透露了福特政府在处理对巴武器禁运问题上的基本态度和立场，即在不影响美印关系的前提下，解除美国对巴基斯坦的武器禁运。

福特政府正式宣布废除对巴基斯坦实施的武器禁运令。2 月 24 日，美国国务院发言人罗伯特·安德森（Robert Anderson）正式宣布，美国决定废除对巴基斯坦实施的长达 10 年之久的致命成品武器装运的禁令，巴基斯坦可在接受美国政府逐案审查的前提下，以现金形式购买美国生产的致命成品武器。罗伯特·安德森宣称："政策的这一修改将使美国与其他主要的武器供应国，如英国和法国站在同一起跑线上。我们没有兴趣

① Department of State, *Bulletin*, March 3, 1975, pp. 269 – 270.

② Murray Security, "*Fort Sees Bhutto and Hints U. S. May Ease Pakistan Arms Curb*", *New York Times*, February 6, 1975.

③ *Times of India* (New Delhi), February 7, 1975. Cited in Rajendra K. Jain edited, *US – South Asian Relations 1947 – 1982*, Vol. 2, New Delhi: Radiant Publisher, 1983, p. 345.

④ *Times of India* (New Delhi), February 24, 1975. Cited in Rajendra K. Jain edited, *US – South Asian Relations 1947 – 1982*, Vol. 2, New Delhi: Radiant Publisher, 1983, p. 347.

打破次大陆的战略平衡，对重新发挥如 1965 年战争之前的这一地区主要武器供应国的作用不感兴趣。我们不希望刺激军备竞赛。我们重视印巴之间的持续和解，且尽力去鼓励这种进步。我们没有理由不与印度和巴基斯坦发展可持续的良好关系。"① "我必须强调，这是一个'现金支付'政策。我们不计划在赠予军事援助或信贷基础上提供任何装备。在考虑个别出口需要的过程中，许多因素将被权衡，包括'美国高度重视的印巴关系正常化的持续推进和任何特别出售对该地区和平与稳定的影响'。"② 显然，福特政府解除对巴基斯坦的武器禁运并非无条件地全面解除禁运，其设定了现实和潜在的限制。美国要求的现实条件包括："逐案审查"和"现金支付"；其要求的潜在条件包括印巴和解以及南亚的和平与稳定。此外，"许多因素"则意味着人权问题、民主政体（代议制政府）问题、巴基斯坦国内的反美思潮问题及经济的自由化和市场化等问题，都可能成为美国政府随时重新审视并改变对巴军供政策的理由。可以说，这是一个套上了多重枷锁，大打折扣的政策。

　　布托政府谨慎且平静地看待武器禁运的解除。1975 年 3 月 10 日，布托在新闻发布会上阐释了自己对福特政府解除向巴基斯坦出口致命武器禁令的理解。他的主要观点如下：第一，"禁运"的解除不是一个意想不到的发展。既因为"'禁运'只是一项过渡性措施，并非永久性政策"；亦因为"我们与美国签署有两个条约——1954 年和 1959 年条约。""我们坚持这些条约的神圣性"，"我们将继续遵守条约"。第二，"禁运"的解除"实际上是反常行为的被纠正"，是美国重新履行条约义务的必然结果。布托强调："解除禁运并不仅仅是为了巴基斯坦，也是为了向巴基斯坦出售武器。美巴相关条约规定美国向巴基斯坦提供无偿军事援助，但'武器禁运'后美国向巴基斯坦提供的武器不是无偿的，是美国向巴基斯坦出售武器，且是建立在个案基础上的。""所以，实际上是反常行为被纠正了。禁运令被废除……因为非常合理的原因——条约义务。"第三，

　　① *International Herald Tribune*（Paris），February 25，1975. Cited in Rajendra K. Jain edited, *US – South Asian Relations 1947 – 1982*，Vol. 2，New Delhi：Radiant Publisher，1983，pp. 347 – 348.
　　② *International Herald Tribune*（Paris），February 25，1975. Cited in Rajendra K. Jain edited, *US – South Asian Relations 1947 – 1982*，Vol. 2，New Delhi：Radiant Publisher，1983，p. 348.

巴基斯坦不必回报美国。布托指出，美国对巴"武器禁运"是其违背条约义务而采取的单方行为，"既然它是单方面的必须采取的措施，就没有任何要求互惠或回报的理由"。所以，"巴基斯坦不必回报。巴基斯坦不给任何大国提供位于其国土上的基地，无论大小。这是我的明确声明"。①由此可见，布托总理认为，福特政府解除对巴基斯坦的武器禁运是天经地义、理所当然的事情，但美国做得还不够好，巴基斯坦也无须对福特政府做出所谓的"回报"。

福特在就职后迅速解除对巴基斯坦武器禁运的原因是多方面的。该政策的最终制定和实施，既是福特政府沿袭尼克松政府对巴基斯坦的倾斜政策的必然结果，也是对巴基斯坦比较成功地发展经济、恢复民主和主动与印度缓和关系的奖励，更是对印巴两国在第三次战争后开始的和解进程的期待与推动，亦是为了引诱巴基斯坦继续留在美国苦心经营的中央条约组织中。这些考虑集中反映在基辛格于1975年5月在中央条约组织部长理事会会议上的讲话之中。基辛格宣称："巴基斯坦自3年半之前的考验以来，经济发展引人注目，美国以自身与这种进步相关联为荣。""巴基斯坦的领土完整仍是美国的根本利益。""同样，美国强力支持从西姆拉和谈开始的前景光明且相互包容的进程。"②"巴基斯坦富有想象力地并有效地改善了与邻国的关系。我们欢迎这一变化。美国对巴基斯坦的安全和领土完整怀有持久的兴趣。我们将继续加强与巴基斯坦在双边关系中和中央条约组织内的合作。我们支持该地区所有减少紧张、恢复常态和推进确定和平与经济发展的努力。"③可见，福特政府对巴基斯坦的期待和要求是多方面的。但也恰恰是这些因素为美巴关系和美国对巴援助政策埋下了隐患，一旦巴基斯坦政府在此后出现了不符合美国战略利益和目标的言行，美国政府的援巴政策仍将发生美国所主导的重大变化。随后的历史发展表明，美巴在巴基斯坦发展核力量问题上存在严重分歧且互不退让，令福特政府全面解除对巴武器禁运政策的执行几乎没有实际效果。

① *Pakistan Horizon*, No. 2, 1975, pp. 121 – 122.
② Department of State, *Bulletin*, June 16, 1975, p. 817.
③ Department of State, *Bulletin*, June 21, 1975, pp. 795 – 796.

二　福特政府接受《赛明顿修正案》

福特政府虽然在各种因素的综合作用下宣布解除了对巴基斯坦的军事禁运，但阻碍美巴关系健康发展的诸因素并未清除。其中，最突出的障碍就是巴基斯坦执意开发核武器。在美苏缓和且正在进行核裁军谈判的背景下，福特政府绝不允许巴基斯坦的核开发计划影响美国所谋求的利益和目标。因而，福特政府希望以援助为条件对巴基斯坦形成一定制约，但巴基斯坦政府却在国家利益的内在驱动下，拒绝放弃独立自主开发核能力的计划。美巴政府在核问题上形成了僵持局面。

布托政府展示对发展核力量的兴趣。布托是巴基斯坦国内要求发展核力量的最积极支持者之一。早在 20 世纪 60 年代，作为外交部长的布托就曾公开强调，如果有必要发展能够与印度核能力相匹敌的核力量，巴基斯坦宁愿"吃草"；他还强烈支持巴基斯坦从法国购买核燃料再加工设备；要求巴基斯坦必须发展不落后于印度的核能力。

进入 20 世纪 70 年代后，布托作为巴基斯坦政府最高领导人，对巴基斯坦开发核能力的期望更高，行动更积极。1972 年，布托就要求巴基斯坦的科学家发展核能力。1974 年 5 月 8 日的印度核试爆成功，为布托政府发展核能力提供了完美的正当理由，也令布托可以在全巴基斯坦人民的声援下公开强调发展核能力。1974 年 12 月 29 日，巴基斯坦原子能委员会主席穆尼尔·艾哈迈德·汗（Munir Ahmed Khan）则公开宣称，巴基斯坦政府已经在规划建设恰希玛核电厂，以后每隔两年建设一座具有同等能力的核电厂。1975 年 2 月布托访问华盛顿之前，巴基斯坦就已经重启了其向法国购买核燃料再加工设备的谈判。[①] 布托政府发展核能力的计划和决心此时已经表露无遗。

鉴于巴基斯坦坚持发展核能力的决心、民用原子能与军用原子能在很多方面具有互通之处（民用原子能能力的发展必然为军用原子能的开发和利用提供必要的便利和条件）和美国正在与苏联进行旷日持久的、艰苦的裁军谈判，福特政府自然不希望巴基斯坦和印度在此时横生枝节，

---

① Iqbal Akhund, *Memoirs of a Bystander: A Life in Diplomacy*, Karachi: Oxford University Press, 1997, p. 264.

令谈判更加艰难。因此，福特政府高度关注巴基斯坦的核计划，并积极规劝其放弃开发核武器的计划，急欲减少甚至消除因巴基斯坦发展核能力可能对美苏核裁军谈判和南亚和平产生的不利影响。

美国国务院劝说巴基斯坦政府放弃核开发计划。虽然布托与基辛格在 1974 年 10 月 30 日共同呼吁采取措施控制核武器扩散，但布托并非要真正限制巴基斯坦发展核能力，只是迎合美国的口头表态而已。与此同时，巴基斯坦政府重启了曾经被暂停的与法国关于核燃料再加工设备的谈判。针对该事实，美国新任助理国务卿阿尔弗雷德·阿瑟顿（Alfred Atherton）在 1975 年 2 月强调："巴基斯坦政府正努力发展独立的核燃料循环技术，那将使核爆炸成为可行的选择。"① 随后，基辛格国务卿在提交福特总统的备忘录中声称："现在有大量证据表明，巴基斯坦正在执行复制 1974 年 5 月印度核试验的计划。"② 国务院巴基斯坦事务办公室主任彼得·康斯塔布尔（Peter Constable）告诉巴基斯坦驻美国临时代办伊克巴尔·里扎（Iqbal Riza），美国希望禁运的解除鼓励巴基斯坦不从事"在政治上危险且成本昂贵的核炸弹开发"。③ 该规劝并没有产生多少实际影响。巴基斯坦很快与法国完成谈判并签订了建设核燃料再加工工厂的相关合同。

福特政府力劝布托政府放弃购买核燃料再加工设备。1976 年 1 月，基辛格国务卿在纽约向布托总理建议，巴基斯坦应推迟核项目。2 月 19 日，西斯科副国务卿向巴基斯坦驻美大使萨哈布扎达·雅各布·汗（Sahabzada Yaqub Khan）表达了美国对巴基斯坦从法国购买核燃料再加工设备和从西德购买重水活动的关注，并敦促巴基斯坦对此再进行仔细权衡。2 月 23 日，美国军控和裁军机构主任弗里德·艾克尔（Fred Ikle）在参议院小组委员会上发言称，巴基斯坦不是因为经济原因而希望获得核燃料再加工工厂。巴基斯坦在经济上没有正当理由。巴基斯坦对这一工厂

---

① State Department briefing paper for Secretary Kissinger's February 5 meeting with Prime Minister Bhutto, January 31, 1975, obtained through FOIA.

② Undated briefing memorandum regarding the Bhutto Visit from Secretary Kissinger to President Fort, obtained through FOIA.

③ Undated talking points for President Ford's meeting with Prime Minister Bhutto on the Nuclear Issue, obtained through FOIA.

感兴趣的原因是"印度的核爆炸的发展"。美国应阻止巴基斯坦从法国购买核燃料再加工设备——该设备能够被用于制造原子武器。① 2 月 26 日，布托在渥太华的新闻发布会上驳斥了艾克尔的观点，并明确宣称，这一问题涉及巴基斯坦主权。② 同时，布托宣称，巴基斯坦与法国的合同已经被国际原子能机构批准。3 月，基辛格国务卿致信布托总理，要求巴基斯坦放弃获得核燃料再加工设备和重水的计划，直至巴基斯坦的需要和替代选择被全面评估。3 月 2 日，布托总理说，巴基斯坦的核计划是以和平利用为目的的。3 月 17 日，巴基斯坦与法国签订购买核浓缩设备的协议。3 月 19 日，福特总统致信布托总理，试图劝服巴基斯坦放弃履行与法国签署的相关协议。但是，巴基斯坦经济理事会还是在 3 月 20 日批准在恰希玛附近建立核浓缩工厂。3 月 23 日，巴基斯坦原子能委员会告诉媒体，巴基斯坦将建立 24 座核电厂。显然，福特政府对巴基斯坦的劝说并未使布托政府放弃独立发展核能力的计划。为了有效威慑、控制巴基斯坦核计划的进程，福特政府需要采取更具体、更具操作性的措施。恰在此时，美国国会通过了《赛明顿修正案》，福特政府予以接受，并将之作为向布托政府施压的"大棒"。

《赛明顿修正案》出台。1976 年 6 月 30 日，美国第 94 届国会通过了参议员斯图尔特·赛明顿（Stuart Symington）提交的对《1961 年对外援助法案》（FAA）的修正案，史称《赛明顿修正案》（*Public Law 94 - 329*）。该修正案最初为《1976 年国际安全援助和武器出口控制法》（AECA）的条款，后被纳入 1976 年对外援助法案，成为其中的第 669 部分。

《赛明顿修正案》规定：根据本法案或武器出口控制法案所授权或拨付的资金不应该被用于向两类国家提供经济援助、军事援助或安全支持援助、赠予军事教育或培训，亦不应被用作向两类国家提供军事信用贷款或保证金。这两类国家是：第一类，向任何其他国家移交核燃料再加工或浓缩所需的设备、材料或技术的国家；第二类是从任何其他国家接

---

① *Indian Express*（New Delhi），February 25，1976. Cited in Rajendra K. Jain edited，*US - South Asian Relations 1947 - 1982*，Vol. 2，New Delhi：Radiant Publisher，1983，p. 353.

② *Dawn*，February 28，1976. Cited in Rajendra K. Jain edited，*US - South Asian Relations 1947 - 1982*，Vol. 2，New Delhi：Radiant Publisher，1983，p. 353.

受此类设备、材料或技术的国家。除非在此类交付发生之前，供应国和接受国达成了特定的协议，即此类交付一旦完成，所有此类设备、材料和技术将被置于多边监督和管理之下，且接受国同意与国际原子能机构签订关于将所有此类设备、材料、技术和该国所有核燃料与核设施置于国际原子能机构的安全保障体制之中的协议。尽管有上述规定，在总统的行政令生效的 30 天之内，如果总统在致国会发言人或参议院外交委员会的信中判定并证明：其一，终止此类援助将对美国利益造成严重的不利影响；其二，总统本人接到可靠保证，即被质疑的国家不会获得或开发核武器，亦不会协助其他国家获得或开发核武器。在具备上述证明和保证的前提下，总统可以决定向相关国家提供援助。但此类证明必须在每一具体案例中详细阐明其理由。国会可以通过联合决议终止或限制向本法案所适用的国家提供援助，或采取其认为恰当的措施处置对该国的美国援助。关于任何一个国家的联合决议应该由参议院根据 1976 年国际安全援助和武器出口控制法案的第 601 部分第二节的条款做出。① 美巴关系此后的发展证明，巴基斯坦开发核能力的计划成为严重阻碍和损害美巴关系的痼疾，而《赛明顿修正案》则成为两国核安全关系中数个关键法案的先驱和模板。

福特政府接受《赛明顿修正案》是不情愿的，是在未能劝说布托政府放弃发展核能力计划的背景下，在民主党占多数的国会和美国舆论的强大压力下被迫接受的。当然，也不能断定福特政府是完全被动的。按照常理，福特政府在内心也希望该法案能够对巴基斯坦的核计划起到一定的牵制作用，为自己的总统连任选举加分。所以，不管福特政府表面上是否愿意，它都必然要受到该法案的制约，也因此对布托政府形成了一定的外在压力。

福特政府与布托政府在核问题上继续僵持。一方面，巴基斯坦政府与法国政府坚决推进核燃料再加工设备谈判。7 月 8 日，布托在德黑兰的新闻发布会上宣称："我们期望美国不要且不应该反对我们从法国获得资源建设再加工工厂，特别是该工厂是用于和平目的。我们期待美国如此

① U. S. House of Representative and U. S. Senate, *Legislation on Foreign Relations through 1977*, Washington：U. S. Government Printing Office，1978，pp. 164 – 165. https：//babel. hathitrust. org/cgi/pt？ id = uc1. b4316443；view = 1up；seq = 3.

考虑该问题。"① 8 月 9 日，布托向基辛格强调："拉合尔是我们的再加工中心，我们绝不能限制发展巴基斯坦的核燃料再加工中心。"② 8 月 12 日，布托公开表示，巴基斯坦与法国关于核再加工工厂的合同不能取消。9 月 14 日，布托警告说，如果西方不允许巴基斯坦发展核技术，其与巴基斯坦的关系将恶化。10 月 5 日，布托向《阿姆斯特丹日报》记者表示，如果美国新政府想要将《赛明顿修正案》适用于巴基斯坦，如果美国决定不再向巴基斯坦出售武器，如果美国新政府认为巴基斯坦应被区别对待，巴基斯坦也将保留对自己是否继续留在中央条约组织进行评估和选择的权利。从上述强硬的、不妥协的表态来看，布托政府推进巴基斯坦核能力开发计划的决心是不可动摇的，甚至做好了放弃美国援助的准备。另一方面，福特政府对布托政府实施"胡萝卜加大棒"的策略。福特政府提供的"胡萝卜"就是 110 架 A-7 攻击轰炸机，其拿出的"大棒"就是《赛明顿修正案》。在 8 月访问巴基斯坦的过程中，基辛格国务卿向布托总理表示，如果"核燃料再加工设备的解决"能够被期待，美国国会可能批准向巴基斯坦出口 A-7 飞机。③ 在秘密会谈中，基辛格国务卿告诉布托总理，如果吉米·卡特（Jimmy Carter）和民主党在 1976 年的总统大选中获胜，巴基斯坦将可能面临更严苛的对待。基辛格还警告布托，美国可能根据新法案停止向巴基斯坦提供经济援助，敦促布托政府接受福特政府的建议：如果巴基斯坦同意放弃从国外购买核燃料再加工设备，美国将提供包括 A-7 在内的大量传统武器援助。④ 11 月，福特政府向布托政府发出警告：如果与法国的协议被执行，巴基斯坦将失去美国的经济援助。⑤ 12 月底，美国国防部建议批准巴基斯坦购买 110 架 A-7 轻型

---

① Pakistan, Ministry of Foreign Affairs, *Foreign Affairs Pakistan*, July 1976, pp. 8-9.

② Bernard Gwertzman, "Kissinger Meets Pakistani Leader on Nuclear Issue", *New York Times*, August 9, 1976.

③ Bernard Gwertzman, "Kissinger Meets Pakistani Leader on Nuclear Issue", *New York Times*, August 9, 1976.

④ Dennis Kux, *The United States and Pakistan, 1947-2000: Disenchanted Allies*, Washington, D. C.: Wood Wilson Center Press, 2001, p. 223.

⑤ *Foreign Affairs Pakistan*, November 1976, pp. 7-10; *Pakistan Horizon*, No. 4, 1976, 242-245; *Pakistan Times*, November 13, 1976. Cited in Rajendra K. Jain edited, *US-South Asian Relations 1947-1982*, Vol. 2, New Delhi: Radiant Publisher, 1983, pp. 365-366.

攻击机。然而，国务院以需要仔细权衡为由，没有立刻推进关于购买 A –
7 飞机的谈判。而《赛明顿修正案》已经是美国的正式法案，福特政府
随时可以援引该法案停止对巴基斯坦的援助。《赛明顿修正案》就如被美
国悬于巴基斯坦上方的一柄利剑，随时可能因为美国政府的态度转变而
落下，非常具有威慑意义。

　　最终，福特政府并未根据《赛明顿修正案》对巴基斯坦实施援助制
裁，因为巴基斯坦仍然保留着美国非常重视的中央条约组织成员国的身
份，福特政府仍将巴基斯坦视为好盟国和好朋友。但是，福特政府对巴
军事援助仍处于"藕断丝连"的极低水平。

第三节　尼克松—福特政府的援巴概况

　　尼克松—福特政府的援巴政策呈现出异常鲜明的"重经济轻军事"
或"经热军冷"的特征。根据美国国际开发署的统计数据，1969—1976
财年，尼克松—福特政府给予巴基斯坦的援助总额分别为 1.115 亿美元、
2.1 亿美元、1.081 亿美元、1.653 亿美元、1.782 亿美元、1.02 亿美元、
1.084 亿美元、2.036 亿美元。其中，各财年的经济援助总额分别为：
1.114 亿美元、2.098 亿美元、1.079 亿美元、1.651 亿美元、1.779 亿美
元、1.018 亿美元、1.081 亿美元和 2.033 亿美元。① 经济援助总额占援
助总额的比例分别约为 99.91%、99.9%、99.81%、99.88%、99.83%、
99.80%、99.72% 和 99.85%，在此时期的美国对巴总援助中占据了稳定
的绝对优势，基本在 99.72%—99.91% 小幅波动。各财年的军事援助总
额分别为：10 万美元、20 万美元、20 万美元、20 万美元、30 万美元、
20 万美元、30 万美元、30 万美元，② 占美国对巴援助总额的比例分别约

---

　　① Source：USAID, *U. S. Overseas Loans and Grants*, *July 1, 1945 – June 30, 1972*（*Green book*）, Washington D. C., 1973. p. 24. USAID, *U. S. Overseas Loans and Grants*, *July 1, 1945 – Sep 30, 1976*（*Green book*）, Washington D. C., 1977. p. 24.

　　② Source：USAID, *U. S. Overseas Loans and Grants*：*Obligations and Loan Authorizations*, *July 1, 1945 – June 30, 1973*（*Green book*）, Washington D. C.：USAID, 1974. p. 22. USAID, *U. S. Overseas Loans and Grants*：*Obligations and Loan Authorizations*, *July 1, 1945 – Sep 30, 1976*（*Green book*）, Washington D. C.：USAID, 1977. p. 25.

为 0.09%、0.1%、0.19%、0.12%、0.17%、0.2%、0.28% 和 0.15%，处于绝对稳定的劣势。而且，在八个财年中，巴基斯坦在美国经济援助接受国排行榜中的地位基本稳定在第三名至第七名之间。其在各财年的排名分别为第七名、第三名、第六名、第五名、第四名、第四名、第六名和第五名。而军事援助的排名几乎可以忽略。这种"经热军冷"的极端现象反映了两国援助关系中经济援助与军事援助严重失衡的态势，也表明了尼克松—福特政府在援助巴基斯坦问题上更加侧重于经济方面，而对于容易引起美巴、美印和印巴之间出现分歧、不满和愤怒的军事援助非常谨慎。

　　在经济援助方面，尼克松—福特政府对巴援助呈现明显的起伏状态。在八个财年中有三个明显的低点，分别是 1969 财年、1971 财年和 1974 财年。考察此三个财年的美巴关系可知，1969 财年是约翰逊政府与尼克松—福特政府交接的财政年度，可以视为约翰逊政府的遗留计划和影响所致。1971 财年是尼克松政府因为巴基斯坦国内的东巴危机和印巴战争而对巴基斯坦实施援助制裁的财政年度。而 1974 财年则略有不同，虽然巴基斯坦在该财年获得美国经济援助的绝对数额最少，但其排在美援接受国排行榜的第四名，是八个财政年度中排名第二高的。据此可知，该数字只是显示了美国政府对外援助的绝对数额较小，并不是对巴基斯坦的重视程度的减轻。再者，从印度和巴基斯坦所接受的美国经济援助的差额和排名分析，巴基斯坦并不处于绝对劣势，而是与印度互有胜负。在八个财年的美援接受国排名中，印度高于巴基斯坦的年份分别是 1969 财年（第一名）、1970 财年（第二名）、1971 财年（第二名）、1974 财年（第三名）和 1975 财年（第四名），其余各财年巴基斯坦排名均比印度靠前。而在援助差额方面，在 1969 财年至 1971 财年，印度所获美国经济援助比巴基斯坦所获经济援助总计多 9.246 亿美元，年均多出 3.14 亿美元。1974 财年和 1975 财年，印度获得的美援比巴基斯坦获得的美援仅多出 0.255 亿美元和 0.685 亿美元。其余三个财政年度，巴基斯坦比印度多获得的美援总额分别为 0.516 亿美元、0.962 亿美元和 0.218 亿美元。该数据表明，在尼克松—福特政府时期，巴基斯坦在美国政府战略中的地位比约翰逊政府时期有所提升，但仍然略逊于印度。

　　尼克松—福特政府给予巴基斯坦的绝大多数经济援助被投入到农业

领域、疾病控制和健康领域。其中获得援助最多的项目为：农业投入项目（0.8927亿美元）、福吉农业化肥工程项目（0.405亿美元）、疟疾控制项目（0.24亿美元）、扩展的人口规划项目（0.19632亿美元）、印度河流域工程（0.16076亿美元）、基本健康服务项目（0.085亿美元）、农业用水管理工程（0.08417亿美元）和农业调查项目（0.08031亿美元）。其余的项目还涉及技术服务、计划生育支持、禁毒、低成本教科书印刷、政府的人员和财政管理、政府的财政立法完善等。① 该数据表明，农业仍然是美国援助巴基斯坦的重中之重。1969—1976财年，巴基斯坦接受美国"480公法"第一条款的贷款价值分别为0亿美元、0.53282亿美元、0.39003亿美元、0.70236亿美元、0.35828亿美元、0.72571亿美元、0.913亿美元和0.651亿美元，年利率为2%，偿还年限为40年。② 该数据表明尼克松—福特政府对巴基斯坦的粮食援助仍是其对巴经济援助的重要组成部分，仍具有相当的优惠性，但其规模已经比肯尼迪政府时期缩减了很多。

从尼克松—福特政府的对外经济援助的地区分配分析，1971财年和1975财年是两个节点年。1971财年，近东和南亚地区所获得的经济援助超越拉丁美洲所获的经济援助，列美援接受地区排行的第二名，仅次于远东（东亚）地区。1975财年，近东和南亚地区接受美国经济援助总额超过远东（东亚）地区，列美援接受地区排行的第一名，1976年亦如此。这种排行的变化表明了尼克松—福特政府国家战略重点的转移。而在近东和南亚地区，印度和巴基斯坦接受的美援总额在大多数年度内占据该地区所接受美国经济援助的前两位，只是在1975财年和1976财年被孟加拉国、以色列和埃及超越。

军事援助的极低数量和连续不断反映了美巴军事安全关系剪不断、理还乱的复杂状态。一方面，其连续性不仅表明尼克松—福特政府不愿

① Source：U. S. Administration International Development, *A Reviews of United States Development Assistance to Pakistan, 1952 – 1980*（Islamabad, N. D.）pp. 112 – 119；U. S. Administration International Development, *Congressional Presentation, FY 1983, Annex Ⅱ, Asia*, Washington, D. C. : GPO, pp. 108 – 109.

② Source：Pakistan, Economic Division, Economic Adviser's Wing, *Pakistan Economic Survey, 1979 – 1980*（Islamabad, 1982）, pp. 108 – 109.

意完全中断在美巴关系中极为重要，甚至有时发挥核心和关键作用的军事安全关系，而且希望继续保持在此前能够对巴基斯坦的对外政策产生重大影响的途径和杠杆，亦希望保留与巴基斯坦政府和军方重要交流和情报渠道，且为未来在庞大的巴基斯坦军事需求市场上赢得一定份额保留必要机会。另一方面，其超低数额体现了尼克松—福特政府对军事援助可能对美印关系、印巴军备竞赛、苏印关系、印巴关系和中巴关系产生对美国严重不利影响的超高敏感，也体现了民主党把持的美国国会将军事援助与巴基斯坦的人权状况、军法治理和民主政府直接关联的强硬立场。在三权分立的政体下，尼克松总统和政府的亲近巴基斯坦的立场和计划不得不接受国会和舆论的严重制约。

小　结

尼克松—福特政府总体上延续了肯尼迪政府和约翰逊政府奉行的"重经济轻军事"援巴政策的方向和框架，但其具体援巴政策却屡历转变，且该转变更加频繁，成因更为复杂。尼克松—福特政府时期，经济援助政策始终居于绝对优先、主体和稳定地位，虽然经历过短暂的暂停阶段和经援总额剧烈起伏，但其地位从未动摇。该政策深刻反映了尼克松—福特政府的援外理念和援巴诉求，也鲜明体现了两位总统在个人情感上和政策取向上对巴基斯坦的亲近和偏向。军事援助政策在本时期经历了四个阶段，即有限军事销售、全面军事禁运、有限解除军事禁运和全面解除军事禁运，构成了一个迂回曲折的政策轮回。该政策频繁转变的过程鲜明体现了尼克松—福特政府对冷战形势的判断、美国的苏联战略和中国战略的转变、对巴基斯坦在美国全球和地区战略中的价值的评估及美国政府内部在援巴问题上的分歧与博弈。无论对巴援助政策如何变化，尼克松—福特政府从来没有试图削弱巴基斯坦，只是将之作为实现美国重要利益和目标而不得不暂时运用的施压手段和工具而已。一旦直接目标实现，只要形势允许，尼克松和福特就会迅速积极回应巴基斯坦的援助请求，逐步采取积极的援助政策。值得注意的是，在尼克松—福特政府援巴政策的形成过程中，巴基斯坦政府采取了"刚柔并济"的策略，将"胁迫"与"示弱"两种方式相结合，推动美国政府改变援巴政策；而美国政府则以提供援助、暂停援助和重启援助的政策"组合拳"进行回应，同样采取了"刚柔并济"的策略。

尼克松—福特政府的援巴政策在有效性方面依然呈现出双重性，既有取得一定成效、达成一定预期比较成功的一面，也有未达到预期效果，甚至带来相反效果的一面。一方面，通过执行各项提供援助和援助制裁政策，美巴关系得以改善并持续升温，美巴同盟得以延续，美国仍是巴基斯坦最重要的外援国；巴基斯坦实现了一定程度的经济发展和社会进步，自然灾害和难民危机得到了一定的减轻；在一定程度上防止了第三次印巴战争升级和长期持续，并使巴基斯坦与印度保持了相对的和平状态；促使巴基斯坦充当了中美沟通和交流的桥梁和跳板。另一方面，通过执行全面军事禁运政策和军事援助问题上的"口惠而实不至"，巴基斯坦对美国的幻想基本破灭，不再强调美巴之间的特殊关系，反而开始实行所谓的"双边主义"，更积极地与中国、中东伊斯兰国家、其他第三世界国家和欧洲大国发展双边和多边关系，美巴同盟已经形存实亡；巴基斯坦与印度的猜疑、敌意未有明显改变，美国期待的印巴合作遥遥无期；巴基斯坦坚持发展核能力的决心未被丝毫动摇；印美关系发展并未达到美国预期，反而出现恶化迹象；巴基斯坦的经济并未在美国援助下充分发展；巴基斯坦再次出现军法管制的状态，这并不是美国所期待的。因此，尼克松—福特政府的对巴援助政策的有效性是一个复杂的问题，既具有成功的方面，也有失败的方面。

第六章

卡特政府对巴基斯坦的援助政策

——从持续削减援助到筹谋重启援助

卡特政府对巴基斯坦的援助政策呈现出明显的波折性和鲜明的功利性。其对巴援助政策以苏联入侵阿富汗为节点，分为前后两个阶段。前一阶段，卡特政府以巴基斯坦的人权状况、核武器立场和军法统治等为由，采取了持续削减对巴援助的政策，逐步减少了对巴基斯坦的经济和军事援助，乃至最后仅保留了数量十分有限的人道主义援助。后一阶段，卡特政府采取了谨慎重启对巴援助的政策，意欲通过重启援助，将巴基斯坦再造为美国在中东和南亚地区遏止苏联南下和西进的"前线国家"。但因卡特政府不愿付出更多代价、齐亚·哈克政府亦有诸多顾虑，美巴最终未能在重启援助的问题上达成一致，美国重新启动对巴援助的政策终归失败。

第一节　卡特政府逐步暂停对巴基斯坦的援助

卡特政府时期处于美国对苏战略由最后缓和转向全面遏制的根本转变时期。在执政的前3年，卡特政府在中美苏三边互动关系的框架内，从其所谓的"服务于人类"的宗旨出发，以维护美国国家安全、维护世界和平和加强美国意识形态的国际影响为目标，基本延续了尼克松—福特政府的对苏缓和战略，与苏联进行合作与竞争。其希望能够实现美苏在双边关系、在全世界范围内、在各个领域的"全面且互惠"的缓和，并在缓和中赢得意识形态领域的优势，最终在资本主义制度与社会主义制度的竞争中取胜。其中，在第三世界实现缓和是卡特政府对苏缓和战略的重要组成部分。巴基斯坦具有特殊战略意义的地理位置，令其成为美国展示对苏缓和诚意的平台之一。因此，卡特政府在核、援助和人权等问题上屡屡责难巴基斯坦，对苏缓和战略是其中的重大考虑之一。但事与愿违，苏联并未对卡特政府的所谓"善意"进行积极回应，反而加速发展军事力量，在世界范围内增强对美国的攻势。卡特政府认为苏联的行为严重挑战和损害了美国的国家安全利益，美国的对苏缓和战略是失败的。因此，自1978年下半年开始，卡特政府逐步强调要遏制苏联。在执政的最后一年，鉴于苏联军事入侵阿富汗所引发的地缘政治形势的骤变，卡特政府出台"卡特主义"，标志着美国对苏战略由此转入全面遏制阶段。为了降低乃至消除苏联入侵中东和波斯湾的风险，卡特政府主张美国加强与盟国，尤其是美国在中东及其周边的盟国之间的战略合作，重建以阻止苏联经过阿富汗南下西进为目标的地区战略防御体系和遏制苏联扩张的全球防御体系。此时，巴基斯坦在法律上仍然具有美国盟国的身份，既与阿富汗陆路相连，又是阿富汗最重要、最便捷的对外交流的通道，且与阿富汗政治、经济、宗教、种族等方面有重大且紧密的关联，因此成为美国支持阿富汗对抗苏联的最重要的通道和基地。卡特政府试图以重启援助为筹码和桥梁，引诱和换取巴基斯坦再次与美国进行战略合作。

一　卡特政府与布托政府在援助问题上的交锋

1977年1月20日，民主党人吉米·卡特（Jimmy Carter）就任美国第39任总统，开始了为期四年的卡特政府时期。巴基斯坦的布托政府对此深感不安和忧虑，担心美巴关系的恶化和美国对巴援助的削减。布托政府此种情绪根源于三个方面：其一，对倾向巴基斯坦的基辛格国务卿对美国的巴基斯坦政策的影响力下降的担忧；其二，对卡特在竞选期间宣称其领导的政府要坚持更强硬的核不扩散立场、更严格地向发展中国家移交武器的方式和更重视人权问题的承诺的忧虑；其三，卡特在其就职演说中阐述的"美国梦"的国际关系内容加深了布托政府的不安和焦虑。卡特就职演说中关于国际关系的内容可以被概括为两点：第一，竭力倡导人权。卡特强调："世界正流行新的精神，……是为了基本人权。……我们将与贫穷、愚昧和不公正进行斗争，……我们永远不会对其他地方的自由之命运无动于衷。……我们将明确优先关注那些与我们同样坚持尊重个人人权的国家和社团。"第二，竭力主张限制军备。卡特明确宣称："我们承诺，在限制世界军备至每个国家满足自身国内安全所必需的水平的努力过程中，我们将保持毅力与智慧。且今年我们将向我们的最终目标——从地球上消除核武器迈进一步。我们将敦促所有国家加入我们的行动，因为该行动的成功意味着生命而不是死亡。"① 此外，布托政府亦担心卡特可能在个人情感上对印度有特别的偏好，因为其母亲曾作为美国和平队志愿者在印度进行了多年志愿活动，并对卡特的思想和言行产生了深刻影响。总之，布托政府从卡特的对外政策倾向和家庭背景方面判定，其上台很有可能不是美巴关系的福音，反而可能会带来更多麻烦，布托悲观情绪的产生就成为很自然的事情了。美巴关系的发展印证了布托政府的担心和忧虑，卡特在就任总统后立即积极兑现竞选承诺。

　　布托政府争取卡特政府的军事援助的努力初遇挫折。1977 年 4 月 21日，美国国务院宣布，美国政府正在阻止美国向巴基斯坦出口 6800 万美元的催泪弹。其理由是对巴出口催泪弹将意味着美国支持一个"压迫性政权"，这与卡特政府的人权政策相冲突。② 由于催泪弹在控制集会人群方面被认为比子弹更人道，不是敏感出口商品，该决定成为对布托政府的公开打击。巴基斯坦全国联盟（Pakistan National Ally）称赞卡特政府的行为是"伟大力量的源泉"，引发了布托总理对卡特政府动机的怀疑和气愤。4 月 28 日，布托在巴基斯坦国民大会上强烈抨击了卡特政府的对巴政策。布托宣称，卡特政府正在资助一个剥夺布托权力的"内容广泛、规模庞大且极其成功的国际阴谋"。华盛顿正在惩罚巴基斯坦，因为巴基斯坦未在越南问题上支持美国，反而在中东支持阿拉伯国家反对以色列，

① Jimmy Carter, "*Inaugural Address*", January 20, 1977. Online by Gerhard Peters and John T. Woolley, *The American Presidency Project*. http：//www. presidency. ucsb. edu/ws/？pid=6575.

② Dennis Kux, *The United States and Pakistan 1947 - 2000：Disenchanted Allies*, Baltimore：The Johns Hopkins University Press, 2001, p. 229.

并在核燃料再加工项目问题上拒绝向美国屈服。①

面对布托的指责，卡特政府的反应比较平静，甚至有些漫不经心。卡特政府认为巴基斯坦对美国的指责只是其国内反美示威的一个结果，是一种分化、转移巴基斯坦国内反政府力量注意力的一种方式而已，并不代表布托政府真正的对美态度。4 月 29 日，美国国务院新闻官弗里德里克·布朗（Frederick Brown）公开宣称，鉴于美巴两国之间长期的亲密友好交往历史，布托总理对美国的指责是非常令人不安的。卡特政府的国务卿赛勒斯·万斯（Syrus Vance）于 4 月 29 日特意致信布托总理表示，卡特政府热切希望继续与巴基斯坦发展友好、合作的关系，且始终准备心平气和、冷静地讨论巴基斯坦可能关注的任何问题。尽管美巴在具体问题上偶有分歧，但美国没有提供资金或其他形式的援助给政治组织或"巴基斯坦国内的个人。美国仍继续与巴基斯坦在广泛的问题上一起工作。例如，经济援助仍在继续，军事装备出售和装运从没有停止"。② 万斯还表示，考虑到美巴之间紧密、友好关系的长期历史，两国应寻找避免"能够损害我们之间关系"的公开指责的方法。5 月 31 日，万斯又对专程访问美国的巴基斯坦外长阿齐兹·艾哈迈德明确表示了"我们应该努力跨越过去"、维持美巴之间友好关系的愿望。与此相协调，卡特政府不仅继续向巴基斯坦提供武器——国务卿万斯将催泪弹事件界定为"特例"③，而且美国海军根据长期贷款安排，向巴基斯坦移交了两艘驱逐舰。从表面上看，卡特政府当时似乎不愿意看到美巴关系恶化，并试图推动双边关系的改善，但此后美巴双方的做法却与此背道而驰。

卡特政府宣布停止向布托治下的巴基斯坦提供援助。同年 6 月，布托总理不但向沙特驻巴基斯坦大使表示，美国正在试图"削弱"巴基斯坦，苏联则想要"肢解"巴基斯坦，而且对沙特国王说，美国和苏联对

---

① Lewis W. Simons, "Charge of U. S. Conspiracy Win Bhutto Vital Army Support", *Washington Post*, May 8, 1977.

② *Dawn*, May 5, 1977. Cited in Rajendra K. Jain edited, *US – South Asian Relations 1947 – 1982*, Vol. 2, New Delhi: Radiant Publisher, 1983, p. 368.

③ Dennis Kux, *The United States and Pakistan 1947 – 2000: Disenchanted Allies*, Baltimore: The Johns Hopkins University Press, 2001, p. 231.

巴基斯坦的国内麻烦都有责任，但美国的责任比苏联的责任更大。① 同月，卡特政府不仅在援巴财团会议上正式宣布了"美国停止对巴基斯坦的一切援助"的决定，而且撤回了福特政府为换取巴基斯坦放弃核计划而提出的美国向巴基斯坦提供 110 架 A－7 战斗机的建议，决定不再向其出售该型号飞机。但卡特政府没有将该决定与法国核反应堆问题相关联，反而强调了"向南亚引入重要的、成熟的武器系统"的有害性前景，并将该决定置于全球武器交易控制目标的更广阔背景下。巴基斯坦对该消息十分不满。更糟糕的是，美国国务院并未将此行动直接告知巴基斯坦政府，巴基斯坦还是从媒体得知此事的。媒体说，对印度反应的关注是国务院做出该决定的主要原因。巴基斯坦政府因而更加气愤。美国驻伊斯兰堡大使馆亦向国务院发出警告称："不管是多么巧合，或多么错误，该事件给巴基斯坦留下了强烈印象，即我们决定不再与巴基斯坦打交道，并且我们正在对其进行惩罚。"② 美国的举动亦令巴基斯坦政府感到沮丧和灰心。直至 1978 年 8 月，巴基斯坦没有寻求重新讨论 A－7 飞机的问题，也未要求购买其他任何替代飞机。

二 卡特政府持续削减对齐亚·哈克治下巴基斯坦的援助

1977 年 7 月 5 日，巴基斯坦陆军参谋长穆罕默德·齐亚·哈克（Mu-hammad Zia－ul－Haq）上将发动军事政变，夺取了巴基斯坦中央政府的最高权力，他随即宣布实施军法管制，并将布托、巴基斯坦人民党高层领导和巴基斯坦全国联盟的领导人拘禁在各自家中。巴基斯坦的民主政府再次遭到强行解散。在巴基斯坦维度上，美巴关系由此进入到齐亚·哈克政府与卡特政府相互博弈的时期。在 1979 年 12 月苏联入侵阿富汗之前，美国持续削减对巴基斯坦的援助。

美巴在核问题上交涉无果。在福特政府时期已经存在，但并未对美国对巴援助产生直接影响的核问题此时成为卡特政府对巴援助决策的障

---

① Dennis Kux, *The United States and Pakistan 1947－2000：Disenchanted Allies*, Baltimore：The Johns Hopkins University Press, 2001, pp. 231－232.

② Dennis Kux, *The United States and Pakistan 1947－2000：Disenchanted Allies*, Baltimore：The Johns Hopkins University Press, 2001, p. 231.

碍。1977 年 7 月 29—31 日，负责安全和科学技术事务的副国务卿约瑟夫·奈（Joseph Nye）访问巴基斯坦，并与巴方的外交部高官讨论了巴基斯坦从法国获得核燃料再加工工厂的问题，再次试图劝服巴基斯坦放弃原有计划。但双方互不妥协，讨论没有积极进展，分歧依旧。卡特政府显然不希望就此放弃推动巴基斯坦停止谋求发展核能力的努力。在规劝无果的情况下，卡特政府只能再尝试其他的强硬政策。其认为巴基斯坦非常依赖和重视美国援助，"美援"是可以用来向巴方施压的强力杠杆。于是，卡特政府在福特政府接受国会通过的关于巴基斯坦核问题的《赛明顿修正案》的基础上，又准备有针对性地接受在该问题上的新法案，作为更能威胁齐亚·哈克政府放弃核计划的"大棒"，即后来的《格伦修正案》。

《格伦修正案》出台。8 月 4 日，美国参议院通过了参议员小约翰·赫谢尔·格伦（John Herschel Glenn Jr.）提出的修正案，即《格伦修正案》（Public Law 95 – 92）。① 该法案规定：根据本法案或武器出口控制法案被授权拨付的资金，不应该被用于向特定的国家提供经济援助、军事援助、安全支持援助或赠予军事教育和培训，亦不应被用于提供军事信用贷款或被用作保证金。此类国家包括：其一，将核燃料再加工设备、材料或技术交付给任何其他国家，或从其他任何国家接受此类设备、材料或技术（除非交付的此类再加工技术与作为纯钚的再加工的替代技术的研究相关联，并接受美国参加的国际评估计划的监督）的国家。其二，该国不是《不扩散核武器条约》中第九条款所定义的核武器国家，但试爆了核爆炸装置。该法案同时规定，尽管有以上规定，总统还是可以提供本部分所禁止提供的援助，前提是总统在致国会发言人和参议院外交委员会的信中判定并证明：终止此类援助将严重阻碍美国的核不扩散目标的实现，或将严重损害共同防御和安全。总统应该提供此类证明，并发表声明，解释其如此行事的原因。② 该法案是一个承前启后的法案，前

————————

① 该法案原为《1977 年国际安全援助法案》的第 12 部分，同年被列为 1977 年版《1961 年对外援助法案》的第 670 部分，是关于核燃料再加工设备和技术转让与核爆炸方面的法案。

② U. S. Senate, *Legislation on Foreign Relations Through 1977*, Vol. 1, Washington：U. S. Government Printing Office, February 1978, p. 165. https：//babel. hathitrust. org/cgi/pt？id = uc1. b4316 442；view = 1up；seq = 175.

承《赛明顿修正案》（1976 年），后启《普莱斯勒修正案》（1985 年），深刻表明了美国在巴基斯坦发展核能力问题上连续性的否定态度和立场。但齐亚·哈克政府不为所动，仍于 8 月 10 日发表了关于核燃料再加工工厂问题的声明。巴方宣称，过渡政府的这一决定（履行与法国之间关于供应核燃料再加工工厂的协议）已经告知包括美国在内的所有感兴趣的政府。巴基斯坦方面重申过渡政府实施与法国协议的决心，并清楚地表明巴基斯坦将不同意在推进这一项目的过程中有任何耽搁。① 9 月 1 日，齐亚·哈克以军法管制首席执行官（CMLA）身份召开新闻发布会，明确宣称："核再加工工厂不再是一个政治或民族问题。前政府已经启动了这笔交易，我将坚持它。前反对派领导人一个接一个地说他们都想如此。我清楚我与法国正在做什么，我相信法国将坚持他们的承诺。他们是有荣誉感的民族。"② 可以说，齐亚·哈克政府在核问题上的立场与卡特政府的期待相差甚远，卡特政府决定继续向巴基斯坦发出必要警示，表明反对巴基斯坦发展核能力的坚定立场和强硬态度。

卡特总统刻意冷淡巴基斯坦。1978 年 1 月，卡特总统在对南亚的访问过程中只访问了印度，故意绕开巴基斯坦，仅在其离开南亚的途中致电齐亚·哈克，以华而不实的言辞表示了其对巴基斯坦的赞赏、对美巴关系的重视和对巴基斯坦的安全承诺。然而，在国际关系领域中，无论是多边关系还是双边关系，实际的行动远比浮夸的辞藻具备更重大的意义和价值。卡特的南亚之行已经清楚表明了其立场，巴基斯坦政府和国民自然对此心知肚明且十分不满。这种不满情绪在 1978 年 3 月美国代理国务卿沃伦·克里斯托弗（Warren Christopher）对巴基斯坦进行政治访问前后被清楚表达出来。

克里斯托弗的出访任务是与巴基斯坦领导人探讨巴方的核计划，且尽可能劝服巴方放弃在购买浓缩铀设备上的努力。齐亚·哈克则为巴方立场进行了公开辩解。他对《华盛顿邮报》记者表示："当核再加工工厂

---

① *Foreign Affairs Pakistan*，August 1977，p. 8. Cited in Rajendra K. Jain edited，*US – South Asian Relations 1947 – 1982*，Vol. 2，New Delhi：Radiant Publisher，1983，p. 369.

② *Foreign Affairs Pakistan*，September 1977，p. 2. Cited in Rajendra K. Jain edited，*US – South Asian Relations 1947 – 1982*，Vol. 2，New Delhi：Radiant Publisher，1983，p. 370.

协议签署之时，它得到了国际原子能委员会的认可，也得到了美国的谅解。此外，卡特先生在竞选总统过程中谈论核扩散时亦指出，美国的立场没有不同。但突然之间，他们试图建议我们放弃该协议。现在，试想在世界所有保护措施下，用一个核再加工工厂，我们能制造核炸弹吗？一个核再加工工厂能引起核扩散吗？这种假设公平吗？西方和东方很多国家拥有核工厂，但巴基斯坦被单独挑出来、被剥夺了其发展所急需的东西……特别是当我们是一个发展中国家，且非常缺少能源的时候。我就是看不懂为什么有人认为仅仅一个特别的工厂会引起核扩散。"① 巴基斯坦政府清楚地向卡特政府表达了不满和愤慨，亦再次表明了坚持履行与法国之间合同的决心。卡特政府对此更加不满和悲观。同月 16 日，负责近东、南亚和非洲事务的代理助理国务卿阿道尔夫·杜布斯（Adolph Dubs）在众议院外交委员会表达了此种情绪。其宣称的理由包括：第一，民主问题。他认为齐亚·哈克将军实施的是军法管理而不是民主管理，其承诺的自由选举和文官治理都被推迟。第二，人权问题。杜布斯认为，布托是否有罪、有何罪应该在自由选举之前由法庭判定，而不是在法庭审判之前就给其定罪。齐亚·哈克的做法显然与卡特政府的人权理念相违背。第三，经济问题，巴基斯坦经济延续了布托执政晚期的混乱，且军法政府没有采取什么措施来逆转这种趋势；巴基斯坦正面临不断增加的沉重债务问题和国内预算赤字。②

可以说，杜布斯所表现出来的不满和悲观情绪，再加上齐亚·哈克在巴基斯坦核计划上的坚定立场，都毫无疑问地为卡特政府祭出二战后美国政府在美巴关系中屡次使用的"暂停援助"的大棒提供了所谓"理由"。鉴于齐亚·哈克政府在卡特政府重点关注的各个问题上都不能有令其满意的言行，美国在 1978 年 4 月实际暂停了对巴基斯坦的开发援助。但其他援助依旧照常进行。卡特政府此举颇有"小惩大诫"的意味，意在向巴基斯坦表示美国在核问题上的强硬立场，迫使巴方有所妥协，最

① *Foreign Affairs Pakistan*, March 1978, pp. 16 – 17; *Pakistan Times*, March 11, 1978; *Pakistan Horizon*, 2nd & 3rd quarters, 1978, pp. 232 – 233. Cited in Rajendra K. Jain edited, *US – South Asian Relations 1947 – 1982*, Vol. 2, New Delhi: Radiant Publisher, 1983, p. 373.

② Department of State, *Bulletin*, May 1978, pp. 49 – 50.

终令美巴双方都得以保持体面。即便如此，齐亚·哈克政府依然没有妥协，而是做出了激烈回应，即决定退出中央条约组织，并公开强调，巴基斯坦不能被任何大国主导。如果有人有相反的印象，他将进行纠正。①

虽然卡特政府暂停了对巴基斯坦的开发援助，但只是将之作为压迫巴方放弃发展核武器的努力，亦是为了令巴基斯坦政府顺应美国政治、外交和经济诉求的手段，并不是真正希望与巴基斯坦完全决裂。其在对巴基斯坦的立场和政策上是摇摆和犹疑的，一旦美国对国际形势和巴基斯坦战略地位的判断发生变化，其对巴态度和政策亦必然改变。

1978 年 8 月 11 日，美国国会研究机构的理查德·克罗宁（Richard Cronin）向美国第 95 届国会提交了题为"美国、印度、南亚：利益、趋向和国会关注的问题"的报告。该报告在相当程度上体现了卡特政府对待齐亚·哈克政府的矛盾态度和立场。一方面，克罗宁较全面地评估了巴基斯坦。克罗宁认为，在地缘政治上，"巴基斯坦拥有重要海港卡拉奇，地处阿曼海湾的侧翼，从进入海湾的自由航行的观点看，巴基斯坦有战略重要性。从这一角度分析，巴基斯坦继续保持领土完整和独立仍然符合美国的安全利益"。在经济上，与印度相比较，"巴基斯坦只是美国贸易和投资的更小区域"，且"巴基斯坦外债沉重，十分依赖外部援助缓解贸易赤字"，经济发展前景不明朗；在政治上，巴基斯坦持续动荡；在对外关系上，"巴基斯坦是中央条约组织的成员，仍是西方联盟的一员"；在军事和安全上，美巴之间"武器出售问题与该国的安全问题不可分割"。另一方面，基于上述判断和分析，克罗宁强调："与此直接相关的一个问题就是巴基斯坦是否应该再次被纳入美国对外军事销售贷款的计划中。显而易见，目前的政治形势阻止了任何向巴基斯坦出售武器的更长期政策的形成。"② 克罗宁的报告表明卡特政府在是否继续向巴基斯坦提供军事援助的问题上仍处在犹豫期和徘徊期，对巴基斯坦的军事援

---

① *Foreign Affairs Pakistan*, July – August 1978, p. 13. Cited in Rajendra K. Jain edited, *US – South Asian Relations 1947 – 1982*, Vol. 2, New Delhi: Radiant Publishers, 1983, p. 379.

② US House 95th Cong., 2nd sess., Committee on Foreign Affairs, Subcommittee on Asia and Pacific Affairs, *The United States, India, and South Asia: Interests, Trends, and Issues for Congressional Concern*, prepared by the Congressional Research Service at the request of the Subcommittee (Washington, 1978), pp. 11 – 17, 33.

助政策尚未完全明朗。但与此同时，这亦可能表明卡特政府希望以军事援助为诱饵，与暂停开发援助的"强硬手段"相配合，引诱巴基斯坦在核问题上妥协。

8月，美国副国务卿大卫·纽森（David Newsom）在访问巴基斯坦时表示，美国愿意进一步考虑对巴军事销售的问题。① 同月，法国政府迫于卡特政府的政治压力，宣布单方面取消与巴基斯坦签订的关于核燃料再加工工厂的合同。巴基斯坦虽然十分不满，但不得不接受现实，并于8月15日发表了关于美国暂停向巴基斯坦提供开发援助的声明。该声明指出，尽管卡特政府暂停向巴基斯坦提供开发援助，表面上是遵循美国关于核燃料再加工工厂的新法案，但它是没有正当理由的，因为巴基斯坦自始至终都没有违反美国的法律。显而易见，美国的行动是由于巴基斯坦的坚定立场所引起的，即巴基斯坦与法国关于核燃料再加工工厂的合同必须执行。② 法国的行动为暂时缓和美巴之间的紧张关系提供了契机。

与此同时，日趋紧张的中东局势亦令卡特政府不得不重新审视其南亚援助政策。此时的中东，不仅阿以和谈止步不前，而且美国在中东的传统盟友和政策支柱之一——伊朗，国内政治形势因反对国王的大规模示威活动而持续动荡，令卡特政府不得不慎重考虑其对南亚的援助政策。10月18日，副国务卿纽森在美国外交关系协会会议上承认，美国在对中东和南亚地区进行援助的过程中"经常面临困难的政策选择"。因为"这一地区的国家对确保它们的防御和为了达到这一目的而获得必要的军事援助有独特和可以被理解的需要。我们的供应能力对我们的总体关系一直是重要的。我们承认这种需要，并努力回应。""同时，本政府的基本政策：向国外出售不断成熟的传统武器装备的行动必须被限制。我们寻求在双边条约下实现这一目标，也寻求通过与苏联和其他主要的传统武器供应国和接受国之间的持续谈话来实现。"但"中东和南亚国家认为发展充分的防御力量有重要性和其他供应源的存在，不允许我们忽视它们

---

① *Dawn*, January 12, 1979. Cited in Rajendra K. Jain edited, *US – South Asian Relations 1947 – 1982*, Vol. 2, New Delhi: Radiant Publisher, 1983, p. 381.

② *Foreign Affairs Pakistan*, July – August 1978, 26. Cited in Rajendra K. Jain edited, *US – South Asian Relations 1947 –1982*, Vol. 2, New Delhi: Radiant Publisher, 1983, p. 378.

的关注或它们的要求"。① 可以说，纽森的讲话依然透露出卡特政府在向中东和南亚提供援助，特别是军事援助问题上的矛盾和无奈，也在一定程度上预示着其暂停对巴基斯坦开发援助的做法可能出现松动。事实证明，正是在 1978 年 10 月，即在法国宣布取消向巴基斯坦出售核燃料再加工工厂的两个月之后，卡特政府重启了美国对巴基斯坦的开发援助。

在重新向巴基斯坦提供开发援助之后，卡特政府为了缓解相对紧张的美巴关系，对巴基斯坦进行了一定的解释和安抚活动。1978 年 12 月 6 日，美国驻巴基斯坦大使小亚瑟·W. 胡梅尔（Arthur W. Hummel Jr. ）在巴基斯坦国际英语联合会会议上致辞，承认美巴两国在核问题上存在分歧，认为这种分歧"对我们与巴基斯坦的关系没有什么特别的"，但也坚持认为美国的"建立在世界范围内的、以核不扩散为目标的政策"是更基本的政策。进而，胡梅尔宣称，美国反对巴基斯坦获得核燃料再加工能力的政策遭到误解，被巴基斯坦认为剥夺了其利用核技术的权利。实际上，美国不想阻止这种扩大电力生产的反应堆的引入。"但我们认为，从长远来看，此种能够生产铀的再加工工厂成了不必要的核扩散危险，且我们认为，替代燃料和技术被集中研究，这个核燃料再加工工厂的建设是没有必要的。"在援助问题上，胡梅尔否认卡特政府切断了对巴援助，且强调说，卡特政府虽然"在 1977 年 4 月之后以暂停新的协议的方式，向巴基斯坦强调了美国对其获取核燃料再加工工厂决定的关注"，但仍"继续提供了相当数量的经济援助"。② 随后，胡梅尔进一步介绍了1977 年和 1978 年美国对巴援助的概况和发展，以证明他所言非虚。1978年 12 月，副国务卿露西·威尔逊·本森（Lucy Wilson Benson）对巴基斯坦进行了政治访问，就美国对巴基斯坦的安全援助问题与巴基斯坦领导人和相关部门负责人进行了接触和商谈。与此同时，卡特政府继续以有条件的军事援助诱惑巴基斯坦。1979 年 1 月 11 日，美国驻巴基斯坦大使馆在新闻发布会上宣称："在美国的全球和地区武器销售政策的尺度内，

① Department of State, *Bulletin*, December 1978, pp. 52 – 54.

② *Morning News*（Karachi）, December 7, 1978. Cited in Rajendra K. Jain edited, *US – South Asian Relations 1947 –1982*, Vol. 2, New Delhi: Radiant Publisher, 1983, p. 380.

卡特政府准备向巴基斯坦出售军事装备。"①

　　针对卡特政府的言行，齐亚·哈克政府亦采取了比较务实的态度。一方面，表示希望获得美国援助，并强调获得援助的必要性与合理性。另一方面，批评美国的对巴政策，强调美国对巴基斯坦承担的条约义务。齐亚·哈克的务实态度集中体现在其于1979年2月22日在拉瓦尔品第接受美国哥伦比亚广播公司电视采访时的谈话中。他声称，在面对苏联的威胁时，"巴基斯坦会照顾好自己。当然，如果巴基斯坦获得帮助，巴基斯坦将非常感激"。齐亚·哈克向卡特政府发出警告称："这一地区的自由世界的自由正面临风险。我能预见到美国在这一地区影响力的衰退，无论是美国当局有意为之还是迫于无奈。……除非这一点被注意到，这一方面可能进一步恶化。"齐亚·哈克还进一步明确批评了美国对巴政策，利用苏联因素向卡特政府施加压力。他宣称，苏联既是超级大国，又是巴基斯坦的邻国，"我们也努力使我们与他们的关系正常化。其原因只是美国从来没有支持他的盟国。他们总是让其盟国自生自灭。……你应该给一个例证，当斧子落下时，美国支持其盟国。我刚刚给了你一个例证。看看巴基斯坦。通过一个条约，我们是美国的盟国。根据中央条约等条约，我们是盟国。1965年是紧要关头，但巴基斯坦被抛弃了"。②齐亚·哈克的务实态度对卡特政府增强援巴意愿起到了一定作用。

　　2月28日，副国务卿本森在参议院外交委员会关于1980年国际安全援助授权听证会上指出，在伊朗和阿富汗政治局势动荡的背景下，巴基斯坦感受到了来自苏联、阿富汗、印度和伊朗的威胁。因此，"巴基斯坦对自身的安全关注是很合理的。就装备状况而言，巴基斯坦的武装力量处于弱势地位。这些装备老旧且大多已经过时。特别是他们的飞机"。与此同时，本森却强调："美国不会助长次大陆的军备竞赛，这是美国为什么拒绝考虑向巴基斯坦提供更先进战斗机的原因。""我们希望，如果巴基斯坦确定他们将拥有一种飞机，希望他们对 F - 5 满意，那是一种性能

　　① *Dawn*, January 12, 1979. Cited in Rajendra K. Jain edited, *US - South Asian Relations 1947 - 1982*, Vol. 2, New Delhi: Radiant Publisher, 1983, p. 381.

　　② *Dawn*, March 20, 1979; *Pakistan Horizon*, No. 2, 1979, pp, 294 - 296. Cited in Rajendra K. Jain edited, *US - South Asian Relations 1947 - 1982*, Vol. 2, New Delhi: Radiant Publisher, 1983, pp. 381 - 382.

良好的侦察机。当然不是最新机型。但它比最新机型便宜太多了。"①

3月1—2日，代理国务卿沃伦·克里斯托弗（Warren Christopher）对巴基斯坦进行了政治访问，就双边关系和军事援助问题与巴基斯坦政府继续进行交流和商谈。克里斯托弗向齐亚·哈克总统发出警告称，美国可能根据《赛明顿修正案》和《格伦修正案》再次停止对巴援助，除非卡特总统得到"可靠的保证"，即巴基斯坦没有发展核武器。齐亚·哈克听后迅速向克里斯托弗保证，巴基斯坦的核计划"完全是以和平利用为目的的"。但他拒绝放弃"和平性"的核试验，也不愿意接受对巴基斯坦核设施施加国际安全保障措施。卡特政府认为齐亚·哈克的回应不能令其信服，并决定第二次暂停对巴基斯坦的经济援助。为了将停止援助对双边关系的伤害最小化，卡特政府最初未宣布该决定。② 但卡特政府此时依然希望继续以有限制的军事援助引诱巴基斯坦放弃发展核武器的计划。

3月7日，克里斯托弗在众议院外交委员会亚太小组会议上强调："在我们关于该地区的武器限制的总体政策内，我们应该回应巴基斯坦对防御的合理要求，我们相信这些要求能够被满足，且不干涉其国内发展的基本任务，也不会助长南亚的军备竞赛。因此，我们准备在非歧视的基础上，以不会引起地区紧张的方式，向巴基斯坦和印度出售军事装备。我们将继续采取限制政策——在数量和性能上——且希望其他国家也如此。"克里斯托弗宣称："我们对巴基斯坦有信心，如果巴基斯坦有足够时间来解决其国内问题不受外部威胁，一个令公众满意的政府将形成，并确保体系内的所有重大利益。"③ 但巴基斯坦政府已经对卡特政府在核问题上的纠缠不休感到厌烦，更看不到美国履行条约义务的希望，遂于3月12日宣布退出中央条约组织。当然，巴基斯坦同样不希望与美国公然决裂。所以，巴基斯坦外交部长阿伽·夏希（Agha Shahi）也同时公开表

---

① US Senate, 96th Cong., 1st sess., Committee on Foreign Relations, Hearings, *Fiscal Year 1980*, *International Security Assistance Authorization*, Washington, 1979, p. 32.

② Thomas P. Thornton, "*Between the Stools?*": *U. S. Policy towards Pakistan During the Carter Administration*, *Asian Survey*, October 1982, p. 967; and Richard Weinraub, "*U. S. Expressed Concern over Sentence for Bhutto*", *Washington Post*, April 7, 1979.

③ Department of State, *Bulletin*, April 1979, pp. 48–50.

明了其政府的务实态度。一方面，夏希外长解释了巴基斯坦退出中央条约组织的理由，即"该联盟失去了其与巴基斯坦安全关注的相关性"。另一方面，阿伽·夏希外长又向原中央条约组织成员国保证："巴基斯坦退出中央条约组织绝不影响其与伊朗和土耳其之间长期的兄弟关系，也不会损害其与美国和英国的传统友谊"。[①]齐亚·哈克政府希望以此安抚这些国家，主要是美国的不满和不安情绪。此举同样是向美国发出的一个重要信号，即巴基斯坦不是必须获得美国援助，但也不希望美巴关系的对立，美巴关系应该具有更公平和互利的属性。但巴基斯坦的这一具有双重意义的举动并未改变卡特政府在核不扩散问题上的强硬立场。美巴关系很快再次因核问题上的分歧迅速恶化。

3月22日，卡特总统向美国国会递交了《1978年核不扩散法案》（第95—242号公法）的信息报告，宣称美国政府将继续努力"争取国际社会支持我们的不扩散目标，并就此达成共识"[②]。可以说，该报告表明，卡特政府在对待巴基斯坦核计划问题上的立场和政策没有丝毫改变，只要其认为巴基斯坦仍在谋求发展核能力，其援引《赛明顿修正案》和《格伦修正案》停止对巴援助是迟早要发生的事情。十余天之后，即4月4日，齐亚·哈克政府不顾卡特政府多次要求赦免巴基斯坦前总统、总理、巴基斯坦人民党领袖——布托的呼吁和压力，依然对其实施绞刑。此举彻底激发了卡特政府对齐亚·哈克政府的不满。在布托被施以绞刑的两日之后，即4月6日，美国国务院正式宣布，美国再次暂停对巴援助，停止向巴基斯坦提供1979财年和1980财年的开发援助，其理由是巴基斯坦的核计划。

卡特政府再次中止对巴援助激起齐亚·哈克政府极为激烈的反应。4月7日，巴基斯坦外交部发表了措辞强硬的声明，严厉抨击了美国暂停对巴援助的行为，断定"切断向巴基斯坦提供援助是对巴基斯坦的歧视"；明确重申了"巴基斯坦愿意接受对其和平利用原子能所实施的保障措施，如果这种措施是在非歧视的基础上——如果美国愿意无偏好和例外地将之适

---

① *Pakistan Affairs*, Washington：Pakistan Embassy in U. S. , March 15, 1979, p. 4.

② Jimmy Carter, *Nuclear Non - Proliferation Act of 1978 Message to the Congress Transmitting a Report.* Source：http：//www. presidency. ucsb. edu/ws/index. php? pid = 32081&st = carter&st1 = .

用于其他被知道已经获得或正在获得核武器能力的国家"；批评了美国的核政策，强调"美国政策是全球政策，不应只针对巴基斯坦"；否认了美国对巴基斯坦的指责，即"巴基斯坦正在从利比亚或其他伙伴国家获得援助发展其核计划"。① 4月21日，巴基斯坦原子能委员会主席穆尼尔·艾哈迈德·汗（Munir Ahmed Khan）在广播中抨击了美国停止向巴基斯坦提供经济援助的行为，指责该行为是"压迫巴基斯坦放弃其和平的核电开发计划的新方式而已"，美国停止经济援助是对巴基斯坦的歧视。②

卡特政府继续强调对巴基斯坦核计划的严重关注与担忧。5月1日，助理国务卿托马斯·R. 皮克林（Thomas R. Pickering）在参议院小组委员会会议上就巴基斯坦的核计划与核能力问题进行了发言。皮克林宣称，巴基斯坦依然有兴趣建立生产钚的再加工工厂。"我们担心巴基斯坦的计划不是和平的，只是与发展核爆能力相关。"虽然"我们不相信巴基斯坦能够在数年内引爆核炸弹"，但"巴基斯坦的当前活动严重影响了该地区和更广大地区的稳定"。皮克林强烈支持巴基斯坦提出的建立南亚无核区的建议，并希望联大采纳，他声称："美国对那一特殊目标的支持没有动摇。"皮克林也表达了对巴基斯坦的担忧，声称"一旦离心机在巴基斯坦建成，即使有国际原子能机构（IAEA）的保障措施，也不能确保巴基斯坦不会制造原子弹"。③ 同月15日，代理助理国务卿杰克·C. 米克洛斯（Jack C. Miklos）在众议院外交委员会亚太事务小组会议上强调："我们有可靠情报表明，巴基斯坦正在进口生产浓缩铀的设备"，"我们以最郑重的态度和立场看待这一问题。如果核爆炸能力在次大陆扩散，那将对我们的全球安全和我们限制这一令人惊惧的摧毁性力量的努力带来非常严重的后果"，"我们将继续努力阻止核爆能力的扩散"，"我们的总体目标是保证核扩散不会蔓延到整个地区"④。同日，米克罗斯在回复国会议

① *Pakistan Affairs*, Washington: Pakistan Embassy in U. S., April 16, 1979, p. 1.

② *Pakistan Affairs*, Washington: Pakistan Embassy in U. S., May 1, 1979, p. 4.

③ *Indian Express*, May 3, 1979. Cited in Rajendra K. Jain edited, *US – South Asian Relations 1947–1982*, Vol. 2, New Delhi: Radiant Publisher, 1983, p. 386.

④ Department of State, *Bulletin*, October 1979, pp. 55–57 and US House, 96th Cong., 1st sess., Committee on Foreign Affairs, Subcommittee on Asian and Pacific Affairs, Hearings, *Crisis in Sub–Continent: Afghanistan and Pakistan*, Washington, 1980, p. 17.

员斯蒂芬·索拉兹（Stephen Solarz）提交国务院的书面问题时再次宣称：
"巴基斯坦显然一直通过商业渠道从许多国家进口其浓缩铀设备所需要的
元件。"①

　　卡特政府继续强调对巴基斯坦的重视和恢复民主体制的兴趣。5 月 15
日，米克洛斯在众议院外交委员会亚太事务小组会上高度肯定了巴基斯
坦在美国战略中的重要价值，声称"在地缘政治意义上，巴基斯坦是印
度次大陆与西亚富油国之间的一个中心枢轴"，"巴基斯坦对我们和地区
而言是重要的。特别是考虑到伊朗的混乱形势和苏联在阿富汗的活动。
从政治上分析，巴基斯坦是美国的传统朋友，作为第三世界中较温和的
国家，其有助于该地区的稳定。我们通过 1959 年协定与巴基斯坦相关联。
且巴基斯坦的长期独立和领土完整对我们具有最重要意义"。他还大力赞
扬了齐亚·哈克总统关于举行大选、恢复民主制政府的声明，认为该举
措是"巴基斯坦最重要的政治发展"。"我们热情地欢迎这一声明，且希
望巴基斯坦恢复民主政府。我们期待选举如期举行"；热烈欢迎该地区的
伊斯兰复兴运动，认为"巴基斯坦国内和该地区其他国家的伊斯兰复兴
是非常重要的发展"，是"伟大宗教的人道主义和社会理想的实践运动"。
基于以上的认识和判断，米克洛斯宣称："我们得出结论认为，《赛明顿
修正案》要求我们以有序方式终止现有援助计划。……但我们将继续提
供"480 公法"援助。其不受我们的立法影响，且我们能够以有限的方式
回应巴基斯坦对安全援助的需求。"② 同日，国际开发署亚洲区助理主任
约翰·H. 苏利文（John H. Sullivan）在众议院亚太小组会议上证实，卡
特政府将不再向巴基斯坦提供已经列入计划的 1979 财年和 1980 财年的总
计 5500 万美元的发展援助，并准备逐步终止对正在美国受训的巴方军事
人员的培训资助。同日，助理国务卿哈罗德·H. 桑德斯（Harold
H. Saunders）在众议院亚太小组会议上发言，表达了卡特政府对阿富汗混

　　①　Department of State，*Bulletin*，October 1979，pp. 55 – 57 and US House，96th Cong. ，1st
sess. ，Committee on Foreign Affairs，Subcommittee on Asian and Pacific Affairs，Hearings，*Crisis in
Sub – Continent：Afghanistan and Pakistan*，Washington，1980，pp. 416，426 – 427.

　　②　Department of State，*Bulletin*，October 1979，pp. 55 – 57 and US House，96th Cong. ，1st
sess. ，Committee on Foreign Affairs，Subcommittee on Asian and Pacific Affairs，Hearings，*Crisis in
Sub – Continent：Afghanistan and Pakistan*，Washington，1980，p. 17.

乱政治局势和对巴基斯坦向阿富汗难民提供人道救援的严重关注。一方面，桑德斯说："喀布尔的形势发展影响了美国的重要利益"，"阿富汗被包括苏联在内的任何国家直接干涉都将威胁阿富汗的完整和地区和平，将成为美国深度关注的重大事件。"另一方面，桑德斯又表示："美国在保证世界大家庭采取一切可能措施帮助巴基斯坦政府照顾阿富汗难民方面，有浓厚兴趣提供人道主义援助。"① 可以说，桑德斯的发言代表了美国国务院对巴态度的另一个视角，即阿富汗和美苏争霸的视角。这一视角与此前的单纯从美巴关系中的核问题的视角相比，增加了现实主义考虑，减少了理想主义色彩，为卡特政府对巴基斯坦的政策决策提供了新依据，也令巴基斯坦对美国第三次考虑重新启动对巴援助存有些许期待。但形势的发展令此期待逐步成为幻想。

面对卡特政府在对巴援助问题上的态度的些许变化，齐亚·哈克政府亦再次进行了务实的回应。这种务实一方面体现为驳斥美国在核问题上对巴基斯坦的批评、指责和制裁；另一方面表现为希望巴美关系得到改善，重获美国援助。6月16日，巴基斯坦驻美国大使馆发言人宣称，一方面，"'巴基斯坦从未接受过利比亚的资金援助来发展以和平利用为目的的核计划'，巴基斯坦的核计划完全是以和平利用为目的的，巴方也不打算获得或发展核炸弹。巴基斯坦不仅宣布放弃获得核武器，而且准备与其他相邻国家签署在南亚禁止核武器的协议"。另一方面，"巴基斯坦既接受对卡拉奇核电厂和已经获得国际原子能机构同意的拟议中的核燃料再加工工厂施加最严苛的保障措施，也愿意接受对其和平利用计划提供全方位的保障措施，如果这种保障措施是在无歧视的基础上适用的。'巴基斯坦注意到核扩散的风险。然而，危险不能被歧视性且有选择的政策和自以为是的态度解决。巴基斯坦愿意在集体或地区的基础上，采取所有有意义的措施阻止核扩散'"。② 7月，巴基斯坦驻印大使阿卜杜尔·萨塔尔（Abdul Sattar）公开重申了相似观点，并强调了对美国援助和美

---

① Department of State, *Bulletin*, October 1979, pp. 55 – 57 and US House, 96th Cong., 1st sess., Committee on Foreign Affairs, Subcommittee on Asian and Pacific Affairs, Hearings, *Crisis in Sub - Continent: Afghanistan and Pakistan*, Washington, 1980, pp. 32 – 33.

② *Pakistan Times*, June 17, 1979. Cited in Rajendra K. Jain edited, *US - South Asian Relations 1947 - 1982*, Vol. 2, New Delhi: Radiant Publisher, 1983, p. 396.

巴关系的高度重视。萨塔尔说："近期被美国暂停的援助绝不是不重要的。作为一个发展中国家，巴基斯坦难以承担这一损失，巴美传统友谊中包含着极其重要的合作。但在面对根本原则时，没有第二选择。""受援国不愿接受他们认为不公平的条件，其不得不为援助付出代价，并放弃援助。援助不能证明援助国是正确的或受援国是错误的。"① 可以说，从巴基斯坦的视角来看，其表达出的态度和立场体现了一个主权独立国家应有的品质。但美巴争执远未结束。

8月，美巴在核问题上的争执更加激烈。此次争执激化的起因是8月11日《纽约时报》的国家安全问题记者理查德·R. 波特（Richard R. Burt）于当日发表在该报的一篇文章。该文称，美国正考虑秘密破坏巴基斯坦的铀浓缩中心，以减缓其发展核炸弹的速度。波特还详细介绍了由国务院的杰拉德·史密斯（Gerard Smith）组建并领导的美国机构间任务力量。波特指出，该力量负责针对巴基斯坦的行动，其中可能包括美国伞兵部队摧毁巴基斯坦核设施的突击行动。② 巴基斯坦对该文披露的信息深信不疑，并在同月14日发表公开声明，对卡特政府的该项举措深感遗憾，并宣称，一旦美国机构间任务力量采取对巴军事行动（被巴方认为是直接侵略），巴基斯坦除了将这种对其安全的威胁公布于国际舆论外，别无选择。而阿伽·夏希外长则向正在访巴的美国国会议员莱斯特·沃尔弗（Lester Wolff）声明，巴基斯坦"没有制造核炸弹的想法"，其核计划是为了获得核电开发所需的核能知识。夏希外长将关于利比亚和其他阿拉伯国家正在资助制造"伊斯兰炸弹"的计划的报告斥为"纯粹的妄想"。③ 巴基斯坦驻美大使馆的媒体顾问在致某报的关于理查德·波特在《纽约时报》上的文章的信件中强调："有人可能不赞成巴基斯坦和平利用原子能，但从那一点出发野蛮指责巴基斯坦的计划实际上将世界带到核灾难的边缘，也是不公平的。这种有选择的、歧视性的措施不是代表

---

① *Pakistan News*（New Delhi），July 15，1979，p. 2. Cited in Rajendra K. Jain edited，*US – South Asian Relations 1947 – 1982*，Vol. 2，New Delhi：Radiant Publisher，1983，p. 397.

② *The Statesman*（New Delhi），August 13，1979. Cited in Rajendra K. Jain edited，*US – South Asian Relations 1947 – 1982*，Vol. 2，New Delhi：Radiant Publisher，1983，p. 398.

③ *U. S. Nuclear Non – Proliferation Policy*，*1945 – 1990*，Washington，D. C.：National Security Archives，1991.

核不扩散的原则性方式。"①

卡特政府矢口否认波特的文章的内容，并试图安抚巴基斯坦。8 月 15 日，国务院发言人托马斯·雷斯顿（Thomas Leiston）发表声明宣称："我们未打算使用武力或法律之外的方式令巴基斯坦浓缩铀设施不能发挥作用。"② 次日，美国驻巴基斯坦大使胡梅尔发表声明，否认理查德·波特 8 月 11 日的文章所曝光的信息。同日，卡特政府表示，如果巴基斯坦同意限制其核武器生产，美国可以向巴基斯坦出售战斗机，并在核电领域给予帮助。③ 卡特政府的本意是以否认指责和军事援助安抚并平息巴基斯坦对美国在核问题和援助问题上的深刻疑虑和强烈不满，但并未达到预期效果。

齐亚·哈克政府为巴基斯坦发展核能力进行强力申辩。8 月 30 日，齐亚·哈克总统在面向巴基斯坦全国的广播电视致辞中宣称，国际上某些组织正在努力增加巴基斯坦原子能计划前进道路上的困难。例如，美国停止了对巴基斯坦的经济援助，西方国家的媒体掀起了针对巴基斯坦的强大宣传运动。④ 9 月，齐亚·哈克总统对《纽约时报》记者说："巴基斯坦现在没有制造核炸弹，没有处在制造核炸弹的阶段，没有制造核炸弹的想法。"齐亚·哈克还说，巴基斯坦的浓缩铀计划是被设计用来为发电提供核燃料。"如果不能得到替代能源，巴基斯坦将在未来数年内窒息。"⑤ 齐亚·哈克的表态显然是对卡特政府的反驳，继续加深了卡特政府对巴基斯坦秘密发展核能力的怀疑。

卡特政府反思以停止对巴援助胁迫其放弃发展核能力的行动。9 月 22 日，国务卿万斯致信众议院外交委员会主席 E. 查布劳基（E. Zablocki），表达了对卡特政府停止对巴援助的反思和对巴基斯坦寻求发展核能力的

---

① *Pakistan Affairs*, August 16, 1979, pp. 1, 4. Cited in Rajendra K. Jain edited, *US – South Asian Relations 1947 – 1982*, Vol. 2, New Delhi: Radiant Publisher, 1983, p. 401.

② *Pakistan Affairs*, September 16, 1979, p. 1. Cited in Rajendra K. Jain edited, *US – South Asian Relations 1947 – 1982*, Vol. 2, New Delhi: Radiant Publisher, 1983, p. 400.

③ Warren H. Donnelly and Ira Goldman, *Nuclear Weapons: The Threat of Pakistan Going Nuclear*, Congressional Research Service Issue Brief No. IB79093, June 16, 1981, p. 5.

④ *Foreign Affairs Pakistan*, August 1979, pp. 3 – 5. *Pakistan Affairs*, 16 September, pp. 1 – 2.

⑤ Seymour Topping, "Zia Denies Pakistan Builds Nuclear Bomb and Urges U. S. to Resume Aid", *New York Times*, September 23, 1979.

深层原因的关注。一方面，万斯承认："我们对巴基斯坦从国外获得浓缩铀设备的元件的秘密努力所实施的制裁没有产生直接效果。……尽管出口限制能够延缓巴基斯坦的计划，但我们不认为它们能有效地阻止它。"另一方面，万斯对巴基斯坦谋求核能力的原因表示理解，他声称："巴基斯坦的安全关注是发展核爆能力的动机中的关键因素。这一地区近期的事件增加了巴基斯坦的不安全感，也引起了美国政府的极大关注。……'尽早找到这一问题的可接受的解决方案是我们最紧迫的任务。'"①　基于此种认识，卡特政府希望与巴基斯坦政府在巴基斯坦的核问题上互有让步，尽可能减少该问题对美巴关系的负面影响。

　　美国国务院在巴基斯坦核问题上的态度继续发生微妙转变。10月16日至17日，齐亚·哈克总统的外交顾问阿伽·夏希访问美国。万斯在与夏希的会谈中要求其代表巴基斯坦政府向卡特政府做出"三个承诺"：第一，巴基斯坦不向其他国家转让核技术；第二，向国际核查开放核设施；第三，不爆炸核装置。但夏希仅同意做出第一个承诺，并完全拒绝做出另外两个承诺。即使面对美国核专家杰拉德·史密斯反复强调核扩散将带给巴基斯坦"灭顶之灾"，夏希仍回驳说，他没有必要成为一个核专家去理解"核能力的价值在于拥有，而不在于使用"。②　虽然此次会谈没有特别的成果，但阿伽·夏希还是向万斯保证："巴基斯坦不会制造核武器。"③　而此时，苏联在阿富汗军事存在的增强正悄悄影响着美国国务院转变对巴评价。12月1日，美国国务院国别主任霍华德·B. 斯凯弗（Howard B. Schaffer）在亨特大学亚裔美国人对外政策会议上发表了题为"对20世纪80年代的美国政策的评估"的致辞，再次重申了对巴基斯坦核计划的关注，他宣称："美国一直与巴基斯坦有紧密关系。……我们继续重视我们与巴基斯坦的关系，继续保证支持巴基斯坦的独立和领土完整。巴基斯坦的安全是我们的重要关注。"④　由万斯和斯凯弗的相关言行

---

① *Pakistan Horizon*, No. 4, 1979, pp. 220 – 221; *Dawn*, September 23, 1979.

② Dennis Kux, *The United States and Pakistan 1947 – 2000; Disenchanted Allies*, Baltimore: The Johns Hopkins University Press, 2001, p. 241.

③ *Dawn*, October 19, 1979. Cited in Rajendra K. Jain edited, *US – South Asian Relations 1947 – 1982*, Vol. 2, New Delhi: Radiant Publisher, 1983, p. 403.

④ Department of State, *Bulletin*, February 1980, pp. 62 – 63.

可见，卡特政府对巴基斯坦的态度已经没有此前那样严苛了。

三　卡特政府逐步减少对巴援助的原因

总体而言，卡特政府采取逐步削减对巴援助的政策的原因是多方面的，但主要原因是在卡特政府执政的前三年中，除了核问题之外，南亚地区，尤其是巴基斯坦，都不在卡特政府处理美国对外关系日程中占据优先或突出地位。我们可以从卡特政府的对外援助的分配和卡特总统的回忆录中窥其一二。

首先，南亚地区不是卡特政府优先援助的地区。卡特政府提供经济和军事援助的地区主要划分为七个地区：近东、南亚、拉美、东亚、非洲、欧洲和大洋洲。1977 财年至 1979 财年，在援助总额的位列上，南亚接受的美援总额在接受卡特政府对外援助的地区榜单中分别占据第五位（次于近东、拉美、东亚和非洲）、第四位（次于近东、东亚和非洲）和第四位（次于近东、东亚和非洲）；在经济援助上，南亚获得的美援总额均占据第三位，1977 财年低于近东和拉美，1978 财年低于近东和非洲，1979 财年低于近东和非洲；在军事援助上，南亚获得的美援总额均占据第六位，仅高于没有接受美国军事援助的大洋洲。美国政府的对外援助是美国对外政策的工具，直接体现了美国的整体利益和战略意图，其分配数额在很大程度上体现了一个地区在美国全球和地区战略中的价值和地位，具有数量多少和次序先后之别。卡特政府的经济和军事援助的分配鲜明地体现了这一特征。卡特政府对外援助的地区分配情况表明：在最需要外部援助的近东、拉美、南亚、非洲和东亚五个地区中，南亚地区不具有任何优先地位，近东、非洲和东亚始终优先于南亚；而更具有表征意义的是军事援助，南亚地区竟然在七个地区中位列倒数第二，且数额分别为 80 万美元、150 万美元和 130 万美元，只比没有获得军事援助的大洋洲高。如果再考虑到欧洲和大洋洲因更良好的经济、军事和安全形式而所需美援紧迫性较低的情况，南亚在卡特政府的全球和地区战略考虑中的地位和价值之低就更加突显出来。

南亚之所以未在卡特政府的对外援助榜单中占据优先位置，卡特政府对彼时国际关系的评估和对自身任务的界定发挥了关键性作用。在中东，卡特政府的首要任务就是在该地区寻找并培植"亲美"的国家。彼时，以色列和伊朗在绝大部分时间内充当了位于该地区两侧的美国稳定中东国际关系的"双锚"或"支柱"。在伊朗发生伊斯兰革命并采取反美立场后，卡特政府推动以色列和埃及签订《埃以和约》，令两国达成谅解。埃及成功取代伊朗在美国中东政策中的原有位置，并向卡特政府承诺：埃及将对付"海湾地区阿拉伯国家所受到的任何外来威胁"。而此时的阿富汗在绝大部分时间内尚未完全倒向苏联，反而表现出了相当的独立性，其仍是横亘在苏联与中东之间的有效缓冲国。在此情况下，南亚自然未能够成为美国"反苏"的"前哨"，当然得不到美国重视。在非洲，苏联正通过援助加紧渗透和控制"亲苏"和可能"亲苏"的国家，如埃塞俄比亚等，并极力排挤美国的存在和影响。卡特政府不得不在该地区通过援助与苏联展开针锋相对的竞争。而非洲丰富的战略矿产亦令美国更加重视与苏联争夺非洲。在东亚，卡特政府希望通过援助形成实际针对苏联的反苏同盟，且在该地区有为数众多的美国盟国，加之该地区拥有更庞大的市场、更丰富的原料和劳动力，相较于南亚，卡特政府自然更重视东亚。虽然卡特政府始终坚持"三边主义"，坚持将北美、西欧和日本的合作作为力量源泉和实力后盾，但此三地区发达的经济和军事减少了对美国援助的期待和依赖，卡特政府则以此为据，从未将南亚列入需要美国优先援助的国家行列。大洋洲的情况与此相似。

其次，巴基斯坦不是卡特政府优先援助的南亚国家。卡特政府时期，接受美援的南亚国家共有五个：孟加拉国、印度、尼泊尔、巴基斯坦和斯里兰卡。巴基斯坦，作为南亚次大陆上的第二人口、领土、经济和军事大国，接受的卡特政府援助与其体量和地位并不相称。在所接受的援助总额上，1977 财年，巴基斯坦获得美援 10860 万美元，少于孟加拉国的 14530 万美元和印度的 12620 万美元，居第三位；在经济援助上，巴基斯坦获得了 10830 万美元的美援，低于印度的 12600 万美元和孟加拉国的 14530 万美元，居第三位；在军事援助上，巴基斯坦获得的美援为 30 万美元，高于印度的 20 万美元，居第一位。1978 财年，巴基斯坦获得的美援总计 7840 万美元，少于印度的 19650 万美元和孟加拉国的 19400 万美元，居第三位；在经济援助上，巴基斯坦获得美援 7780 万美元，低于印度的 19620 万美元和孟加拉国的 19380 万美元，居第三位；在军事援助上，巴基斯坦获得的美援为 60 万美元，高于印度的 30 万美元和孟加拉国的 20 万美元以及尼泊尔的 10 万美元，居第一位。1979 财年，巴基斯坦获得的美援总计 5090 万美元，低于印度的 22880 万美元和孟加拉国的 20770 万美元，居第三位；在经济援助上，巴基斯坦获得的美援为 5040 万美元，低于印度的 22830 万美元和孟加拉国的 20750 万美元，居第三位；在军事援助上，巴基斯坦与印度分别获得 50 万美元，高于孟加拉国的 20 万美元和尼泊尔的 10 万美元，居第一位。巴基斯坦所接受的卡特政府的援助总额和经济援助总额的位列不仅与其南亚第二大国地位不相称，而且比印度和孟加拉国少很多。虽然巴基斯坦所接受美国军援位列南亚国家第一，但也仅仅为几乎可以忽略不计的几十万美元，这不仅与美巴关系史上动辄上亿美元的经济和军事援助相比有天渊之别，而且与签订有《美巴共同防御援助协定》和《美巴双边防御协定》的法律意义上的美巴同盟关系严重不相称。该情况只能说明，在美国全球和地区战略中，卡特政府十分轻视巴基斯坦，更加看重印度和孟加拉国。

巴基斯坦之所以不是卡特政府优先援助的南亚国家，主要是由美国对南亚各国的评估所决定的。众所周知，在经济体量、商品市场、自然资源、人力资源、科学技术、军事力量等方面，巴基斯坦与印度差距悬殊，远远不及后者，令美国认为与印度保持密切关系更有利可图。在政体方面，卡特时期的巴基斯坦在绝大多数时间内维持着军法管制的军事政权，而同期的印度则在人民党执政后再次成为世界上最大的坚持西方民主政体的国家。这与理想主义色彩浓厚的卡特政府主张在世界范围内推行美式"民主"的诉求基本吻合。而印度也在刻意寻求与美国发展关系，其国际地位也能够给予美国更多支持。卡特政府因此自然更愿意倾向印度。在地理方面，印度比巴基斯坦更靠近印度洋，能够控制和影响的水域面积和海上交通线大大超过巴基斯坦。所以，在苏联未对该地区造成严重威胁的情况下，印度自然在美国的援助榜单中优先于巴基斯坦。而孟加拉国优先于巴基斯坦主要是由于其地理位置的战略重要性和经济的严重落后，即其地处东西方交通的海陆要冲，在经济上严重依赖外援，美国希望通过经济援助营造一个"亲美"的孟加拉国，增加在印度洋的存在和威慑，并增强对中东与南亚和东南亚之间的海上航路的影响和威慑。

再次，南亚地区的问题不是卡特政府优先关注的问题。从美国视角看，南亚的问题主要是三个问题，核问题、克什米尔问题、印巴关系问题。除核问题外，后二者都未得到卡特政府的优先关注。卡特在其回忆录中坦承："外交政策方面，我最关心的是和平、人权、核军备控制和中东。"① 换言之，卡特政府优先关注并优先应对如下问题：和平问题，主要是指美苏关系缓和与中东和平的问题，该问题事关美国的全球利益、能源安全、经济稳定和国际地位，是卡特政府在对外关系中需要应对的首要问题，具有"头等重要性"，处于"中心"的位置。人权问题是指卡特政府力图以美国的"人权"理念引导国际舆论、增加国际关系中理想与道义的美国式内容，并遏制苏联对美国的进攻态势的问题，攸关美国的国际形象、道德使命、文化认同和国家认同。卡特政府将"人权"视为"美国对外政策的灵魂——因为人权是我们对国家地位抱有的观念的灵魂"②，强烈主张将其贯穿于美国外交全程，并力图通过人权外交将美国再次塑造"成为谋求基本人类尊严的灯塔"③，以号召和引领盟国和第三世界，恢复美国的国际形象和国际领导力。因此，人权问题亦成为卡特政府优先关注的问题。核军备控制问题主要是指美国与苏联进行的第二阶段限制战略武器谈判和限制核扩散与核军备竞赛的相关问题。该问题是重要且复杂的，牵涉美苏力量对比、地区和平与稳定、能源安全、经济发展和人道主义等诸多问题。正是因其重要性、复杂性与困难性，卡特政府同样将其列为直接影响美国利益的重大问题予以优先关注。虽然巴基斯坦的核问题也得到了卡特政府的优先关注，但他的关注点是阻止巴基斯坦发展核能力，防止其对正在进行的美苏第二阶段限制战略武器谈判产生不利于美国的影响，且减缓印度为反制巴基斯坦而加速发展核能力的进程，进而维护正在逐步改善的美印关系，实现美国促进各国裁减军备和推动国际局势缓和的总目标。概言之，卡特政府关注巴基斯坦的核问题完全出于美国自身利益的考虑，并未考虑巴基斯坦谋求核能

① ［美］吉米·卡特：《保持信心——吉米·卡特总统回忆录》，裘克安等译，世界知识出版社1983年版，第59页。

② 南京大学历史系近现代英美对外关系研究室：《美国对外关系8 卡特政府的"人权外交"》，南京大学历史系近现代英美对外关系研究室1979年版，第116页。

③ 南京大学历史系近现代英美对外关系研究室：《美国对外关系8 卡特政府的"人权外交"》，南京大学历史系近现代英美对外关系研究室1979年版，第66页。

力的经济和安全需要。至于其余两个问题——克什米尔和印巴关系问题，在卡特政府时期相对平静、稳定，尚未与美国利益发生直接关联，自然不会是卡特政府的优先关注点。

1977—1979 年，卡特政府对巴援助政策与实践反复变化，经历三次暂停和两次重启，并最终停止了除人道援助之外的经济和军事援助。但实际观之，卡特政府对巴援助政策与实践却始终保持着一致性和连续性，即卡特政府以美国的"人权""核不扩散"和"民主"等理念为主要标尺，结合国际关系态势与国内经济发展需要，以本国长远利益和当前利益为中心，对巴基斯坦进行苛刻的评估，并以"停止经济援助"和"准备提供军事援助"相结合的手段胁迫、诱惑巴基斯坦再次进入美国预设的发展轨道。但由于巴基斯坦外交中强烈的现实主义与卡特政府外交中浓厚的理想主义直接对立，美巴两国互不妥协，最终导致卡特政府挥舞起"援助制裁"的大棒，将包括援助关系在内的美巴关系打落谷底。

第二节　卡特政府谨慎推动对巴援助重启

卡特政府在苏联入侵阿富汗后力图以重启援助拉拢巴基斯坦，并努力将其再次打造成为美国在南亚遏制苏联南下和西进的"前线国家"。巴基斯坦则希望借重地缘政治形势的骤变及自身在美国冷战战略中地位和价值的再次提升获得更多美援，增强自身实力，以对抗与日俱增的安全压力。但美巴不仅在援助的数量和质量上难以达成一致，而且齐亚·哈克对美国援助巴基斯坦的能力和决心存有疑虑，卡特政府亦囿于国内相关法律和经济困难，一时难以有更积极的行动。卡特政府采取谨慎推动重启对巴援助的政策并未成功，美巴援助关系也未能摆脱因卡特政府暂停对巴援助而陷于低谷的状态。

一　卡特政府初步表示慎重推动对巴援助的重启

苏联军事入侵阿富汗并扶植对苏"一边倒"的阿富汗中央政权的行动令卡特政府大为震惊，认为其对苏缓和战略已经完全失败，冷战再次成为国际局势的基本特征。卡特政府对巴基斯坦的态度和立场亦似乎随之"一夜之间，完全改变"①。政变次日，卡特总统主动致电齐亚·哈克总统，声称美国再次确认 1959 年美巴签订的反对共产主义的双边安全协定的有效性，并表示愿意加强巴基斯坦的安全。在美巴两国总统的电话交流之后，美方开始具体筹划重新启动对巴援助，卡特政府的援巴政策再次发生重大转向。

　　国家安全委员会率先建议重新启动对巴援助。1980 年 1 月 1 日，美国国家安全委员会向万斯国务卿建议，希望国会批准美国政府向巴基斯坦提供 1.5 亿美元援助和信贷的预算、减免债务——巴基斯坦最希望的——和由于核计划而被禁止的经济和军事援助的立法豁免。② 此建议是卡特政府对外政策决策圈内最早主张重新启动对巴援助的建议，亦明确指出了重新启动对巴援助的主要障碍——《赛明顿修正案》和《格伦修正案》。万斯和卡特并未立即予以回应。此二人之所以如此，既是因为时间紧迫，美国政府无法在极短时间内修改相关法律，又因二人尚未下定决心完全放弃原来在人权、核问题和民主等方面所坚持的对巴强硬立场。但重新启动对巴基斯坦的经济和军事援助的意愿已然因此建议而得到强化。

　　卡特政府公开宣布美国准备重新启动对巴援助。1 月 4 日，卡特总统在关于阿富汗问题的公开讲话中宣称："我们将向巴基斯坦提供军事装备、粮食和其他援助，帮助其抵御来自北方的严重威胁，维护其独立和国家安全。"③ 该讲话是卡特总统首次公开表明他支持全面重新启动对巴援助，标志着卡特政府的援巴政策再次发生重大转向。

　　同日，助理国务卿桑德斯建议国务卿万斯支持国会批准全面恢复对巴基斯坦的援助计划，因为对巴援助将是"美巴更紧密、更坚实的双边关系的基础"。但桑德斯同时建议，对巴援助"必须谨慎"。其理由是：首先，对巴援助中包括高性能飞机，如优良的 F－16 战斗轰炸机，或巴

①　Dennis Kux, *The United States and Pakistan 1947 – 2000*: *Disenchanted Allies*, Baltimore: The Johns Hopkins University Press, 2001, p. 245.

②　Dennis Kux, *The United States and Pakistan 1947 – 2000*: *Disenchanted Allies*, Baltimore: The Johns Hopkins University Press, 2001, p. 247.

③　Terence Smith, "Carter Embargoes Technology for Soviets and Curtails Fishing and Grain", *New York Times*, January 5, 1980.

基斯坦想要的坦克，"这是巴基斯坦想要检验我们决心的试金石"①；其次，对巴援助亦必将引起印度的负面反应。可以说，桑德斯的建议恰恰符合卡特政府对援助巴基斯坦政策的真实态度和立场，即谨慎重新启动对巴援助。此后的事实也证明，卡特政府在 1980 年剩余的时间内基本保持了此种态度。

卡特政府在宣布重新启动对巴援助的决定时采取了谨慎立场。1 月 6 日，代理国务卿克里斯托弗在接受媒体采访时表示，一方面，"我们仍关注巴基斯坦的核武器的发展"，"核不扩散计划只是我们对外政策中的一个原则"；另一方面，如果巴基斯坦希望我们提供帮助，"我们将准备……帮助巴基斯坦"。但克里斯托弗同时强调："我们决心维持与印度的关系，但印度应该看到苏联的行动是对印度，也是对该地区其他国家的威胁"，"我们将会得到他们更充分的回应"②。1 月 7 日，卡特总统向美国全国广播公司（NBC）新闻记者表示，向巴基斯坦提供军事援助"是我准备做出的承诺"。"我们已经向齐亚·哈克总统保证，……我们愿意与其他国家一道向巴基斯坦提供必要保护，并满足他们合理的和防御性的军事需求。"③ 与此同时，卡特总统特别强调，美国对巴军事援助不是对印度的威胁，只是为了令巴基斯坦被认为是一个能够保护自己的强大国家，拥有击退外来侵略的能力，从而阻止对巴基斯坦的可能的侵略。虽然卡特总统承认美国准备向巴基斯坦提供一揽子援助，但并未透露对巴军事援助计划的细节。显然，卡特政府希望上述没有具体援助内容的模糊表态，既能够不激怒印度，又满足巴基斯坦希望迅速获得援助的迫切心理需求。但事实证明，巴基斯坦和印度都不满意。

二 齐亚·哈克政府推动卡特政府增加对巴援助

齐亚·哈克政府对卡特政府的援巴计划缺乏信心。对于卡特政府的初步表态，齐亚·哈克政府持明显的怀疑态度，理由是：其一，巴基斯

---

① Memorandum from Assistant Secretary Harold Saunders to Secretary Cyrus Vance, *NSC Discussion of Support for Pakistan*, January 1, 1980. Obtained through Freedom of Information Act (FOIA).

② Department of State, *Bulletin*, February 1980, p. 7.

③ Department of State, *Bulletin*, March 1980, p. 32.

坦认为卡特政府的承诺模糊，不可信赖，希望获得更可靠的安全保证。其二，"我们与美国在援助关系方面有过痛苦的经历"。因此，齐亚·哈克总统拒绝了代理国务卿克里斯托弗访问巴基斯坦的建议，转而建议其外交顾问阿伽·夏希顺访美国。出访前，夏希对美国驻巴大使胡梅尔表示，巴基斯坦希望美国加强对巴基斯坦的安全保证，其方式是以正式条约代替 1959 年执行协定，并制定向巴基斯坦提供大规模经济和军事援助的计划。① 胡梅尔将巴基斯坦的诉求上报给了卡特政府，但实际上未获得万斯国务卿和卡特总统的明确回应。在华盛顿，美巴会谈围绕 4 个要点进行：第一，使"苏联为在阿富汗的行动付出足够高的代价，使苏联领导人不会产生在未来采取类似冒险行动的想法"。第二，维持 1959 年执行协定的有效性，该协定为"合作抵御来自北方的威胁提供了坚实基础"。第三，美国在接下来的两年中向巴基斯坦提供 4 亿美元的经济和军事援助。然而，卡特总统明确拒绝提供巴基斯坦要求获得的先进的 F - 16 攻击轰炸机。第四，即使卡特政府计划寻求国会授权豁免对巴基斯坦的援助制裁，也要维持美国对巴基斯坦核计划的关注。万斯国务卿说："愿意重启援助不应该被理解为美国减少对核不扩散的重要性的关注。"② 阿伽·夏希认为，美国在援助和核扩散问题上的立场不够明确，会谈的主题和进程也基本上是由美国设定和主导的，巴方几乎没有任何实质性收获。此外，美国拟议的援助细节很快出现在美国媒体上，并暗示巴基斯坦将会接受该援助。此举令本来就顾虑重重的齐亚·哈克感到被隐瞒，非常恼怒和不安。

齐亚·哈克政府公开表达对卡特政府援巴计划的不满。1 月 13 日，齐亚·哈克总统向卡特政府明确表示，在巴基斯坦接受美国的援助之前，美方必须"证明其作为盟国的可靠性和持久性"。③ 尽管如此，美国国务院还是于次日公布了援助计划的详细内容，并强调 4 亿美元将是增强巴

---

① Memorandum from Assistant Secretary of State Harold H. Saunders to Secretary Vance, *Agha Shahi Visit to Washington*, January 8, 1980, obtained through FOIA.

② Department of State, *Talking Points for Secretary Vance's Meetings with Agha Shahi*, January 12, 1980, obtain through FOIA.

③ Stuart Auerbach, "Pakistan Ties Arms Aid to Economic Assistance", *Washington Post*, January 14, 1980.

基斯坦安全的更广泛国际援助的一部分。① 齐亚·哈克总统对卡特政府的援巴计划和故意提前公布该计划的行动十分不满，遂于 18 日在面对媒体时，将卡特政府的援巴计划称为"几粒花生米"。他说，"我没有从官方渠道接到相关消息，但如果媒体上的内容是真实的，那太令人失望了。巴基斯坦用 4 亿美元买不到安全"，"将只能买到苏联更大的敌意，而苏联在本地区的影响力要比美国的影响力更大"。② 数日后，阿伽·夏希向《华盛顿邮报》记者明确强调："援助必须与威胁相称。"③

　　卡特政府坚持不妥协。齐亚·哈克总统"几粒花生米"的言论令卡特政府十分不满，但卡特政府决心与巴基斯坦及时达成一致。国务院不仅声称"巴基斯坦总统的评判是'吹毛求疵'"，而且宣称"将继续与国会进行相关讨论，以获得国会对额外的援巴基金和必要的核制裁豁免权的支持"。④ 1 月 18 日，美国国务院发言人霍丁·卡特（Hodding Carter）发表声明，回应了齐亚·哈克总统的指责。一方面，霍丁·卡特强调，卡特政府"准备在未来以最高条件重新确认 1959 年协定。我们向巴基斯坦保证，到那时我们将非常重视该协定。但仅仅将协定转换成条约不可能改变我们所承担的义务和努力，即我们想要集中两国力量共同应对当前严峻形势的工作方式"。另一方面，霍丁·卡特认为齐亚·哈克总统"几粒花生米"的评判是不正确的，因为"我们准备向巴基斯坦提供的新援助不仅数量多，而且可以满足巴基斯坦的需要"。当被问到如果巴基斯坦接受核保障措施，美国是否愿意做出长期承诺时，霍丁·卡特明确强调："我们的建议是帮助巴基斯坦摆脱由于苏联入侵阿富汗而导致的严峻形势。我们提出的两年建议为巴基斯坦应对挑战提供了充分条件。"⑤ 他不仅明示了美国援巴的直接目的是应对苏联挑战，且认为卡特政府的援巴计划是充分的，间接暗示了不会对巴基斯坦做长期承诺。此表态显然

① Don Oberdorfer, "Pakistan Offered ＄400 Million Aid", *Washington Post*, January 15, 1980.
② Stuart Auerbach, "Pakistan Seeking U. S. Guarantees in Formal Treaty", *Washington Post*, January 18, 1980.
③ William Branigan, "Pakistan Seeks Billions in U. S. Aid", *Washington Post*, January 23, 1980.
④ John M. Goshko, "U. S. Forging Ahead on Pakistan", *Washington Post*, January 19, 1980.
⑤ *Sunday Standard* (New Delhi), January 20, 1980.

不会令巴基斯坦感到满意和安心。

三　卡特政府继续争取巴基斯坦与齐亚·哈克政府拒绝美方援助计划

卡特政府积极推动美国国会批准其对巴援助计划。1 月 21 日，卡特总统在国会宣称："阿富汗的独立被摧毁和领土被苏联占领改变了该地区战略形势，……将印度洋，甚至波斯湾带入了苏联的打击范围。苏联与巴基斯坦之间的缓冲地带缩小，对伊朗造成新威胁。巴基斯坦和伊朗更容易遭到苏联的政治恐吓。如果这种恐吓被证明有效，苏联将完全控制这一对西欧和远东乃至美国的生存极具战略和经济价值的地区。显然，整个印度次大陆，特别是巴基斯坦正在被威胁。因此，国会首先要做的就是批准协助巴基斯坦保护自身所需要的一揽子经济和军事援助计划。"① 卡特总统还首次公开声明："根据我们的法律，美国将采取措施协助巴基斯坦抵御任何外部入侵。"② 23 日，卡特总统在国情咨文中阐述了美国在波斯湾地区的政策。卡特声称："外部势力攫取、控制波斯湾地区的任何企图，都将被看作对美国根本利益的损害。对此，美国将使用包括军事行动在内的所有必要手段，予以击退。"③ 卡特主义由此正式出台，并立即被卡特政府与巴基斯坦相关联。④ 卡特总统在同一篇咨文中宣称："我们同意帮助巴基斯坦保持其独立和完整。美国将根据自身法律采取行动，协助巴基斯坦抵御任何外部侵略。……我们尊重伊斯兰信念，我们也准备与所有伊斯兰国家合作。最后，我们准备与该地区其他国家共享合作安全框架，将尊重不同的价值观和政治信仰，也将提升所有国家的独立、

---

① Department of State, *Bulletin*, February 1980, p. H.

② "State of the Union Message", January 21, 1980, *Presidential Papers of the Presidents of the United States: Jimmy Carter, 1980*, Washington, D. C.: U. S. Government Printing Office, 1981, p. 172.

③ Jimmy Carter, *The State of the Union Address Delivered Before a Joint Session of the Congress*, https://www. presidency. ucsb. edu/documents/the – state – the – union – address – delivered – before – joint – session – the – congress.

④ Terence Smith, "Carter Proposes Taking Olympics Away from Moscow", *New York Times*, January 21, 1980.

安全和繁荣。"① 虽然卡特政府知道齐亚·哈克政府对援巴计划不满，但仍希望劝服它接受既定计划，且认为"巴基斯坦在抱怨和继续保留意见后将接受我们的援助"，"有助于减少巴基斯坦对于我们的决心的深度和我们承诺的持久性的不信任"。② 在卡特总统积极行动的同时，美国国务院也在重启美国对巴援助问题上活跃起来，但强调在重启的过程中必须保持谨慎。

1 月 24 日，副国务卿理查德·N. 库珀（Richard N. Cooper）在众议院外交委员会欧洲和中东小组关于苏联入侵阿富汗之后东西关系的听证会上表示，卡特政府会将对巴援助分为经济援助和军事援助。在经济援助方面，将积极推动世界银行发挥领导和主导作用；在军事援助方面，美国将发挥主导和协调作用。而国务卿的苏联事务特别顾问马绍尔·D. 舒尔曼（Marshall D. Shulman）则在该听证会上再次表明了卡特政府对援助巴基斯坦的真实立场。舒尔曼说，虽然巴基斯坦"显然有兴趣获得更多的物资，他们非常清楚自身想得到什么"，但他们不愿意再次与美国缔结军事同盟。所以，"他们没有表明会欢迎美国军队在其领土上出现。他们显然不希望自己被视为美国的工具"。"他们应该更倾向于从多边来源获得物资支持。"舒尔曼也预见到："对巴基斯坦的任何援助都必然令美国与印度的关系产生问题。"因此，"我们首先在援助种类上要非常谨慎，确定它与巴基斯坦在阿富汗边界上存在的问题直接相关，确定印度人理解其目的，努力保持我们与印度的关系。我们希望改善与印度的关系，且我们将努力实现该目标"。③

2 月 1 日，国务卿万斯在参议院拨款委员会强调：美国应该谨慎重新启动对巴基斯坦的援助。万斯认为，之所以有必要重新启动对巴援助，是因为"苏联的行动要求美国的反应是坚定、持续、有效的"。美国要"清楚地表明，这种侵略在任何地方都将遭到坚决抵抗"，"加强我们在该

---

① Department of State, *Bulletin*, February 1980, p. B.

② Dennis Kux, *The United States and Pakistan 1947 – 2000: Disenchanted Allies*, Baltimore: The Johns Hopkins University Press, 2001, p. 250.

③ US House, 96th Cong., 2nd sess., Committee on Foreign Affairs, Subcommittee on Europe and the Middle East, Hearings, *East – West Relations in the Aftermath of the Soviet Invasion of Afghanistan*, Washington: U. S. Government Printing Office, 1980, pp. 42 – 44, 51, 65.

地区的地位，以便保护我们的利益、重建我们朋友的信心"，要对苏联形成一种心理威慑，使它"注意到任何控制波斯湾的企图，都将被包括使用军队在内的所有必要措施所击败"。因此，"我们向巴基斯坦保证，我们会向其提供支持"。之所以要慎重，是因为对巴援助涉及美巴核分歧、美印关系、印巴关系和西方与伊斯兰世界的关系等问题。万斯强调，"为了应对巴基斯坦面对的直接威胁，我们要求现有法律限制的一个例外，以便于我们和其他国家能够对巴基斯坦的安全需要做出迅速反应。但此举并不标志着我们对核不扩散事业承诺的减少，且我们也向巴基斯坦声明，它只是表明我们帮助一个在其边界面对苏联军队和军事行动的国家的决心"；"我们必须为印巴之间解决分歧的努力和避免次大陆核对峙提供积极支持"；"我们寻求改善与该地区所有国家的关系"，"当我们寻求帮助巴基斯坦满足其合理的安全需求时，我们对与印度合作保持着强烈兴趣。克拉克·克利福德（卡特总统驻印度私人特使）使团是我们高度重视美印关系的标志"；"我们需要展示美国和西方对伊斯兰世界的理解，……我们将继续增强美国和我们盟国的军事力量"。① 参议院拨款委员会在美国政府对巴援助政策的执行过程中具有非常重要的影响，万斯在该委员会的发言基本反映了卡特政府在对巴援助问题上的真实考虑。

卡特政府努力争取齐亚·哈克政府接受既定援助计划。1 月 20 日，在"面对媒体"电视节目中，卡特宣称，"我们再次确认美国在 1959 年对巴基斯坦的承诺。我们承诺，美国总统将根据其必须遵守的美国宪法的指导方针与巴基斯坦进行协商，并采取必要步骤保护巴基斯坦的安全，必要时亦可动用美国军队"。2 月 1 日至 4 日，卡特总统的国家安全事务顾问兹比格钮·布热津斯基（Zbigniew Brezezinski）和代理国务卿克里斯托弗率团访巴，并试图劝说齐亚·哈克政府接受卡特政府的援巴计划。美巴双方都对此次访问充满期待。在欢迎美国代表团的宴会上，齐亚·哈克致辞欢迎并感谢布热津斯基等人的访问，希望通过会谈令"两国间曾紧张的关系得到改善，并为巴美两国间的更好谅解铺平道路"。② 布热津斯基则立即予以回应。他声称："我们是作为朋友来这里，是为了共同

① Department of State, *Bulletin*, March 1980, pp. 35 – 36.
② *Dawn*, February 3, 1980.

促进和平，且我们热盼友谊恢复并重获生机。""你们面临近在咫尺的挑战，我们来这里是为了应对那一挑战。""我们来这里是为了与你们一起促进和平，即使冒着与严重危险迎头相撞的风险。"① 欢迎宴会上的热烈气氛似乎预示着美巴会谈的美好结果，但后来的事实证明会谈远未达到双方的预期。在会谈中，虽然美方表示，两年计划只是第一次分期支付，在以后会有更多援助，但双方并未讨论援助计划的详情。巴基斯坦失望地认识到，美国的援助计划只是短期计划，正如布热津斯基所暗示，美国对巴援助在两年中将"接近5亿美元"。② 巴基斯坦对美方的解释当然不满意。而克里斯托弗则宣称，执行协定与条约一样可以提供安全承诺，亦承认国会不同意将执行协定批准为条约。美方的表态意味着，巴基斯坦所关注的提升援助规模和质量的问题与美国对巴基斯坦的更可靠安全保证的问题，都未得到明确回应。在第一天谈话结束时，齐亚·哈克总统及其顾问就得出结论，认为美国的态度未达到巴基斯坦的预期。随后，齐亚·哈克总统致电卡特总统称，谈话没有在双方之间架起桥梁。③ 在此背景下，美巴双方于2月3日发表了联合声明宣称，美国再次确认其对巴基斯坦独立和安全的承诺，该承诺可追溯到1959年协定，目前是坚定和持久的。巴基斯坦政府亦表示其与1959年协定中一致的抵抗外来侵略的决心。④ 次日，布热津斯基又在伊斯兰堡举行新闻发布会，以相当模糊的措辞刻意回避了关于美国对巴基斯坦的援助和安全承诺等问题。而阿伽·夏希在新闻发布会上宣称，卡特政府对巴基斯坦的安全承诺范围"被清楚地界定为反对苏联控制或直接侵略。它仍然适用于美国重新确认的安全承诺"。⑤ 夏希的言论显然将美巴在该问题上的分歧直接公开化，也表达了巴基斯坦政府的不满。但卡特政府并未放弃努力，反而派遣众议院拨款委员会委员戴维·罗斯·厄比（David Ross Obey）率领6名国会

---

① *Dawn*, February 3, 1980.

② Dennis Kux, *The United States and Pakistan 1947 – 2000: Disenchanted Allies*, Baltimore: The Johns Hopkins University Press, 2001, p. 250.

③ Dennis Kux, *The United States and Pakistan 1947 – 2000: Disenchanted Allies*, Baltimore: The Johns Hopkins University Press, 2001, p. 251.

④ Department of State, *Bulletin*, March 1980, p. 65; *Dawn*, February 4, 1980.

⑤ *Dawn*, February 5, 1980.

议员在同月 6 日至 7 日访巴，希望继续争取巴基斯坦，并在国务院与国会集中探讨对巴援助的问题。

2 月 5 日，国务卿万斯在众议院外交委员会关于 1981 财年对外援助计划的发言中称："我们清楚地表明，我们不打算超出我们已经讨论的 1980—1981 财年的数额。我们也继续与其他国家讨论关于它们的对巴援助计划。在等待进一步讨论的时间里，我们将推迟此次向国会提出的对巴基斯坦的援助要求。"①

2 月 7 日，前副国务卿西斯科在参议院外交委员会关于美国在近东和南亚的利益和政策的听证会上强调了援助巴基斯坦对美国的重要性，并提出了建议。西斯科指出，苏联在阿富汗的直接侵略是勃列日涅夫（Leonid Ilyich Brezhnev）在东欧以外地区首次明确实施的行动，是对美国在海湾地区地位的潜在威胁，也是对西方民主国家、伊斯兰国家和第三世界的潜在威胁。阿富汗是否最终被苏联用作威胁海湾石油生命线的跳板，将取决于美国的反应和领导。这将对美国在中东、海湾和阿拉伯半岛的盟友和朋友的行动产生直接影响。在此基础上，西斯科建议："我们用长期承诺提供旨在加强其沿阿富汗—巴基斯坦边境的能力的军事和经济援助支持巴基斯坦"，"我们将推动巴基斯坦领导人更有效地处理巴基斯坦国内政治、经济问题和分离主义运动。而且我们应该继续向印度保证，我们将认真监控我们的援助，令其不会威胁印度的安全利益"。②

同日，代理国务卿克里斯托弗在参议院外交委员会汇报了其访问巴基斯坦的情况。克里斯托弗汇报的要点如下：第一，美巴双方在苏联入侵阿富汗所带来的现实和潜在的危险问题上存在共识。他强调："我们与巴基斯坦在关于苏联对世界和地区的威胁方面有着相同的认识，且决心共同应对苏联挑战。……齐亚总统全程亲自参与了讨论……表明了他对地区威胁和美巴合作应对那种威胁所给予的重视程度。"第二，在巴基斯坦所希望的更可靠安全保障问题上，美国的相关声明和承诺令巴基斯坦感到满意。克里斯托弗说："卡特总统在国情咨文中对美国在该地区利益

---

① *Dawn*, March 1980.

② US Senate, 96th Cong., 2nd sess., Committee on Foreign Relations, Hearings, *U. S. Security Interests and Policy in Southwest Asia*, Washington, 1980, pp. 48 – 49.

的直率声明，看起来在帮助消除关于该承诺的力量和持久性的疑虑方面产生了有益的影响。我们声明，当我们寻求允许重启援助的立法之时，我们愿意要求国会明白地确认这一承诺。巴基斯坦对这一结果表示满意。"第三，巴基斯坦要求推迟美国援巴计划的具体化和法制化。克里斯托弗称："巴基斯坦要求，在我们对巴基斯坦的总体经济和军事援助需求有更好的评估之前，在我们对即将增加的全球对美援总量需求有更充分的评估之前，推迟任何将援助数量具体化的立法建议。我们同意了该要求。"第四，美国军事援助主要针对来自巴基斯坦与阿富汗边境的威胁。克里斯托弗强调："我们向巴基斯坦强调不要丧失动力和尽可能推进我们既定援助计划的重要性。我们的军事小组与巴基斯坦进行了详尽讨论，以努力判断巴基斯坦现存军事不足的情况，确定美国可能提供给巴基斯坦加强其沿阿富汗—巴基斯坦边界的防御能力的特定种类的装备。"第五，美国反对巴基斯坦发展核能力，支持印巴和解。代理国务卿明确指出："我们重申了对巴基斯坦核活动的深度关注。……我们公开表示……巴基斯坦核试验将从根本上改变美巴关系，将使我们的进一步合作处于风险之中，……我们能够为了更好的印巴关系而向两国提供资金和支持。"① 可以说，克里斯托弗的汇报基本体现了卡特政府和齐亚·哈克在援助问题上的共识与分歧，为卡特政府的决策提供了直接依据。而副国务卿戴维·D. 纽森亦在该会议上发言强调，核不扩散问题是美国政府的一个主要目标，亦是美巴关系中的一个关键问题，"我们将通过各种方式，外交的、情报的和贸易的控制，寻求减少核扩散的风险"，"我们不会将我们认为巴基斯坦不应该推进核计划的想法搁置"。② 纽森的发言内容体现了卡特政府在核问题上不妥协的态度和立场。

2 月 11 日，代理助理国务卿珍·A. 库恩在众议院外交委员会上阐述了国务院在援助巴基斯坦问题上持有的乐观态度和进一步行动的建议。库恩强调，"南亚从来未被如此重视"，因为"对我们的利益的挑战从未如此真实而直接"。但是，"我们对自身所希望该地区出现的对苏联侵略

①　Department of State, *Bulletin*, March 1980, pp. 65 – 66.

②　US Senate, 96th Cong., 2nd sess., Committee on Foreign Relations, Hearings, *U. S. Security Interests and Policy in Southwest Asia*, Washington, 1980. p. 82.

的有效反应持乐观态度"。所以，"尽管巴基斯坦支付更新装备的能力将被目前形势严重局限，尽管两国尚未就援助水平达成一致，我们仍准备推进一定规模的军售"。与此同时，"我们希望并相信，我们和其他国家的经济支持将令巴基斯坦政府更容易采取鼓励国内稳定的措施。我们相信美巴军事关系将帮助巴基斯坦提升保卫自身、抵御来自西北方向的、日益增加的威胁的能力"。在此基础上，库恩建议："如果我们与巴基斯坦政府就美巴援助关系达成谅解，我们将建议国会为了我们紧迫的安全利益，通过立法暂时解除我们的核不扩散法案（即《赛明顿修正案》和《格伦修正案》）的约束。"最后，库恩强调："我们相信，对巴基斯坦安全和地区稳定的关注不能与该地区的核约束问题分隔开来。核问题和我们未来的军供关系与我们避免军备竞赛的希望紧密相关，更应避免将有限资源用于紧迫的发展问题的发展中国家之间发生军备竞赛。我们对巴基斯坦的军供政策将强调改善其保卫与阿富汗交界的西部防线的能力，不会针对印度。"① 显然，除重申克里斯托弗的大多数观点外，库恩强调了对巴援助不能影响美国的国际核政策和美印关系的发展。

通过2月份的集中讨论，卡特政府援巴政策的轮廓基本形成，即谨慎重新启动援助。在卡特政府看来，该政策既应该增强巴基斯坦西北边境的防御实力、对苏联形成一定的心理威慑，又应该不使巴基斯坦具备挑战印度和苏联的能力，且不应该对美印关系造成不利影响；既要增强巴基斯坦国内的稳定和抵抗苏联的信心，又不要过多增加美国经济和安全负担、不与卡特政府在外交方面所坚持的基本理念发生冲突，亦不损害美国的国际形象和地位。因此，在美国看来，谨慎重启对巴援助的政策是最有利可图的；但在巴基斯坦看来，则不可信赖。

齐亚·哈克政府努力推动卡特政府增加对巴援助。3月5日，阿伽·夏希代表巴基斯坦政府正式拒绝了卡特政府的援巴计划，并在全巴地方实体会议上阐述了理由。夏希宣称："我们正式通知美国，我们对建议的援助不感兴趣。"因为"我们认为，除非其建议做出重大修改，否则，接受美方的建议将减损而不是提升我们的安全"。夏希还进一步强调：第

① US International Communication Agency（USICA），*Official Text*（New Delhi），February 12, 1980；Department of State，*Bulletin*，April 1980，pp. 61 - 62.

一，卡特政府的援助承诺不具有确定性和决定性。由于协定不具备条约
的重要性、神圣性和连续性，巴基斯坦希望美国国会承认 1959 年美巴双
边协定是条约。但第 96 届美国国会既不承认其为条约，也不准备将其批
准为条约。夏希由此断定："协定不能使美国总统强行通过军队提供援
助。因为协定只是指导性的，不具有决定性。""而且，美国援助要以美
国国会同意为条件，而美国国会可能同意，也可能不同意，具有不确定
性。"第二，卡特政府的援巴计划在质与量的两个方面都达不到巴基斯坦
的预期。夏希强调，"美国对印度的反应的敏感似乎决定了该援助计划的
数量和品质，使该援助计划几乎与我们的防御能力无关"。在此基础上，
夏希宣称："巴基斯坦不允许自己成为外国武器流入阿富汗的通道。"① 夏
希代表巴基斯坦政府所作的上述表态，既非常明确地宣示了巴基斯坦政
府最重要的关注点，亦希望通过胁迫断绝卡特政府对阿富汗抗苏力量提
供军事援助的通道，向卡特政府施加更直接的压力。即便如此，夏希仍
不希望恶化美巴关系，他仍强调："我们与美国有着长期且富有成果的关
系。尽管起伏不定，这种关系仍是可以发展的重要关系。"② 齐亚·哈克
总统亦在同日宣称："即使巴基斯坦不再寻求美国的军事援助，但对美国
的经济援助，特别是对债务减免仍有浓厚兴趣。"③ 他的比较理性的表态
与夏希的强硬态度看似不同，实则一致，只是向美国寻求援助的两种不
同方式而已。

　　5 月 18 日，齐亚·哈克总统向美国哥伦比亚广播公司记者发表了以
胁迫卡特政府增加对巴援助为目标的讲话。在访谈中，齐亚·哈克首先
解释了巴基斯坦拒绝卡特政府援巴计划的理由，即"巴基斯坦发现美国
提供的援助缺乏可信赖性和持续性"，"不仅不能保证巴基斯坦的安全，
还会导致苏联对巴基斯坦产生更大的敌意。"随后，齐亚·哈克强调了巴
基斯坦对美国的重要性，并敦促美国采取更积极的行动。齐亚·哈克明
确强调："我向您保证，在这一动荡的世界中，特别是在这一地区，目前

---

　　① "Pakistani Foreign Minister Rejects ＄400 Million U. S. Aid as Harmful", *New York Times*, March 6, 1980.

　　② *Pakistan Affairs*, March 16, 1980, pp. 4 – 5.

　　③ Dennis Kux, *The United States and Pakistan 1947 – 2000: Disenchanted Allies*, Baltimore: The Johns Hopkins University Press, 2001, p. 251.

是很多麻烦的起源地，巴基斯坦现在成为一个安全岛。……我们认为，追求自身利益的美国必须利用这一点。因为如果失去了巴基斯坦，那么从土耳其到越南的广大地区，美国的名字将很难被听到。从巴基斯坦的角度看，美国的盟友希望看到美国更加坚定地重获在我们看来曾经失去的地位，我认为对巴援助也会对美国威望的提升大有裨益，并给美国的盟友带来很大信心。我强烈希望美国坚定立场，证明超级大国的地位和身份。在我看来，美国难以承担蛰伏和退却的后果。""你们的国家现在是自由世界的灯塔，必须行动起来。"① 很显然，齐亚·哈克希望通过美国媒体，推动卡特政府在援助巴基斯坦的问题上采取更积极的态度和政策。

6月18日，巴基斯坦外长阿伽·夏希接受英国广播公司记者采访，重点强调了巴基斯坦解决美巴之间核分歧的努力，亦认为美国在核问题上对巴基斯坦的歧视和借此切断对巴援助是错误的。阿伽·夏希强调："我们与法国的关于核再加工工厂的交易协议没有秘密和阴谋"，巴基斯坦接受了"所有能够想到的保障措施"，做出了各种保证，但"巴基斯坦还是被单独挑出来，遭受歧视性待遇"。此种歧视性待遇主要表现在两方面：一方面，"我们被指责接受了利比亚和其他国家的资金，他们还说我们准备将核炸弹送给巴解组织（PLO）等"；另一方面，"美国决定单方面停止对巴基斯坦的除人道援助外的所有援助，这包括特定的援助和协助的请求、项目援助和其他援助"。② 夏希的此番表态则明显具有争取卡特政府同情的色彩。

6月25日，阿伽·夏希在联合国举行新闻发布会，阐述了巴基斯坦对美国援助的立场。在军事援助上，阿伽·夏希宣称："根据我们的不结盟政策，我们不希望接受美国的军事援助。"但受限于自己的军工生产能力，"我们强烈希望在正常条件下购买美国愿意卖给我们的所有军事装备"。因为"我们的很多军事装备都是美国制造的。我们需要零部件，我们也需要升级我们正在使用的、被认为已经过时的美式装备武装起来的军队"。在经济援助上，阿伽·夏希宣称："我们的立场是欢迎友好国家

---

① *Pakistan Affairs*, January 1, 1980, pp. 3 – 4.

② *Foreign Affairs Pakistan*, June 1980, p. 9.

无条件地提供经济援助。最重要的是，我们欢迎发达国家以债务延迟支付的形式提供帮助。因为我们现在到达了那样一个阶段，即美国应该考虑我们必须支付自身的债务、偿还过去的贷款的现实。因此，我们欢迎并感谢无条件的债务延迟支付和经济援助。"此外，阿伽·夏希还评论了美巴之间的核分歧，承认"巴基斯坦与美国在巴和平利用原子能的问题上一直存在分歧"，"该分歧造成了 1976 年以来美巴核关系的紧张，且难以达成一致"。巴基斯坦在该问题上的立场是："美国对巴基斯坦要求或期待的事情都必须建立在无歧视的基础之上"，但目前美国的相关立场和做法"是令人讨厌的、不公平的高度歧视"。①

　　对于巴基斯坦政府拒绝卡特政府援助建议的情况，后者的反应依然相当谨慎、保守，却具有了略微积极的迹象。3 月 7 日，美国国务院发言人霍丁·卡特发表声明宣布，美国已经决定提供 4 亿美元援助，仅仅是为了加强巴基斯坦的经济及其与阿富汗交界的边境地区的防御。"但我们的援助不会超过 4 亿美元。"② 3 月 12 日，代理国务卿克里斯托弗则在参议院外交委员会关于 1981 财年对外援助立法听证会上指出："阿伽·夏希的重点是欢迎经济援助，且对美国对外军售计划有些负面看法"，"他们希望用现金购买"。因此，"我们得到了一个重新考虑并重新设计对巴基斯坦的计划的好机会"。③ 3 月 18 日，卡特总统驻印度特使、前国防部长克拉克·克利福德在参议院外交委员会关于美国在近东和南亚的利益和政策的听证会上强调："我们刻意将对巴援助中的武器数量和类型限制在相对较低的水平，是为了不在该地区制造麻烦，特别是给印度带来麻烦。"④ 3 月 20 日，助理国务卿桑德斯在参议院外交委员会关于建议 1981 财年美国在中东和南亚地区的对外援助的立法听证会上强调："苏联入侵阿富汗严重挑战了美国的利益，亦对巴基斯坦产生了极大影响。我们仍然认为，巴基斯坦的经济发展在维护其经济独立和领土完整中具有极端

---

　　① *Foreign Affairs Pakistan*, June 1980, pp. 25 – 26.

　　② *The Hindu* (Madras), March 8, 1980.

　　③ US Senate, 96th Cong., 2nd sess., Committee on Foreign Relations, Hearings, *FY 1981 Foreign Assistance Legislation*, Washington, 1980, pp. 44 – 45.

　　④ US Senate, 96th Cong., 2nd sess., Committee on Foreign Relations, Hearings, *U. S. Security Interests and Policy in Southwest Asia*, Washington, 1980, p. 18.

重要性。"① 3 月 27 日，国务卿埃德蒙·马斯基（Edmund Muskie）在参议院外交委员会上强调："在南亚，……我们继续支持印巴解决矛盾的努力。我们对两国中的任何一国的援助都不是针对另一国。……我们正在加强这一地区合作的基础——通过军事援助、进驻设施和增加我们的存在。我们在这些新环境中重新肯定 1959 年协定中与巴基斯坦合作的承诺。我们的经济和安全援助将取决于对巴基斯坦需要的评估及我们的资源和能力。"② 4 月 7 日至 9 日，美国众议院军事委员会主席查尔斯·普莱斯（Charles Price）率领 17 名国会议员访问巴基斯坦，继续进行劝说，但效果不佳。

　　阿伽·夏希公开向卡特政府在对巴援助和印巴的国际地位问题上的言行表达不满。7 月，阿伽·夏希外长再次访美并与国务卿埃德蒙·马斯基会谈。马斯基在会谈中强调："我们此时对巴基斯坦的援助采取了我们一直考虑的债务延迟偿还的形式；我们愿意对巴基斯坦的经济援助和支持的要求做出积极回应。"③ 马斯基虽然提及经济援助和债务延迟，却没有提到巴基斯坦最急需的军事援助和赠予援助，巴基斯坦自然不会满意。作为回应，阿伽·夏希外长明确否定了巴基斯坦政府向阿富汗抗苏力量提供军事援助的可能性，但确认了对巴境内阿富汗难民的人道援助。夏希宣称："我们不能允许自己成为向圣战者供应武器的通道。我们正向阿富汗难民提供人道援助。"④ 8 月初，美国驻印大使罗伯特·F. 戈亨（Robert F. Goheen）向印度政府简要解释了卡特政府对印度和巴基斯坦的国际地位的基本判断和对巴基斯坦的军援计划，试图安抚印度因此而产生的负面情绪。戈亨首先强调："美国将巴基斯坦视为自身反对苏联共产主义扩张的极重要盟友，该判断成为贯穿印美关系绝大部分时期的一个麻烦。但是，随着巴基斯坦力量的减弱和领土版图的缩小，随着印度的力量增强和地区领导作用的增大，美国的立场在近年来发生了与过去不同的重大变化。"随后，戈亨为卡特政府的对巴军援计划进行了辩解。戈

---

①　US Senate, 96th Cong., 2nd sess., Committee on Foreign Relations, Hearings, *FY 1981 Foreign Assistance Legislation*, Washington, 1980, pp. 457 – 458.

②　Department of State, *Bulletin*, May 1980, p. 18.

③　Department of State, *Bulletin*, October 1980, p. 75.

④　Department of State, *Bulletin*, October 1980, pp. 74 – 75.

亨强调："从一开始美国提供给巴基斯坦武器就被精心进行了限制。它将帮助巴基斯坦应对其边境问题，根本不能改变印巴之间的力量平衡。所以说，我们未向巴基斯坦提供大量武器和永久性新条约，这是我们认为美印关系具有重大意义的一个重要表现。"最后，戈亨重申了美国反对巴基斯坦发展核能力的立场："我们竭尽全力想使巴基斯坦放弃其可能正在发展的核爆炸能力。"① 戈亨的相关解释很快就被巴基斯坦政府知晓，巴基斯坦因此感到气愤。8 月 4 日，阿伽·夏希不仅否认"巴基斯坦仅是美国过去反对苏联共产主义扩张背景下的一个盟国"，而且认为戈亨关于"美国认定巴基斯坦的力量和版图缩减、印度的地区影响力与领导作用的增长"的说辞是"非常令人反感的"。阿伽·夏希还说："我们高度关注的另一个方面是美国对地区霸权主义理念的鼓励，即在戈亨讲话中暗示的印度对南亚地区负有领导作用。"②

　　美国国务院并未过多关注巴基斯坦的不满和气愤情绪。在美国看来，苏联似乎非常有可能在美国和国际社会的压力下在阿富汗问题上采取谨慎立场。8 月 18 日，国务卿马斯基在接受《美国新闻和世界报道》编辑的采访时宣称："巴基斯坦感受到了压力的增加和越界追击事件的增多，但目前没有发生重大入侵，他们需要军事援助。但此时形势看起来是可控的。虽然我们一直未能令苏联改变政策，国际社会对阿富汗的反应会对苏联可能怀有的将其实力延伸到阿富汗之外的任何想法产生威慑作用。我认为苏联在那一点上是非常谨慎的。"③ 与国务卿相对乐观的判断不同，美国综合型战略研究机构——兰德公司的相关研究却建议卡特政府加快向巴基斯坦提供大规模援助。

　　9 月，美国兰德公司公布了其研究员弗朗西斯·福山（Francis Fukuyama）撰写的题为"巴基斯坦的安全：旅行报告"。该报告记录了福山于 1980 年 5 月 25 日至 7 月 5 日在巴基斯坦进行的调研，并向卡特政府提出了关于美国援助巴基斯坦的相关建议。首先，福山认为，"在 20 世纪 80 年代初，由于靠近海湾并与阿富汗人民之间存有历史和文化联系，巴基

---

①　USICA, *Span* (New Delhi), August 1980, pp. 6 – 10.

②　*Pakistan Affairs*, August 16, 1980, p. 3.

③　Department of State, *Bulletin*, October 1980, p. 18.

斯坦对美国在波斯湾和南亚地区的安全利益具有越来越重要的意义"。①
其次，福山分析了苏联入侵阿富汗对巴基斯坦的国家安全所造成的严重
威胁，断定巴基斯坦确实希望获得大量美国援助和可靠的安全保证。但
卡特政府不愿意做出长期、大规模援助的承诺，且在将 1959 年协定批准
为正式条约的问题上态度消极。所以，巴基斯坦感受不到卡特政府的诚
意和决心，从而拒绝了援助计划。再次，福山分析了更紧密的美巴安全
关系对美国的利与弊，认为利大于弊。最后，福山建议，卡特政府"提
供的援助计划的规模必须有所改变，作为美国真心诚意的表现"。新的援
助计划在数量上和质量上都应该得到根本性提升，但应以适合巴基斯坦
与阿富汗边境的防御要求为基础和限制。福山还建议，不要将美国的核
不扩散政策与美巴安全关系简单关联；美国的援助和安全承诺应是对巴
基斯坦国家的承诺，而不是对特定政权的承诺；美国要在其他事情中避
免代价过高的承诺和对违反人权的过度批评，以及与现政权和反对派的
过多联系。可以说，福山的评估和建议是比较实际且可行的。如果卡特
政府愿意根据建议迅速采取行动，美巴关系将在较短时间内得到改善。
但此后的美巴关系的实际发展表明，福山的评估和建议并未被卡特政府
采纳，至少未被立即采纳。美巴关系虽有改善，但阻碍美巴关系发展的
主要问题都没有得到解决，卡特政府重新启动对巴援助的计划不得不继
续推迟。

　　10 月初，齐亚·哈克总统访问美国并与卡特总统进行了会谈。虽然
此次会谈未能制定出令双方满意的安全和经济援助计划，但双边交流的
氛围大为改观。首先，卡特总统再次重申了对巴基斯坦的重视和安全承
诺。卡特宣称："巴基斯坦的独立、自由和安全对我们非常重要"，"美巴
关系具有极端重要性"。"如果巴基斯坦处于危险之中，我们今天的承诺
与 1959 年和今年 1 月提交国会的国情咨文中做出的承诺具有同等效
力。"② 其次，卡特总统不仅告诉齐亚·哈克总统和阿里夫将军，美国的

① Francis Fukuyama, *The Security of Pakistan*: *A Trip Report*, September 1980, RAND/N-1584-RC, Santa Monica, Ca.: Rand Corporation, 1980, p. v.

② Department of State, *Bulletin*, December 1980, p. 72; *Pakistan Horizon*, No. 4, 1980, p. 150.

武器援助中将包括先进的 F－16 战斗机，而且没有继续在核问题、人权和民主问题上纠缠。这一举动令巴基斯坦总统十分高兴。齐亚·哈克回应说："倘若巴美关系仍具有重大价值且目的明确，如果巴基斯坦作为一个发展中国家在经济领域之外得到帮助，如果我们基于人道主义原因承担的来自邻国阿富汗的 100 多万难民的责任被分担，如同美国正在做的，我认为我们可以为人类提供某些东西。"① 可以说，齐亚·哈克的回应表达了两层意思：第一，如果卡特政府真正重视巴美关系，美方就必须向巴基斯坦提供看得见、摸得着且真正起作用的援助。第二，巴基斯坦愿意并且能够为美国在国际上广泛倡导和推进的"人权"事业做出贡献，但前提是美方要继续向巴方提供人道援助，分担后者因此而承受的负担和压力。

1980 年 12 月至 1981 年 1 月，卡特虽然在寻求连任总统的大选中落败，但他继续努力争取巴基斯坦接受既定的援巴计划。不仅"美国新闻界开始提及巴美利益的'自然交汇'"，不再密切关注巴基斯坦对伊斯兰阵营和不结盟运动的承诺，而且"一批美国学术界人士，有组织地在巴基斯坦多座中心城市向巴基斯坦的公众人物、律师、记者和大学教授发表关于外交政策的演讲"，力图争取巴基斯坦公众和舆论对美国政策的理解和支持，为齐亚·哈克政府对美政策的转变营造氛围。此外，卡特政府同意终止对巴基斯坦 1981 年的债务结算，恢复了 1979 年 4 月被突然结束使命的美国援助使团的活动，并派遣军事代表团赴巴基斯坦调查评估其防御需求。在该代表团评估的基础上，1981 年 1 月 19 日，美国国防部长哈罗德·布朗（Harrod Brown）在向国会所做的 1982 财年国防部年度报告中承认："在苏联入侵阿富汗之后，我们更加关注整个西南亚和南亚的安全和稳定及我们的相应安全援助计划。为了设计能够协助巴基斯坦应对其所面临的安全威胁的方式，我们正评估美国与巴基斯坦的安全援助关系。"②

---

① Department of State, *Bulletin*, December 1980, pp. 72 –73; *Pakistan Horizon*, No. 4, 1980, p. 149.

② US, Report of Secretary of Defense Harold Brown to the Congress on the FY 1982 Budget, FY 1983 Authorization Request and FY 1982 –1986 Defense Programs, January 19, 1981 (Washington) p. 227.

与卡特政府此时相对积极的言行相比，巴基斯坦的回应则相对保守。巴基斯坦政府虽然通过卡拉奇大学主办的主题为"巴基斯坦与地区安全"的会议向美方暗示，"巴基斯坦唯一的选择是恢复其与美国的'联系'，如同纠缠不清的爱人们寻求幸福的复合一样"，但实际上已经对确定离任的卡特总统不再抱有幻想，而将恢复巴美关系的希望寄托于即将成为二战后美国第四任共和党总统的罗纳德·威尔逊·里根（Ronald Wilson Reagan）身上。巴基斯坦政府在伊朗问题上的鲜明态度就是该想法的直接体现。巴基斯坦政府公开支持伊朗发生的伊斯兰革命，明确宣称："我们兄弟般的伊斯兰邻国伊朗发生了伊斯兰革命，我们的政府和人民公开表示支持。伊朗伊斯兰革命的一个十分重要的基础是对美国霸权地位的排斥和对两个超级大国霸权主义的反对。"① 显然，对于正因"伊朗人质危机"事件而焦头烂额的卡特政府而言，巴基斯坦的表态绝对不是其希望听到的，亦不是美巴关系的福音。

第三节　卡特政府的援巴概况

卡特政府制定并执行了总体消极的援巴政策，直接影响了其对巴基斯坦的经济和军事援助，政策与实践上呈现出直接对应的状态。

卡特政府对巴基斯坦的援助呈现总体急剧下降态势。1977—1980 财年，卡特政府对巴援助总额分别为 1.086 亿美元、0.784 亿美元和 0.509 亿美元、0.586 亿美元。1978 年和 1979 财年都比前一年减少 2750 万美元以上。其中，各财年的经济援助分别为 1.083 亿美元、0.778 亿美元、0.504 亿美元、0.586 亿美元，② 分别占据各财年援助总额的约 99.724%、99.235%、99.018% 和 100%；军事援助分别为 30 万美元、60 万美元、50 万美元和 0 美元。③ 从以上数据可以看出，卡特政府的对巴援助总额和

---

① Public Opinion Trends Analyses & News Service, *Pakistan Series*, Vol. Ⅷ, Part 271（New Delhi），December 22, 1980, p. 2289.

② Source：USAID, *U. S. Overseas Loans and Grants and Assistance from International Organizations：Obligations and Authorizations*, Washington D. C. : USAID, 1981, p. 24.

③ USAID, *U. S. Overseas Loans and Grants and Assistance from International Organizations：Obligations and Authorizations*, Washington D. C. : USAID, 1981, p. 24.

经援总额皆呈现大幅下降态势，而前三财年军事援助数量变化不大，且呈上升态势，但不仅总额极其有限，且增长幅度不大，无甚意义。除国际军事教育与培训项目的赠予援助外，没有多少实质性军事援助。而区区数十万美元的国际军事教育与培训项目的赠予援助亦在 1980 财年被取消。

在对巴援助的基本构成上，卡特政府的援助依然分为贷款援助和赠予援助。1977—1980 财年，卡特政府对巴贷款援助分别为 1.036 亿美元、0.758 亿美元、0.452 亿美元和 0.475 亿美元，① 约占各财年美国对巴经援总额的 95.66%、97.429%、89.683% 和 81.058%，呈现出总体下降的态势；对巴赠予分别为 0.047 亿美元、0.02 亿美元、0.052 亿美元和 0.111 亿美元，② 占各财政年度经济援助总额的约 4.34%、2.571%、10.317% 和 18.942%，呈现出总体上升的态势。虽然从发展趋势而言，貌似具有积极意义，但其赠予数量仍然很少，对于巴基斯坦的巨大援助需求来说，只是"杯水车薪"而已。而且，该趋势的形成与卡特政府的暂停、重新启动对巴基斯坦的开发援助的政策和 1980 年只向巴基斯坦提供人道主义援助的政策存在着直接、密切的关联，也间接反映了卡特政府在反苏战略问题上的反思和在援助巴基斯坦问题上的立场和态度反复的过程。

在对巴援助的使用上，卡特政府提供的援助被主要集中用于农业、农村基础措施，人口和疾病控制等方面的项目。在具体的项目分配上，依照所获援助金额从多到少依次为：乡村电气化（2500 万美元）、农村信贷（1567.5 万美元）、雨浇地和水资源管理（912.5 万美元）、乡村道路（870 万美元）、乡村清洁水供应 II（814.7 万美元）、人口规划（320 万美元）、基础教育（300 万美元）、面粉的维生素强化（200.5 万美元）、发展培训（167.5 万美元）、人口发展和研究（80 万美元）、疟疾控制和非传统能源（各 50 万美元）、农村统计（26 万美元）、社会营养教育（20 万美元）、禁毒援助（不到 15 万美元）。最后一项禁毒援助始于 1978

① USAID, *U. S. Overseas Loans and Grants and Assistance from International Organizations: Obligations and Authorizations*, Washington D. C.: USAID, 1981, p. 24.

② USAID, *U. S. Overseas Loans and Grants and Assistance from International Organizations: Obligations and Authorizations*, Washington D. C.: USAID, 1981, p. 24.

财年，此前美国没有向巴基斯坦提供该项援助。卡特政府对巴禁毒援助
在 1978 年不足 5 万美元，1979 财年为 10 万美元，1980 财年为 50 万美
元。此后至今，禁毒援助是美国对巴经济援助的经常项目。从以上数据
可以看出，卡特政府对巴的援助仍主要集中于农村、农业，但出现了新
的经济援助项目——禁毒援助。该项目的出现主要是由于经由巴基斯坦
流向欧洲和美国的毒品正在侵蚀美国及其欧洲盟国和驻欧美军，不利于
其社会稳定和军队战斗力的保持。所以，该项援助虽然在客观上对巴基
斯坦有益，但从根本上则是为了美国及其盟国的根本利益和长远利益。

在援助协定方面，美巴两国政府共签署了 8 项协定。各年度签署的
协定数分别为 3 项、4 项、1 项和 0 项。美巴政府在 1977 年共签订 3 项协
定，分别是卡特政府向福吉农业的化肥项目提供 2500 万美元贷款的协定
（1977 年 4 月 1 日）、向巴基斯坦的基本卫生服务提供 600 万美元贷款和
150 万美元的赠予协定（1977 年 4 月 2 日）和关于 1946 年 11 月 4 日航空
服务协议的协定（1977 年 11 月 15 日）。美巴政府在 1978 年共签订 4 项
协定，分别是美国向巴基斯坦提供用于在拉西米亚建立一个化肥厂的
4000 万美元的贷款协定（1978 年 10 月 6 日）、美国商品信用公司贷款协
议根据"480 公法"向巴基斯坦提供 5000 万美元贷款的协定（1978 年 11
月）、美巴经济与技术合作协定（1978 年 11 月 8 日）和美国向巴基斯坦
提供用于控制疟疾的 2000 万美元贷款的协定（1978 年 12 月 3 日）。美巴
政府在 1979 年只签订了 1 项协定，即美国向巴基斯坦提供用于购买
56340 公吨美国产食用油的 4000 万美元的信用贷款协定（1979 年 10 月 9
日）。而美巴政府在 1980 年则没有签订任何援助协定。

在对巴援助政策的执行上，美国国际开发署提供的"480 公法"援助
直接体现了卡特政府的对巴援助政策。首先，作为美国政府对外经济援
助的最主要策划和执行机构，国际开发署向巴基斯坦提供的援助总额在
1977—1980 财年分别为 7100 万美元、2010 万美元、910 万美元和 0 美
元。其中，贷款分别为 6830 万美元、1940 万美元、720 万美元和 0 美元；
赠予分别为 270 万美元、70 万美元、190 万美元和 0 美元。① 其基本态势

---

① USAID, *U. S. Overseas Loans and Grants and Assistance from International Organizations*：*Obligations and Authorizations*, Washington D. C.：USAID, 1981, p. 24.

是贷款急剧下降，赠予略有起伏，体现出鲜明的政府色彩。其次，"480
公法"援助即粮食换和平援助，也是美国对外人道主义援助的主要形式。
卡特政府对巴基斯坦的粮食援助在 1977—1980 财年分别为 3730 万美元、
5770 万美元、4120 万美元和 5810 万美元。其中的贷款分别为 3530 万美
元、5640 万美元、3800 万美元、4750 万美元，都是以第一条款名义提
供；赠予分别为 200 万美元、130 万美元、320 万美元和 1060 万美元，全
部在第二条款名义下提供。① 可见，该项援助持续不断，且呈现总体增长
态势。该态势实际上体现了卡特政府对"人权"理念的高度重视，也体
现出其希望在苏联持续加紧渗透和控制阿富汗的背景下，美国想与巴基
斯坦之间保留最后的沟通渠道。

　　总而言之，卡特政府对巴基斯坦的援助直接体现了其政策趋向，更
是卡特总统对美国式的"人权"和"民主"理念的持续追求在美国安全
利益的压迫下不得不逐步妥协的体现。虽然其试图以援助有效"管理"
巴基斯坦这个美国的弱小盟国，但事实证明其做得并不成功。

小　结

　　卡特政府援助巴基斯坦的政策经历了两个发展阶段。在前一阶段，
卡特政府采取了逐步削减对巴援助的援助制裁政策。卡特总统对印度怀
有特别好感，对巴基斯坦的"人权"和"民主"状况非常不满，强烈反
对巴基斯坦开发核爆炸能力，更担忧巴基斯坦的相关行为会加速印巴军
备竞赛，且对美苏的裁军谈判产生对美国不利的影响。因此，卡特政府
采取了持续削减直至暂停对巴基斯坦经济和军事援助的政策。该政策是
卡特总统的理想主义与现实主义交互作用的结果，但前者的影响显然大
于后者的影响，亦是美国国内反战情绪的体现。在后一阶段，卡特政府
采取谨慎重新启动对巴援助的政策。该政策之所以出台，直接原因是苏
联入侵阿富汗和伊朗伊斯兰革命的爆发突出了巴基斯坦在美国反苏战略
中的地缘政治地位和价值，也是卡特政府反思自身实行的对苏缓和战略

---

① USAID, *U. S. Overseas Loans and Grants and Assistance from International Organizations*: *Obli-gations and Authorizations*, Washington D. C. : USAID, 1981, p. 24.

的结果，更是对美国及其盟国能源安全的深刻忧虑所导致的。两个阶段的政策看似差异甚大，实则本质相同，出发点都是维护美国自身重视和强调的利益。进一步说，就是不允许巴基斯坦的言行对美国利益和目标产生任何不利影响。因此，卡特政府的对巴援助政策可以被认为是美国对巴基斯坦的政策在整个冷战时期的缩影，并与杜鲁门政府援助巴基斯坦的政策相呼应。就援助巴基斯坦的政策的有效性而言，卡特政府的援助制裁的政策未能阻止巴基斯坦坚持寻求独立发展核武器的决心，美印关系也没有因此有任何实质性改善；其谨慎重新启动对巴援助的政策既未能令巴基斯坦政府立即恢复对美国的信心，美巴关系也没有出现具有实际意义的明显改善，反而继续处于冰冷状态。虽然卡特政府的对巴经济援助对巴基斯坦的经济和社会发展起到了一定的积极作用，但从目标与手段及结果与过程的关系角度权衡，卡特政府的对巴援助政策总体上是失败的。

结 束 语

冷战时期的美巴援助关系是美巴关系中极其重要的组成部分。美国对巴援助数量之多寡、质量之高低和条件之优劣不仅直接反映了两国关系的冷暖，而且深刻影响了两国关系的走势，堪称美巴关系的晴雨表和稳定器。作为从根本上制约美巴援助关系发展态势的政府指导和规范，美国对巴基斯坦的援助政策是美国冷战战略的重要组成部分和具体体现，其制定和执行深受地缘政治、意识形态、经济、军事、文化等国际国内因素影响。在各种因素的合力作用之下，美国援巴政策急剧嬗变，其效果亦呈现出有效与无效相互交织、渗透的复杂状态。从以史为鉴的角度而言，美国援巴政策的得失成败对中国制定和执行对美国、巴基斯坦和印度的当前和未来政策具有重大启示意义。

一 美国援巴政策的特征

在冷战和印巴长期对立背景下，美国援巴政策是美国与巴基斯坦各有所求、互相妥协的结果，其在制定和执行过程中呈现出如下特征。

"政策内容的极不稳定性"是美国援巴政策的突出特征。按常理讲，一项外交政策在一定时间内应保持相对稳定性，以便于该政策能够得以较充分实施，并在此基础上评估其得失和对错，进而决定该政策的前景。但美国援巴政策在内容上却时常呈现短期内急剧变化的极不稳定性之特征。可以说，从杜鲁门政府到卡特政府，没有任何一位美国总统执政时期的援巴政策是稳定的，总是处于急剧嬗变的状态。杜鲁门政府的援巴政策依次经历了拒绝援助、非正式军事禁运和全面解除军事禁运三个阶段；艾森豪威尔政府的援巴政策经历了笼统承诺全面援助到拖延援助承诺和交付再到加速援助的变化；肯尼迪政府的援巴政策经历了援助制裁与加速援助的交替变化；约翰逊政府的援巴政策则依次经历了援助制裁、全面禁止援助和有限恢复援助三个阶段；尼克松—福特政府的援巴政策依次经历了有限援助、全面禁止援助、有限恢复援助和全面恢复援助四个阶段；卡特政府的援巴政策则经历了逐步削减对巴援助和谨慎重启对巴援助两个阶段。美国援巴政策在内容上的极不稳定性分别在第二次和第三次印巴战争战后及其过程中表现得异常鲜明。

"政策实质的统一性"是美国援巴政策的本质特征。从杜鲁门政府到卡特政府，美国的援巴政策及其实践历经数次急剧转变和剧烈起伏，但其纷纭多变的表象背后的政策实质始终未变。在美巴双边关系中，美方无论拒绝提供援助还是主张提供援助，无论拖延援助还是主动援助，无论停止援助还是重启援助，无论全面军事禁运还是全面解除军事禁运，无论赠予援助还是贷款援助，无论人道援助还是经济和军事援助，归根结底都是为了遏制苏联、中国等社会主义国家，为美国利益服务，最终使美国倡导和主导的社会制度、生活方式和价值观念居于世界的主流和主导地位，进而确保资本主义阵营在与社会主义阵营的竞争和较量中获胜。

"政策结果的双重性"是美国援巴政策的重要特征。该双重性是指美国援巴政策的执行结果既具有积极的成分，又具有消极的成分。从积极方面来看，美国对巴援助政策，尤其是经济援助政策的实施，在一定程度上弥补了巴基斯坦建设和财政资金的严重不足、增加和加速了社会基础设施的建设、促进了农业设施的建设和农业技术的提高和普及、应对了严重的粮食危机和自然灾害、改善了医疗卫生条件等。从消极的方面来看，美国对巴援助政策不仅在相当程度上增加了巴基斯坦的经济负担，迟滞了社会进步，而且令巴基斯坦被迫加入冷战，将其与苏联和中国等社会主义国家关系一度控制在正常状况之下，更增加了印巴之间的相互猜疑，加剧了印巴军备竞赛，增添了地区不稳定因素等。

巴基斯坦的总体主动性与美国的总体被动性相统一是美国援巴政策制定和实施过程中的鲜明特征。在美国援巴政策的制定和执行过程中，巴基斯坦虽然处于被动地位，但其态度总体上是积极的，主动地争取美国援助，一度深刻影响美国援巴政策的制定和执行。为及时获得数量更多、质量更好的美援，巴基斯坦政府采取了多样化方式和手段：第一，主动向美国政府释放善意，承认、肯定甚至赞扬美国的国际地位和作用。第二，极力向美方强调巴基斯坦的伊斯兰因素，强调自己与中东伊斯兰国家之间的密切关联。第三，突出强调巴基斯坦在美国反苏、反华战略中的地缘政治价值，甚至不惜为美国提供空军基地。第四，先是与美国缔结军事同盟，并按美国的旨意加入巴格达条约组织（即后来的中央条约组织）和东南亚条约组织；后又以退出上述组织来胁迫美国政府增加对巴援助。第五，一度在中巴关系和中印关系上顺从美国的要求，试图以此赢得美国的认同。第六，向美国同时展示巴基斯坦的经济成就和经济困难，提供巴基斯坦经济发展的详细计划，希望美国政府有针对性地提供巴基斯坦所急需的援助。第七，以放弃核武器开发为诱饵，试图诱使美国政府增加对巴常规武器援助。第八，广泛游说美国各界，积极发展与美国政要的私人关系，努力营造美国对巴援助的良好氛围。值得注意的是，虽然美国政府在援巴政策的制定和执行中处于绝对主导地位，但其基本态度和立场总体是消极的。这种消极性主要表现为美国不愿主动、及时向巴基斯坦提供其急需的经济和军事援助，特别是在后者的承诺和交付问题上。虽然在某些特殊时刻美国政府也会表现出相当的主动性，如1954年艾森豪威尔政府和1979年底至1980年的卡特政府在对巴援助问题上相对积极的态度。但从整体来看，这种主动性是临时和有条件的，都是以美国政府判定巴基斯坦对美国利益和战略的实现存在无可替代的价值为前提的。所以，美国政府的临时主动性无法否定巴基斯坦将在美国援助政策制定和执行过程中的总体主动性。当然，这种主动性更无法撼动美国在该政策中的主导地位和作用。

二　美国援巴政策制定的影响因素

冷战时期，美国政府制定和执行援巴政策受到以美国国家利益为核心的诸多因素的制约，地缘政治、意识形态、军事、经济和个人等因素均发挥过不同程度的影响和作用。

地缘政治因素是美国政府制定和执行援巴政策的首要影响因素。在援巴政策的制定和实施过程中，美国考虑的地缘政治因素包括中东因素、苏联因素、中国因素、印度因素等。中东因素主要涉及伊斯兰产油国的政治倾向问题、对美政策问题和阿拉伯国家与以色列的关系问题等。美国希望与在宗教和思想上相对温和的巴基斯坦建立、发展和维持友好关系，并为中东地区的阿拉伯和伊斯兰国家树立一个样本。苏联和中国因素则涉及美国对社会主义国家的封锁和遏制政策。美国希望，通过援助建立起来的美巴军事同盟，能够将美国在欧亚大陆东西两侧建立的反共包围圈牢固地连接起来，防止中国和苏联，尤其防止苏联经由中亚、阿富汗和巴基斯坦进入其梦寐以求的"暖水区"，以致威胁中东和东南亚。印度因素主要涉及南亚次大陆的稳定、印美良好关系、以印抗华、阻止印度亲近苏联等问题。美国不愿意看到中印关系、苏印关系的任何积极发展，更不希望因为援助巴基斯坦而疏远印度。因此，美国政府总是在援助政策上努力平衡美国与印度、与巴基斯坦的关系。

意识形态因素在更深层次上影响了美国的援巴政策。意识形态是冷战时期资本主义阵营与社会主义阵营之间最主要的划分标准。美国自诩为资本主义阵营的旗手，始终将遏制社会主义国家发展列为最重要的对外政策目标。冷战时期在美国关于南亚地区和巴基斯坦的重要政策文件中，维持和支持巴基斯坦亲美反共政府被经常加以突出和强调。例如，当巴基斯坦亲美派代表穆罕默德·阿里·波格拉总理的地位面临动摇和危机之时，美国驻巴基斯坦大使馆和美国国务院多次强调，通过提供援助巩固波格拉总理的政治地位。这一做法也多次用于舒尔布财政部长、阿尤布·汗总统等其他亲美派身上。1971年，当巴基斯坦国内发生东巴危机时，尼克松政府向其提供救灾援助的目的之一，就是防止饥饿和动乱为社会主义在该地区的发展创造条件。

军事因素对美国的对巴援助政策产生了直接且重要的影响。该因素主要体现在两个方面：一是兵员的需求，二是军事基地的要求。早在第二次世界大战中，来自巴基斯坦地区的英印军人就表现出了英勇善战的战斗品格，美国对此曾赞叹不已。巴基斯坦立国之后，美国也在一定程度上将其视为美国在参与国际战争时可以利用的兵源基地。在朝鲜战争和越南战争期间，美国政府都曾试图以援助换取巴基斯坦派遣地面部队协同美军作战，但巴基斯坦都以维护国内安全为由，婉拒了美国的要求。

此外，军事基地的建立和军用飞机过境权的获得，也是冷战时期美国援巴政策的重要目的之一。诸如，在巴基斯坦立国之初，美国军方希望获得在巴基斯坦的军事基地和军用飞机过境权。1959 年，美国获得了位于白沙瓦附近的伯德埃波军事基地的 10 年租借权。苏联入侵阿富汗后，卡特政府和里根政府的重要智囊和成员——弗朗西斯·福山，进一步建议美国应谋求获得卡拉奇的军事基地的使用权等。

经济因素对美国政府援巴政策的制定和执行也产生了重要影响。美国是二战后世界上最富庶的资本主义国家，攫取尽可能多的剩余价值是其永恒追求。巴基斯坦作为世界上人口较多的资本主义国家之一，拥有潜在的巨大商品市场，其落后的工业、农业和商业为美国资本家提供了广阔的投资场所，其众多人口也是美国资本家可以大肆盘剥的廉价劳动力。通过各项援巴政策的坚持或转变，美国力图压缩英国在巴基斯坦的残余经济势力，扩展美国在巴基斯坦的经济影响和控制范围，促使巴基斯坦进一步开放市场和经济私有化，推动美国商品向巴基斯坦的输出，排除苏联和中国等社会主义国家在巴基斯坦国民经济中的存在，进而从经济上将巴基斯坦牢牢控制在美国主导的资本主义世界经济体系之中，并以此进一步巩固美巴军事和政治关联。

个人因素亦对美国的援巴政策的制定和执行产生了相当重要影响。在国与国的关系上，虽然国家利益因素起着决定性的作用，但不能因此而否定个人因素，尤其是领导人之间的私人关系对国家双边关系的影响。在美国援巴政策的制定和实施过程中，美国政府领导人对巴基斯坦政府领导人的个人情感和政治倾向发挥过重要作用。其中，尼克松总统和卡特总统在此方面的表现最为突出。尼克松在出任艾森豪威尔政府副总统期间，就与巴基斯坦领导人阿尤布·汗、布托等人建立起良好的个人关系，并在卸任副总统后以平民身份访问巴基斯坦时，接受了国家元首才应该享受的礼遇——走红地毯。就任美国总统后，尼克松不仅自称是巴基斯坦的"老朋友"，而且竭力推动对巴基斯坦的援助，甚至在第三次印巴战争期间也不愿停止经济援助，在战争结束后又立即主张全面恢复对巴经济援助。卡特总统在其任职总统期间的绝大部分时间内奉行的援巴政策具有非常鲜明、浓厚的个人理想主义色彩。其在对外政策中反复强调对人权、民主等理念的重视，甚至公开声称要以停止援助来制裁忽视人权和民主的国家。卡特的母亲曾以美国和平队队员身份在印度服务多年，令卡特在情感上更加喜欢印度。卡特就任总统后对巴基斯坦的人权状况和军法管制感到非常厌恶，更对巴基斯坦政府在核问题上的固执态度十分不满。结果，这一个人情感因素加速了其削减直至停止对巴援助。

美国内政是影响美国援巴政策制定和执行的根本因素。外交与内政相互依存，内政决定外交，外交影响内政。美国政府的援巴政策从根本上说是由美国的国内因素决定的。这些因素包括政治因素、经济因素和文化因素等。就政治因素而言，政党制度、政治制度、决策机制等对美国的对巴援助政策形成制约。例如，在野党往往对执政党的对外援助政策多有指责，甚至动用自己在国会占据的多数席位来削减甚至否决执政党的对外援助计划。美国对巴基斯坦的经济援助政策不仅必须由白宫、国家安全委员会、国务院、中情局、农业部、经济援外机构等部门参加制定，而且要经常听取参谋长联席会议、国防部、陆海空军等部门的建议和意见，还要经过国会的审批。卡特政府向巴基斯坦提供禁毒援助则主要是出于维护美国及其盟国的国内社会稳定的目的。

总之，冷战时期的美国对巴援助政策，特别是军事援助政策的制定和执行，具有明确的评判标准，即必须服从美国领导和符合美国的国家利益。无论其他因素发挥过何种程度的影响和作用，归根结底，国家利益才是美国政府向巴基斯坦提供援助的出发点、归宿和最根本动力，其他因素都是围绕国家利益并为之进行不同层面的服务的。

三　美国援巴政策的有效性

外交政策指的就是外交实体主要是主权国家为实施自己在一定历史时期内的外交战略而具体制定的行动准则。[①] 有效性是外交政策核心和生命所在，是衡量其成败得失的唯一标准，也是其继续坚持、进行修改，还是最终废弃的根本依据。具体到美国援巴政策，其有效性主要是指美国政府是否通过执行援巴政策实现了自身设定的战略目标和具体政策目标。

---

① 金正昆：《外交学》，中国人民大学出版社 2004 年版，第 126 页。

就美国援巴政策的战略目标而言，美国政府希望通过援助让巴基斯坦愿意并有能力充当自己在亚洲中部遏制苏联和中国势力扩展的"前线国家"，将美国在欧亚大陆东西两侧的"防御体系"连成一体，从而有效封锁、孤立和扼杀苏联、中国和其他社会主义国家，最终赢得资本主义制度对社会主义制度的"完全胜利"。虽然巴基斯坦的外交动向并不能根本改变冷战格局和决定国际形势的变化和走向，但的确会产生重要影响力，令美国政府必须给予高度重视和谨慎对待。就具体的政策目标而言，有效性体现在美国政府是否通过提供援助或援助制裁的政策削减了印度与巴基斯坦的真正和解、是否推动了巴基斯坦国内政治、经济和社会按照美国设定的目标和方向实现了发展等。

总体而言，美国援巴政策的有效性问题是一个复杂的问题，不能笼统、简单地予以肯定或否定。在美巴同盟的问题上，正是通过承诺和实际提供大量美"援"，艾森豪威尔政府成功诱迫巴基斯坦政府放弃了独立初期确定的不结盟政策，与美国建立了军事同盟关系，亦加入了美国主导的巴格达条约组织和东南亚条约组织，并成为美国在"亚洲最可靠的盟友"。但美国拖延援助承诺和交付的行为也导致巴基斯坦政府和人民心生芥蒂。而肯尼迪政府、约翰逊政府和尼克松—福特政府的对巴"援助"诱惑或制裁则未能有效阻止巴基斯坦对美国的离心倾向，美巴同盟趋向松散，最终名存实亡。在中巴关系问题上，美国政府试图以美"援"为手段，诱惑或压迫巴基斯坦按照美国的战略意图处理中巴关系。其一度令巴基斯坦保持与中国的平淡关系，但最终未能阻止中巴关系最终趋向热烈和成熟。在巴基斯坦的代议制政府问题上，虽然美国政府时常公开或私下向巴基斯坦政府强调其强烈关注，巴基斯坦政府也进行了相对积极的承诺，并在数次实施军法管制模式后转向代议制治理模式，但在20世纪70年代末至80年代中期仍出现了长达8年的军法管制。上述情况表明，美国援巴政策的有效性与无效性是一个必须具体问题具体分析的复杂问题，不可简单地完全肯定或完全否定。此类现象在美国援助巴基斯坦的过程中层出不穷，不胜枚举。

具体而言，美国援巴政策既有"成功"一面，也有失败的一面。杜鲁门政府最初采取了拒绝援助和非正式军事禁运政策，促进了巴基斯坦的外交转向和第一次印巴战争的迅速结束，而后来开始向巴基斯坦提供技术援助的行动则加速了上述转向。但是，印巴关系并未因为杜鲁门政府的非正式军事禁运政策而根本好转，仅仅是敌对行动的暂停而已。虽然印巴和平与巴基斯坦政府转向"亲西方"的外交目标基本实现，但印巴和解的目标并未实现。因此，杜鲁门政府的对巴援助政策总体有效而部分无效。艾森豪威尔政府则成功地通过援助承诺和实践，诱使巴基斯坦与美国结盟，加入巴格达条约组织和东南亚条约组织，向美国提供紧邻苏联和中国腹地的军事基地，从而初步实现了美国在军事上包围、封锁苏联和中国的战略设想；而巴基斯坦也在此时将美国视为自身最重要的盟友，积极支持美国的世界战略和政策。虽然巴基斯坦政府一度对艾森豪威尔第一届政府在交付援助问题上的拖延做法极度不满，但在艾森豪威尔第二届政府时期，因其加快了交付速度、增加了援助总额并进行了"赠予援助"，巴基斯坦不满情绪逐渐平息，"亲美"外交趋向得以延续。因此，艾森豪威尔政府的援巴政策是有效的。肯尼迪政府对巴基斯坦采取了以长期军事援助计划诱惑与以援助制裁胁迫相结合的政策，试图限制巴基斯坦对外政策中"中立主义"倾向的增强以及限制中巴关系的发展。虽然阿尤布·汗政府表面上做出了承诺，但实际上依然在上述两个方面采取了默许或暗中支持的行动。因此，虽然肯尼迪政府对巴援助总体增加，却未能阻止中巴关系的发展和巴基斯坦外交政策"中立化"或"独立化"倾向的发展。约翰逊政府的援巴政策经历了全面军事禁运、有限的非致命军事物资销售和有限的致命军事物资销售三个阶段，其具体政策目标包括：印巴停火、印巴和解、避免中国介入南亚、保证巴基斯坦履行对美国的同盟义务并继续在外交政策上亲近美国。除印巴和解目标未能达成外，其他目标基本上都得以实现。但巴基斯坦对美国的信心和信任已经日益动摇，其外交政策的"中立主义"倾向进一步增强，中巴关系继续向前发展，巴基斯坦还收回了美国的军事基地。巴基斯坦的上述行动表明，约翰逊政府的援巴政策表面上取得了很大的成功，实际上却遭遇了非常严重的失败。尼克松—福特政府的援巴政策经历了一个完整的政策轮回。始于有限的致命军事物资的销售政策，中经全面军事物资禁运政策，最后再次实施有限的致命军事物资的销售政策。尼克松—福特政府援巴政策的直接目标，大多与约翰逊政府的目标相同，但增加了限制巴基斯坦开发核武器这一目标。除了令第三次印巴战争迅速停火、避免中国介入南亚、巴基斯坦恢复民主政体的目标得以实现外，印巴和解、巴基斯坦放弃核计划、保持巴美同盟关系、巴发展国民经济和维护社会稳定的目标均未能实现。因此，其对巴援助政策整体上是失败的，只在个别方面取得了一定的成效。卡特政府最初试图以削减援助、停止援助的政策，迫使巴基斯坦放弃核开发计划、改善国内人权状况和恢复民主政体，后来又企图以谨慎重启对巴援助诱使巴基斯坦再次充当美国反苏战略的"前线国家"。但上述目标均未能实现。因此，卡特政府的对巴援助政策是完全失效的。

影响美国援巴政策有效性的原因是多方面的。第一，国际形势变化的影响。国际形势的剧烈变化以及美、巴两国政府判断上的失误，严重影响和制约了美国援巴政策的有效性。当美巴两国政府都认为国际形势的变化需要加强双边合作时，美国对巴援助就能有效推动双边关系的发展；当美、巴两国政府任何一方认为国际形势的发展无须另一方支持与合作时，美国援巴政策的有效性就会严重降低。第二，美、巴两国政府在"美援"目的上的严重分歧。美国向巴基斯坦提供援助最主要的目的，是维持巴基斯坦反苏、反华、反共政权以及推动印巴和解，使其有意愿、有能力充当保护美国在中东地区利益的"堡垒"。巴基斯坦接受"美援"的对外目的是增强抗击印度的实力，始终没有将中国视为敌人。可见，在对华、对印外交政策上，美巴是严重对立的，从而影响了援助承诺的兑现和援助计划的落实。而且，美国政府始终不愿充分满足巴基斯坦的援助要求，对巴经济援助附加很多苛刻的政治条件，也加深了巴基斯坦政府和国民的不满，这也严重削弱了美国援巴政策落实的有效性。第三，国家利益的严重分歧。归根结底，美国提供援助和巴基斯坦接受"美援"都是为了各自的国家利益和民族利益。在资源稀缺成为常态的国际背景下，两国利益必然存在冲突。在利益冲突不可调和的情况下，两国都会选择自认为最有利于本国的外交政策。例如，在中巴关系、核武器开发计划等问题上，巴基斯坦并未屈从美国的援助制裁和援助诱惑。第四，美国对巴援助的管理混乱、低效。美国国际开发署是 1961 年以后美国对外援助的总执行机构。在其成立之前，美国国内涉及对巴援助的政府部门接近 10 个。这些部门互不辖属，缺乏沟通与合作，大大降低了美国对巴援助的效率。第五，巴基斯坦的相关配套设施长期落后和人才长期缺乏。由于专门管理人员的缺乏和配套设施的缺失，让很多美国提供的援助不能及时地被最急需的领域和部门利用，出现了援助利用的低效和浪费。

四　美国援巴政策的启示

美国援巴政策是其对巴政策和南亚政策极重要的组成部分，亦是其外交战略和策略的重要组成部分和具体体现之一。作为几乎贯穿冷战全程的一项长期政策，美国在制定和执行过程中既获得了成功经验，也积累了失败教训。在全球化进一步加速、人类命运共同体的理念日益普及和中国"一带一路"构建加速推进的背景下，美国援巴政策得失成败的经验教训为中国妥善处理中国与南亚国家、美国和其他国家的关系提供了一定启示。

作为外援接受国，中国应积极、主动地在国际范围内挖掘有益于国家持续发展的外部有利因素，加速国家综合实力的提升。既要客观评估国家、民族和人民的当前利益和长远需求，又要对潜在的援助国或援助方的援助目的和能力进行全面准确的评估，尽量接受既适合中国当前的基本国情，又能为国家未来发展奠定基础的外援。要坚持国家利益优先原则、平等互利原则、实效原则、适度原则等，绝不为短期和局部利益而接受附加损害国家和民族根本利益的苛刻条件的外援，不拿原则做交易。要自信中国庞大的商品市场、丰富的自然资源和雄厚的人力资源对外援国所具有的吸引力，这是中国与外援国之间建立健康、双赢的援助与被援助关系的重要基础，也是确保中国长期处于主动地位的根本保障。要在管理和使用外援的过程中不断总结经验教训，科学设置外援管理机构，明晰各级机构的职责，形成既分工负责又相互联动的评估和监督机制，避免外援选择和利用上的盲目性，杜绝贪污和滥用外援犯罪行为的发生。

作为对外援助国，中国应坚持以下原则：国家利益优先原则，将是否符合中国当前和长远利益作为对外援助的首要衡量标准；平等互利原则，力戒以大国、富国和"救世主"自居，与受援国在政治上平等互助，在经济上互惠互利；实效原则，对外援助应有益于受援国的国计民生、社会进步和经济自立；适度原则，对外援助应在中国的援外能力和受援国的消化吸收能力范围之内，尽力避免任何一方的资源浪费。

作为坚持独立自主和平外交政策的负责任的世界大国，中国在处理与南亚国家关系的过程中应该坚持"全面、协调、可持续"的标准和"以人民为中心"的原则。所谓"全面"，就是中国在制定相关政策的过程中应全面考察和权衡各南亚国家国内态势、对外关系、外交战略和政策等因素。南亚各国内部的政治、经济、文化、军事和社会的历史、现状和趋势是其对外战略和政策的国内基础；南亚各国对外关系的历史、现状和趋势是其对外战略和政策的外部制约因素；南亚各国对外战略与政策的历史、现状和趋势是域外国家判断和处理与其关系的重要参考和评估指标。所谓"协调"，就是在"求同存异"和实现共同利益最大化的基础上，中国制定和执行的针对南亚的国别政策应该在总体上相互支撑、相互依存，为实现南亚地区的最大程度的和平、稳定与发展发挥积极作用，进而为构建"周边命运共同体""亚洲命运共同体"和"人类命运共同体"奠定必要基础、提供必要条件。所谓"可持续"，就是中国的南亚国别政策与南亚整体政策都应该具备主动性、前瞻性和可持续性的基本特征，既能够满足中国与南亚国家的当前需求和利益，也能够为双方的发展远景和长远利益创造必要的基础和条件。特别是在某些历史遗留问题和某些突发事件问题上，中国应采取"有理、有利、有节"的措施，保持公正立场，及时推动当事国保持冷静和克制，防止事态扩大升级为恶性国际事件。所谓"以人民为中心"，就是在双方共同秉持"和平共处五项原则"的基础上，中国的南亚政策应该尽可能充分体现中国人民与南亚各国人民的共同利益、意愿和呼声，尽可能促进人民间的谅解、理解和信任，尽可能争取人民成为促进中国与南亚国家之间友好交往、合作共赢的基础和保障，尽可能推动南亚各国政府保证和促进人民间和政府间的交流与合作。

作为当今世界最大的社会主义国家、最大发展中国家和世界第二大经济体，中国在南亚不得不面对美国长期、激烈和全面的竞争。一方面，中国应该保持足够自信，相信自身的发展成就和外交战略对南亚国家有足够的吸引力，继续坚持中国特色周边外交的道路和方向，与南亚域内国家加强国际区域治理的合作，努力保持和推进中国与南亚国家的和平、和睦、合作。另一方面，加强对美国南亚及其周边战略和政策现状研究和前瞻性研究，加强与美国在南亚诸问题上的交流与沟通，突出强调中美在南亚及其周边的共同利益，全力削减美国利用南亚诸问题对中国形成牵制和遏制的影响，必须既坚持底线和原则的坚定，又要保证策略和政策的灵活。

参考文献

英文部分

一 美国政府档案和文献集

1. 美国政府档案

Haines, Gerald K. , and Leggett, Robert E. , *CIA's Analysis of the Soviet U-nion 1947 – 1991*, Washington D. C. : Center for the Study of Intelligence Central Intelligence Agency, 2001.

United States Department of State, *American Foreign Policy*: *Current Document*, Washington, D. C. : U. S. Government Printing Office, vary year.

United States Department of State, *Bulletin*, Washington, D. C. : U. S. Government Printing Office, vary year.

United States Department of State, *Foreign Relations of the United States*, *1945*, Vol. VI, *Diplomatic Papers*, *The British Commonwealth*, *The Far East*, Washington, D. C. : U. S. Government Printing Office, 1969.

United States Department of State, *Foreign Relations of the United States*, *1947*, Vol. III, *The British Commonwealth*; *Europe*, Washington, D. C. : U. S. Government Printing Office, 1972.

United States Department of State, *Foreign Relations of the United States*, *1948*, Vol. V, *The Near East*, *South Asia*, *and Africa*, Washington, D. C. : U. S. Government Printing Office, 1975.

United States Department of State, *Foreign Relations of the United States*, *1948*, Vol. V, *The Near East*, *South Asia*, *and Africa*, Washington,

D. C. : U. S. Government Printing Office, 1976.

United States Department of State, *Foreign Relations of the United States, 1949*, Vol. Ⅵ, *The Near East, South Asia, and Africa*, Washington, D. C. : U. S. Government Printing Office, 1977.

United States Department of State, *Foreign Relations of the United States, 1950*, Vol. Ⅴ, *The Near East, South Asia, and Africa*, Washington, D. C. : U. S. Government Printing Office, 1977.

United States Department of State, *Foreign Relations of the United States, 1951*, Vol. Ⅵ, *Asia and the Pacific*, Washington, D. C. : U. S. Government Printing Office, 1977.

United States Department of State, *Foreign Relations of the United States, 1952 – 54*, Vol. Ⅱ, Part 2, *National Security Affairs*, Washington, D. C. : U. S. Government Printing Office, 1984.

United States Department of State, *Foreign Relations of the United States, 1952 – 54*, Vol. Ⅺ, Part 2, *Africa and South Asia*, Washington, D. C. : U. S. Government Printing Office, 1983.

United States Department of State, *Foreign Relations of the United States, 1955 – 1957*, Vol. Ⅷ, *South Asia*, Washington, D. C. : U. S. Government Printing Office, 1987.

United States Department of State, *Foreign Relations of the United States, 1958 – 1960*, Vol. ⅩⅤ, *South and Southeast Asia*, Washington, D. C. : U. S. Government Printing Office, 1992.

United States Department of State, *Foreign Relations of the United States, 1961 – 1963*, Vol. ⅩⅨ, South Asia, Washington, D. C. : U. S. Government Printing Office, 1996.

United States Department of State, *Foreign Relations of the United States, 1964 – 1968*, Vol. ⅩⅩⅤ, *South Asia*, Washington, D. C. : U. S. Government Printing Office, 2000.

United States Department of State, *Foreign Relations of the United States, 1969 – 1972*, Vol. Ⅺ, *South Asia Crisis 1971*, Washington, D. C. : U. S. Government Printing Office, 2005.

United States Department of State, *Foreign Relations of the United States, 1969 - 1972*, Vol. E - 7, *South Asia*, Washington, D. C. : U. S. Government Printing Office, 2007.

United States Department of State, *Foreign Relations of the United States, 1973 - 1976*, Vol. E - 8, South Asia, Washington, D. C. : U. S. Government Printing Office, 2007.

2. 文献集

Aijazuddin, F. S. , *The White House & Pakistan: Secret Declassified Documents*, Oxford: Oxford University Press, 2002.

Embassy of Pakistan, *Pakistan Affairs*, Washington D. C. : Embassy of Pakistan, varies years.

Government of Pakistan, *Pakistan Chronololy 1947 - 1997*, Islamabad: Printing Corporation of Pakistan Press, 1998.

Jain, Rajendra Kumar, *China - South Asian Relations 1947 - 1980*, Vol. 1, New Delhi: Radiant Publishers, 1981.

Jain, Rajendra Kumar, *China - South Asian Relations 1947 - 1980*, Vol. 2, Atlantic Highlands, N. J. : Humanities Press Inc. , 1981.

Jain, Rajendra Kumar, *Soviet - South Asian Relations 1947 - 1978*, Vol. 1 - 2, Oxford: Martin Robertson & Company Ltd, 1979.

Jain, Rajendra Kumar, *US - South Asian Relations 1947 - 1982*, Vol. 1 - 3, New Delhi: Radiant Publishers, 1983.

Jain, Rashmi, *The United States and Pakistan, 1947 - 2006 (A Documentary Study)*, New Delhi: Radiant Publishers, 2007.

二　著作

Alam, Aftab, *U. S. Military Aid to Pakistan and India's Security*, Delhi: Raj Publications, 2001.

Andrus, J. Russell, and Azizali, F. Mohammed, *The Economy of Pakistan*, London: Oxford University Press, 1958.

Baxter, Craig, *Diaries of Field Marshal Mohammad Ayub Khan 1966 - 1972*, Karachi: Oxford University Press, 2007.

Belokrenitsky, V. Y. , and Moskalenko, V. N. , *A Political History of Paki-*

stan 1947 – 2007, Oxford: Oxford University Press, 2013.

Brown, W. Norman, *The United States and India, Pakistan, Bangladesh*, Cambridge, Massachusetts: Harvard University Press, 1972.

Burke, S. M. and Ziring, Lawrence, *Pakistan's Foreign Policy: An Historical Analysis*, Karachi: Oxford University Press, 1990.

Burki, Shahid Javed, *Pakistan under Bhutto, 1971 – 1977* (Second Edition), London: The Macmillan Press Ltd., 1988.

Butt, Rabia and Javia, Attiya Yasmin, *Foreign Aid and the Fiscal Behavior of Government of Pakistan*, Islamabad: Pakistan Institute of Development Economics, 2013.

Callaway, Rhonda L. and Matthews, Elizabeth G., *Strategic US Foreign Assistance*, Hampshire: Ashgate, 2008.

Chakma, Bhumitra, *The Politics of Nuclear Weapons in South Asia*, Burlington: Ashgate Publishing Limited, 2011.

Cheema, Pervaiz Lqbal, *Pakistan's Defense Policy, 1947 – 1958*, New York: Palgrave Macmillan, 1990.

Chowdhury, Hamidul Huq, *Pakistan's Foreign Policy*, Karachi: Department of Advertising, Films & Publications, 1956.

Dcviddas B. Lohalekar, *U. S. Arms to Pakistan: A Study in Alliance Relationship*, New Delhi: Ashish Publishing House, 1991.

Government of Pakistan, *Ten Years of Pakistan 1947 – 1957*, Karachi: Pakistan Publications, 1957.

Hamza, Alavi, *Pakistan: The Burden of U. S. Aid*, Boston: New England Free Press, 1962.

Hilali, A. Z., *US – Pakistan Relationship*, Hampshire: Ashgate Publishing Limited, 2005.

Husain, Noor A. and Rose, Leo E., *Pakistan – U. S. Relations—Social, Political, and Economic Factors*, Berkeley: Institute of East Asian Studies, University of California, 1988.

Jackson, Ian, *The Economic Cold War: America, Britain and East – West Trade 1948 –63*, New York: Palgrave, 2001.

Jain, B. M. , *South Asia India and United States*, Jaipur （India）: R. B. S. A. Publishers, 1987.

Kaufman, Burton I. , *Trade and Aid: Eisenhower's Foreign Economic Policy 1953 - 1961*, Baltimore: The Johns Hopkins University Press, 1982.

Kaushik, Devendra, *Soviet Relations with India and Pakistan*, Delhi: Vikas Publications, 1971.

Kelegama, Saman, *Foreign Aid in South Asia*, New Delhi: SAGE Publications India Pvt Ltd. , 2012.

Kelsey, Dennis B. , *U. S. Foreign Aid and Assistance*, New York: Nova Science Publishers Inc. 2011.

Khan, Ijaz, *Pakistan's Strategic Culture and Foreign Policy Making*, New York: Nova Science Publishers, Inc. , 2007.

Khan, Shahrukh Rafi, *Fifty Years of Pakistan's Economy*, Oxford: Oxford University Press, 1999.

Khan, Zulfiqar Ali, *Pakistan's Security; the Challenge and the Response*, Lahore: Progressive Publishers, 1988.

Kux, Dennis, *The United States and Pakistan 1947 - 2000*, Washington D. C. : Woodrow Wilson Center Press, 2001.

Lancaster, Carol and Dusen, Ann Van, *Organizing U. S. Foreign Aid*, Washington D. C. : Brookings Institution Press, 2005.

Lancaster, Carol, *Foreign Aid: Diplomacy, Development, Domestic Politics*, Chicago: The University of Chicago Press, 2007.

Malik, Hafeez, *U. S. Relations with Afghanistan and Pakistan: The Imperial Dimension*, Oxford: Oxford University Press, 2008.

Malik, Haffeez, *Soviet - American Relations with Pakistan, Iran and Afghanistan*, New York: St. Martin's Press, Inc. 1987.

Mcgarr, Paul M. , *The Cold War in South Asia*, Cambridge: Cambridge University Printing Press, 2013.

McMahon, Robert J. , *The Cold War on the Periphery*, New York: Columbia University Press, 1994.

Mjjnir, Mohammed, *Pakistan: From Jinnah to Zia*, New Delhi: Document

Press, 1980.

Mobanty, Nirode, *America, Pakistan and India Factor*, New York: Palgrave Macmillan, 2013.

Nye, Joseph S., & Scowcroft, Brent, *American Interests in South Asia*, Washington D. C. : The Aspen Institute, 2011.

Palmer, Norman D. , *South Asia and United States Policy*, Boston: Houghton Mifflin Company, 1966.

Pande, Aparna, *Explaining Pakistan's Foreign Policy*, Abingdon: Rout- ledge, 2011.

Paterson, Thomas G. , *Kennedy's Quest for Victory American Foreign Policy 1961 – 63*, New York: University Press, 1989.

Peach, W. N. , Uzair, M. , and Rucher, G. W. , *Basic Data of the Economy of Pakistan*, Karachi: Oxford University Press, 1959.

Pearce, Kimber Charles, *Rostow Kennedy and Rhetoric of Foreign Aid*, East Lansing: Michigan State University Press, 2001.

Racioppi, Linda, *Soviet Policy towards South Asia Since 1970*, Cambridge: Cambridge University Press, 1994.

Rajesh M. Basrur, *South Asia's Cold War*, Abingdon: Routledge, 2008.

Raza, Rafi, *Zulfikar Ali Bhutto and Pakistan 1967 – 1977*, Karachi: Oxford University Press, 1997.

Rizvi, Hasan – Askari, *Pakistan and The Geostrategic Environment*, New York: St. Martin's Press, Inc. , 1993.

Rostow, W. W. , *Eisenhower, Kennedy, and Foreign aid*, Austin: Universi- ty of Texas Press, 1984.

Shahi, Agha, *Pakistan's Foreign Policy 1947 – 2005*, Oxford: Oxford Univer- sity Press, 2009.

Subramanian, Ram R. , *Nuclear Competition in South Asia and U. S. Policy*, Berkeley: Institute of International Studies University, 1987.

Thomas, G. Scolt, *A New World to Be Won: John Kennedy, Richard Nixon and the year 1960*, California: ABC – CLIO, LLC, 2011.

Venkataramani, M. S. , *The American Role in Pakistan, 1947 – 1958*, New

Delhi: Radiant Publishers, 1982.

Wolf, Charles Jr. , *Foreign aid: Theory and Practice in Southern Asia*, Princeton: Princeton University Press, 1960.

You, Woojo, *U. S. Foreign Aid, Democracy, and Human Rights*, Seoul: American Studies Institute Seoul National Uniersity, 2008.

三　学位论文

Afroz, Sultana, *U. S. – Pakistan Relations 1947 – 1960*, University of Kansas, Ph. D. , 1986.

Ahmad, Zubair, *The United States Decision on Military Aid to Pakistan*, University of Pennsylvania, Ph. D. , 1975.

Husain, Syed Adil, *Politics of U. S. Foreign Aid to Pakistan*, University of Colorado, Ph. D. , 1968.

Sattar, Mohammed Abdus, *United States Aid and Pakistan's Economic Development*, Tufts University, Ph. D. , 1969.

Seitz, John Lewis, *The Gap Between Expectations and Performance: An Exploration of American Foreign Aid to Brazil, Iran and Pakistan, 1950 – 1970*, University of Wisconsin – Madison, Ph. D. , 1976.

四　期刊论文

Afroz, Sultana, "The Cold War and United States Military to Pakistan 1947 – 1960: A Reassessment", *South Asia*, Vol. XVII, No. 1, 1994.

Ahmad, Eqbal, "Pakistan: Its Role in U. S. World Strategy", *Middle East Research and Information Project Reports*, No. 16, April 1973.

Akhter, Syed Toqueer and Imran, Haider, "Geopolitics of International Relations for Pakistan, US Political Regimes and the US Bilateral Aid to Pakistan", *Journal of Law and Social Sciences (JLSS)* Vol. 4 No. 1, December 2014.

Ayub Khan, Mohammed, "The Pakistan – American Alliance: Stresses and Strains", *Foreign Affairs*, Vol. 42, No. 2, January 1964.

Brodkin, E. I. , "United States and to India and Pakistan: The Attitudes of The Fifties", *International Affairs*, Vol. 43, No. 4, October 1967.

Chaudhri, Mohammed Ahsen, "Pakistan and The Soviet Bloc", *Pakistan Ho-*

rizon, Vol. 9, No. 2, June 1956.

Dobell, W. M., "Pakistan's Relations with The Major Powers and Some Minor Agreements", *Pacific Affairs*, Vol. 37, No. 4, Winter 1964 – 1965.

Hasan, K. Sarwar, "The Background of American Arms Aid to Pakistan", *Pakistan Horizon*, Vol. 20, No. 2, Second Quarter, 1967.

Hasan, Zubeida, "United States Arms Policy in South Asia, 1965 – 1967", *Pakistan Horizon*, Vol. 20, No. 2, Second Quarter, 1967.

Husain, Syed Adil, "Politics of Alliance and Aid: A Case Study of Pakistan (1954 – 1966)", *Pakistan Horizon*, Vol. 32, No. 1/2, Focus on Asia, First and Second Quarter, 1979.

Hyder, Khurshid, "Recent Trends in the Foreign Policy of Pakistan", *The World Today*, Vol. 22, No. 11, November 1966.

Kauffman, Kenneth M. and Stalson, Helena, "U. S. Assistance to Less Development Countries, 1956 – 65", *Foreign Affairs*, Vol. 45, No. 4, July, 1967.

Khan, Nahad Z. and Ali, Karamat, "Foreign Aid and Human Resource Development: The Case of Pakistan (1960 to 1988)", *Pakistan Economic and Social Review*, Vol. 32, No. 2, Winter 1992.

Kumar, Madhurendra, "American Strategy in South Asia from Cold War to Post – Cold War", *The Indian Journal of Political Science*, Vol. 67, No. 3, July – September, 2006.

Lerski, George J., "The Pakistan – American Alliance: A Reevaluation of The Past Decade", *Asian Survey*, Vol. 8, No. 3, May 1968.

Nayar, Baldev Raj, "U. S. Containment Policy, Global and Regional: The Decision on Military Aid to Pakistan, 1954", *International Studies*, February 28, 1991.

Qureshi, Khalida, "Arms Aid to India and Pakistan", *Pakistan Horizon*, Vol. 20, No. 2, Second Quarter, 1967.

Rotter, Andrew J., "Gender Relations, Foreign Relations: The United States and South Asia, 1947 – 1964", *The Journal of American History*, Vol. 81, No. 2, September 1994.

Srinivasachary, Mudumbhi S. , "Sources for The Study of United States Mutual Security Policy towards South Asia, 1951 – 1960", *Military Affairs*, Vol. 39, No. 4, December 1975.

Thornton, Thomas Perry, "Between the Stools?: U. S. Policy towards Pakistan during the Carter Administration", *Asian Survey*, Vol. 22, No. 10, October 1982.

Yesilbursa, Behcet K. , "The American Concept of the 'Northern Tier' Defense Project and The Signing of Turco – Pakistani Agreement, 1953 – 1954", *Middle Eastern Studies*, Vol. 37, No. 3, July 2001.

中文部分
一　档案和资料集
梅孜：《美国国家战略报告汇编》，时事出版社 1996 年版。

梅孜：《美国总统国情咨文选编》，时事出版社 1994 年版。

周建明、王成至：《美国国家安全战略解密文献选编 1945 – 1972》，社会科学文献出版社 2010 年版。

二　著作
［巴基斯坦］A. H. 达尼著、I. H. 库雷希主编：《巴基斯坦简史》，四川大学外语系翻译组译，四川人民出版社 1974 年版。

［巴基斯坦］G. 阿拉纳：《伟大领袖真纳———一个民族的经历》，袁维学译，商务印书馆 1983 年版。

［巴基斯坦］法斯赫·乌丁、M. 阿克拉姆·斯瓦蒂：《巴基斯坦经济发展历程》，陈继东、晏世经等译，巴蜀书社 2010 年版。

［美］J. F. 肯尼迪：《和平战略———肯尼迪言论集》，北京翻译社译，世界知识出版社 1961 年版。

［美］艾伦等：《经济危机与冷战》，张文涟、凌青译，世界知识出版社 1950 年版。

［美］肯尼迪：《没有永久的霸权》，劳垅等译，辽宁人民出版社 1989 年版。

［美］肯尼迪：《扭转颓势》，沙地译，生活·读书·新知三联书店 1976 年版。

［美］理查德·尼克松：《超越和平》，范建民译，世界知识出版社 1995
　　年版。

［美］理查德·尼克松：《尼克松回忆录》（上、中、下），伍任、裘克安
　　等译，世界知识出版社 2000 年版。

［美］塔德·肖尔茨：《和平的幻想：尼克松外交内幕》，李道庸、邹震等
　　译，商务印书馆 1992 年版。

［美］托马斯·G. 帕特森、J. 加里·克利福德：《美国外交政策》（上、
　　下），李庆余译，中国社会科学出版社 1988 版。

［美］威尔逊：《美国官僚政治——政府机构的行为及其动因》，张海涛等
　　译，中国社会科学出版社 1995 年版。

［美］沃尔特·拉费伯尔：《美国、俄国和冷战》，牛可、翟韬、张静译，
　　世界图书出版公司 2014 年版。

［挪威］文安立：《全球冷战：美苏对第三世界的干涉与当代世界的形
　　成》，牛可等译，世界图书出版公司 2014 年版。

《战后美国经济》编写组：《战后美国经济》，上海人民出版社 1974 年版。

陈宝森：《美国经济与政府政策——从罗斯福到里根》，世界知识出版社
　　1988 年版。

陈继东、晏世经：《印巴关系研究》，巴蜀书社 2010 年版。

陈继东：《当代印度对外关系研究》，巴蜀书社 2005 年版。

谌焕义：《英国工党与印巴分治》，社会科学文献出版社 2004 年版。

铎生：《巴基斯坦的经济和政治》，世界知识出版社 1960 年版。

黄正柏：《美苏冷战争霸史》，华中师范大学出版社 1997 年版。

李德昌：《巴基斯坦的政治发展 1947－1987》，四川大学出版社 1989
　　年版。

李德昌：《巴基斯坦经济发展》，四川大学出版社 1992 年版。

李克强主编：《巴基斯坦经济》，中国经济出版社 2016 年版。

李庆余：《美国外交：从孤立主义到全球主义》，南京大学出版社 1990
　　年版。

李晓妮：《美国对巴基斯坦政策研究 1941—1957》，吉林大学出版社 2010
　　年版。

刘国柱：《在国家利益之间：战后美国对发展中国家援助探研》，浙江大

学出版社 2011 年版。

刘金质：《冷战史》，世界知识出版社 2003 年版。

刘金质：《美国国家战略》，辽宁人民出版社 1997 年版。

刘乐声、王士录：《巴基斯坦》，上海辞书出版社 1988 年版

刘雄：《艾森豪威尔政府亚洲政策研究》，岳麓书社 2009 年版。

刘绪贻、杨生茂：《美国通史》，人民出版社 2002 年版。

陆水林：《巴基斯坦》，重庆出版社 2004 年版。

王慧英：《肯尼迪与美国对外经济援助》，中国社会科学出版社 2007
　年版。

王辑思、李晓岗：《霸权梦：美国的全球战略》，鹭江出版社 2000 年版。

王绳祖：《国际关系史》（第 7—10 卷），世界知识出版社 1995 年版。

王玮、戴超武：《美国外交思想史》，人民出版社 2007 年版。

王萧轲：《美国对外经济援助研究》，社会科学文献出版社 2015 年版。

谢华：《冷战时期美国对第三世界国家经济外交研究》，人民出版社 2013
　年版。

杨生茂：《美国外交政策史》，人民出版社 1991 年版。

殷永林：《独立以来的巴基斯坦经济发展研究 1947 – 2014》，中国社会科
　学出版社 2016 年版。

曾祥裕：《巴基斯坦对外政策研究 1980—1992》，巴蜀书社 2010 年版。

张敏谦：《美国对外经济战略》，世界知识出版社 2001 年版。

张威：《1971 年南亚危机与美巴关系》，中央编译局出版社 2015 年版。

中国国际关系史学会：《国际关系史》（第 11 卷），世界知识出版社 2004
　年版。

周琪等：《美国对外援助：目标、方法与决策》，中国社会科学出版社
　2014 年版。

资中筠：《战后美国外交史：从杜鲁门到里根》，世界知识出版社 1994
　年版。

三　学位论文

常县宾：《美巴同盟的兴衰——1947 – 1968 年美巴关系研究》，博士学位
　论文，华中师范大学，2010 年。

四　期刊论文

何慧:《从美巴结盟看美国在中东的冷战策略》,《华南师范大学学报》
　　(社会科学版) 1995 年第 1 期。

兰江、毛德金:《1954—1965 年美国对巴基斯坦的军事援助及影响》,
　　《南亚研究季刊》2004 年第 2 期。

邱永辉:《美国的南亚政策试析》,《南亚研究季刊》2000 年第 2 期。

舒建中:《美国的战略性对外援助:一种现实主义的视角》,《外交评论》
　　2009 年第 3 期。

王琛:《论美国南亚政策 (1947—1954) ——基于对 1954 年美巴结盟的
　　研究》,《史学月刊》2011 年第 5 期。

吴兆礼:《美国南亚政策演变:1947 – 2006》,《南亚研究》2007 年第
　　1 期。

张利军:《美国南亚政策的目标和思路》,《当代亚太》1999 年第 7 期。

张威:《简论 1971 年印巴战争期间美国对巴基斯坦的政策》,《军事历史
　　研究》2013 年第 2 期。

赵长峰、谭向豪:《浅析美国援助巴基斯坦的历史及其影响》,《社会主义
　　研究》2013 年第 5 期。

周琪:《冷战时期美国对外援助目标和方法》,《美国问题研究》2009 年
　　第 2 期。